高等院校文化素质教育规划教材

U0659565

心理学
概论

X INLIXUE
GAILUN

主　编◎吴会东　张彦云
　　　　张国华

副主编◎孙淑荣　佟秀莲
　　　　陈月苹　靳福利
　　　　王春莲

北京师范大学出版集团
BEIJING NORMAL UNIVERSITY PUBLISHING GROUP
北京师范大学出版社

图书在版编目（CIP）数据

心理学概论／吴会东，张彦云，张国华主编. —北京：北京师范大学出版社，2017.3（2021.9重印）
（高等院校文化素质教育规划教材）
ISBN 978-7-303-21879-0

Ⅰ.①心… Ⅱ.①吴… ②张… ③张… Ⅲ.①心理学 －高等学校－教材 Ⅳ.①B84

中国版本图书馆CIP数据核字（2017）第 010636 号

营 销 中 心 电 话	010-58802181 58805532
北师大出版社高等教育分社网	http://gaojiao.bnup.com
电 子 信 箱	gaojiao@bnupg.com

出版发行：北京师范大学出版社 www.bnupg.com
北京市海淀区新街口外大街19号
邮政编码：100875

| 印　　刷：三河市兴达印务有限公司 |
| 经　　销：全国新华书店 |
| 开　　本：730 mm × 980 mm　1/16 |
| 印　　张：22.25 |
| 字　　数：371千字 |
| 版　　次：2017年3月第1版 |
| 印　　次：2021年9月第3次印刷 |
| 定　　价：39.00 元 |

策划编辑：王剑虹	责任编辑：齐 琳 宋 星
美术编辑：焦 丽	装帧设计：金基渊
责任印制：马 洁	责任校对：陈 民

前　言

　　心理学是高等院校教师教育专业公共必修基础课，在教育发展和教师培养过程中发挥着无可替代的作用。在我国教育改革不断深入，基础教育改革向纵深发展的大背景下，2015 年 10 月，教育部、国家发展改革委、财政部印发了《关于引导部分地方普通本科高校向应用型转变的指导意见》（教发〔2015〕7 号），这标志着我国高等教育"重技重能"时代已经来临，高校未来办学思路将转到服务地方经济社会发展上来，把办学定位转到培养应用型技术技能型人才上来，转到增强学生就业创业能力上来，形成科学合理的高等教育结构，提高人才培养质量，这些改革发展理念只有落实到教学实际工作中才能体现真正价值。为了使高校心理学教材适应社会和教育发展的新要求、适应高等师范院校心理学课程改革的新要求，需要在教材体系、教材内容等方面进行相应的调整和变革。

　　本部教材根据教育改革的新要求，由理论功底深厚和实践经验丰富的心理学专业人员共同编写完成。教材具有五个方面的特点。

　　第一，基础性。心理学对于教师教育专业的大学生来说是一门新的学科领域，同时心理学又是师范院校教育理论课程的基础课程，因此本书注重基础理论的介绍，使学科知识体系成为有源之水、有本之木。

　　第二，系统性。本教材以基础心理学为主线，融儿童发展心理、学习心理、品德心理、学校心理健康教育等内容为一体，使教材的内容更加符合高等院校对教师教育专业学生的培养方向与培养目标。

　　第三，实用性。本教材在结构编排上简洁明了，更加符合知识的内在逻辑，紧密联系学生学习的实际需要和发展要求，使心理学教与学的过程变得更加顺畅。

　　第四，应用性。为适应高校向应用型转轨的新要求，本教材在编写过程中始终将重点放在应用性上，注重理论与实践紧密结合，注重教材内容与中小学生实际紧密结合，注重内容体系与学生学习发展紧密结合，对教育教学工作具有很强的指导意义。

　　第五，生动性。本教材在编写形式上凸显了灵活、生动、有趣的特点，在介绍心理学基本内容的同时，增加了心理自测、拓展学习、思考与练习、阅读与欣赏等栏目，拓展了学习者学习的视野和思考的空间，更加符合当今社会对人才培养的总要求。

本书适合作为高等院校教师教育专业心理学公共课教材，也适合作为教师资格证考取者的学习指导用书，还可作为各级各类学校教育管理者、教师和心理学爱好者的学习参考读物。

本书由吴会东、张彦云、张国华主编。具体编写情况如下：第一章、第十一章由张彦云执笔，第二章由靳福利执笔，第三章、第六章由孙淑荣执笔，第四章、第十章由陈月苹执笔，第五章、第十三章由佟秀莲执笔，第七章、第八章、第十二章由吴会东执笔，第九章由张国华执笔，附录由王春莲执笔。全书由吴会东统稿。

本书在编写过程中参阅了大量心理学及相关文献资料，在此我们对本书作者及所有参考文献的作者表示谢意。另外，由于编者水平有限，难免有缺点或不妥之处，敬请同行专家给予批评指教，也希望广大读者提出宝贵意见。

编　者

2016 年 10 月

目　录

第一章 绪 论

学习目标

1. 掌握心理学的研究对象。
2. 了解心理学产生与发展的历史。
3. 掌握西方心理学主要流派的代表人物及主要观点。
4. 理解作为教师为什么要学习心理学。
5. 掌握心理学主要的研究方法。

随着社会的进步与发展，随着教育改革的不断深入，心理学受到了前所未有的关注和重视。而对很多没有系统接触过心理学的人来说，对这门学科充满了好奇和期待。心理学是一门发展历史久远、研究领域广泛、发展前景广阔、有自身的研究方法和体系、理论性和实践性都非常强的一门科学。

第一节 心理学的研究对象

一、心理学概念

世界上有各种各样的现象，寒来暑往循环往复、日月星辰东升西落、花鸟鱼虫各具形态、风土人情各具特色等，这些有的属于自然现象，有的属于社会现象，构成了我们人类知识的宝库和奇妙的世界，分属不同的研究领域。而心理学作为一门科学，有其自身的学科性质、研究体系、研究内容和研究方法。

（一）学科性质

从心理学学科性质上来看，心理学是一门兼有自然科学和社会科学双重性质的科学。

心理学是研究心理现象及其规律的科学，既然是科学，就应该反映自然、社会以及事物之间的客观规律，有其自身的研究方法和研究体系，其作用在于正确地解释现象，科学地预测现象，有效地控制现象，并为人类服务。心理学一方面与遗传学、生理学、医学等自然科学密不可分，因为人的心理表现与行为受生物学规律支配；另一方面，心理学又与哲学、伦理学、社会学、教育学等社会科学领域密切相连，因为人的心理表现与行为无法摆脱社会生活中的文化风俗、道德准则、行为规范等方面的影响。这样，心理学就兼有自然科学和社会科学双重属性。

(二)研究对象

心理学是研究心理现象的发生、发展及其规律的科学。

心理学是通过研究人的行为表现，揭示心理现象及其规律的科学。我们知道，人的活动有外显的表现，这些表现可以通过人的言语、动作、表情等方面来体现，我们凭肉眼就可以观察到，如手忙脚乱、眉飞色舞、摩拳擦掌、咬牙切齿等，但这些外在的行为表现是受人的神经系统、内分泌系统内部活动来支配的，我们不能或者根本就无法观察、度量得到。也就是说，人的心理活动是内隐的，而行为是外显的，外显行为受内隐活动支配，内隐的心理活动只有通过外显行为才能得到发展和体现。它们之间的转换是遵循一定规律的，二者是相互依存、相互协调的统一体。要研究人的心理现象，必须从研究、分析人的行为入手，而要了解、分析、研究人的行为，则更要研究人的复杂的心理活动规律。心理学研究的目的就是要探讨这些心理活动规律，从而对我们的心理活动和行为表现做出科学的解释。

二、心理现象

心理学既研究人的心理现象，也研究动物的心理现象，但主要研究人的心理现象。而人的心理现象需要从两个方面进行分析，即个体心理现象和社会心理现象。

(一)个体心理现象

人作为个体而存在，在我们每一个人身上无时不在发生着心理现象。我们通过眼睛看到外面五彩缤纷的世界，通过耳朵听到各种声音，通过各种感官感受事物的各种属性，通过观察一些现象引起我们的思考，我们还可以有意无意地记住很多东西，每个人还有七情六欲，还会对事物产生不同的需要、兴趣、爱好，每个人又有各自的性格等方面的特点，甚至还有的人行为怪异、情感变态等，所有这些都属于个体心理现象，都是心理学研究的范畴。换句话来讲，人类关于自然和社会的一切研究领域和研究成果，都与我们的心理现象的存在和发展密不可分，离开个体心理现象，一切都将无从谈起。我们可以从图 1-1 中更清楚地了解个体心理现象。

```
                    ┌ 认识过程：感觉、知觉、记忆、思维、想象
          ┌ 心理过程┤ 情感过程：情绪、情感
   个体    │        └ 意志过程
 心理现象  │
          │        ┌ 个性倾向性：需要、动机、兴趣、爱好、信念、世界观
          └ 个性心理┤
                    └ 个性心理特征：气质、性格、能力
```

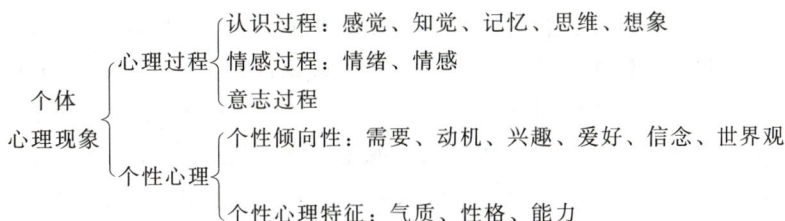

图 1-1 个体心理现象

1. 心理过程

心理过程指的是人能动地反映客观世界的过程。

（1）认识过程

认识过程是人类认识世界的基本过程，是指外界信息经过人脑进行加工改造，从而影响人的心理过程和行为表现。我们在认识客观事物时，总是要用眼睛去看，用耳朵去听，用鼻子去闻，用手去摸等，这就产生了心理学上所说的感觉。单纯的感觉几乎不存在，人在认识世界的时候更多的是多种感官同时发挥作用，从事物的整体去认识，而以知觉的形式表现出来，形成感知。人在感知当前事物时，经常会有意或无意地记住它，更多的还会遗忘，在必要时还要回忆，这就是人的记忆现象。在感知、记忆的基础上，人还有更高级的心理活动，这就是思维与想象。也只有通过思维，人才能不断认识自身、认识世界，揭示事物的本质和内部规律，进而改造世界；也只有在想象的基础上人才能发挥创造的才能，从而推动社会的不断进步与发展。

感觉、知觉、记忆、思维、想象在心理学上统称为认识过程。

（2）情感过程

人在认识客观事物时，总伴随着不同的心理体验并有一定的态度体验，产生喜、怒、哀、惧、爱、恶等情绪反应和尊敬、爱戴、憎恨等情感体验。伴随着情绪情感的产生，人的各种表情和身体内部的各项指标也会随之发生变化。人的心理健康与否主要表现在情绪上，所以，人应该学会调节自己的情绪，使自己的身心健康发展。

（3）意志过程

意志过程是人的主观能动性的集中体现。人要想达到一定的目的或取得一定的成就就需要克服困难，付出一定的努力，一个人如果没有良好的意志品质就会一事无成。然而从心理学这个角度看，关于这方面的研究却很少，西方心理学也很少涉及这方面内容，更多地在社会学、伦理学等领域进行研究与探讨。

认识过程、情感过程、意志过程统称为心理过程，三者并不独立存在，而是彼此密不可分，同处在心理过程之中。其中认识过程是最基本的心理过程，情感过程和意志过程是在认识过程基础上产生的，同时又反作用于认识过程。

需要指出的是，还有一种心理现象，就是注意。它不是单独的心理过程，也就是注意不单独存在，而是伴随着认识过程、情感过程和意志过程而存在的一种心理状态。

2. 个性心理

个性心理是在心理过程的基础上表现出的个体心理特点上的差异。这些差异有的具有可变性、偶然性，有的具有稳定性、经常性。

(1)个性倾向性

个性倾向性是一个人对事物的态度，也是一个人活动的源泉和动力系统。主要包括人的需要、动机、兴趣、爱好、信念、世界观等。人要想生存，就会有需要，正是因为人有各种各样的需要，才赋予了生活更多的意义。而为了满足人们不断产生的需要，就会产生活动的动力，从而产生了动机，人的一切活动都是在各种动机的支配下进行的。由于每个人的兴趣、爱好、信念、世界观不同，才形成了丰富多彩的人生。

(2)个性心理特征

个性心理特征主要包括气质、性格、能力。相对于个性倾向性来讲，这些心理现象表现在一个人身上具有相对稳定的特点，它们既受先天因素的影响，又受后天环境、教育和个体主观能动性的影响，往往对一个人能立足社会起至关重要的作用。在心理学上经常把气质和性格等心理特征统称为人格。正是这些心理特性，使一个个体的心理活动与另一个个体的心理活动彼此具有各自的特点。

(二)社会心理现象

人是社会人，不可能脱离社会关系而存在，必然与其他人发生这样或那样的联系，与其他人结成各种各样的关系，如师生关系、同学关系、上下级关系、长辈晚辈关系等。同时由于社会群体的存在，又产生了群体心理，存在群体利益、群体风气、群体价值、群体规范、群体目的等。一个群体正是因为有了这些特征，才有别于其他群体，形成了民族关系、团体关系、国家关系等。由于这些关系的存在，就产生了人际关系、人际互动、群体的动力和特征、个体社会化等心理现象。这些都属于社会心理现象，也是心理学研究的范畴。

第二节　心理学的产生与发展

心理学是一门既古老又年轻的科学，正如德国心理学家艾宾浩斯所说："心理学有一个悠久的过去，但却有一段短暂的历史。"

一、心理学产生的历史渊源

在远古时代，心理现象已经被人们关注，但由于当时生产力发展水平落后，人们认识能力有限，知识经验贫乏，对人类自身的一些现象无法从科学的角度去认识理解，他们认为人有两个生命现象的存在，一个是可见的、实在的肉体，另一个是不可见的、虚幻的灵魂。灵魂主宰着人们肉体的活动。灵魂附体时，人的活动就受它的控制，产生了思想、情绪等现象；灵魂暂时离开身体时，人就睡眠，梦就是灵魂在睡眠中的活动；人死了之后，灵魂就永远离开了肉体，变成了神或鬼，进了天堂或地狱。在人类社会发展的漫长历史时期，人们一直用灵魂来解释心理现象，以至于古希腊、古罗马以及欧洲中世纪的哲学家都以灵魂为研究对象，最具代表性的是古希腊著名学者、哲学家亚里士多德（Aristotle）对灵魂的实质、灵魂与肉体的关系、灵魂的种类和功能等进行了系统的阐述。他的著作《论灵魂》可以说是人类文明史上最早的一部研究心理现象的专著。他认为灵魂与身体是统一的整体，灵魂是生命的本质，身体是灵魂的工具，只有灵魂才能使肉体的动作得以实现；灵魂包括植物灵魂、动物灵魂、理性灵魂；灵魂有认识功能（感觉、记忆、思维、想象）和动求功能（欲望、动作、意志、情感）。他的这些思想对心理学的发展产生了深远的影响，对当代心理学的发展也产生了不可低估的作用。

从世界上第一部论述心理现象的专著《论灵魂》的出现至今已经有了二千四百多年的历史，由此可见心理学有着古老的历史。但是古代的心理学思想都包含在哲学的思想体系当中，也就是说，人们对心理或对意识的研究，都属于哲学的范畴。

二、科学心理学的产生与发展

随着社会的进步和科学的发展，人类从生理学、医学、物理学等更加科学的手段对心理现象进行了实证研究，心理学在知识体系、研究事实、研究方法等方面有了实质性的发展。1860年，德国物理学家费希纳发展了心理物理法，把物理学的数量化测量方法用到对心理现象的研究中，发表了《心理物理学纲要》。1862 年，德国的冯特刊发了《对感觉知觉学说的贡献》。这两部书从实验的角度为科学心理学奠定了基础。1879 年，德国心理学家冯特在莱比锡大学建立了世界上第一个心理学实验室，开始从自然科学的角度研究心理现象，为心理学的发展提供科学的依据，使心理学走上了科学化、正规化的轨道，标志着心理学从哲学母体中分化出来成为独立的科学。冯特也由生理学家、哲学家发展成为心理学史上第一位专业心理学家，他的《生理心理学原理》也被看作心理学史上第一部系统的心理学专著，被称为"心理学独立的宣言书"。

拓展学习

冯 特

威廉·冯特（Wilhelm Wundt，1832—1920），德国生理学家、心理学家，构造心理学派创始人之一，科学心理学的创始人。1856 年冯特毕业于海德堡大学医学系。1858 年他成为赫尔曼·冯·赫耳姆霍兹的助手。在这段时间里他开辟了第一个科学地教授心理学的课程。在这个课程中他使用来自自然科学的实验方法来研究心理学。他的讲义被编辑为《人类与动物心理学论稿》。1864 年他被提升为助理教授。1874 年他发表了《生理心理学原理》。在这部书中他发明了一个系统性的心理学来研究人的感知：感觉、体验、意志、知觉和灵感。1875 年冯特在莱比锡大学成为教授。1879 年他在那里创建了世界上第一个心理实验室。冯特晚年发表了他的十卷巨著《民族心理学》。

冯 特

从 1879 年心理学成为独立的科学到现在，只有一百多年的历史，但这一百多年却是心理学飞速发展的一百多年。一百多年来，心理学的研究领域不断扩大，心理学的分支日益增多，心理学在整个科学大厦中发挥的作用越来越大。特别是第二次世界大战以后，人类社会的各个领域对心理学提出了一系列重要课题，心理学理论在许多实践部门得到了广泛运用，产生了很多心理学分支学科。随着社会的发展，还会出现新的分支学科，并且随着现代科学技术的飞速发展，心理学吸收和引进了科学技术的新成就，不断改进和发展了原有的研究方法和技术，使心理学的研究提高到一个崭新的阶段。心理学的许多科研成果，不仅应用到教育、医疗、工程、航空、宇航等领域，而且渗透到仿生学、控制论、人工智能、系统工程等许多尖端科学技术部门，从而进一步证明了心理学的真正价值和生命力。尤其值得关注的是，随着社会的发展，竞争的加剧，人们感到了前所未有的压力，心理健康问题显得越来越重要，人们从来没有像今天这样关注心理健康，也促使大众心理学工作得到了广泛的开展和普及。

尽管如此，人类的心理现象作为自然界最伟大的花朵，至今仍是世界三大奥秘之一（一般认为，宇宙、生命和人脑是当今世界三大奥秘）。毕竟从它成为独立的科学到现在只有短短的一百多年，它的研究手段、研究成果、研究队伍等方面还不成熟，还需要进一步发展提高，人的很多心理问题和心理现象还没有被完全认识，有待于进一步研究，特别是人类对于心理现象产生的物质器官——人脑的研究还远远没有认识，因而人类对自己心灵的奥秘还远远没有揭开。

心理学的发展依赖于社会发展的需要。心理学的发展历史表明，心理学首先是在经济发达国家发展起来的。心理学最初发展起来成为独立的科学是在德国，从 20 世纪初开始，特别是第二次世界大战后，美国已经成为世界心理学的研究中心，目前无论从心理学研究队伍之庞大，研究范围之广阔，研究成果之众多以及方法技术之先进，美国心理学都位于世界前列。

三、心理学发展的主要流派

科学心理学发展一百多年来，人们对心理现象进行了深入的研究和探讨，心理学家们更是运用各种方法从各个方面、各个角度，提出各自的观点，形成了心理学发展历史上不同的理论流派。主要有构造主义、机能主义、格式塔、行为主义、精神分析、人本主义、认知学派等。

（一）构造主义

构造主义(structuralism)学派的奠基人是德国心理学家冯特。他主张用内省的方法把复杂的意识经验分析为感觉和感情等简单的元素，再用"创造的综合"将这些元素合成复杂的意识经验，这种主张为构造主义心理学奠定了基础。代表人物是冯特的学生铁钦纳，他认为心理学应该研究人的直接经验，即意识，通过内省法可以把意识经验分为感觉、意象、感情三种元素，感觉是知觉的元素，意象是观念的元素，激情是情绪的元素，这些元素有各种属性（质量、强度、持续性等），元素在时间和空间上混合可以形成所有心理现象。

构造主义学派直到 20 世纪 20 年代，随着冯特的去世而逐渐衰落，对后来的心理学发展影响也不大。但是，其他一些学派正是以它为攻击的对象发展起来的，因此，它在心理学史上的影响不可忽视。

（二）机能主义

机能主义（functionalism）是与构造主义相对立的一个流派，是在与构造主义论战中产生的，它没有明确的起始标志和终点，是构造主义与行为主义之间的一个过渡。机能主义心理学的发展与美国的三所大学有着不解之缘，它们是哈佛大学、芝加哥大学和哥伦比亚大学。哈佛大学的詹姆士是机能主义心理学的先驱。1890年，他出版的《心理学原理》，为机能主义心理学奠定了基础。19世纪末20世纪初在芝加哥大学形成了机能主义心理学，它完全是在同铁钦纳进行论战中形成的一个学派，代表人物是杜威、安吉尔和卡尔。芝加哥学派是美国机能主义心理学的典型形式。哥伦比亚大学的机能主义心理学体现了美国机能主义心理学的一般倾向，代表人物是卡特尔、武德沃斯。

机能主义重视个别差异，积极推动心理测量运动，方法灵活多样，具有实践性、包容性和开放性，把心理学视为应用科学，强调心理学的实用功能，把心理学理论推广到社会各个领域，使机能主义心理学获得了生命力和发展的动力。

（三）格式塔

格式塔（gestalt），德文的意思是"完形""完整"的意思，1912年出现在德国，代表人物是韦特海默、苛勒和考夫卡。格式塔学派强调经验和行为的整体性，重视实验在心理学中的作用，在感知、思维、学习等方面进行了大量的实验。该理论认为：整体不等于部分之和，意识经验不等于感觉和感情等元素的集合，行为也不等于反射弧的集合，整体先于部分而存在，并且制约着部分的性质和意义，它的名言是"整体大于部分之和"。它的研究成果对心理学的发展产生了一定的影响。

（四）行为主义

行为主义（behaviorism）是1913年由美国心理学家华生创立并迅速遍及全球的一个重要的心理学流派，被称为西方心理学的"第一势力"。它公开向构造主义和机能主义宣战，倡导心理学从对意识的研究转向对行为的研究，导致一场行为主义的革命，在心理学界统治长达半个世纪之久。行为主义经过了旧行为主义和新行为主义两个阶段。1913—1930年为旧行为主义阶段，以华生为代表。1930—1960年的行为主义以斯金纳、托尔曼等人为代表，称为新行为主义。

1. 旧行为主义

旧行为主义的代表人物是华生，1913年，美国心理学家华生发表了《在行为主义者看来的心理学》，宣告了行为主义的诞生。

华生的观点主要包括以下三点。

第一，心理学的研究对象是行为，而不是人的意识。因为在有机体接受外部刺激的情况下，只有行为是可以观察到的，形成了"刺激—反应"简化的行为模式。

第二，既然以行为为研究对象，那么就应该采用客观的研究方法，而反对内省法。

第三，人的一切行为都是后天环境和教育的结果。

华生有一句偏激的名言：给我一打健康的儿童，在良好的、由我做主的环境中，不管他们的天资、能力、父母的职业和种族如何，我可以任意把他们培养成医生、律师、艺术家、大商人，甚至乞丐或小偷。

2. 新行为主义

新行为主义的代表人物是美国的心理学家斯金纳。以斯金纳为代表的新行为主义对华生的理论有所发展，他坚持行为主义的基本原理，提出了强化理论，认为任何有机体都倾向于重复那些指向积极后果的行为，而不去重复那些指向消极后果的行为。他与华生思想的区别在于他并不否认人的内部心理活动的存在，但他坚信人的一切行为都是由外部环境决定的。

在美国教育家杜威实用主义思想影响下，行为主义心理学在美国很快盛行起来。行为主义心理学从 20 世纪 20 年代兴起，到 50 年代逐渐衰落，主要原因在于整个科学的发展，特别是计算机科学的发展，促使人们不得不面对人的心理很多难以解释的复杂现象，从真正科学的角度揭示人的心理活动的规律。然而行为主义的影响却很深远，在当前的行为改造、心理治疗中，行为主义的方法仍占有重要地位，计算机辅助教学也是以行为主义原理为基础的，行为主义思想在心理学发展历史上占重要地位。

（五）精神分析

精神分析（psychoanalysis）又称心理分析，产生于 19 世纪末 20 世纪初的奥地利，代表人物是奥地利的精神病医生弗洛伊德。精神分析是现代西方心理学的一个重要流派，但它又不同于其他心理学流派，它是在对神经症的临床治疗过程中产生的，而非大学的心理实验室，是非学院心理学派。

精神分析有两重含义，一方面指神经病治疗的技术，另一方面指潜意识的心理理论，特别是后一方面给传统心理学带来了巨大影响，他提出的潜意识理论是精神分析的核心部分。弗洛伊德认为，人除了意识活动，即人所能感觉观察到的活动，还有无意识活动，这些活动包括人的原始欲望和各种本能，以及出生后和本能有关的欲望，特别是性的欲望，它们被风俗、习惯、道德、法律所压抑，处在不被觉知的意识层下面，但它们并没有消失，而是在不自觉地积极活动，追求满足。人在儿童时期的欲望和动机受到压抑，引起动机冲突，是导致心理障碍的主要原因。精神分析治疗方法就是用自由联想、释梦等方法发现病人在潜意识里存在的动机，使之在医生的帮助下得到合理的宣泄，从而达到治疗的目的。

弗洛伊德的潜意识理论连同他的性学说、人格理论构成了他理论的核心，这些理论在当时不为人们所认可，甚至连他的学生都背离了他。但随着心理学的发展，他的理论影响逐渐扩大，成为备受瞩目的心理学流派，它的影响远远超出了心理学，对西方的哲学、神学、社会学、伦理学、美学、文学艺术等都产生了广泛的影响，成为 20 世纪以来影响人类文化最大的理论之一。

拓展学习

弗洛伊德

西格蒙德·弗洛伊德（Sigmund Freud，1856—1939）于 1856 年出生在弗赖贝格市，该市现在位于捷克斯洛伐克，当时是奥地利帝国的一部分。他 4 岁时全家迁居到维也纳，他的一生几乎都是在那里度过的。弗洛伊德读书时就是一个出类拔萃的学生，1881 年他在维也纳大学获得医学学位。在随后的 10 年中，他在一个精神病诊所行医，个人开业治疗神经病，同时致力于生理学的研究。

弗洛伊德的心理学思想是逐渐发展起来的。直到 1895 年才出版了他的第一部论著《歇斯底里论文集》；他的第二部论著《梦的解析》于 1900 年问世，这是他最有创造性、最有意义的论著之一。虽然该书开始滞销，但是

弗洛伊德

却大大地提高了他的声望，他的其他重要论著也相继问世。1902 年他在维也纳组织了一个心理学研究小组，阿德勒和荣格也先后加入了这个小组，两个人后来都成了世界著名的心理学家。

弗洛伊德晚年患了颌癌，为了解除病根，他从 1932 年起先后做过三十多次手术。尽管如此，他仍然工作不息，继续写出了一些重要论著。1938 年纳粹分子入侵奥地利，由于弗洛伊德是犹太人，因此他不顾 82 岁高龄逃往伦敦，翌年在那里不幸去世。

弗洛伊德对心理学做出了很大贡献，用简短的文字很难加以概括。他强调人的行为中的无意识思维过程极为重要。他证明了这样的过程如何影响梦

的内容，如何造成常见的不幸，如口误，忘记人名，致伤的事故，甚至疾病。

弗洛伊德创造了用精神分析来治疗精神病的方法。他系统地论述了人的个性结构学说，还发展和普及了一些心理学学说，如有关焦虑、防御功能、阉割情绪、抑制和升华等。他的著作极大地引起了人们对心理学的兴趣，对他的许多观点在过去和现在都存在着很大的争论，而且自从他提出之日起就引起了热烈的争论。

弗洛伊德最为世人所知也许是由于他提出了受抑制的性爱会引起精神病或神经病这一学说。他还指出，性爱和性欲始于早期儿童时期而不是成年时期。

尽管对弗洛伊德的学说一直存在着争论，他仍不愧为人类思想史上的一位极其伟大的人物。他的心理学观点使我们对人类思想的观念发生了彻底的革命，他提出的概念和术语已被普遍使用，如本我(id)、自我(ego)、超我(super-ego)、恋母情结(oedipus complex)和死亡冲动(death drive 或 death instinct)等。

弗洛伊德当然不是心理学的鼻祖。从长远的观点来看，人们也许会认为他作为心理学家所提出的学说并非十分正确，但是他显然是在现代心理学发展中最有影响、最重要的人物。

（六）人本主义

人本主义(humanistic)是 20 世纪五六十年代兴起于美国的心理学流派，被看作继行为主义和精神分析之后西方心理学中的"第三势力"。奠基者是马斯洛，代表人物是罗杰斯。

人本主义认为，心理学研究的首要任务是了解人，揭示人的本性，而要揭示人性就必须从人的存在出发，以人为本，用整体分析法对人做出完备的描述。人的本质是善良的，恶不是人性固有的，它是由人的基本需要受挫引起的，或由不良文化环境造成的。人有自由意志，有自我实现的需要，只要环境适当，他们就会努力去实现积极的社会目标，因此，强调人的尊严和价值。

人本主义思想有其片面性，而且它的理论主要靠理论上的思辨，而不能从实验上加以证明。但它强调人的社会性特点，主张从人的需要出发去研究人性，给人的心理本质做出了新的描绘，这对当今的社会变革起了很重要的指导作用。

（七）认知学派

认知(cognitive)心理学与其他学派不同，它不是由某个心理学家提出的一套理论体系，而是在很多心理学者研究的基础上产生的。1967 年，美国心理学家奈塞尔在总结前人研究的基础上，吸收了各派合理的成分，写成了《认知心理学》一书，从而出现了认知心理学派。所谓认知，指在获取知识过程中进行的各种心理活动，包括知觉、记忆、言语、思维等，即所谓的认识过程。认知心理学认为，要想真正了解人的行为必须研究他的内心世界，研究他内部心理活动，内部认知过程是可以运用科学方法进行研究的。他们在研究推理、决策以及问题解决等复杂认知过程时采用了口语报告的方法，取得了很大的成功。近年来，认知心理学与神经科学结合产生了认知神经科学，主要研究认知功能的脑机制、认知与神经系统的关系、脑发育与认知功能的发展等，这表明认知神经科学的研究有望成为心理学发展的主流。

四、心理学的研究领域

在心理学成为独立科学之后的一百多年的时间，科学心理学由于社会发展的实际需要和临近学科的发展，使得心理学的研究领域日益扩大，心理学已经渗透到人类生产生活的各个领域，逐渐演变成具有众多分支学科、具有广阔发展前景和生命力的令人瞩目的科学领域。在这些分支学科中，有的侧重于基础理论和实验的研究，而有的则走向实际应用，在社会发展的不同领域发挥着重要的作用。从图1-2中可以大体了解心理学的研究领域以及心理学与相关学科和社会生活的关系。

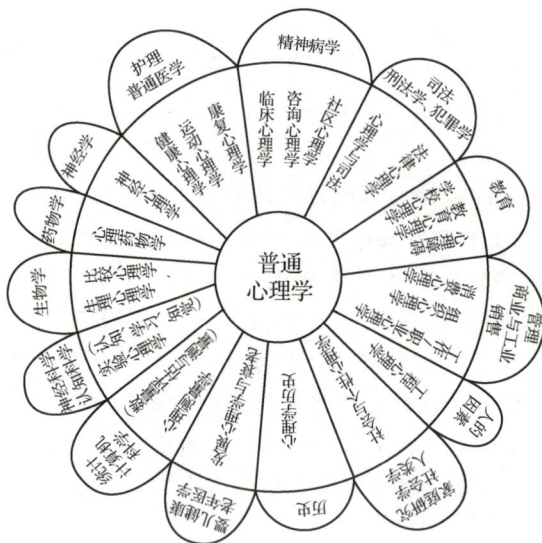

图1-2 心理学主要研究领域示意图

（资料来源：M. R. Rosenzweig. 国际心理科学——进展、问题与展望. 焦书兰，等，译. 北京：北京科学技术出版社，1994.）

(一)基础心理学

基础心理学是心理学的基础学科,它研究心理学基本原理和心理现象的一般规律,涉及广泛的领域。认知神经科学将认知过程与神经过程有机地结合起来,将成为基础心理学的主要发展方向。以下是基础心理学领域的部分分支学科。

1. 普通心理学

普通心理学(general psychology)是科学心理学的基础。它是研究心理现象的发生、发展一般规律的科学,如感知觉、记忆、思维的一般规律,人的需要、动机、性格、气质等个性心理现象的形成与发展中的一般规律,揭示心理现象产生发展的生理学原理、心理发展与客观现实的关系、各种心理现象之间的相互关系,探讨心理学研究方法等。总之,普通心理学概括了有史以来人类对心理现象的最一般原理的精华,荟萃了各个分支心理学、各个心理学流派的研究成果,是心理科学中最基本、最普通,也是最重要的基础学科,既是心理学的入门学科,也是众多心理学分支学科的基础。

2. 实验心理学

实验心理学(experimental psychology)是一门产生最早的心理学分支学科。是通过科学的实验方法,来研究人或动物的行为表现与心理活动之间的关系。所谓科学的实验方法,是指在严格的条件控制下,用某种刺激引发某种反应,通过分析反应与心理活动之间的关系,对实验结果进行统计分析,得出结论的方法。随着现代社会的发展,一些新的观念、新的技术、新的方法被不断引入实验心理学中来,在很大程度上提高了心理实验的科学性,为心理科学的发展提供更科学、更有效的依据,实验心理学也必将在今后心理科学的发展中起到不可替代的作用。

3. 生理心理学

生理心理学(physiological psychology)是研究心理现象生理机制的科学,主要指各种感官的机制、神经系统特别是脑的机制、内分泌腺对行为的调节机制、遗传在行为发展中的作用等。其具体研究方法是以脑的各种不同形态和功能为自变量,观察研究在不同生理状态下,行为和心理等因变量的变化规律。随着科学的发展和实验技术的进步,生理心理学在范围上变得更宽,旁及神经解剖学、生理学、生物化学等,在研究方法上,采用了实验心理学与现代生物学的最新技术,成为一门综合性学科。

4. 发展心理学

发展心理学(developmental psychology)以在个体全程发展过程中,随着年龄的变化，身体、心理也随之发展与变化的规律为研究对象，主要探究各个年龄阶段的心理特征，揭示个体心理从一个年龄阶段到另一个年龄阶段的变化规律，具体包括婴幼儿心理学、儿童心理学、少年心理学、青年心理学、中年心理学、老年心理学。

5. 社会心理学

社会心理学(social psychology)研究个体和群体在社会生活相互作用中，心理活动的发生、发展和变化规律的科学。它的研究和应用范围非常广泛，既要研究大群体的社会心理现象，如阶级和民族心理、宗教心理、社会交往与人际关系等，也要研究小群体的社会心理，如群体内的人际关系、群体舆论、群体风气等，还要研究个体在社会中的人格特征，如人格的倾向性、人格的形成、个体自我评价、自尊等。同时还要研究大群体、小群体、个体之间的关系等问题。

6. 心理测量学

心理测量学(psychometrics)指对人的行为和能力用心理测验、心理统计的方法进行测量，包括对人格、智力和多种能力的测验，它的发展也与统计分析新技术的开发有关。

(二)应用心理学

应用心理学是研究心理学基本原理在各种实际领域的应用，包括工业、工程、组织管理、市场消费、社会生活、医疗保健、体育运动以及军事、司法、环境等各个领域，随着经济、科技、社会和文化迅速发展，应用心理学有着日益广阔的前景。

1. 教育心理学

教育心理学(educational psychology)是应用心理学中出现较早的学科。一般认为，美国心理学家桑代克1903年出版了《教育心理学》一书，标志着教育心理学成为一门独立的学科，桑代克也被称为"教育心理学之父"。教育心理学是研究教育和教学过程中教育者和受教育者心理活动现象及其产生和变化规律的心理学分支学科，包括学习的实质、学习理论、学生学习动机的培养与激励、学生品德形成与发展、知识与技能的掌握、教育者的心理品质和个别心理差异等问题。

2. 医学心理学

医学心理学(medical psychology)是把心理学的研究成果应用到医学的临床治疗中，研究心理因素在疾病的预防、产生、诊断、治疗中的作用。它强调的是用心理学的原理预防或减轻患者的身心疾病，在疾病的诊断和治疗中建立良好的医患关系，提高治疗效果。随着心理学知识和技术广泛应用于医学，医学心理学便逐渐形成了一些分支，如重点用于精神病研究方面的变态心理学，用于神经病学的临床神经心理学，用于预防医学的健康心理学，用于护理工作的护理心理学。而且，随着科学健康理念的逐渐深入，人们在实践中越来越认识到身体健康和心理健康经常是交织在一起的，所以，近些年，医学心理学得到了空前的重视和发展，从而促进了心理学整个体系的发展。

3. 工业心理学

工业心理学(industrial psychology)研究工作人员的士气、人才的训练和选拔任用中的心理学规律、工作环境中的各种因素对人心理以及对工作效率的影响、劳资双方的心理活动规律等。它包括工程心理学和管理心理学。工程心理学研究人和机器的心理学关系，怎样使二者协调、有效，从而发挥更大的效益。管理心理学涉及面很广，主要运用心理学原理研究组织中目标管理、时间管理、环境管理、信息管理、人力管理等问题。其中的企业管理心理学是以企业中的人际关系为研究对象，如企业中的群体、组织人事管理和产品营销中的心理学问题，对企业发展具有重要意义。

4. 犯罪心理学

犯罪心理学(criminal psychology)是运用心理学的理论和方法研究犯罪人的心理和行为发生与变化规律的学科。如犯罪人犯罪的内外原因、犯罪行为的心理机制、犯罪心理结构形成过程的规律、犯罪人在不同情况下的心理状态和行为特征以及不同类型犯罪人的心理特点和行为特征等问题。由于犯罪是一种复杂的社会现象，因此，犯罪心理学与普通心理学、社会心理学、社会学、法学等学科有着密切的关系。

5. 广告与消费心理学

广告与消费心理学(advertising and consuming psychology)是研究广告对消费者心理的影响、如何发挥广告对消费者的作用以及消费者在购买行为中心理活动和行为表现的发生、发展规律的学科。它包括广告心理学和消费心理学，过去常常把二者分开来进行研究，但随着经济的发展，广告的宣传从单纯的宣传商品信息发展到以消费者为中心，这一趋势导致了广告心理成了消费心理学的重要内容，并多以广告与消费心理学命名。

五、中国心理学的发展道路

在我国古代，很多思想家、教育家，如孔子、孟子、荀子、墨子等都对心理现象进行了论述，却没有心理学专著。心理学在中国不是由中国古代心理学思想直接演化来的，而是由西方心理学传入后逐步形成和发展起来的。心理学在中国的传播始于明末耶稣会传教士利玛窦的《西国记法》(1595年)、艾儒略的《性学觕述》(1623年)等书。鸦片战争后，留美学者颜京出任上海圣约翰书院院长，开设了心理学课程，并于1889年翻译出版了美国海文的《心灵学》。同一个时期，一些留美、留日学者把国外的一些心理学思想介绍到中国，对中国心理学的发展起了重要的推动作用。

我国现代心理学的发展始于五四运动前后。1917年，陈大齐在北京大学主持建立了我国第一个心理学实验室，开始了我国心理学科学化、实验化的探讨。1918年，陈大齐编写了我国第一本心理学教科书《心理学大纲》。1920年，南京高等师范设立了中国第一个心理学系。1921年，中华心理学会在南京成立。1922年，中国第一本心理学杂志《心理》问世。这一切都标志着我国在心理学领域的研究开始逐渐走上正规化的道路。

20世纪二三十年代，现代心理学的许多理论流派开始通过归国的中国学者介绍到中国来，一些海外的中国留学生开始一些重要的心理学实验研究，如智力及其测验、比纳—西蒙智力测验量表的修订等。之后由于战争等方面原因，中国心理学的发展陷入了停滞状态。

新中国成立后，我国的心理学主要以学习介绍苏联的心理学为主，提出了在辩证唯物主义和巴甫洛夫学说的基础上改造心理学。在20世纪六七十年代的特殊历史时期，心理学的研究受到了指责和冷遇，出现了停滞不前和中断的状态。在我国心理学真正受到重视还是近些年的事，随着改革开放的深入和市场经济的建立，中国社会经济快速发展，竞争的加剧，压力的增大，大量的心理问题摆在了我们面前，心理学的研究受到了来自各方面的前所未有的重视。1980年，中国心理学会被正式接纳加入了国际心理学研究会，中国很多高校都相继开设了心理学专业，建立了心理学实验室，心理学研究的仪器设备不断翻新，研究方法与手段也更加科学现代，涌现出一批心理学研究的著名专家学者，有的研究领域在世界上也已经处于领先地位。从2001年开始，我国根据社会发展的需要，制定了《心理咨询师国家职业标准》，这在很大程度上推动了心理咨询与心理治疗领域的发展，经过多年的积累和培养，我国目前已经成长起一批专业的心理咨询师和心理医生队伍，积累了比较丰富的心理咨询和心理治疗经验，从而推动了心理学的全面发展，也吸引了越来越多的人投身这一行业，真正显现心理学旺盛的生命力和远大的发展前景。

第三节　学习心理学的任务和意义

一、学习心理学的任务

总体来说，心理学的任务是通过科学的方法对心理现象进行科学的研究和探讨，从而揭示其一般规律和特殊规律，并应用这些规律为人类的生产生活服务。具体来说有以下四个方面。

（一）确定心理事实

心理学最基本的任务就是在量和质的方面确定心理生活的具体事实。任何一种心理现象都有量上和质上的特点。例如，影响人心理的因素有很多，归纳起来，不外乎以下几种：一是生理因素，包括机体生长与成熟规律、个体的健康状况、先天的但非遗传的因素、遗传因素；二是环境因素，包括自然环境和社会环境，其中主要是教育因素；三是个体主观能动性。具体到每个人身上，以上任何一种因素都可以用作用的大小、力量的强弱等方面的量和质来度量和定性，心理学的任务就是要通过大量的观察、实验、测量等，收集第一手资料，以便分析并得出规律性的结论。

（二）揭示心理规律

科学的重要作用就在于预测和控制。如何能有效地预测和控制呢？最根本的就是要掌握其规律。研究心理学的任务其中之一就是对收集到的第一手资料予以科学的分析研究，得出一般规律，或者找出特殊规律。只有这样，才能根据客观现实的需要去预测和控制心理活动。

（三）探究心理机制

心理机制是指产生某一心理事实的各种心理因素之间相互作用的关系。心理是神经系统的机能，特别是脑的机能。神经系统是各种心理现象产生的根源和基础，人的任何心理活动和外在表现都受神经系统特别是脑的控制，当人脑的某个部位发生了病变，相应的机能就会丧失，如有的脑血栓患者，发音器官良好却不能说话，四肢完好无损却无法行动，就是因为脑出现了问题。分析这一心理事实的心理机制就是要弄清这一过程中人的内部神经系统究竟发生了哪些变化，这些神经过程的变化与什么因素或刺激有关，它们的作用过程是什么。

（四）研究心理本质

心理研究的最终目的就是要揭示心理的本质，这也是心理研究不断深化与提高的需要。那么，心理的本质是什么呢？简言之就是各种心理过程、心理状态、个性倾向性和个性心理特征是如何在生理机制的基础之上产生和发展起来的，这些心理现象在多变的外界环境中是如何起作用的等，弄清楚了这些问题就揭示了心理的本质。研究心理的本质涉及哲学的基本问题，具体来说，它涉及心理与客观现实的关系、心理与神经系统及脑的关系、心理与行为活动及社会实践的关系。在揭示心理的本质方面，不同派别的学者们在哲学观上形成了尖锐的对立——唯心论与唯物论、辩证法与形而上学的斗争。在解决这个问题上，马克思做出了不朽的贡献。在他的哲学指导下，我们不难科学地解答心理的本质问题。对心理本质的揭示有助于我们认识心理学与其他各学科的关系，有助于确立心理学的科学地位和应用价值，有助于充分发挥心理学的理论意义等。

二、学习心理学的意义

对于教师教育专业的学生和教师来说，学习心理学有其重要的理论意义和实践意义。

（一）理论意义

1. 有助于树立辩证唯物主义世界观

因为心理学要研究心理现象的生理机制，研究人的心理现象的发生、发展及其规律，它必然要揭示人的心理现象与客观现实、与人脑之间的关系，也就是物质世界与意识现象之间的关系，这不仅是哲学研究的基本问题，也是心理学研究的重要方面，心理学对这些问题的研究成果论证了"物质第一性，意识第二性"的辩证唯物主义科学论断。

2. 有助于学好教育理论

教育理论课程体现了师范院校的专业特色，是教师从教必备的知识基础。教育理论课程包括心理学、教育心理学、教育学、各科教学法等各门课程，任何学科领域都有其系统性和逻辑性，心理学是教育理论课程的基础学科，是学好其他教育理论课程的基础。

（二）实践意义

1. 有助于搞好教育教学工作

教师的工作对象是学生，而不同年龄阶段的学生有各自年龄阶段的心理发展特点，每个学生又有各自的心理特点，如何针对不同年龄阶段的学生进行教育，如何针对不同气质性格的学生进行教育，如何利用记忆规律组织复习，如何利用注意的规律进行教学等。通过心理学的学习，可以使教师有的放矢地进行教育，减少盲目性，提高有效性。

此外，随着教育改革的不断深入，把心理学研究成果应用到教育教学改革中，是各国心理学家共同努力的方向，比如，当前一些国家在探讨如何充分利用儿童的智慧潜能，如何在教学过程中把学生智力提高到更高水平等课题。几十年来，我国心理学家对学生的感知觉、记忆、概括能力、数概念的形成、代数与外语的程序教学、榜样教育、责任心、道德品质的培养等方面做了一些研究是很有成绩的。这些都是心理学的原理与教育发展相结合的产物，在教育的发展中起了重要的推动作用。

2. 有助于学生自我认识、自我教育、自我提高

通过心理学中各种量表测验或者心理实验等手段，可以更准确地了解自己的认识发展水平、心理健康程度、智力发展情况、个性发展特点等，从而更清楚地了解自己，认识自己，从而有针对性地进行自我调节、自我教育、自我提高。

3. 有助于掌握学习规律和学习方法

通过心理学的学习，可以了解学习过程中感知、思维、记忆等规律，掌握观察、思维、记忆等方法，掌握了这些规律和方法，就可以提高学习的有效性，避免盲目性，提高学习效率。这样既可以有效地提高自己的学习水平和效率，也可以有针对性地指导学生的学习。

4. 有助于提高身心健康水平

心理健康知识是心理学知识体系中很重要的内容，通过心理学的学习，可以了解有关心理健康方面的知识，提高对心理健康重要性的认识，学会用正确的方法调整自己的心态，正确对待工作、生活中遇到的各种问题，促进身心健康发展。同时，在教书育人过程中，注重对学生良好心理素质的培养与训练，做学生心理健康的引导者和心灵成长的守护者。

第四节　心理学的研究原则与方法

一、心理学的研究原则

（一）客观性原则

按客观事物的本来面目予以揭示而不凭臆测加以歪曲，是一切科学研究都必须遵循的基本原则。心理，就其映象来说是主观存在的，但作为一种反映过

程，即在外部条件与内部因素制约下在头脑中产生、变化、发展并以言行等方式表现于外的过程，是不以人的意志为转移的，且有规律可循，因此完全可以作为科学的对象被人们客观地加以研究。在心理学研究中坚持客观性原则，就是要采用客观方法，即依据可以观察得到并能加以衡量的外部条件（刺激）和足以表明某种心理变化的客观指标或行为反应之间的关系，去如实地探明现实与心理、心理与行为以及心理的各种形式之间的因果关系及心理发展规律。

（二）实践性原则

人的心理是在社会实践中产生和发展的。因此，心理学的研究不仅要在实验室研究，而且还要在自然条件下、在人的社会实践活动中进行；同时心理学理论源于实践，那么它还需要应用到社会实践中去，并需要实践来检验，因为实践是检验真理的唯一标准。所以说心理学既要进行理论研究，也要进行实际应用研究，如此更能体现心理学的价值。

（三）发展性原则

世界上一切事物都是运动、发展、变化的，心理现象也不例外，始终处于发展变化之中，因此在研究中必须遵循发展性原则。不仅要看到它当时的特点，而且要看到其发展的可能，绝不能把心理现象看成是固定不变的，即使是比较稳定的心理特征，如气质，也会随着年龄的变化、个人认识的改变、外界因素的影响发生改变。

（四）系统性原则

系统性原则也称作分析与综合性原则。因为人生活在复杂的自然环境和社会环境中，其心理现象的产生会受到时间、地点、情景及个体状态等诸多因素的影响，因此对心理的研究不仅要考虑引起心理的条件和原因，还要考虑与这些条件、原因有联系的其他因素，从多层次、多侧面，在立体化网络中进行。而分析与综合就是把复杂的事物分解成简单的组成部分，再把各部分联合成为一个统一的整体，是任何科学进行深入研究的有力手段。

二、心理学的研究方法

（一）观察法

观察法（observation method）是在自然条件下，对表现心理现象的外部活动进行有系统、有计划的观察，从中发现心理现象发生、发展规律的方法。如观察学生上课时的表现，可以了解学生注意的品质、人格状况、意志品质等方面特点；观察婴儿动作的发展，可以了解孩子动作发展的顺序及其规律。观察法一般在下列情况下使用：①对所研究的对象无法加以控制；②在控制条件下，可能影响某种行为的出现；③由于社会道德的要求，不能对某种现象进行控制。

　　作为科学研究的观察和日常生活中的观察不同，采用观察法研究心理现象，一般需要经过以下步骤：首先要有明确的目的、计划；其次做好尽可能全面而详细的记录，除文字记载外还可以利用现代化的手段，如录音、录像等录下实况；然后对所观察到的材料进行科学的分析和深层次的研究；最后得出切合实际的推论或结论。

　　观察法的优点是简便易行，所获得的材料往往比较真实。但由于它是在自然条件下进行的，要获得某些心理现象需长期等待，对某种现象难以进行重复观察，再加上心理现象的多因性与条件难以控制，它只能帮助研究者了解事实现象，而不能解释其原因，如果没有一定的分析经验与技能，要做出精确的判断是很难的，为了克服这种缺点，就出现了有条件的观察，即实验法。

　　（二）实验法

　　实验法（experimental method）是指在有条件的控制下，系统地操纵某种变量，以研究因此引起其他变量变化的方法。心理学起源于实验。实验法是心理学最基本、最常用的方法。一般情况下，实验法可以分为实验室实验法和自然实验法两种。

　　1. 实验室实验法

　　实验室实验是在特设的心理实验室中借助于专门的仪器设备、控制一定的条件进行的实验。实验者在从事实验时，先要了解参加测试或活动的具体步骤和做法，然后利用仪器和设备、控制住一定条件进行操作，而后去观察由此引起的心理或行为反应的变化，最后要充分利用仪器设备记录条件与反应改变的情况，找出因果关系，也就是自变量和因变量之间的关系。由实验者操纵变化的变量叫自变量，由自变量引起的其他反应叫因变量。例如，生活中常常要求人对特定的刺激有快速反应的能力，如司机见到红灯要停车，遇到紧急情况要急刹车；运动员听到枪声要快速起跑；学生在规定时间内要完成多少道题等，而事实上外界刺激作用于机体时总要经历一定时间才会引起反应，这种反应不仅因为神经通路的工作历程而必然存在，而且由于各种因素，如刺激物的性质、强度、机体的状况，包括心理的成熟水平、动机、定势、个性等的影响会加速或减慢。为了探索各种因素，特别是心理因素对反应时的实际影响，就可以通过实验室来完成，如在实验室中通常向被试提供一个光刺激，也可以是声刺激或者是触觉刺激，要求被试一见到光或一听到声音，或一有触觉就按键，从刺激出现到反应产生的时间间隔可用精密仪器记录下来，进而对结果进行分析，找出影响人反应快慢的主要心理因素。

实验室实验最大的优点是对无关变量进行了严格的控制，对自变量和因变量进行了精确的测定，准确性高。由于实验室是在人为的情景下或孤立条件下进行的，其结果也常常因被试的紧张，难以控制的态度等因素而使实验结果受到影响，故需用自然实验法加以补充。

2. 自然实验法

自然实验法是在日常实际生活的情境中，在自然状态下，对实验条件进行适当的控制所进行的心理实验。它排除了实验室实验明显的人为性质，也避免了观察法的被动局面，同时又保留了实验研究所固有的特色。自然实验法在心理学中，特别是应用心理学中运用得非常普遍。

例如，美国心理学家奥苏贝尔等人于 1957 年做过一次"意向对保持学习材料的影响"的实验。实验者把学生分为实验组和控制组两个组，让两组学生阅读同样一篇 1400 字的论文。在阅读之前，对实验组的学生宣告：第一，读完之后将进行一次测验以了解其阅读成绩。第二，两周后将再进行一次测验以了解其记忆的成绩。而对控制组的学生只宣告与实验组同样的第一点，同样的第二点待第一次测验后再宣告。结果发现，阅读后的第一次测验成绩两组几乎相当。而两周后的测验成绩，实验组的成绩高于控制组。实验表明，在阅读之前有准备的长时记忆的意向比阅读之后才出现的这种意向会有更好的学习效果。

（三）个案法

个案研究法（case method）是由医疗实践中的问诊方法发展而来的。指通过调查、访谈等形式，有目的地进行收集单个被试的有关资料，从而进行心理特征分析，找出解决问题的方法。例如，通过个案分析，了解不同媒体对不同群体的影响，了解家庭教育对儿童身心发展的影响等。个案法的优点是能深入了解某个人的心理问题的深层动机，找到问题的症结，但个案研究的结论只适用于个别情况，不能轻易地推广到其他个人或团体，但通过多个同类个案研究之后，可以为研究群体提供依据。

（四）心理测验法

心理测验法（psychological test method）是指用一套预先制定的标准化量表测量个体心理品质的方法。心理测验从内容上主要有智力测验、成就测验、态度测验和人格测验；按形式可以分为文字测验和非文字测验；按测验规模可以分为个别测验和团体测验等。

心理测验是目前比较流行的一种心理研究方法，但需注意的是从心理学的角度运用这种方法一定要注意心理测量表的信度（reliability）和效度（validity）。

信度是指测验的可靠程度。如果一个量表可靠程度高，那么，同一个人多次接受这个测验就应该得到相同或大致相同的结果。效度是指测验在多大程度上能有效地测出所要测的心理品质。例如，高考进入大学之后进行入学测验，如果一个学生高考时考了高分，而另一个学生考了低分，入学测验结果基本也是这样，就说明高考试题效度比较高。为了保证心理测验的信度和效度，一方面要对某种心理品质进行深入的研究，另一方面在编制量表时要注意科学性和严谨性，这样才能保证心理测验的真实可靠性。

思考与练习

1. 填空题：1879 年，德国心理学家冯特在_____建立了世界上第一个心理学实验室，标志着心理学成为独立的科学。他的《_____》被看作心理学史上第一部系统的心理学专著，这本书被称为"_____"。

2. 单选题：以下属于个性倾向性的是(　　)。

A. 气质　　　　　B. 性格　　　　　C. 能力　　　　　D. 需要

3. 单选题：世界上最早论述心理现象的专著是(　　)。

A.《论灵魂》　　　B.《理想国》　　　C.《大教学论》　　　D.《生理心理学原理》

4. 判断题：弗洛伊德的人格结构理论中的"自我"遵循客观原则。

5. 问答题：联系实际谈谈学习心理学对从事教育工作有什么重要意义。

阅读与欣赏

1. 弗洛伊德. 日常生活的心理分析[M]. 张登浩，高兴翔，译. 北京：北京出版社，2010.

2. 心理电影：爱德华大夫.

第二章　科学心理观

学习目标

1. 了解脑的结构和功能。
2. 理解并掌握心理的实质。
3. 理解并掌握反射的概念和种类。
4. 理解并掌握儿童身心发展的规律及对教育的启示。
5. 了解儿童身心发展的主要理论及基本观点。

自古以来，有许多哲学家、生理学家、教育家、医学家都在探索心理的奥秘。由于心理现象的复杂，研究难度很大，对于"心理究竟是什么"这一课题，几千年来学者们提出了许多不同看法，但归纳起来可分为两类，即唯物主义与唯心主义心理观的论争。唯心主义者认为，人的心理是不依赖于物质而独立存在的、虚无缥缈的、永恒不灭的灵魂。随着科学的发展，人们对心理现象的认识才越来越科学，形成了科学的心理观。

第一节　心理的实质

科学的心理观，即辩证唯物主义心理观认为：人的心理是人脑对客观现实，主要是社会现实能动的反映，这是心理的实质。

一、心理产生的物质器官——人脑

在古代漫长的历史时期，由于认识水平有限，人们认为主宰人心理活动的是灵魂。到了近代，人们认为心脏是心理活动的器官。后来，随着科学技术的发展，尤其是医学临床技术的发展，人们认识到心理是脑的功能，脑是心理活动的器官。人脑是世界上最复杂的一种物质，它是由 100 亿以上的神经细胞和1000 亿以上的神经胶质细胞组成，每个神经细胞又与其他神经细胞存在 1 万个以上的联系，形成复杂的神经网络。

（一）脑的结构和功能

人类的神经系统按照结构和功能的不同，可以分为中枢神经系统和周围神经系统。中枢神经系统包括脊髓和脑。

　　脊髓是中枢神经系统的低级部位，是脑和周围神经的桥梁。来自躯体和四肢的各种刺激，只有经过脊髓才能传导到脑，受到脑更高级的分析与综合；而由脑发出的指令，也必须通过脊髓，才能支配效应器官的活动。脑是中枢神经系统的高级部位，是心理活动最重要的物质载体。

　　人脑可分为脑干、间脑、小脑、大脑四个部位。如图 2-1。

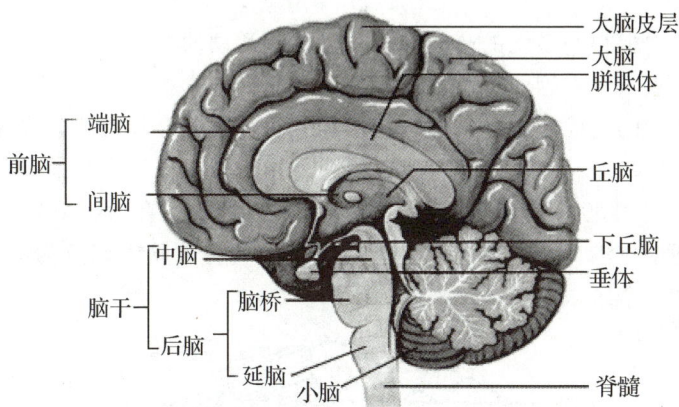

图 2-1　脑的结构图

　　1. 脑干

　　脑干在大脑与脊髓之间，呈圆柱形。脑干主要包括延脑、脑桥与中脑。延脑也称延髓，在脊髓上方，背侧覆盖着小脑，是一个狭长的结构，全长 4 厘米左右。延脑与人的基本生命活动密切相关，它调节支配心跳、呼吸、排泄、咀嚼、吞咽、唾液分泌、呕吐等活动，因而又叫"生命中枢"。脑桥在延脑之上中脑之下，是中枢神经与周围神经之间传递信息的必经之地，主要调节面部肌肉的运动，如眼肌、咀嚼肌、表情肌等，对人的睡眠也具有调节和控制作用。中脑则位于丘脑底部，小脑、脑桥之间，是视觉和听觉的低级中枢，对调节骨骼肌肉的紧张度、身体姿势和随意运动有重要作用。如果中脑受损，则手脚的动作协调将受到破坏，面部表情将显得呆板。

　　2. 间脑

　　间脑包括丘脑和下丘脑，在脑干上方，大脑两半球的下部，有两个鸡蛋形的神经核团，就是丘脑，它是神经通路的"中转站"，由身体传入脑的信息和由脑传出到身体的信息都要经过这里。丘脑正下方有一个更小的组织，叫下丘脑，它是内脏活动的调节中心，控制着摄食、饮水、体温和内分泌等活动。此外，下丘脑还与情绪活动，如快乐、愤怒、害怕、沮丧和渴望等有关。

3. 小脑

小脑位于延脑和脑桥的后方，有两个小脑半球。小脑与延脑、脑桥、中脑均有复杂的纤维联系，它主要是协助大脑维持身体的平衡与协调动作。一些复杂的运动，比如签名、走路、舞蹈等，一旦学会，似乎就编入小脑，并能自动进行。小脑病变或损伤时，会出现痉挛、运动失调，丧失简单的运动能力。

4. 大脑

大脑是中枢神经系统的高级部位，是心理活动的主要器官。它由左右两个半球构成，重量约占脑的总重量的60%。

大脑半球的表面布满深浅不同的沟和裂。沟裂间隆起的部分称为回。大脑皮层就是由这些沟、裂和回组成，若将这些沟、裂、回等展开铺平，大脑皮层的表面积约为2200平方厘米，平均厚度为2.5毫米。在大脑皮层上有三条大的沟裂，即中央沟、外侧裂和顶枕裂，这些沟裂将大脑半球分为额叶、顶叶、颞叶和枕叶四个区域。如图2-2。

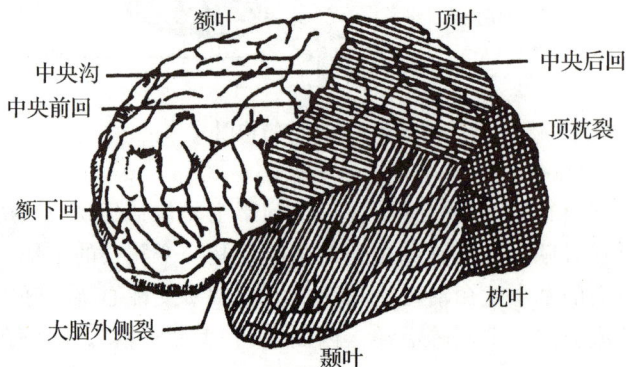

图2-2　大脑左半球分区结构图

经研究发现，大脑皮层的不同部位与特定功能相连，如图2-3。例如，躯体运动区位于顶叶中央沟之前，它的主要功能是发出动作指令，支配和调节身体在空间的位置、姿势及身体各部分的运动。躯体感觉区在顶叶中央沟之后，它调控躯体的冷、温、触、压、痛等感觉。视觉区位于顶枕裂后面的枕叶，它接受在光刺激下由眼睛输入的神经冲动，产生初级形式的视觉。若大脑两半球的视觉区受到破坏，即使人的眼睛功能正常，人也会完全丧失视觉能力。听觉区位于颞叶上部，接受并加工来自双耳的信息。若破坏大脑两半球的听觉区，即使双耳的功能正常，人也将完全丧失听觉能力。

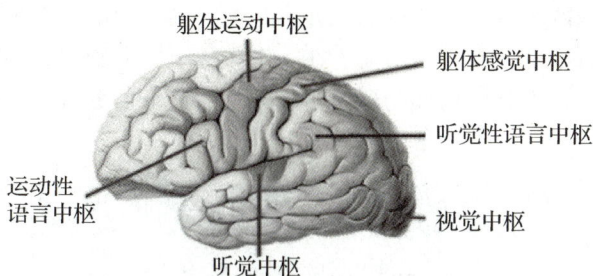

图 2-3　大脑左半球的分区功能图

大脑是神经活动的最高级部位，是神经活动的"最高司令部"。大脑左右两半球从表面上看似乎是左右对称的，实际上两个半球在结构和功能上都有明显的差异。从结构上讲，人的大脑右半球略大于和重于左半球，但左半球的灰质多于右半球；左右半球的颞叶具有明显的不对称性；各种神经递质的分布左右半球也是不均衡的。从功能上讲，在正常情况下大脑两半球是协同活动的。研究表明，对大多数人来讲，言语功能、抽象思维功能主要定位在左半球，而知觉物体的空间关系、情绪、想象、欣赏音乐和艺术等则定位于右半球，如图 2-4。

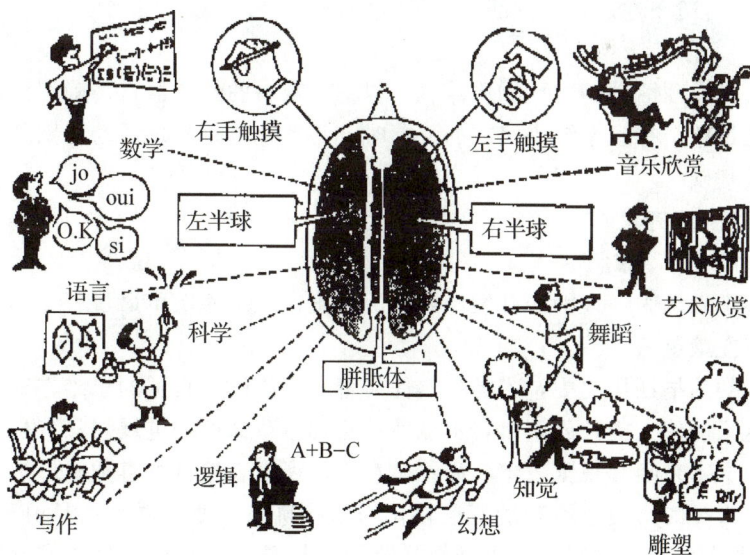

图 2-4　大脑两半球的功能分工

当然，大脑两半球功能的单侧化并不是绝对的。大脑左半球是言语优势半球，并不能说右半球没有言语功能。在一定条件下，大脑两个半球在功能上有相互补偿的作用，大脑的局部受到损伤后，脑的其他部分可以补偿它的部分或全部机能。

拓展学习

关于"裂脑人"的研究

裂脑人实验从20世纪60年代开始，美国加利福尼亚大学生物系教授斯佩里等人，对裂脑人进行了仔细的观察和研究取得了可喜的成果。斯佩里让裂脑人按他的话举手或屈膝，结果，病人的右侧身体服从了命令，而左侧身体却不听指挥。把裂脑人的双眼蒙上以后，用手接触他身体左侧的任何部分，他都说不出被接触的部位。斯佩里将一张年轻女人照片的左半部和一张小孩照片的右半部拼成一张照片，然后让裂脑人注视照片的中心，使这张照片的左半部正好置于裂脑人的左半视野，右半部置于他的右半视野，要他指出、说出看见了什么，结果，他手指着青年女子的照片，嘴里却说看见了小孩的照片。在这里，人体的左侧和右侧各行其是，思维发生了分裂，在一个人身上好像出现了完全不同的两种思想。据此，斯佩里认为，裂脑人具有两个精神，是两个人。

人脑是心理活动的主要物质器官，但不是唯一的物质器官。确切地说心理活动是通过整个神经系统来完成的，同时分泌系统也是心理活动特别是情绪活动的物质基础。

（二）脑的开发

1. 对脑的认识过程

许多学者认为，人脑的开发已经经历和正在经历四次革命过程。

（1）"左脑革命"

在人类的早期历史中，人类仅仅凭借着非言语的、直觉的思维方式战胜自然。但这只能使人类种族繁衍，不能使社会发生革命性的进展。只有当人类开始以图画文字来唤起视觉表象，而不是直接以视觉表象进行直觉式思维来应对自然时，人类的历史才不断沿着逻辑化的思维轨迹飞速发展。正是由于"左脑革命"，即实现了人以逻辑的思维力量协同参与右脑活动那种直觉或反应过程后，才真正造就了人类社会几千年的文明史。

(2)"电脑革命"

第二次革命发生在20世纪50年代，即计算机革命(电脑革命)。这次革命对社会的进步起到巨大的推动作用。但这次革命只是"左脑革命"的进一步延伸，仅仅扩展了人类言语的、抽象的思维能力，而对人类右脑的开发涉及很少。

(3)"右脑革命"

这次革命发生在20世纪八九十年代。学者们认为右脑一直处于未开发或忽略状态，而右脑对人的全面发展有重要意义。一些学者认为，人与人左脑的功能区别并不大，右脑的功能开发与否对人的发展影响巨大。所以存在"左撇子聪明"的说法，但这一说法至今没有科学论证。

拓展学习

与左利手相关的事件

从20世纪90年代开始，人们发现生活中有许多现象与左利手相关联。例如，孤独症、精神分裂症和智力落后的人群中，左利手所占比例比正常情况下较大；脑的一侧异常即语言中枢位于右脑或两脑都有的人，大多数是左利手。这些现象虽然不很明显，但引起一些对左利手看法上的混乱。尤其引起人们注意的是黛安娜·哈尔彭(Diane Halpern)和斯坦利·科伦(Stanley Coren)于90年代初期指出手的一侧化优势与寿命有关。他从5000人的样本中发现左利手所占的比例随年龄增大而减小，在20岁时为13％，30岁时为5％，到80岁时只占1％。这一个惊人的与死亡率有关的发现，迫使他继续研究下去。他在近1000份的死者调查结果中，将男女分开，以左利手和两手混用合为一组与右利手组做比较，结果发现，左利手和两手混用组男人的寿命短10年，女人的寿命短5年。如何解释呢？他提出两个最重要的因素，一是左利手容易出事故，因为社会上的一切器械都是为右利手准备的，如安全杠、制动闸等的安装对他们很不利；二是左利手可能与他们在出生时受到神经损伤如早产、难产、缺氧有关，使得他们容易受到影响寿命的各种伤害。与此观点相一致，后来许多研究也发现左利手的人有出生时不顺利的经历。这个理论正好也解释了在孤独症、精神分裂症和智力落后的人群中，左利手比例较大的原因。

(资料来源：张厚粲. 大学心理学. 北京：北京大学出版社，2001.)

（4）"全脑革命"

随着脑科学研究的深入，"全脑开发""全脑教育"已经兴起。"全脑革命"是指：第一，以人脑为核心的整个身心功能的全面开发，生理功能应与心理功能一起开发；第二，指脑的各部分的全面开发，即对左右两半球整体功能进行协调开发；第三，对人脑三个层次水平的全面开发，即指对人脑现有水平、潜能水平、自我调控水平的开发。

2. 脑潜能开发的途径

（1）锻炼与大脑

研究表明，运动不仅和智慧互相协调，而且还是智慧发展的重要途径。运动不仅能促进大脑的发展，而且也是大脑的一种积极的休息方式。科学家认为，运动有利于儿童视觉、听觉、嗅觉、前庭感觉等的发育，有利于感觉统和，从而促进脑功能的发展。此外，锻炼还是良好而有效的健脑方式。研究发现，散步和慢跑可以促使大脑思维活跃，改善大脑的机能。从短期效应来看，锻炼可以使动脉通畅。

（2）睡眠与大脑

科学研究表明，睡眠除与脑力、体力的恢复有关，还与创造、记忆等有关。

首先，睡眠与人的创造有关。古今中外的一些事例表明，睡眠中的梦可能是人创造思维的源泉。睡眠能有助于人把新知识融入旧知识中，有益于知识建构。

其次，睡眠有助于记忆。心理学家做过这样一个实验：让两组学生都记同一个内容，然后让一组学生睡眠进行休息，让另一组学生继续活动，从事其他工作。隔一段时间重新给予测验，结果发现，睡眠组的学生成绩好，这表明睡眠有助于记忆。

此外，睡眠中，大脑还生产着思维所必需的生化物质，合成着成长所需要的生长激素。若没有充足的睡眠，大脑分泌这些物质就要受到影响，致使人学习能力下降，记忆力衰退。

另外，在睡眠中，脑制造蛋白质的速度远远高于觉醒期，因此，睡眠对大脑有重要的营养作用。

（3）营养与大脑

从大脑的形成到发育和发展，也离不开良好的营养供应；而大脑为了保障它的正常活动，提高它的工作效率，同样也离不开充足的能量供应。研究表明，营养不良或饮食不当，可导致注意涣散、抑郁、惊恐甚至困倦。因此，要保证充足的营养供给，早餐要吃饱吃好，也要注意平时饮食的营养平衡。一般来说，保障人的大脑正常运转所需的营养物质有水、氧、蛋白质、糖类、脂类、微量元素等。

(4)烟酒与大脑

科学研究发现，烟酒中的有毒物质，能通过血脑屏障进入脑内，对脑产生破坏作用。因此，开发脑功能的同时，要戒烟限酒。

(5)学习记忆与大脑

进化论的原理表明"用进废退"，大脑也遵循着这一原则。学习训练、勤于用脑，是开发大脑功能的重要途径。

(6)用脑方法与大脑

人的潜能是无限的。科学研究表明，大脑潜能具有超乎想象的丰富性与可开发性。对大多数人来说，大脑能量的很大部分还未来得及发挥。在日常的认知活动和情感活动中，平均只有约 5% 的神经元在发挥作用。因此，只要学会科学的用脑方法，脑的潜能可以得到更大程度的开发。

拓展学习

有损大脑的生活习惯

长期饱食：现代营养学研究发现，进食过饱，大脑中被称为"纤维芽细胞生长因子"的物质会明显增多。这些纤维芽细胞生长因子能使毛细胞血管内皮细胞和脂肪增多，促使动脉粥样硬化发生。如果长期饱食的话，势必导致脑动脉粥样硬化，出现大脑早衰和智力减退等现象。

轻视早餐：不吃早餐使人的血糖低于正常供给，对大脑的营养供应不足，久之对大脑有害。此外，早餐质量与智力发展也有密切联系。据研究，一般吃高蛋白早餐的儿童在课堂上的最佳思维普遍相对延长。而食素的儿童情绪和精力下降相对较快。

甜食过量：甜食过量的儿童往往智商较低。这是因为儿童脑部的发育离不开食物中充足的蛋白质和维生素，而甜食会损害胃口，降低食欲，减少人体对高蛋白和多种维生素的摄入，导致肌体营养不良，从而影响大脑发育。

长期吸烟：德国医学家研究表明，常年吸烟使脑组织呈现不同程度的萎缩，易患老年性痴呆。因为长期吸烟可引起脑动脉硬化，日久导致大脑供血不足，神经细胞变性，继而发生脑萎缩。

睡眠不足：大脑消除疲劳的主要方式是睡眠。长期睡眠不足或质量太差，会加速脑细胞的衰退，聪明的人也会变得糊涂起来。

蒙头大睡：随着棉被中二氧化碳浓度升高，氧气浓度不断下降，长时间吸进潮湿空气，对大脑危害很大。

不愿动脑：思考是锻炼大脑的最佳方法。只有多动脑筋，勤于思考，人才会变聪明。反之，不愿动脑只会加速大脑的退化，聪明人也会变得愚笨。

带病用脑：在身体不适或患疾病时，勉强坚持学习或工作，不仅效率低下，而且容易造成大脑损害。

少言寡语：大脑中有专司语言中枢，经常说话也会促进大脑的发育和锻炼大脑的功能。

空气污染：大脑是全身耗氧量最大的器官，平均每分钟消耗氧 500～600 升。只有充分的氧气供应才能提高大脑的工作效率。

（资料来源：原文载澳大利亚《澳洲在线》.）

二、心理产生的源泉——客观现实

客观现实是指在人的心理之外独立存在的一切事物，包括自然环境、社会环境和人体自身及其内部的生理状态。人的心理所反映的内容，无论是简单的还是复杂的，都来源于客观现实。客观现实中有花、草、树木，我们在头脑中才会有花、草、树木的映象，才会产生感觉、知觉、思维、想象等心理现象。即使我们头脑中出现的是现实中不存在的事物形象，如《西游记》中的孙悟空、猪八戒，也是以机警敏捷的猴子和好吃懒做的猪为原型创作出来的，它的最终来源依旧是客观现实。

客观现实是心理产生的源泉，其中社会生活环境对人的心理具有更为重要的作用。一个人如果从小脱离了人的社会生活环境，就不可能有人的正常心理活动，甚至不会产生人的心理。世界各地曾发现一些从小被野兽叼去，和野兽一起生活，在兽群中长大而幸存的"狼孩""豹孩"等，虽然他（她）们是人类的后代，但即便有人的大脑也没有形成人的心理，而是养成了野兽的习性。即使已经形成了人的正常心理活动，如果长时间脱离人的社会生活环境，那么他原来已形成的人的正常心理，也会变得失常。例如，抗日战争时期，日本侵略者从中国强拉大批中国人去日本做苦工，其中一位华工刘连仁，因不堪忍受日本矿山主的虐待与凌辱，逃到北海道的深山老林中，过了 13 年的茹毛饮血的生活，于 1958 年被人发现时，他的说话及思维等能力已大大降低，甚至说不出一句连贯的话。这些事例都说明，人心理的源泉是客观现实，人的心理发展主要受社会生活环境的影响，具有明显的社会性。

拓展学习

印度狼孩卡玛拉

　　卡玛拉，女，1912年生于印度，当年被狼叼走，与狼一起生活了八年。1920年她在加尔各答东北山地被人发现，从狼窝里抓回送到附近一个孤儿院，由牧师辛格夫妇抚养。刚进孤儿院的头一年，卡玛拉只有狼的习性而没有人的心理。她不会说话、不会思考、用四肢行走、昼伏夜行、睡觉也是一副狼相。卡玛拉经常半夜起来在室内外游荡，寻找食物。想要逃跑时，像狼一样嚎叫，吃饭喝水都是在地上舐食。她愿意与猫、狗、羊等动物一起玩，不让别人给她穿衣服，不愿与小孩接近。尽管她每天与人生活在一起，但心理发展极慢，智力低下。第二年，卡玛拉能用双膝行走，能靠椅子站立，能用双手拿东西吃，对抚养她的辛格夫人能叫妈妈。经过三年多她才逐步适应人的生活，能够自己站立，让人给她穿衣服，用摇头表示"不"。辛格夫人外出归来，她能表示高兴。入院第四年她才能摇摇晃晃地直立行走，早饭时能说"饭"这个字，这时的智力水平相当于一岁半的孩子。入院六年时，能说出30个单词，与别人交往时有了一定的感情，智力达到两岁半的水平。第七年，卡玛拉已经基本上改变了狼的习性，能与一般孩子生活在一起，能说出45个单词，能用三言两语表达自己的意思，能够唱简单的歌。她开始注意穿着，不穿好衣服不出屋，有了羞耻心。做好事后受到表扬就非常开心。第九年(17岁)，当她因尿毒症死去时，她的智力只有三岁半的水平。

三、心理的主观能动性

　　人的心理，就其反映内容来说是客观的，就其反映形式如感知、思维、情感等来说却是主观的。人对客观现实的反映并不是机械、被动的反映，而是一种主观能动性的反映。

　　（一）心理具有主观性

　　人脑对客观现实的反映受个人心理状态、个性特点、知识经验等的影响而使反映带有个人主体的特点，形成了人与人之间的差异。这样，对同一事物，不同的人，在反映的积极性上、反映方式上、反映的正确程度上，都会有个别差异。在教育教学过程中，同一个班级所有学生听同一个老师讲授同样的内容，但学生对教学内容的理解和掌握却各不相同，知识的巩固和运用也相差很大。此外，同一个人在不同的时期，由于种种原因，其对同一事物也可能先后有不同的看法。可见，人对客观现实的反映往往不是简单地取决于眼前的事物，而是取决于一个人的主观状态，心理是对客观现实的主观反映。

（二）心理具有能动性

人的心理对客观现实的反映，不会像镜子那样消极、被动的反映，而是积极、能动的反映。人不仅通过实践活动认识客观世界，而且还运用已有的知识经验以及各种心理活动创造性地改造世界。人类在认识世界的过程中，积累了大量的科学文化知识，为人类的文明进步做出了巨大的贡献。认识世界的目的是为了改造世界，人类在尊重客观规律的前提下，不断发挥主观能动性去进一步改造世界，使之更好地为人类服务。同时，人的心理还可以通过自我意识去认识自己、控制自己、改造自己，不断地完善自己。人就是在自我认识与自我控制中不断完善，不断发展的。

第二节　心理的发生

一切心理现象不论是简单的还是复杂的，就其发生方式来说都是通过反射实现的。

一、反　射

（一）反射的概念

有机体通过神经系统对客观刺激物所做的有规律的应答性反应。如眨眼、呕吐、望梅止渴等都是反射。反射是人和动物适应环境的基本方式。

（二）反射弧

反射弧是实现反射活动的神经通路，由感受器、传入神经、神经中枢、传出神经和效应器五部分组成。在具体活动中，感受器受到刺激，由传入神经把神经冲动传到神经中枢，中枢经过分析后，由传出神经向效应器发出指令，效应器做出相应的反应。如图 2-5。

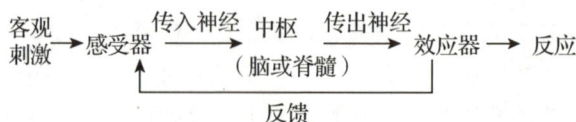

客观刺激 → 感受器 →（传入神经）→ 中枢（脑或脊髓）→（传出神经）→ 效应器 → 反应

反馈

图 2-5　反射结构

（三）反射环

反射环是实现反射活动并包括反馈环形通路的整个神经结构。所谓反馈是在反射活动中，效应器的活动结果还会作为新的刺激再次作用于感受器，传入到神经中枢，引起新的反射活动。因为反馈使神经中枢及时获得效应器活动的信息，从而更有效地调节效应器活动的过程，保证有机体进行自我调节、自我控制，实现机体与环境的平衡。可见，反射的神经结构不是一个简单的反射弧，而是一个复杂的有环形回路的反射环。由此人类才能完成复杂的行为活动。

二、反射的种类

反射一般分为无条件反射和条件反射两种。

（一）无条件反射

无条件反射是指与生俱来的、由遗传而获得的反射。无条件反射的反射弧是固定的，因而无条件反射也叫本能。无条件反射有很多种，主要有食物性反射、防御性反射、性反射等。并不是所有的无条件反射都伴随人终生，对维持生命有重要意义的无条件反射，比如，打喷嚏、咳嗽、眨眼等无条件反射会伴人一生，而对维持人生命并无重要意义的无条件反射则会消失。

（二）条件反射

条件反射是后天经过学习而形成的反射。条件反射是在无条件反射的基础上建立起来的一种高级的神经活动。人的心理活动主要是与后天获得的大量条件反射相联系的。

三、条件反射的研究

（一）经典性条件反射的研究

最早的经典性条件反射实验是由俄国生理学家巴甫洛夫进行的。巴甫洛夫先选择健康的狗，将狗的腮腺导管的开口用手术方法缝到颊部皮肤上，使唾液分泌时流到体外，以便记录和测量，如图 2-6。当给狗吃食物时，狗会分泌唾液，这是无条件反射，食物是无条件刺激，铃声是无关刺激或中性刺激。如果在喂食前几秒钟都给予铃声刺激，这样，铃声和食物经过多次结合，当铃声单独出现，不给狗吃食物，狗也会分泌唾液。这时，狗对铃声就形成了条件反射，铃声由中性刺激转变成了条件刺激，成为进食的信号。

图 2-6　巴甫洛夫经典性条件反射实验

（二）操作性条件反射的研究

操作性条件反射实验是由美国心理学家斯金纳在巴甫洛夫的经典性条件反射基础上进行的。斯金纳设计了一种专用木箱——斯金纳箱，如图 2-7。

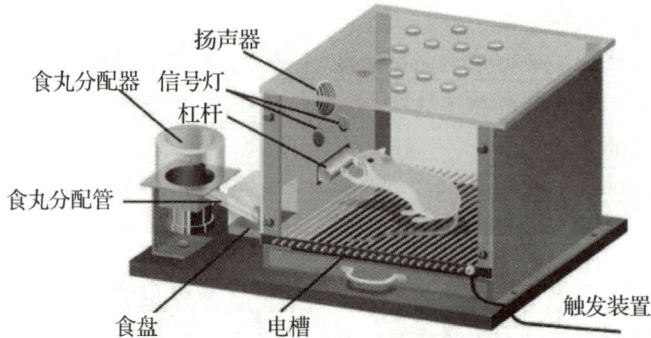

图 2-7　斯金纳箱

斯金纳箱中有一套包括一个杠杆和一个食盘在内的操作装置。斯金纳将一只饥饿的白鼠放进箱内，白鼠刚进去后盲目跑跳，当它偶然压住杠杆时就有一粒食丸掉进食盘，经过多次这样偶然的触压并获得食物后，饥饿的白鼠一进入箱内，就会主动按压杠杆以获取食丸，这就标志着白鼠形成了条件反射。在上述实验中，动物按压杠杆的活动对于强化物的出现及条件反射的形成具有关键作用，所以这种条件反射被称为操作性条件反射，又称为工具性条件反射。

　　经典性条件反射和操作性条件反射两者的基本原理是相同的，都是以强化为条件在大脑皮层上建立暂时神经联系。它们的主要区别在于：在经典条件反射中，强化物伴随条件刺激物，但它要与条件刺激物同时或稍前出现，条件反射才能形成。在操作性条件反射中，有机体必须先做出反应，然后才能得到强化；在经典条件反射中，是把动物束缚在实验台上，动物是在被动的适应中形成的，而操作性条件反射，是通过后天"塑造"的动物"自由操作"而主动形成的。在我们的现实生活中，操作性条件反射比经典性条件反射更为多见。

（三）条件反射的系统性

　　在生活实际中，有机体的心理活动和行为方式并不是单一的条件反射活动，而是由一系列条件反射形成的条件反射系统。

1. 动力定型

　　动力定型简称动型，它是按一定顺序出现的一系列刺激和反应经多次反复而形成的暂时神经联系系统。它具有定型化、自动化、概括化的特点。比如，学生学做广播操，总是按一定顺序去做，经过长期训练就形成了做操技能，这就形成了动型。动型形成后，只要有人下令做操，学生就会自动化地按顺序做起来。

　　动型既有稳定性，也有可塑性。定型化、自动化、概括化是动型稳定性的表现。可是，动型又可以随着客观条件的变化和个人的主观努力而逐步改变。比如，一个人有贪食的习惯（动型），当他认识到贪食的害处后，采取有效措施，逐渐不贪食了，这就是动型可塑性的表现。

2. 第一信号系统与第二信号系统

　　条件反射是动物和人都具有的生理活动。人类的条件反射是非常丰富的。由于人类大脑皮质高度发展，通过生产劳动，出现语言和思维，所以人的高级神经活动变得更为复杂。动物和人的大脑皮质都能将自然界的一切具体刺激，如声、光、机械刺激等转变为某种生理活动的信号，形成条件反射。这种以具体刺激物作为信号的皮质神经联系及其活动称为第一信号系统。该信号系统是人和动物共有的。

　　人类除了有第一信号系统外，还存在其他动物所不具备的特殊机能，即言语机能。语言、文字可以代替具体刺激使人类产生各种反应，也就是说，词是外界事物的抽象，是自然界具体信号的代替者，它是信号的信号，即第二信号。以第二信号引起皮质的神经联系及其活动，称为第二信号系统，这是人所特有的。

　　第一信号系统和第二信号系统是密切联系的。第二信号系统不断地受第一信号系统的矫正，而越来越正确与充实。同时，第二信号系统又以本身非常灵活的机能不断地补充、代替或指导第一信号系统的活动。事实上，第二信号系统本身也在不断地充实着。第一信号系统保证第二信号系统不脱离现实，使之能精确地反映现实。而第二信号系统对第一信号系统又起着指导作用。

第三节　心理的发展

人的心理在整个生命历程中一直处于发展变化之中，其中所发生的一系列积极的心理变化被称为心理发展。

一、儿童身心发展的基本规律

1989 年 11 月 20 日，联合国大会通过国际《儿童权利公约》，界定"儿童"为 18 岁以下的任何人，《儿童权利公约》于 1992 年 4 月 1 日开始在我国正式生效。

(一)连续性和阶段性

连续性指的是儿童从出生到青年初期 18 岁，总的质变是由一个软弱无能，不认不识(一种质的状态)的个体，成为有一定思想观点、知识文化和劳动能力(另一种质的状态)的独立的社会成员，这种转变不是一朝一夕形成的，而是一个连续发展从量变到质变的过程。在儿童不同的发展阶段之间，有一个渐进和重叠的过程。

心理发展的阶段性指个体心理发展在不同的年龄阶段有自己独特的、有别于其他阶段的质的特点和表现，面临着不同的发展任务。在儿童发展的各个不同年龄阶段中所形成的一般的、典型的、本质的心理特征称为儿童心理发展的年龄特征。我国心理学家一般把儿童心理发展划分为六个阶段，即乳儿期(1周岁以内)、婴儿期(1～3岁)、幼儿期(4～6岁)、童年期(7～12岁)、少年期(13～15岁)、青年初期(16～18岁)。

心理发展的连续性和阶段性对教育的启示：教育工作必须从学生心理年龄特征的实际出发，针对不同年龄阶段的学生，提出不同的具体任务，采取不同的教育内容和方法，要根据实际情况区别对待，不能搞一刀切，还要注意各阶段间的衔接和过渡。

(二)顺序性和方向性

儿童身心发展的方向和顺序是一定的、不可逆转和不可逾越的，总是遵循着由简到繁、由表及里、由浅入深、由幼稚到成熟、从量变到质变、从低水平向高水平的发展规律。比如，儿童身体的发育是按"首尾法则和近远法则"进行的，即由头部到躯干和四肢，从中心向全身边缘的顺序发育着。初生儿的头部很大，同身体与四肢不成比例，经过一定时期的发展，就渐趋于平衡。顺序性反映了机体的成熟过程，大脑的成熟过程又制约着心理的发展顺序。人的认识总是从感觉到知觉，思维则是从形象思维到抽象思维，情感也是从一般的喜、怒、哀、惧等初级情绪体验到理智感、道德感、美感等高级情感发展起来的。

发展的定向性和顺序性对教育的启示：对儿童进行教育时，必须遵循由具体到抽象，由浅入深，由简到繁，低级向高级的顺序，循序渐进，不能揠苗助长，否则就不能收到应有的效果，甚至损害学生的身体和心理健康。

（三）不平衡性

不平衡性是指在儿童身心发展的过程中，发展的速度并不是匀速的，在不同的年龄阶段，其发展的速度和水平是有明显差异的。表现在如下两方面。

一方面，个体在不同年龄阶段某一方面发展的不平衡。如身高体重的发育有两个高峰期：一是儿童出生后第一年，即乳儿期。这一时期儿童成长速度非常快，主要是因为新生儿刚刚脱离母体来到现实环境中，产生了个体与外在环境的极大不适应，必须急速发展才可使个体与客观世界逐渐适应，逐渐平衡，这是主体与客体的矛盾所形成的一种必然现象。二是青春发育期。这一时期不仅身体素质有很大变化，身高、体重增长很快，而且在心理特点上也产生了许多新的变化。

另一方面，个体在不同年龄阶段不同方面发展不均衡。有的方面在较早年龄阶段就已达到较高的发展水平，有的则要到较晚的年龄才能达到较为成熟的水平。就儿童发展的整体而言，生理成熟先于心理成熟；认知发展较早，个性发展较晚。

个体身心发展的不平衡性告诉我们，人的身心发展有其关键期或最佳期。所谓发展关键期是指身体或心理的某一方面机能和能力最适宜形成的时期，也就是发展最快的时期。实际上是学习的最敏感、最容易的时期。《学记》中提出的："时过然后学，则勤苦而难成。"意即在关键期内对儿童施加教育影响，可以起到事半功倍的效果，而错过了关键期的教育，往往事倍功半。

（四）个别差异性

儿童在正常发育下，同一年龄阶段的儿童心理发展水平大致相同，但由于每个儿童的遗传素质不同，接触的环境不同，所受的教育不同，再加上个体的主观能动性不同，因此每个儿童的心理发展又存在个别差异，表现在发展速度、最终达到的水平及发展的优势领域等方面，往往不尽相同。

个别差异对教育的启示：在教育工作中发现研究个体间的差异特征，教育工作要做到因材施教，充分发挥每个学生的潜能和积极因素，有的放矢地进行教学，使每个学生都得到最大的发展。

（五）互补性

身心发展的互补性首先指机体某一方面的机能受损甚至缺失后，可通过其他方面的超常发展得到部分补偿。如失明者通过听觉、触觉、嗅觉等方面的超常发展得到补偿。互补性也存在于心理机能与生理机能之间，人的精神力量、意志、情绪状态对整个机体能起到调节作用，帮助人战胜疾病和残缺，使身心得到发展。我们身边有很多这样出色的人物。相反，如果一个人的心理承受能力太差，缺乏自我调节能力和坚强的意志，那么，就算不是很严重的疾病或磨难也会把他击倒。

互补性对教育的启示：要求教育应结合学生实际，扬长避短，长善救失，注重发现学生的自身优势，促进学生的个性化发展，培养自信和努力的品质，提高人的精神力量对整个机体的调节作用。

二、影响儿童心理发展的主要因素

（一）生物因素

生物因素主要包括机体生长及成熟、身体健康状况、先天的但非遗传的因素、遗传因素。生物因素为人的发展提供了物质前提，没有这个物质前提就谈不上人的身心发展。

（二）环境因素

环境就是人们周围的客观世界，包括自然环境和社会环境。自然界是人类生存和发展的基本的物质环境，是人和动物存在的物质基础。社会环境包括三方面，一是经过人改造过的自然，二是人与人之间的关系，三是社会意识形态。儿童心理的发展主要是由儿童所处的社会环境和教育条件决定的，离开社会环境就不会有人的心理发展，社会环境是人的心理发展的主要内容和源泉，其中教育条件起主导作用，而这里的教育主要指家庭教育、学校教育和社会教育。

生物因素只提供儿童心理发展的可能性，而环境和教育则规定儿童心理发展的现实性。社会生产方式即一定的生产力和生产关系是环境条件中最重要的因素。社会生活条件在儿童心理发展中的决定作用常常是通过教育来实现的。学校教育跟一般的社会生活条件不同，它是一种有目的、有计划、有系统的影响，因此它在儿童心理发展上起主导作用。环境和教育是儿童心理发展的决定性条件，但是这并不意味着它可以机械地决定儿童心理的发展。

（三）个体的主观能动性

需要、兴趣、努力程度、人格品质等是个体主观能动性中的主要因素，如果没有主观因素这个内因的作用，环境、教育等外部条件是无法发挥作用的。

辩证唯物主义认为：外因是变化的条件，内因是变化的根据，外因要通过内因发挥作用。片面地强调环境教育的作用，而忽视儿童本身发展特点是错误的；相反，如果只强调儿童中心论，否认环境教育对儿童的影响同样也是错误的，儿童的心理发展是内因外因共同作用的结果。儿童心理的健康发展，需要良好的生物因素、环境因素及个体主观能动性共同和谐地起作用。

三、儿童身心发展的理论

（一）弗洛伊德的性心理发展阶段理论

该理论是精神分析学派创始人弗洛伊德在 19 世纪末 20 世纪初提出的重要理论之一。弗洛伊德认为，在人的心理发展过程中存在一个正常的性心理发展阶段，性需要(性本能冲动)是依次通过五个阶段五种形式来寻求满足的。如果个体在某些阶段的正常欲望不能得到基本满足，即不能以正常的方式顺利通过这些阶段，就会产生心理失调或人格障碍。性心理的发展过程如果不顺利，停滞在某一阶段，即发生固着，如果受挫就会退行，这都可能导致行为的异常。

1. 口唇期(0～1 岁)

也叫口欲期，在此期间，婴儿专注在嘴里的食物，主要通过唇口的吸吮等口部动作获得快感。如以吸吮母乳来得到口唇的快感，或是拿到什么东西就放到嘴里咬。如果这个时期的口唇活动受到限制或过度满足，也就是发展不顺利，就可能会形成口腔期人格特征，如沉溺于咬和吮手指、吸烟、喝酒、贪吃、爱说等，甚至易产生悲观、依赖、退行等性格特征。

2. 肛门期(1～3 岁)

在此期间，排泄机能成为儿童性快感的主要目标，儿童通过延迟或延长排便时间来获得快乐和满足。这一阶段的主要任务是通过按时大小便的训练培养儿童自我控制能力。通过自己掌握大小便，孩子们第一次学会了独立，发展了自信，并知道何时应该"放弃"。该阶段不进行训练或训练过度的儿童都容易形成肛欲期停滞人格，表现为两种相反的人格类型：一种是过分吝啬、保守，过分守时、循规蹈矩、谨小慎微和过分关注整洁；另一种是过分拖拉、冲动、任性、慷慨、放纵、生活秩序混乱和不讲卫生、邋遢。

3. 生殖器期(3～6 岁)

也叫性蕾期,是最重要的心理性欲阶段。弗洛伊德认为,儿童未来的心理健康的命运锁定在这个阶段。这一时期,性器官是儿童最重要的动情区。他们会对性器官很好奇,也会发现触摸它会产生奇妙的快感。该阶段儿童对异性的身体有着很大的好奇。我们该给此时期孩子的帮助是:带他们了解身体结构与性别的不同,用健康的、正面的态度来看待身体的每一个器官与每一种感觉,而不是以惊恐的眼神、罪恶的想法和愤怒的行为来阻止孩子在成长中发生的必然行为。处于该阶段的儿童对异性父母发生兴趣,喜欢得到异性父母的关注与陪伴,所以此期应让孩子多和异性家长在一起。此外,要让儿童接触更多更丰富的活动和事物,这样,身体的部位就不是他们唯一关心的事情了。该期间如果受到某种创伤体验或过度满足,就会出现一些心理问题,如对人有敌意倾向,女孩的恋父情结、男孩的恋母情结等。

4. 潜伏期(6 岁至青春期)

这一时期时间很长,期间儿童没有明显的性发展表现,他们把主要精力集中在外部世界,如探索自然环境、学习课业知识、养成良好习惯、参加文体活动等,意识到男女间性别的差异,将自己的活动更多局限在自己的同性伙伴和团体中,故称之为潜伏期。该时期儿童人格的自我和超我部分获得了更大的发展。

5. 生殖期(青春期至成年)

到了青春期,随着生理发育的成熟,儿童重新对异性发生兴趣,喜欢参加由两性组成的活动。青少年开始把性吸引的感觉由父辈转向异性同伴。成熟的性意识,就是用成熟的方式和恰当的内容表达性感觉。弗洛伊德认为,这一时期如果不能顺利发展,儿童可能会产生性犯罪、性倒错,甚至患精神病。

弗洛伊德认为,成人人格的基本组成部分在前三个发展阶段已基本形成,儿童早年环境、早年经历对其成年后的人格形成起着重要作用,许多成人的变态心理、心理冲突都可追溯到早年期的创伤性经历和压抑的情结。

(二)埃里克森的心理社会发展理论

美国心理学家埃里克森在 1950 年提出了解释人生全程发展的一套著名理论。埃里克森认为,人的自我意识发展持续一生。他把自我意识的形成和发展过程划分为八个阶段。

1. 婴儿期(0～1 岁):基本信任与不信任的冲突

这个阶段的儿童最为娇弱、无能,对成人的依赖性最大。没有成人的精心关爱和护理,他们将难以顺利生存下来。所以,此期间如果成人养育者能以及时的温暖关爱的方式来满足儿童的需要，他们就会感到安全舒适，形成基本的信任感。如果成人养育者经常拒绝儿童的需要或以非慈爱的方式来满足他们的需要，儿童就会感到恐惧不安，形成不信任感。这期间，孩子开始认识人了，当孩子哭或饿时，养育者(主要是父母)能及时出现是建立信任感的首要因素。某种程度的不信任是积极的和有助于生存的。但是，信任感占优势的儿童具有敢于冒险的勇气，不会被绝望和挫折所压垮。在这个阶段中，如果儿童具有的基本信任感超过基本不信任感，就容易形成"希望"的美德，即对热烈愿望的实现怀有持久的信念，得到信任感的儿童敢于希望，这是一个注重未来的过程。而缺乏足够信任感的儿童不容易怀有希望，因为他们会经常为自己的需要是否能得到满足而担忧，所以他们常常被目前的困境束缚。

2. 儿童早期(1～3 岁)：自主与害羞、怀疑的冲突

在这个阶段中，儿童迅速形成许多技能，如爬、走、说话等，儿童已能"随心所欲"地决定做还是不做某些事情，这样就容易出现儿童意愿与父母意愿相互冲突的矛盾，也就是第一个反抗期的出现。一方面父母必须承担起控制儿童行为使之符合社会规范的任务，养成良好的习惯，如训练儿童大小便，训练他们按时吃饭，节约粮食等；另一方面儿童开始有了自主感，他们坚持自己的事情要自己做，如自己进食、自己走路、自己选择排泄方式等，这时孩子会反复使用"我""我们""不"来反抗外界控制。如果父母听之任之、放任自流，将不利于儿童的社会化；而父母若过分严厉，又会挫伤儿童的自主性和减弱儿童的自我控制能力。父母对儿童的保护或惩罚不当，都会使儿童产生怀疑或羞怯。在这个阶段中，如果儿童形成的自主性超过羞怯与疑虑，就容易形成"意志"的美德。没有多少希望和意志美德的个体仍能生存，但他可能不及充满希望和具有意志的人们那样灵活、乐观和幸福。

3. 学龄前期(3～6 岁)：主动与内疚的冲突

在这个阶段，儿童检验了各种各样的限制，以便找到哪些是属于许可的范围，而哪些又是不许可的。在这一时期，如果幼儿表现出的主动探究行为和丰富的想象力受到成人的鼓励，幼儿就会形成主动性，这为他将来成为一个有责任感、有创造力的人奠定了基础。如果成人讥笑幼儿的独创行为和想象力，那么幼儿就会怀疑自己的能力并对自己逐渐失去自信心，甚至为自己的种种行为感到内疚，这使他们更容易放弃自己的权利，倾向于服从成人为他们做好的安排，缺乏自己开创幸福生活的主动性。如果儿童在这个阶段获得的主动性胜过内疚感，就会形成"目的"美德，正视和追求有价值的目的的勇气。

4．学龄初期(6～12岁)：勤奋与自卑的冲突

儿童在这一阶段所学的最重要的课题是"体验以稳定的注意和孜孜不倦的勤奋来完成工作的乐趣"。这一阶段的勤奋是应受到鼓励的，鼓励来自于此阶段的重要社会他人，如家长、老师和同学，但是总有人会因课堂或操场上失败并产生自卑感。当儿童刚刚迈入小学校门时，他们几乎都是勤奋的。为了不落后于同伴，他必须勤奋学习。但从三年级开始，孩子们的学习成绩导致了对勤奋的不同感觉：如果他的学习得到了同伴、老师和家长的认可，他就认为勤奋对于他来说是有用的，由此养成勤奋的习惯，从勤奋中体验成功和自信；相反，如果儿童的学习得不到同伴、家长，特别是老师的认可，有些孩子就会对勤奋产生质疑，认为勤奋对于自己是没有用的，并放弃了对勤奋的追求，进而形成自卑感，即对未来能够成为社会有用人才丧失信心。

5．青少年期(12～18岁)：自我同一性与角色混乱的冲突

这个阶段的儿童进入了青春期，对周围世界有了自己的看法和观点，开始关注自我，思考自我，经常思考自己到底是怎样一个人。他们从别人对他的言语态度中，从自己扮演的各种社会角色中，逐渐认识了自己。他们通过周围人的态度和评价逐渐形成心理上的"自我感"，确定自己在社会群体中的地位；通过与同伴们建立亲密的友谊，进一步认识自己与他人在外表上、性格上的相同与差别，认识自己的现在与未来在社会生活中的关系，对原有的自我进行检验和整理，试图形成一种新的、同一的自我，这就是心理社会同一性。在这个阶段中，儿童必须仔细思考全部积累起来的有关他们自己及社会的知识，最后致力于某一生活策略。一旦他们这样做，他们就获得了一种同一性，长大成人了。获得个人的同一性就标志着这个发展阶段取得了满意的发展。

如果青少年不以同一性来度过这个阶段，他们就会以角色混乱来度过这个阶段。角色混乱意即角色同一性混乱，其特征是不能选择适应生活的角色，是一种个体形成与社会要求相背离的同一性。角色同一性混乱表现在生活和工作的很多方面，如特别在意他人的评价，很容易受外界暗示，时常变换角色，在人际交往中不知所措、无所适从等。

6．成年早期(18～25岁)：亲密与孤独的冲突

当亲密关系的发展成为最根本、最重要需要的时候，青年人就步入了发展亲密关系的阶段。他们开始寻求一种特殊的关系，通过这种关系来发展他的亲密感，并在情感方面得到成长。亲密感发展的结果一般是结婚，或是对另一人爱的承诺，但也可能有别的结局。在这一阶段不能形成良好亲密感的人，就会面临孤独感。他们可能经历了很多次肤浅的关系，但从来没有在真正的密切关

系中获得情感满足。而只有具有牢固的自我同一性的青年，才敢于冒与他人发生亲密关系的风险。因为与他人发生亲密的关系，就是把自己的同一性与他人的同一性融合为一体，这里有自我牺牲或损失，只有这样才能在恋爱中建立真正亲密无间的关系，从而获得亲密感，会形成"爱"的美德。否则会回避与他人亲密交往，产生孤独感。

7. 成年中期(25~65岁)：生育与停滞的冲突

如果一个人很幸运地形成积极的同一性，过上富有成效的幸福生活，那么他就会力图把产生这些东西的环境条件传递给下一代，生儿育女，关心后代的繁殖和养育。埃里克森认为，生育感既可通过繁殖和养育儿童(不必是自己的孩子)来形成，也可以通过生产或创造能提高下一代生活水平的物质财富和精神财富来实现。没有产生生育感的人是以"停滞和人际贫乏"为特征的，他们往往只考虑自己的需要和利益，不关心他人的需要和利益。这个时期，人们不仅要生育子女，同时要承担社会工作，这是一个人关心下一代和以创造社会财富精力最旺盛的时期。

一旦一个人的生育感比停滞感高，那么这个人会以"关心"的美德度过这个阶段。关心是一种对由爱必然或偶然所造成的结果扩大了的关心，它消除了那种由不可推卸的义务所产生的矛盾心理。

8. 成年晚期(65岁以上)：自我调整与绝望的冲突

埃里克森把自我调整定义为：只有以某种方式关心事物和他人的人，才能使自己顺应形影相随的胜利和失望，顺应其他事物的创造者，或者说顺应各种产品和思想的创造者。只有在这种人身上，前七个阶段的果实方能日臻成熟。按照埃里克森的理论，只有回顾一生感到自己所度过的是丰足的、有创建的和幸福的人生的人，才具有一种圆满感和满足感，才不会惧怕死亡。而那种让自己感到人生具有挫败感的人，则会体验到失望，也不像体验到满足感的人那样敢于面对死亡。

这八个阶段不但依次相互关联，而且第八个阶段还直接与第一个阶段相联系，换句话说，这八个阶段以一种循环的形式相互联系。在每一个心理社会发展阶段中，解决了核心问题之后所产生的人格特质，都包括了积极与消极两方面的品质，如果各个阶段都保持向积极品质发展，就算完成了这阶段的任务，逐渐实现了健全的人格，否则就会产生心理社会危机，出现情绪障碍，形成不健全的人格。

(三)皮亚杰的认知发展阶段理论

皮亚杰，瑞士心理学家，发生认识论创始人。皮亚杰从认知发展角度出发,研究了儿童从婴儿期到少年期大约15年的认知发展历程,提出了著名的认知发展阶段理论,该理论被公认为20世纪发展心理学史上最权威的理论。

认知发展就是指儿童自出生后在适应环境的活动中,对客观事物的认识及解决问题时的思维方式与能力表现随着年龄增长而不断提高的过程。皮亚杰将儿童从出生到15岁智力的发展划分为四个阶段,认为每个阶段都有它独特的特点。各阶段的出现,从低到高有一定的次序,不能逾越,也不能互换,每个阶段都是形成下一阶段的必要条件。

1. 感知运算阶段(0~2岁)

这个阶段的儿童只能靠感觉与动作去认识和适应周围的世界。儿童只能对当前感觉到的事物施以实际的动作性思维。按照皮亚杰的理论,感知动作阶段儿童在认知上有两大成就:主体和客体的分化和因果关系联系的形成。最初的婴儿分不清自我与客体,客体对儿童来说只是忽隐忽现的不稳定的感觉图像,儿童不了解客体可以独立于自我而客观存在。儿童只认为自己看得见的东西才是存在的,而看不见时也就不存在了。如果客体在眼前消失了,儿童依然认为它是客观存在的,皮亚杰认为这时儿童就建立了"客体永久性",客体永久性的建立标志着儿童已把主客体分化开来。儿童最初的动作都是无目的的,或者说是任意的。在儿童的动作与客体的相互作用中,逐渐产生了动作与动作对客体影响的结果的分化,以后又扩及动作与客体间的关系,使动作的目的性越来越明确,这就意味着因果认识产生了。

2. 前运算阶段(2~7岁)

到前运算阶段,儿童对物体永久性的意识巩固了,动作大量内化。随着语言的快速发展及初步完善,儿童频繁地借助表象符号来代替外界事物,重视外部活动,儿童开始从具体动作中摆脱出来,凭借象征格式在头脑里进行"表象性思维",故这一阶段又称为表象思维阶段或形象思维阶段。该阶段有以下特点:

(1)单维思维

单维思维指只能从一个思维角度、一种逻辑规则或一个评价标准来考虑问题。例如,让四五岁的儿童用两手分别向两个同样大小的杯子内投放同等数量的木珠(每次投一颗),儿童知道这两个杯子里装的木珠一样多。然后实验者将其中一杯珠子倒入另一个高而窄的杯子中,问儿童:"两杯珠子是一样多,还是不一样多?"部分儿童会说,矮而宽的杯子中的珠子多;另一部分儿童会说,高而窄的杯子中的珠子多。皮亚杰认为,前运算阶段的儿童只能从单维进行思维,考虑高度就不能顾及宽度;反之,考虑宽度,却忽略了高度。

（2）未获得守恒概念

守恒概念是指儿童认识到一个事物的知觉特征无论如何变化，它的量始终保持不变。例如，给儿童呈现两排数量一样多的糖果，前后排列一致，让他们回答两排糖果的数量是否一样多，儿童一般都能回答正确。但是如果实验者把其中的一排扩大或缩小间距，改变其外观形态，然后再让儿童回答两排糖果是否一样多，皮亚杰发现，小于 7 岁的儿童往往回答错误，而年龄大一些的儿童却能认为两排糖果一样多。回答一样多的儿童就说明已经掌握了数概念的守恒。

（3）思维不可逆性

可逆性指改变人的思维方向，使之回到起点。前运算阶段的儿童不能逆向思维。例如，问一名 4 岁儿童："你有兄弟吗？"他答："有。""兄弟叫什么名字？""吉姆。"但反过来问："吉姆有兄弟吗？"他答："没有。"说明儿童思维还不具有可逆性。

（4）自我中心思维

自我中心思维是指不能从对方的观点考虑问题，以为每个人看到的世界都和他自己所看到的一样。如一个四五岁的儿童能辨别自己的左右手，但不能辨别他人的左右手。

3. 具体运算阶段（7～12 岁）

儿童能按具体事例进行推理思考，可接受他人的观点，不再处于自我中心的状态。语言具有社会交流的性质，思维的可逆性和守恒性已经形成，两种重要的智力运算（顺序排列和分类）也发展起来了。这个阶段的儿童的思维主要有如下特征。

（1）多维思维

是指在思维的总进程中由多个思维指向、多个思维起点、多个逻辑规则、多个评价标准、多个思维结论而形成的思维模式。例如，对一个玩具，儿童既可按颜色归类，也可按形状归类，还可按大小归类，说明这时儿童的认知水平已达到具体运算阶段。这类任务要求儿童从多维对事物归类。

（2）概念守恒

皮亚杰认为，这时儿童已经能意识到转换的动作，思维不再局限于静止表象，因此能解决数目守恒问题。研究证明：儿童获得不同守恒形式的年龄是不一样的，最早掌握的是数量守恒（6、7 岁），接着是物质守恒和长度守恒（7、8 岁）、面积守恒和重量守恒（9、10 岁），最后是体积守恒（12 岁）。

（3）思维的可逆性

这是守恒观念出现的关键。例如，对前面所说的倒牛奶的例子，具体运算阶段的儿童不仅能够考虑牛奶从小碗倒入试管，而且还能设想牛奶从试管倒回小碗，并恢复原状。这种可逆思维是运算思维的本质特征之一。

（4）去自我中心思维

儿童逐渐学会从别人的角度和观点看问题，意识到别人持有与他不同的观念和解答。他们能接受别人的意见，修正自己的看法。这是儿童与别人顺利交往，实现社会化的重要条件。

（5）具体逻辑推理

具体运算阶段儿童虽缺乏抽象逻辑推理能力，但他们能凭借具体形象的支持进行逻辑推理。例如，向7~8岁的儿童提出这样的问题：假定A＞B，B＞C，问A与C哪个大，他们可能难以回答。若换一种说法："张老师比李老师高，李老师又比王老师高，问张老师和王老师哪个高？"他们可以回答。因为在后一种情形，儿童可以借助具体表象进行推理。

4. 形式运算阶段（12岁以后）

摆脱了具体事物束缚，利用语言文字在头脑中重建事物和过程来解决问题的运算就叫作形式运算。该阶段儿童思维水平接近成人，能运用抽象的合乎逻辑的推理方式去思考问题，抽象思维逐渐成为主导思维。

（四）维果茨基的心理发展观

维果茨基是苏联儿童心理学的开创者，他短暂的一生对苏联心理学的理论和体系的建立与发展做出了不可磨灭的历史贡献。

1. 发展的实质

维果茨基认为，心理的发展从出生到成年是在环境与教育的影响下，从低级的心理机能逐渐向高级的心理机能转化的过程。低级心理机能是生物进化的结果，是人和动物所共有的；高级心理机能是人类历史发展的结果，是人类所特有的，是以语言为中介的。维果茨基认为在人类心理机能由低级向高级的发展过程中由三个方面来推动：第一，起源于社会文化—历史的发展，受社会规律的制约；第二，从个体发展来看，儿童在与成人交往过程中通过语言符号这一中介环节，使其在低级心理机能的基础上形成了各种新的心理机能；第三，高级心理机能是不断内化的结果。

2. 教学与发展的关系

维果茨基在研究教学与发展的关系上提出了三个重要观念，这就是"最近发展区""教学应走在发展的前面"和"学习的最佳期限"。

（1）最近发展区

维果茨基认为，儿童心理发展有两种水平：第一种水平是现有发展水平，这是指儿童独立活动所达到的解决问题的水平；第二种水平是指在有指导的情况下借助于别人帮助所达到的解决问题的水平，也就是通过教学所获得的潜力。这两种水平的差异就是最近发展区。教学既创造着最近发展区，又帮助学生消除两种水平之间的差异，使学生达到第二种发展水平，然后教学再创造出新的最近发展区。

（2）教学应走在发展的前面

维果茨基在最近发展区的基础上提出了"教学应走在发展的前面"的思想，教学决定着儿童智力的发展，这种决定作用既表现在智力发展的内容、水平和智力活动的特点上，同时也表现在智力发展的速度上。

（3）学习的最佳期限

维果茨基认为，如果儿童脱离了学习某一技能的最佳年龄，从心理发展的观点来看是不利的，这会造成儿童智力发展的障碍。因此，进行某一种教学必须以成熟和发展为前提，但更重要的是必须首先建立在正在开始形成的心理机能的基础上，走在心理机能形成的前面。

维果茨基关于儿童心理发展的思想在心理学界产生了巨大影响，至今对的教育与教育心理学研究仍具有积极的借鉴作用。

思考与练习

1. 填空题：心理产生的物质器官是人脑，人脑主要包括 _____、_____、_____ 和 _____ 四部分。

2. 单选题：操作性条件反射的提出者是（　　）。

A. 巴甫洛夫　　　　B. 斯金纳　　　　C. 马斯洛　　　　D. 华生

3. 判断题：人们可以想象并创造出世界上没有的事物，说明人的心理活动可以脱离客观现实。

4. 问答题：简述儿童身心发展的一般规律及其对教育的启示。

5. 问答题：食物进入嘴里就会分泌唾液，看到食物也分泌唾液，听到关于某种食物的词语时也会分泌唾液，以上三种情况各是什么现象？

阅读与欣赏

1. 帕特里夏·丘奇兰德. 触碰神经：我即我脑[M]. 李恒熙，译. 北京：机械工业出版社. 2015.

2. 心理电影：返老还童.

3. 心理电影：肖申克的救赎.

第三章　注　意

学习目标

1. 理解注意的概念及其外部表现。
2. 理解并掌握注意的品质。
3. 掌握注意的种类及其影响因素。
4. 能运用注意的规律组织教学。

我们在日常生活中经常会提到"注意"这个词，百度百科对"注意"的基本解释是"留意、关注或重视"。留意，就是把心神集中在某一方面，如过马路时家长会嘱咐孩子"注意来往车辆"，上课时老师会提醒学生"请注意听讲"；关注或重视，就是认为很重要并认真对待，如评价某人"他特别注意自己的仪表"，或提醒亲朋"要注意加强锻炼"等。在心理学中，注意的含义与日常对注意的理解不完全相同。人在注意着什么的时候，总是在感知着、记忆着、思考着、想象着或体验着什么，注意是伴随着其他心理现象同时发生的心理活动。

第一节　注意的概述

一、注意的概念

（一）什么是注意

注意是指心理活动对一定对象的指向和集中。

注意有两个基本特征，指向性和集中性。

注意的指向性是指心理活动在众多的事物中选择出要反映的一定对象，把它放在意识的中心，对它进行清晰的反映，而把其他事物排除在意识的边缘或意识的范围之外，以致不能被清晰地反映。注意指向不同，人们从外界所接受的信息也就不同。有人曾进行过这样一个实验：通过耳机同时给被试左右两耳播放两种不同的内容，左耳播放一篇民间故事，要求被试倾听并大声复述所听到的内容，右耳播放一则新闻报道。在左右耳播放完之后，让被试说出右耳听到的内容，结果被试对右耳播放的新闻报道几乎一无所知。可见，当注意的选择指向一定对象时，对这一对象的反映就清晰，而对其他事物的反映则模糊、暗淡。

注意的集中性是指心理活动停留在一定对象上的强度和紧张度。注意越集中，当前心理活动的强度就越大，从而对所指向的事物的反映就越清晰。注意的集中性不仅指离开一切与活动对象无关的东西，还包括对干扰活动对象的刺激进行抑制。注意力高度集中在某一对象上时，对其他事物则会"视而不见""听而不闻""食而不知其味"。

注意的对象既包括我们外部的事物和现象，也包括我们自身的心理活动和生理状态。

(二)注意与心理过程的关系

1.注意不是独立的心理过程

注意本身没有单独的反映内容，它不能单独反映事物的属性和特性，因此，它不是一种独立的心理过程。注意只是伴随着认识、情感等心理过程而存在的一种心理状态。如人们通常说"注意灯光、注意铃声"，并非注意本身能反映灯光和铃声，而是把"注意看灯光、注意听铃声"中的"看"和"听"省略了，这时的注意是感知活动中的注意。当说到"注意这个事情"时，则又是思维活动中的注意了。可见，离开了认识、情感等心理过程，注意本身无法单独存在。

2.注意是心理过程产生和顺利进行的重要保证

任何心理过程都是以我们的注意指向所反映的事物为开端的；任何心理过程的活动效率，也总是表现为有注意的参加才能实现。注意贯穿于心理过程的始终，以保证心理过程的顺利进行。

二、注意的功能

注意对人类生活有着十分重要的意义，它对人们的一切活动起着积极的维持和组织作用。首先，注意是人们掌握知识技能的必要前提，如果没有注意，我们的认识就无法开始和深入。俄罗斯教育心理学的奠基人乌申斯基曾把注意形象地比喻为"通向心灵唯一的门户，知识的阳光只有通过注意这扇门户才能照射进来"。其次，注意又是实践活动的必要条件，不管什么活动都离不开人们注意的集中，注意可以提高人们的工作效率，减少差错或事故发生的概率，有时人们没有顺利完成任务不是因为缺乏知识和技能，而是由于不能将注意及时指向并集中到需要注意的事物上。

注意有如下三个重要功能。

（一）选择功能

注意的基本功能是对信息进行选择。周围环境给人们提供了大量的刺激，这些刺激有的对人很重要，有的不太重要，有的毫无意义，有的甚至会干扰当前正在进行的活动。人要正常的生活与工作，就必须选择重要的信息，排除无关的干扰，这是注意的基本功能。注意对信息的选择受许多因素的影响，如刺激物的物理特性，人的需要、兴趣、情感，过去的知识经验等。

（二）维持功能

注意指向并集中在一定对象之后，可以使人在一段时间内保持一定的心理紧张度，跟踪注意对象。这时被选定的对象或信息居于意识中心，非常清晰，人们容易对它做进一步的加工和处理。有人认为，人对外界输入信息的精细加工及整合作用都发生在注意状态下。

（三）调控功能

注意能对人所从事的活动进行调节和控制，根据活动的需要适当地分配或转移注意。在注意状态下人们才能有效地监控自己的动作行为，从而避免失误，顺利完成相应的工作任务，达到预定目的。

总之，注意保证了人对事物更清晰的认识、更准确的反应和进行更可控有序的行为。这是人们获得知识、掌握技能、完成各种智力操作和实际工作任务的重要且必要的心理条件。

三、注意的外部表现

人在注意某一对象时，常常会出现一些特殊的表情动作，特别是眼部和身体姿势的动作变化，这既是注意的外部标志，也是帮助注意的条件。

（一）感官的适应性活动

当个体注意看某种物体或注意听某种声音时，有关的感官就会朝向所注意的对象，表现为"举目凝视"或"侧耳倾听"，有时为进一步看清或听清注意对象，还会表现出身体前倾或侧倾。当人们专心回忆某一知识，思考某一问题或想象某一情景时，两眼也常凝视前方。

（二）无关运动的停止

当注意高度集中时，个体全身肌肉处于紧张状态，一切多余的动作都停止了。如运动员等待发令时，由于全神贯注而一动不动。

（三）呼吸的变化

当人们处于注意状态时，呼吸则变得轻微而缓慢；当注意力高度集中时，个体甚至会出现呼吸暂时停止的状态，即所谓"屏息"现象。

（四）其他表情动作

当人们的注意集中在某种情绪体验或意志活动过程中时，还会表现出牙关紧闭、眉头紧锁和拳头紧握等表情动作。

了解注意的外部表现，对顺利进行人际交往有着重要的现实意义。例如，当你和他人交谈时，你可以通过他人的外部表现判断他是否在注意听你说话，是否对你的话题感兴趣，如果发现他人已经"心不在焉"，应立即终止你的话题，否则，会让他人产生厌烦心理。但当别人和你说话时，为了表示对他人的尊重，你应该把注意集中在他的话题上。"倾听"是对他人最好的尊重、理解和关怀的表达，也是建立良好人际关系的开端。

了解注意的外部表现，有助于教师判断学生是否注意听课，并根据学生注意的具体情况调整教学语言、内容或方法，以便更好地组织学生的注意力。一般而言，那些坐姿端正、面部表情随注意对象的变化而变化的学生是在注意听课；而那些或东张西望，或表情呆滞毫无变化的学生，则是不注意听讲的表现。但有时注意的外部表现与实际的内心状态并不完全一致。因此，教师不能只看学生的外部表现，还要根据其他方面的表现，对学生的注意状态做出正确的分析和判断。

拓展学习

一个眼神和世界纪录

1988 年，第 24 届奥运会在韩国汉城（现名首尔）举行。在这届奥运会上，美国黑人女运动员格里菲斯·乔伊娜大放异彩，摘得女子 100 米、女子 200 米、女子 4×100 米接力比赛 3 枚金牌，成为获得金牌最多的田径运动员，被誉为"世界第一女飞人"。

每次参加比赛时，乔伊娜都是那么不同凡响。她披散着飘逸的长发，穿着自己设计的色彩斑斓的运动服，仿佛不是站在一条赛道上，而是站在一个 T 形台上耀眼的模特，耀眼得连她的对手都忍不住多看她几眼。

每次比赛结束后，总有人问她："你为什么老是喜欢在比赛中穿自己设计的那些奇装异服？"她听后只是微微一笑，并不回答。这个谜底直到她退役之后才被揭开。当记者再问她这个老问题时，她的回答是："其实我这样做只是想吸引对手的注意而已，因为对于短跑运动员来说，每秒钟都弥足珍贵，只要对手分我一个 0.1 秒的眼神，我就有可能领先一个 0.1 秒，取得最后胜利。"人们这才明白，原来，乔伊娜每次穿这些自己设计的奇装异服，只为了能从对手的一个眼神中"偷"走那关键的 0.1 秒。

16 年之后，第 28 届奥运会在希腊雅典举行。在这次奥运会上，中国出了第一位世界飞人，他就是刘翔。

刘翔在男子 110 米栏决赛上，以 12 秒 91 的成绩夺得了金牌，这也是中国选手在奥运会田径赛中夺得的第一枚男子项目的金牌。但可惜的是，他这一成绩刚好平了由英国选手科林·杰克逊于 1993 年在田径世锦赛上创造的世界纪录。也就是说，刘翔只要再快 0.01 秒，就可以打破世界纪录，但是他却与这一荣耀擦肩而过。

很多人都认为翔已经尽了全力，他与刷新世界纪录失之交臂只能证明竞技体育的残酷。但是，后来专家的分析却让人惊讶——其实刘翔完全可以打破世界纪录，只不过在冲刺的最后阶段，他侧头瞄了对手一眼。这一眼也许只是一个下意识的行为，却令他错失了 0.01 秒的先机。

乔伊娜的胜利和刘翔的遗憾，这一切，其实都只发生在一个眼神之间。比赛是如此，人生亦是如此。只有专注的人，才能在纷繁的竞争中取得最后的胜利，而分心则是导致失败的重要原因之一。

四、注意的生理基础

注意就其发生来说，是有机体的一种定向反射，是以定向反射为基本机制的。定向反射是由周围环境的变化引起的。客观事物的出现、消失、增强、减弱及性质上的变化，都会引起定向反射，但若刺激持续作用或多次重复，定向反射则会消失。因此，可以说，定向反射是对新异性事物的反应。脑干网状结构对注意的唤醒和保持注意的选择性功能有重要的作用。如果网状结构受到损伤，不但信息不能传递，而且使皮层紧张度急剧下降，有机体陷入昏迷状态，注意严重失调。脑的边缘系统既是调节皮层紧张度的结构，也是对新旧刺激物进行选择的机构。如果这部分受到损伤，将引起整个行为选择的破坏。产生注意的最高部位是大脑皮层，这里是注意的最高中枢，它不仅对皮层下组织起调节控制作用，而且起着主动调节行为、对信息进行选择的重要作用。具体地说，注意是某动因引起的一种大脑皮层上的优势兴奋中枢的负诱导。当刺激作用时，大脑皮层上有关刺激作用的相应部位便产生优势兴奋中心，这个中心对其周围区域的皮层有一定的抑制作用。一个兴奋点诱导其周围产生抑制，称为负诱导。正是负诱导过程，使人更集中、更清楚地反映引起这一优势兴奋中心的那些刺激，这就是注意过程的机理。

第二节　注意的品质

注意的品质，也叫注意的特性，包括注意的广度、注意的稳定性、注意的分配和注意的转移。注意品质的好坏，可以作为衡量一个人注意能力高低的标准。

一、注意的广度

（一）什么是注意的广度

注意的广度，也叫注意的范围，它是指一个人在一瞬间能清楚地觉察到客体的数量。如用速示器在 0.1 秒内把几个客体（几何图形、符号、数字、汉字、外文字母等）显示出来。由于人的视觉注意来不及在极短的时间内由一个客体转移到其他客体上，因此这时被试对眼前刺激物的知觉几乎是同时进行的。在这个时间内，被试所能知觉到的刺激物的数量就可作为他的注意广度。研究表明，在 0.1 秒的时间内，成人一般能认清 8～9 个黑色圆点、4～6 个没有联系的外文字母、3～4 个几何图形、3～4 个没有联系的汉字、5～6 个词语或句子。可见，人的注意范围是有限的。

（二）影响注意广度的因素

1. 注意对象本身的特点

如果注意对象形态相似、排列集中整齐、颜色大小相同、能构成彼此联系的整体，注意的广度就大些；反之，注意的广度就小些。

2. 照明程度和有无其他干扰

当照明条件好，又无其他干扰时，注意广度会大些；反之，注意广度则小些。

3. 有无明确的注意任务和注意任务的复杂程度

研究表明，当注意材料相同时，有明确任务的注意比没有明确任务的注意，其广度要大些。注意任务的复杂程度不同，注意广度也不同。如果注意任务单一，注意广度就大些；如果注意任务复杂，注意广度就小些。

4. 主体的知识经验

越是熟悉的东西，注意的范围就越大。知识经验丰富的人，善于把知觉的对象组成一个整体来感知。如初学阅读的学生其阅读的速度是很慢的，因为他的注意范围小，随着个人文化水平的提高，知识经验的丰富，其阅读的速度也相应提高了，因为他的注意范围扩大了，以致"一目十行"了。再如，数学家对数字的辨认，精通外语的人对外文字母的辨认都要比一般人的注意范围大得多。可见，个体知识经验的不同会直接影响到人的注意范围的大小。

注意的广度在人的生活实践中有很重要的意义。注意范围扩大，有助于一个人在同样的时间内输入更多的信息，提高工作效率，使人能更好地适应环境。现实生活中，某些职业，如排字工人、报务员、教师、体育裁判员、驾驶员等，都被要求有较大的注意广度。有人对交通事故进行了调查研究，结果发现：不论是肇事者，还是受害者，其中的原因之一，就是他们的注意范围太窄，注意了这方面，忽略了那方面。对矿难事故的调查研究，其结果也一样。所以，我们每个人都要加强学习，增长知识经验，提高工作的目的性，扩大自己的注意范围。

二、注意的稳定性

（一）什么是注意的稳定性

注意的稳定性是指注意保持在某种事物或某种活动上的时间的长短。其标志是在某一段时间内注意的高度集中。

注意的稳定性有狭义和广义之分。

狭义的注意稳定性是指把注意维持在同一对象上的时间。人在注意同一个对象时，很难长时间地保持注意的固定不变。如把一只秒表放在离被试耳朵的一定距离，使他刚刚能听到表针走动的嘀嗒声，这时被试虽然一直在注意听，但却时而听到，时而听不到，或者感觉到表声时强时弱。注意的这种周期性地加强和减弱的现象，是注意的一种基本规律，叫注意的起伏，也叫注意的动摇。注意的起伏可用右面的图形演示出来。如图 3-1。当我们注视右面这个棱台时，我们觉得小方块平面时而凸出来，时而凹进去。这种反复的变化是由注意的起伏引起的。有研究认为，注意的起伏是感官的局部适应而使注意强度发生周期性的不随意变化的过程，它是正常的心理现象，具有防止疲劳，提高注意稳定性的作用。

一般来说，注意的起伏大约 1 秒钟转换一次，如果用意志控制注意，也只能维持 5 秒左右，更长的时间就难以维持了。研究表明，1～5 秒的注意起伏一般不会影响复杂而有趣的活动的顺利进行，但 15～20 分钟的注意起伏便会导致注意不随意地离开注意对象，引起注意的分散。所以，教师讲课时应每隔 10～15 分钟就变换一种不同的教学活动，这样有利于维持学生注意的稳定性。另外，有些活动的顺利进行与注意起伏时间的长短有较大关系。例如，参

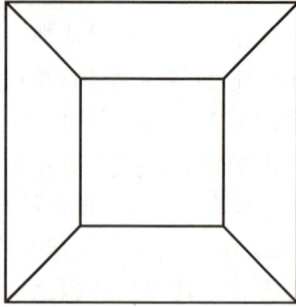

图 3-1　注意的动摇

加百米赛跑的运动员，当听到预备信号之后，会全神贯注地听起跑信号，如果两个信号之间相隔时间太长，那么注意的起伏就可能会影响到运动员的成绩；如果两个信号只相隔 2～3 秒，注意起伏的不良后果就会消除。

就广义而言，注意的稳定性并不意味着心理活动总是指向并集中在某一对象上，而是在活动总任务不变的前提下，把心理活动指向并集中于几个事物或几种活动上。我们所讲的注意稳定性主要是广义的。例如，上课时，学生既要听老师讲述，又要记笔记，看演示实验，还要思考、计算、口头表达等，但由于这些活动都服从于"听课学习"这一总任务，因而可以说他们的注意是稳定的。如果个体在无关刺激的干扰下，使注意力不随意地离开了注意任务，指向了无关对象或活动，我们就说他分心了。分心也叫注意的分散，是一种消极的注意品质。

（二）影响注意稳定性的因素

1. 注意对象本身的特点

如果注意对象的内容丰富多变，很有吸引力，注意就容易保持稳定，如看一本情节生动的小说或看一部精彩的电视剧。如果注意对象本身内容贫乏、单调，就难以维持稳定的注意。

2. 环境中是否有无关诱因的干扰

如当你正在聚精会神学习的时候，周围出现了强烈的噪声，你的注意力就难以集中和稳定；有些中学生在写作业时，其家长就在一旁看有趣的电视节目，同时郑重要求孩子把注意力集中在学习和写作业上，不许分神，这种要求显然是不合理的、不现实的和不人道的。

3. 主体的心理生理状态

一个人对活动目的任务是否有明确的认识，对活动内容是否有浓厚的兴趣，当时的心情是否愉快，意志是否坚强等都影响着注意的稳定性；主体的健康状况、清醒程度对注意的稳定性也有很大的影响。

此外，人的注意稳定性还存在个体差异和年龄差异。其个体差异与其神经活动特点有关，神经活动强的人即使有干扰刺激时，注意也不容易分散；而神经活动弱的人，则注意力容易分散。注意稳定性随着个体年龄增长而提高。

三、注意的分配

（一）什么是注意的分配

注意的分配是指在同一时间内把注意指向几种不同的对象或活动上。如汽车司机开车时，眼看前方道路，手握方向盘，脚踩油门，有时还和旁边人聊着天。乐队指挥在双手打拍子的同时，还要侧耳倾听百音。

（二）实现注意分配的条件

第一，同时使用同一器官做不同的活动是困难的，如两眼同时看相隔很远的两个物体，大脑同时记忆英文单词和做算术题。但同时使用不同的器官做不同的活动是可能的，如学生一边听讲，一边做笔记。

第二，同时进行的几种活动，其中只能有一种是生疏的，占据注意的中心，其余的活动必须是非常熟练的，甚至达到自动化水平，无须过多的注意。例如，教师在教学活动中既要讲课，又要板书，还要观察学生的听课状态，这时，如果教师对所讲内容和要板书的内容都已相当熟练，只有学生的表现是不确定的，需要更多的注意，教师就能成功地分配他的注意，顺利完成教学任务；反之，如果教师对教学内容准备得不够熟练，他就会更多地注意讲什么、怎么讲的问题，而无暇顾及学生的表现，不能分配他的注意。

第三，同时进行的几种活动之间是有密切联系的统一体，并且通过反复练习形成了固定的反应系统。例如，有的人能同时做到眼看歌谱，手弹钢琴，口腔发声，这时各种活动之间既有内在联系又形成了固定的反应系统，因而使注意分配得较好。

严格地说，注意的分配并非发生在同一时间内。使用复合器做的实验可以说明这一点。复合器的表面是一个印有 100 个刻度的刻度盘，有一根指针可以在刻度盘上迅速转动，当指针经过某一刻度时，同时铃声响起。要求被试在听到铃声的同时，说出指针指向的刻度。实验结果表明，谁也说不准铃响时指针在刻度盘上的准确位置，被试不是把铃响说在这个位置之前，就是说在这个位置之后。这说明既要看指针的位置，又要听铃声响起这两件事不能同时进行。人通常是先注意一个刺激，经过短暂的时间间隔后再注意另一个刺激的。

四、注意的转移

(一)什么是注意的转移

注意的转移是指个体有目的地、及时地把注意从一个对象转移到另一个对象上。例如,同学们刚上了一节体育活动课,玩得挺开心,这节课是心理学,同学们就必须有目的地、及时地把注意从体育活动转移到心理学课上来,这就是注意的转移。

注意的转移可分为完全转移和不完全转移。完全转移是指把注意力彻底地从一个对象转移到另一个对象上;不完全转移是指部分注意力转向了新对象,部分注意力还留在旧对象上,致使对新的活动任务不能聚精会神、专心致志,往往会造成学习和工作上的失误。

(二)影响注意转移的因素

1. 原来注意的紧张度

原来注意的紧张度越大,注意的转移越困难,越缓慢;反之,注意的转移就比较容易。

2. 新注意对象的特点

新注意对象越符合人的需要和兴趣,对人有强烈的吸引力,注意的转移越容易;反之亦然。

3. 对新活动任务的重要意义的认识程度

不管原来注意的紧张度有多高,新注意对象有多单调乏味,如果主体对新事物的重要意义理解得很深刻,他就会及时地把注意力从原来的对象上转移过来。

4. 神经过程的灵活性

注意转移的速度还与主体神经过程的灵活性有关。神经过程灵活的人,注意的转移就快些,反之就慢些。

5. 已有的注意习惯

一个人如果总是懒懒散散,没有养成良好的注意习惯,他们就很难有目的地、及时地把注意从一个对象转移到另一个对象上。

注意的转移对于人的各种活动都非常重要。当一项新的活动开始后,注意就应及时地从旧的活动转向新的活动,否则就会影响新活动的顺利进行。例如,飞行员在飞机起飞和降落的数分钟内,注意转移高达 200 多次,如果注意不能及时转移,其后果不堪设想。

以上四种注意的特性,在个体之间存在一定的差异。我们在判断一个人注意力水平如何时，需要综合考虑上述四个方面。当然，每个人注意的能力都不是一成不变的，通过生活实践和专门训练可以改善和提高人们的注意力。

拓展学习

中小学生注意发展的特点

一、小学生注意发展的特点

（一）注意的目的性

由无意注意占优势逐步发展到有意注意占主导。刚刚进入学校，小学生的注意力水平是有限的，注意的目的性还很低，无意注意仍起主导作用。低年级小学生的注意力在很大程度上被教学的直观性、形象性和教师所创设的教学情境所吸引。上课时，他们会思想"开小差"，做小动作；做作业时，也需要教师或家长的督促。随着学习活动的进行，大脑不断成熟，神经系统活动的兴奋与抑制过程逐步协调起来，有意注意逐渐在学习和其他活动中占据主导地位。四五年级小学生在课堂上可以根据学习活动和教师的要求将注意指向学习对象，有意注意由被迫状态提高到了自觉状态。

（二）注意的品质

小学生的注意品质也在不断发展，主要表现为注意的集中性和稳定性增加，注意的范围有所扩大，注意的分配和转移能力逐渐提高。在整个小学时期，学生注意的集中能力是逐步发展的。低年级学生注意的集中性水平较低，主要表现在两个方面。其一，注意集中性的深度不足。他们能观察具体形象的事物，而不善于观察抽象、概括的材料；能集中注意事物的外部现象，而不善于专注于事物的本质联系。其二，注意集中的时间较短。

实验表明，一般情况下，7～10岁儿童可以连续集中注意20分钟左右，10～12岁儿童可以集中注意25分钟左右，12岁以上儿童可以集中注意30分钟左右。在组织良好的教学中，小学高年级学生可以保持注意30～45分钟。小学低年级学生，明显地表现出不善于分配注意的特点。他们在同一时间的注意只能集中在一个对象上，还不能对注意进行有效的分配。随着学习活动和其他活动范围的扩大以及知识技能的发展，中高年级小学生在同一时间里可以把注意分配在几个对象上。

二、中学生注意发展的特点

初中生一般能够有意识地调节和控制自己的注意，使自己的注意指向和集中在必须注意的事物上，而不为无关刺激所干扰，有意注意占据更重要的地位。

　　高中生注意的集中性和稳定性有了很好的发展，注意的范围达到一般成人的水平，能够在比较复杂的活动中很好地分配自己的注意。对于一些没有兴趣但有间接意义的材料，也能很好地集中自己的注意。

第三节　注意的规律

　　根据注意是否有预定目的和是否需要意志努力，把注意分为无意注意、有意注意和有意后注意三种。

一、无意注意的规律

（一）什么是无意注意

　　无意注意也叫不随意注意。它是一种没有预定目的，也不需要意志努力的注意。例如，学生正在专心听课，忽然教室外发出一声巨响，于是大家都不由自主地把头朝向发出声响的方向，这就是无意注意。无意注意是一种初级的、被动的注意，这种注意既能引起探索行为，也容易使人分心。

（二）引起无意注意的条件

　　产生无意注意的原因主要有两个方面，一是客观刺激物本身的特点；二是个人的主观因素。

　　1. 客观刺激物的特点

　　（1）刺激物的强度

　　刺激物强度的大小对于引起无意注意具有重要作用。强烈的刺激物，如强烈的光线、巨大的声响、浓烈的气味、鲜明的颜色等，都很容易引起人们的无意注意。刺激物的强度分为绝对强度和相对强度。在一定条件下，刺激物的绝对强度越大，越容易引起人的无意注意；但一般情况下，刺激物的相对强度在引起无意注意上起着更加重要的作用。例如，在安静的教室里，教师讲课的声音虽然不大，同学们却听得很清楚；如果教室内人声喧哗或室外噪声很大，即使教师用很大的声音讲课，同学们也难以听得清楚。

　　（2）刺激物的新异性

　　我们知道，新异的刺激物容易吸引人，引起无意注意；而司空见惯的东西则不易引起人的注意。新异的刺激物既包括那些以前从未见过听过的事物，即绝对新异刺激物；也包括那些过去熟悉的事物的新特点或新组合，即相对新异刺激物。一般来说，相对新异刺激物更容易引起无意注意。例如，你的一个老朋友突然改变了发型，会很容易引起你的注意。

(3)刺激物的活动变化

刺激物的突然出现或停止、增强或减弱以及刺激物空间位置的变化和运动，都容易吸引人的注意力。例如，大街上用五颜六色、一闪一灭或不停转动着的霓虹灯装饰的广告牌，比那些静止的广告牌更容易引起人们的无意注意。

(4)刺激物之间的对比

刺激物之间的任何一种显著的差别(形状、大小、强度、颜色、音调等)，都容易引起人们的无意注意。如"万绿丛中一点红"、"鹤立鸡群"、印刷品上的粗体字和作业批改中的红笔字等，由于它们和周围其他事物的差别特别明显或对比非常鲜明，所以很容易引起人的注意。

2. 个人的主观因素

无意注意虽然主要由外界刺激引起，但也受个体本身状态的影响。如同样一些客观刺激物，引起了某些人的无意注意，却没有引起另一些人的注意。这说明无意注意和人的主观需要、兴趣及身心状态有着密切的联系。

(1)需要和兴趣

凡是能满足人的需要，符合人的兴趣的事物，都容易成为无意注意的对象。例如，美味的食物和可口的饮料就容易引起一个又饿又渴的人的无意注意；报刊上的"球讯"就容易引起球迷们的无意注意；而"招聘广告"则容易吸引那些求职人员的注意。

(2)过去的知识经验

个人过去的知识经验也影响着无意注意的内容。例如，你走在大街上，许多陌生人从你眼前经过，并没有引起你太多的注意，而一个非常熟悉的面孔一出现，就引起了你的注意，也许你还会主动上前去打招呼。再如，一个专心学习的人，外界无关的刺激往往不会引起他的注意，而和他的经验有关的刺激(如有人叫他的名字)，则可能被他注意到。那些由新异刺激物引起的无意注意，如果人们没有相应的知识经验，对它一点也不了解，则很快就会消失。

(3)情绪和情感

主体的情绪和情感对无意注意也有很大影响。一个人处在心情好、情绪高涨的状态下，很多事物都会引起他的关注；反之，如果他心境不佳，或心烦意乱，或悲观沮丧，则无心注意周围的一切。一个对学生充满爱心的教师，在不经意间就能觉察到学生的许多问题；一个热爱孩子的母亲，孩子的一举一动都会引起她的关注；一个关心环境的人，路面上的垃圾、水面上的污染就很容易引起他的注意。

(4)生理状态

一个人在疲惫不堪时，往往不容易对新事物产生注意；人在身体健康、精力充沛时很容易对外界事物产生无意注意，注意也更能集中和持久。

二、有意注意的规律

(一)什么是有意注意

有意注意也叫随意注意。它是有预定目的、并需要一定意志努力的注意。如学生为了完成学习任务而把注意力集中在听讲、看书、思考和做笔记上，在这个过程中，他们还要借助一定的意志努力来排除学习中遇到的困难和干扰，使注意力一直保持在学习活动上。这种注意就是有意注意。有意注意是一种主动的注意，是注意的高级形式。

(二)引起和维持有意注意的条件

1. 明确的目的任务

有意注意主要是由个人的主观目的决定的。所以要产生有意注意，首先应有明确的目的和任务，即知道自己该做什么。如作为大学生，只有明确自己的学习目标，并清楚通过完成哪些具体的任务能实现这一目标，才能主动地把自己的注意力指向相应的学习活动，产生有意注意。其次要加深对目的任务的重要性的理解，即明白自己为什么要这么做。一般来说，一个人对其要完成的目的任务的意义理解得越深刻，其完成任务的愿望就越强烈，也就越能引起和保持有意注意。

2. 组织有关的活动

在明确了目的任务，产生了有意注意之后，还需合理地组织一些有效的活动来维持有意注意。如可以在有意注意进行的过程中，把活动的目的、什么时候需要、注意什么等用口头的形式及时提醒自己，可以起到组织注意的作用；还可以在智力活动中组织相应的实际操作活动，如阅读时做笔记，课堂听讲时做必要的记录，思考问题时把思考的主要过程写下来等，这也能使有意注意变得更集中和持久。

3. 稳定的间接兴趣

间接兴趣是指对活动本身暂无兴趣，而对活动的结果有很大的兴趣。如有些同学对熟记外语单词和学习语法规则并不感兴趣，但对说好一口流利的英语感兴趣，对考上研究生之后自己的发展前景感兴趣，因此，他们也能长时间地把有意注意指向并集中在英语学习活动上。

4. 坚强的意志品质

为了保持有意注意，还要尽量避免无关刺激的干扰。干扰可能来自外部，如环境中的噪声和其他活动的诱惑等；也可能是个人自身的某种生理或心理状态，如疲劳、疾病、心情不好、没有兴趣和信心等。因此，我们应设法排除这些干扰。有些干扰我们可以事先排除掉，但许多干扰是我们在注意活动过程中随时产生的，这就需要用坚强的意志同一切干扰做斗争。可见，坚强的意志力是保持有意注意的必要条件。

三、有意后注意的规律

(一)什么是有意后注意

有意后注意也叫随意后注意。它是指有预定目的、但不需要意志努力就能维持的注意。例如，人们熟练地阅读课文，熟练地用电脑打字，熟练地解数学题等，在这些活动中所运用的注意就是有意后注意。有意后注意是在有意注意的基础上产生的。一个人在开始做某种工作时，由于对它不熟悉，困难较大，所以要把自己的注意保持在这种工作上，既需要明确的注意目的，又需要一定的意志努力，这时的注意是有意注意。经过一段时间的锻炼，对所从事的工作已经非常熟练、应付自如，就不再需要意志努力了。这时的有意注意就发展成为有意后注意。有意后注意是一种更为高级的注意形态，它同时具备有意注意和无意注意二者的部分特征。它有自觉的目的，通常与特定的目标、任务相关联，这与有意注意的目的性特征相符；它又无须意志的努力，这与无意注意的无须意志努力的特征相符。有意后注意能使我们更加轻松自如地完成某些任务。如果在我们的学习和工作中，尽量多地把有意注意转化为有意后注意，将会大大提高我们的学习和工作效率。

(二)发展有意后注意的条件

有意后注意是在有意注意的基础上发展起来的，所以有明确的注意目的和具体的活动任务也是发展有意后注意的首要条件；但有意后注意又不需要意志的努力，因此，培养直接兴趣和加强技能训练是发展有意后注意的关键。

1. 培养对活动本身的直接兴趣

直接兴趣是指个体对事物或活动本身感兴趣。这种兴趣往往是由事物本身的特点引起的。例如，某个青年对唱歌很感兴趣，他参加业余歌手大赛，并非是想拿个什么奖项，只是因为在唱歌的过程中他能体验到极大的放松和快乐。因此，他喜欢唱歌，这种兴趣就是直接兴趣。可见，直接兴趣能消除人的疲劳，缓解心理压力，也就帮助人们解除了活动的内部困难。

2. 加强活动技能的训练，使之达到自动化程度

技术上的生疏不仅是活动本身的客观困难，也容易使人产生信心不足等思想障碍。而技术上的相当熟练就排除了这些困难，使人信心十足地顺利地完成活动任务，而且还能大大地提高活动效率。

综上所述，当人们既有明确的活动目的任务，在活动中又不需要克服任何困难时，他们的有意注意就成功地发展成为有意后注意了。有意后注意是一种更高级的注意，它既有一定的目的性，又不需要意志努力，因而在活动进行中不容易感到疲劳，这对完成长期性和连续性的工作有重要意义。但有意后注意的形成是需要付出一定的时间和努力的。

第四节　注意规律在教学中的运用

注意是心理过程得以产生和顺利进行的必要条件，也是学生进行学习活动、完成学习任务的重要保证。因此，在教学活动中，教师只有根据注意的规律，组织好学生的注意，才能取得良好的教学效果。

一、运用无意注意的规律组织教学

无意注意主要是由刺激物本身的特点和人的主观状态所引起的，它缺乏一定的目的性。无意注意的对象既可以是吸引学生努力学习的教学活动，也可以是与教学无关的其他因素。因此，教师要善于利用无意注意规律组织教学。

（一）加强教师基本功训练，提高教学水平和教学能力

1. 教学语言力求准确、生动、富有感染力

首先，教师的声音应该洪亮，声音太小不易引起学生的注意。其次，教师的语言要准确、生动、简洁、富有吸引力，使学生产生兴趣，以引起他们的无意注意。实践证明，抽象、呆板、冗长、含糊不清的语言难以吸引学生的无意注意。另外，教师讲课的声调要抑扬顿挫，快慢适度，并伴以适当的面部表情和身段表情，这样不仅能增强语言表达的效果，更主要的是容易吸引学生的注意。

2. 教学内容力求新颖、丰富、难易适当

心理学研究表明，注意维持在陈旧、单调贫乏的内容上的时间是短暂的，而新颖、丰富的内容却能使人保持相当长久的注意。因此，教师讲课的内容应

该使学生有新鲜感。但是，新的内容必须与学生已有知识经验相联系，才能被学生所理解，才能吸引学生的注意。有关研究发现，最能引起人们无意注意的是那些既使人感到熟悉，又有些陌生的内容。

3. 教学方法力求灵活多样、富于变化

心理学研究证实，长时间单调的刺激，易使大脑皮层产生抑制，让人感到疲劳，难以引起人的注意力。所以，教师在课堂教学过程中一定要使用多种多样的教学方法。如既要让学生听、想，又要让他们看、读、说、写和实际操作。教学方法的灵活多变，也会增强教学活动本身对学生的吸引力。

4. 教学手段力求直观、形象、现代化

教师在教学活动中，应适当使用直观教具。例如，实物、图片、投影、幻灯、录音、录像、电脑、实验等。因为这些手段具有生动性、形象性、活动变化性、新异性等特点，对学生有很强的吸引力。但教学手段是为教学目的服务的，就某一堂课而言，用不用现代化的教学手段，用几次，都要根据教学内容、学生的年龄特点及具体的教学任务来确定，如果只为走形式，不考虑上述因素牵强使用现代化教学手段，可能会把学生的注意力分散到无关紧要的内容上，从而影响教学效果。

5. 教学板书力求条理清楚、层次明晰、重点突出

教学板书也是吸引学生无意注意的重要手段之一。如果板书条理清楚、重点突出，就容易引起学生的注意，也有助于学生的理解和记忆。教师在板书时，要特别注意对象之间细微差别的比较，可巧妙地运用彩色粉笔加大对象和背景的差别，使学生把注意自然指向重点内容。

(二)防止无关刺激物分散学生的注意力

1. 要善于维护课堂纪律

课堂纪律的好坏，关系着学生注意的指向。如果课堂秩序井然，学生的注意很容易指向教学活动；如果课堂秩序混乱，学生的注意就容易分散到无关的事情上，难以保证学习效果。所以，教师要特别重视如何维持好教学秩序。

2. 要给学生创设一个安静的教学环境和良好的教学设施

教室周围的环境要安静，最好远离操场、马路、音乐教室及其他能分散学生注意的事物。教室内的布置要简朴，不要有过多的装饰。教师的衣着、发型等也要朴实大方，不要穿奇装异服，不要整太新潮另类的发型，以免分散学生的注意。教室内的空气要清新，光线要充足，空气不好，光线暗淡，容易使学生感到头晕、视觉疲乏和心烦，这些也容易分散学生的注意力。课桌的高矮，要适合学生身体的高度，如果学生坐姿不适，不仅会分散注意力，还会影响其

身体的健康发育。教师还应妥善安排学生的座次，特别要安排好那些视力、听力上有缺陷及平时课堂纪律较差的学生的座次，防止由于座次安排不当而引起注意分散。

二、运用有意注意的规律组织教学

学习是有目的、有计划的活动。在学习过程中还要克服种种困难，因为有许多重要的学习内容并不生动有趣、容易理解。所以，学生要搞好学习，不能只靠无意注意和兴趣的吸引，必须依靠自己的有意注意，有目的、有计划地学习系统的科学文化知识。

（一）帮助学生明确学习目的

注意规律表明，个体对注意的目的任务越清楚，学习就越主动，越能及时引起有意注意，越能在学习中克服各种困难，学习效果也就越好。所以，教师在教学活动中要帮助学生明确每一学科、每一章节的学习目的，以激发学生的有意注意。

（二）对学生提出具体的学习要求

教师在教学活动中要对学生提出具体的学习要求，如课前做哪些预习，课上掌握哪些知识、发展哪些能力，课堂上应遵守哪些纪律，课后做哪些书面作业和实际操作作业等。这些要求要明确而具体，严格而适当，应是学生力所能及的，但又不是轻而易举的。要求太高，学生会失去信心；要求太低，学生会不重视。只有面对具体的要求，学生才能知道自己该干什么，不该干什么，才能自觉产生和维持其有意注意；只有面对适当的要求，学生才会坚定信心，克服困难，努力完成教师交给的学习任务，实现教师提出的各项要求。

（三）创设情境引导学生积极思考

教师要想把学生的有意注意真正调动起来，最有效的手段就是在教学中善于创设一定的"问题情境"，提出一些带有启发性的问题，从而引导学生积极地思考。例如，一位语文教师在讲《庄稼和蛇》这篇课文时，向学生提出了这样的问题："同学们都知道，大部分人都很怕蛇，可是为什么有人却抓了蛇放到他们的庄稼地里呢？等学完这篇课文我们就知道了。"为了找到问题的答案，同学们会积极主动地把注意力指向并集中于教师的讲课上。

教师的提问要面向全体学生，以引起全班同学的注意。提出问题后要给学生留出思考时间。在个别同学回答问题时，应要求其他同学注意听，然后给予简单的评价或补充纠正。这样，全班同学都将维持较持久集中的有意注意。

（四）激发间接兴趣，调动学习热情

间接兴趣能帮助人们维持持久的有意注意。所以，教师要把学生学习的学科知识与其个人的生存和发展联系起来，与国家发展的需要和社会进步的要求结合起来，使学生产生学习的间接兴趣，以引起和维持学生的有意注意。

（五）组织实际操作，利用意志努力

教师在教学过程中，适当多安排一些让学生动手动口实际操作的活动，如课堂实验、课堂练习、课堂笔记、编写自学提纲、口头发言、口头辩论、情境表演等。这些活动将会增强和保持学生的有意注意。另外，教师还要充分利用学生的坚强意志，排除学习过程中出现的各种困难和干扰，使学习活动得以顺利进行，最终完成学习任务。

三、教学活动中，两种注意要交替使用

有意注意虽然有利于学生积极主动地学习系统的科学文化知识，但如果长时间使用，会使人感到疲劳，引起注意的涣散，从而影响学习质量；无意注意虽然能使人轻松愉快地学习，但只凭它又难以完成全部学习任务，因为任何学科的内容不可能都是生动有趣和引人入胜的。因此，在教学过程中，教师要根据实际情况交替使用两种注意，让学生的大脑有张有弛。如就一堂课而言，上课之初，教师可以通过组织教学引起学生对上课的有意注意；接着利用生动形象的教学活动引起学生对新课题、新内容的兴趣，使之产生无意注意；当讲到教材的重点和难点时，应向学生强调学好该部分知识的重要性，并提出具体的学习要求，使学生由被动的无意注意转入自觉主动的有意注意；在一段紧张的有意注意之后，又要通过改变教学方式、运用直观教具等来吸引学生的无意注意……这样，既能使学生保持长时间稳定的注意，又能减少学生学习时的疲劳，增强学习的效果。

拓展学习

两种注意交替规律在教学中的应用

第二节化学课，铃声响后教室里仍叽叽喳喳，乱哄哄的。教师进教室后不急于讲课而稍事沉默，教室即迅速安静下来。接着，教师拿出一支蜡烛并点燃它，同时提出一串具有启发性的问题：如蜡烛是软的还是硬的？火焰的明暗部分温度是否相同？火焰上方飘动的黑烟是什么？熄灭时烛芯冒的白烟又是什么？……一下子学生被引进一个需要探究的知识世界，就这样开始了化学课的教学，收到了良好的教学效果。

从注意的规律来分析：铃响后教室里乱哄哄的，这是因为学生们的注意还分散在课间休息的各种事物上；教师进教室后不急于讲课而稍作沉默，教

室即迅速安静下来，这是由于教师的行动引起了学生的无意注意；接着，教师拿出一支蜡烛并点燃它，由于燃烧的蜡烛会对学生产生刺激作用，引起了他们的无意注意；然后，教师再围绕蜡烛的燃烧提出了几个有趣的问题，将学生的无意注意转化为有意注意，收到了良好的教学效果。

至于在不同的教学过程中如何具体交替使用两种注意，则应视具体内容和学生的具体情况而定，需充分发挥教师个人的创造性，这里并无固定的模式。

心理自测

注意力测试

一、指导语

这是一份关于注意力的测试，题目内容是一些以第一人称描述的情况，如果你发现题目中所描述的情形与自己的情况相符，请在（   ）里画"√"；如果题目中描述的情形与自己的情况不相符，请在（   ）里画"×"。所有题目都没有"正确答案"，请凭读完每一句子后的第一印象填答。虽然没有时间限制，但尽可能地争取以较快的速度完成，越快越好。请不要遗漏，务必回答每一个问题。

二、测试题

1. 妈妈教导我的时候，我常常会左耳进，右耳出，不知她在说什么。（   ）

2. 做作业时，一种作业还未做完，我往往就急着做其他作业。（   ）

3. 我常常看漫画书，很少看只有文字的书。（   ）

4. 一有担心的事情，我就会终日忧心忡忡，干什么事情都提不起精神。（   ）

5. 我老爱穿那一两套自己特别喜欢的衣服。（   ）

6. 上课时，我常常会想起其他事情，以致影响到听老师讲课。（   ）

7. 做作业时，我会觉得时间过得特别慢。（   ）

8. 一件事干得太久，就会很不耐烦，急切地希望快点结束。（   ）

9. 哪怕很小的事情我都担心自己做不好。（   ）

10. 被老师批评后，我始终忘记不了当时的难堪情境。（   ）

11. 我做事情喜欢拖拖拉拉。（   ）

12. 期末复习时，我喜欢一会儿复习这科，一会儿复习那科。（   ）

13. 放假时，我会用几天时间把所有作业做完，其余时间尽情地玩。（   ）

14. 在等人时，我会觉得特别心烦。（　　）

15. 读书时，20分钟不到我准会分心。（　　）

17. 上课时，教室外无论发生什么事情都会引起我的注意。（　　）

18. 和同学聊天时，我会不知不觉地说起话题外的事情。（　　）

19. 学校集会时间稍长一点，就会不耐烦，哈欠连连，也不知道主持人说的什么。（　　）

20. 我的兴趣爱好好像很长时间都没什么改变。（　　）

三、评分标准及结果分析

（一）评分标准

打"√"计0分，打"×"计1分。总分为20分。得分越高，注意力越强。0～4分，注意力差；5～9分，注意力稍差；10～14分，注意力一般；15～17分，注意力好；18～20分，注意力很好。

（二）结果分析

得15分以上者，具有高度集中的注意力。无论干什么事，都能排除外界干扰，整个身心都沉浸其中。这类儿童除了学习成绩比较好，其他方面也容易取得佳绩。但也容易误入歧途，比如玩电子游戏，也会寻根究底，乐此不疲，从而使学习注意力下降，影响到学习。因此，应该教育儿童学会正确发挥注意力集中这一优点，把超常的注意力运用到最能促使自己发展的方面，例如运用到学习、读课外书、科技小发明、小制作等方面，这样，才算拥有了超常的注意力，才能真正获得超常的智慧。

得9分以下者，做事总是心猿意马，三心二意。做作业粗心大意，成绩也不怎么理想。这类人常常有这样的感觉：本想集中精力干一件事，可是由于各种原因，总是分心，或者其本身就是一个好动的人，静不下来，结果浪费了许多宝贵时间，一事无成，常常后悔不已。如果不想办法提高自己的注意力，不管他们的天资如何好，做的许多事情都会事倍功半。

思考与练习

1. 单选题：听钟表秒针走动的声音，会感觉声音时而加强，时而减弱，这种现象是（　　）。

A. 注意的转移　　　　　　B. 注意的分散

C. 注意的起伏　　　　　　D. 注意的分配

2. 单选题：经验丰富的李老师一边讲课，一边兼顾全班同学的活动，谁认真听讲，谁玩手机，谁看课外书，她都一清二楚。这体现了李老师的哪种心理品质？（　　）。

A. 思维品质　　　　　　B. 注意品质

C. 意志品质　　　　　　D. 个性品质

3. 判断题：注意是一个独立的心理活动过程。

4. 材料分析题：阅读下列材料，回答问题。

为了把课上得生动形象，马老师今天带来了许多直观教具，有标本、图片，还有实物。进教室后，他把这些教具放在桌子上或挂在黑板上，他想今天的上课效果一定好。可是，结果并非如此。

(1)请运用注意有关的知识对本案例进行分析。

(2)请说说马老师该如何正确使用教具。

阅读与欣赏

1. 劳特，施洛特克. 儿童注意力训练手册[M]. 杨文丽，叶静月，译. 成都：四川大学出版社，2006.

2. 心雅，元子. 聪明的孩子坐得住：注意力训练趣味游戏[M]. 上海：上海百家出版社，2008.

3. 让-菲利普·拉夏. 注意力：专注的科学与训练[M]. 刘彦，译. 北京：人民邮电出版社，2016.

第四章　感觉与知觉

学习目标

1. 掌握感觉的种类和规律。
2. 理解感觉规律并能在教学中运用。
3. 掌握知觉的特性。
4. 了解知觉的种类。
5. 掌握社会知觉中容易出现的偏差及在教学中如何应用。

感觉是人类认识世界的开端，感觉为有机体提供了内外环境的信息，保持着有机体与外界的信息平衡；知觉则按照一定的方式来整合个别感觉信息，对整个事物做出整体反映，并确定该事物的意义。感觉和知觉是我们对客观事物最初级最简单的认识，又称感性认识。感觉和知觉为有机体进一步揭示事物的本质和规律，达到对事物的理性认识奠定基础。

第一节　感　觉

一、感觉的概念

(一)什么是感觉

感觉(sensation)是人脑对直接作用于感官的客观事物个别属性的反映。

人借助于感觉可以感知事物的各种不同属性，如颜色、气味、声音、质地等。如一个苹果，我们可以用眼睛看到它的形状、颜色；用嘴巴尝一尝它的味道；还可以用手掂出它的重量和摸出它的光滑与粗糙等，其中的形状、颜色、味道、轻重等特性均属于人的感觉。感觉不仅可以获得事物的外部属性，通过感觉也可以使人知道自己身体所发生的变化，如躯体的运动和变化、内部器官的工作状况、舒适与疼痛、饥渴与寒冷等。感觉是一种最简单的心理现象，但在我们的实际生活中却有重要的意义。

(二)感觉的重要意义

首先，感觉为我们提供了内外环境的信息。通过我们的感觉，我们可以知道事物的形状、颜色、大小、味道、气味等外界信息，通过感觉我们还可以认识自身的状态，如饥渴、冷暖、舒适与疼痛等，因而可以自我调节，感觉既引导我们认识世界，也提醒我们保护自己。没有感觉提供的外界信息，人不可能正常地生活。

其次，感觉保证了有机体与外界的平衡。有机体要想正常地生活，必须使自己各方面与外界保持平衡，而这种平衡的保持必须通过感觉提供的信息才能实现。

拓展学习

感觉剥夺实验

1954 年，加拿大心理学家赫伦（Heron）、贝克斯顿（Bexton）等首次报告了感觉剥夺实验的结果。实验场景如图 4-1。

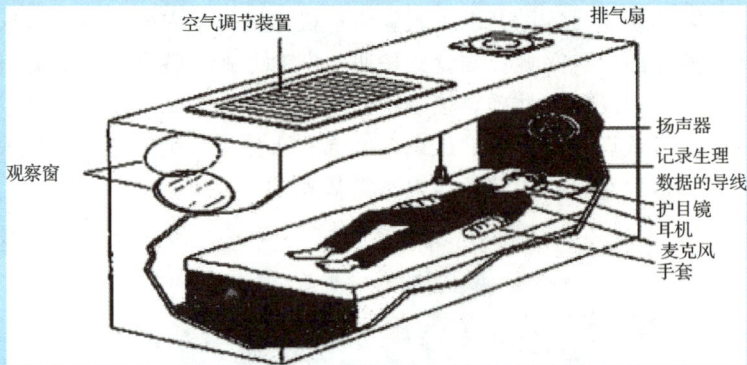

图 4-1　感觉剥夺实验场景

实验开始，让被试进入专设的与外界完全隔离的实验房间里，躺在一张舒适的床上，眼睛被蒙上眼罩，一片漆黑，看不见任何东西；耳朵戴上耳套，听不到一点声音；手也戴上套子；进食和排泄都由主试事先安排好了，用不着被试移动手脚。总之，来自外界的一切刺激都被剥夺了，被试只是躺在床上胡思乱想或无聊地昏睡。实验开始，被试还能安静地躺着或睡觉。但稍后，被试开始失眠，烦躁不安，急切地寻找刺激，自言自语，用两只手套互相敲打。实验后四天，被试注意力不能集中，不能进行连续而清晰的思考，甚至出现了幻觉，所有被试都感到了无法忍受的痛苦。实验中被试每天可以得到很高的报酬，但即使这样，也很少有人能在这样的环境中坚持一周。被试在实验后，要经过一段时间，才能恢复到正常水平。

实验表明，没有刺激，没有感觉，人就不能产生新的认识，也不能维持正常的心理活动。

最后，感觉是一切心理现象的基础。人的知觉、记忆、思维、想象等复杂的认识活动，必须借助于感觉提供的原始资料；人的情绪、情感体验，也必须依靠人对外界环境和身体内部状态的感觉；人的需要、动机等心理现象也是在感官对内外环境的认识基础上产生的。

总之，感觉是获取世界一切知识的源泉，一切较高级的、较复杂的心理现象，都是通过感觉而获取的，离开感觉，人类已有的正常心理活动就会遭到破坏。

二、感觉的种类

事物具有不同的属性，它们作用于人的不同分析器而产生不同的感觉。依据产生感觉的分析器和它们所反映的特定刺激物，可以把感觉分为不同种类。一般分析器都可以分为两大类，即外部分析器和内部分析器，外部分析器位于身体表面(外感受器)，接受外部刺激。内部分析器在身体的内部器官和组织中分布着各种末梢，接受有机体内部发生变化的信号。据此可以把感觉分为两大类：外部感觉和内部感觉。

（一）外部感觉

外部感觉是通过外部分析器对来自外部的信息进行加工活动来完成的，包括视觉、听觉、嗅觉、味觉和肤觉。

1. 视觉

视觉(vision)是可见光波作用于视分析器而产生的。视觉的适宜刺激物是400～760毫微米(1毫微米＝1毫米的百万分之一)的电磁波，即可见光波。超过可见光波范围的光波，我们用肉眼是无法看到的，如低于400毫微米的紫外线、X射线、γ射线，高于760毫微米的红外线、雷达波、无线电波、交流电波等。视觉器官是人的眼睛。其中视网膜是视觉感官的外周感受器，视网膜上有两种基本的感觉细胞：视锥细胞和视杆细胞。视锥细胞在视网膜的中央，它是明视器官，可以感受和分辨颜色；视杆细胞多分布在网膜的边缘，它是暗视器官，不能分辨颜色，但可以感受弱光。视觉是人类重要的信息渠道，它是人类认识外部世界的主导感觉，人头脑中绝大多数的信息来自视觉，视觉对人类的生活、学习以及社会实践起着重要的作用。

2. 听觉

听觉(hearing)是声波作用于听分析器而产生的感觉。声音的适宜频率是16～20000赫兹的声波。声波是听觉的适宜刺激，它是由物体振动产生的。听觉产生的过程：物体振动对周围空气产生压力，使空气周围的分子做疏密相间的运动产生声波，声波通过空气传递给人耳，从而产生了听觉。听觉的感受器官是耳朵。人耳由外耳、中耳、内耳三部分组成。外耳包括耳廓、外耳道和鼓膜；内耳由前庭器官和耳蜗组成，后者是人耳最重要的听觉器官。通过听觉我们可以感受声音的三种属性：音调(声音的高低)、音强(声音的强弱)、音色(不同乐器或人等发出的声音的特色)。它们分别与物理学上声音的三个基本特征，即频率、振幅、波形相对应。听觉也是人获得信息的重要通道，对人的生活和学习也有着很重要的作用。

3. 嗅觉

嗅觉(sense of smell)是挥发性物质作用于嗅觉分析器时产生的。如花香、肉香、腐臭等。在鼻腔的鼻道内有嗅膜，嗅膜中的嗅细胞是嗅觉器官的外周感应器。嗅觉分析器的皮层部分位于颞叶区，在视觉和听觉损伤的情况下，嗅觉作为一种距离分析器而获得特别重大的意义，有聋哑人曾报道，他们运用嗅觉，正如有视力的人运用视觉一样，可以根据气味来辨别不同的人。嗅觉的发展相当稳定，如果嗅器官及嗅觉神经不受伤害的话，一个人在6～94岁嗅觉保持了相当高的一致性，很少有嗅觉下降的证据。

4. 味觉

凡是能溶于水的物质都是味觉(sense of taste)的适宜刺激。味蕾是味觉的感受器官，味蕾分布于舌表面、咽的后部、鄂及会咽上。每个味蕾含有2～6个味觉细胞。味分析器位于皮层部位的颞叶区。味觉也有性别的差异，女孩比男孩更喜欢甜味。味蕾的数量随人年龄的增长而减少，所以老年人的味觉不如儿童。一般认为，人的基本味觉有酸、甜、苦、咸，而且舌头的不同部位对不同味道的感受性是不同的，不同味道在舌头上的敏感部位也不同，甜味在舌尖，咸味在舌中，酸味在舌边，苦味在舌根。

5. 肤觉

肤觉(skin sense)是物体的机械特性、温度特性、电特性作用于相应的外周感受器而产生的触压觉、温度觉、痛觉等感觉。这几种感觉常常混在一起，在感觉上把它们严格区开是相当困难的。每种感觉均有自己的适宜刺激，它们的感受器以点状分布于全身体表，这些点的分布是不均匀的，各种点的数目也不相同，其中痛点最多，其次为触点、冷点、热点。从全身来看，鼻尖的压点、冷点和温点最多，胸部的痛点最多。肤觉对人类的正常学习、生活和工作有重要意义，对维持机体与环境的平衡、保护自己生命安全也有重要作用。

（二）内部感觉

内部感觉是通过内部分析器对来自内部信息进行加工活动而产生的感觉，包括运动觉、平衡觉、内脏觉。

1. 运动觉

运动觉也叫动觉，是在身体活动时由运动分析器所产生的头部、四肢、言语器官和眼球运动等感觉。运动觉的感受器在肌肉组织、肌腱、韧带和关节膜中。从一定意义上来讲，运动觉是非常重要的，因为各种感受器官必须有运动器官作为配件，才能实现调节作用。运动觉保证了我们行动时的一些正确的姿势，如走路、爬高、够东西、抓握等。动觉也可以使我们随时调整自己的动作和姿势，保证了活动的顺利进行。

2. 平衡觉

平衡觉也叫静觉，是身体定向的感觉，它是头部和身体的位置和运动速度作用平衡分析器所产生的有关身体位置、运动速度、超重、失重等感觉。平衡觉的感受器在内耳道的前庭器官。平衡觉与视觉、内脏觉关系密切，当前庭器官兴奋时，视野内的物体似乎在移动，产生眩晕现象；当前庭器官超强兴奋的时候，可以引起恶心和呕吐的现象。很多人出现的晕车、晕船现象就是由于前庭器官受到刺激引起的。但前庭器官活动的稳定性经过训练可以得到提高。

3. 内脏觉

内脏觉也叫机体觉，它的产生是由于内脏器官的异常变化作用于内脏分析器时所产生的感觉，如恶心、呕吐、饥渴、饱胀、便意等。内脏感觉性质不确定，缺乏准确的定位，当内部器官工作正常时，各种感觉便融合成人的一般自我感觉，也就是没感觉。只有在内脏感觉十分强烈的时候，它才能成为明显的、占优势的感觉。虽然我们对内脏感觉习以为常，但有关这方面的机制研究却很少，还有待于进一步探讨。

三、感觉的规律性

感觉的发生和发展有共同的一般规律，感觉的规律就是其感受性变化的规律。

(一)感觉的感受性

感受性是感觉器官对客观刺激的感觉能力，即对刺激的感觉灵敏程度。感受性的高低主要是通过感觉阈限来测量的。每种感觉的大小与刺激强度之间存在两种对应关系：绝对感受性和绝对感觉阈限，差别感受性和差别感觉阈限。而且感受性和感觉阈限呈反比关系。

1. 绝对感受性与绝对感觉阈限

绝对感受性是人刚刚能察觉出的最小刺激量的能力(absolute sensitivity)。不是任何强度的刺激都能引起感觉，过弱的刺激我们感觉不到，只有当刺激物达到一定强度才能引起人的感觉。例如，我们看不见空气中的灰尘，当它落在我们的皮肤表面上时，我们也感觉不到它的存在。但是，当灰尘的数量很多并成为尘粒时，我们不但能看见它，而且还能感觉到它对皮肤的压力。绝对感受性的高低是通过绝对感觉阈限来衡量的。

绝对感觉阈限是刚刚能引起感觉的最小刺激量(absolute sensory threshold)。绝对感觉阈限越大(即能够引起感觉所需要的刺激量)，感受性就越弱；绝对阈限越小，感受性就越强。因此二者呈现一种反比例关系，用公式表示为：$E = 1/R$(E代表绝对感受性，R代表绝对感觉阈限)。当然，这个阈限值并非固定不变的。在不同条件下，同一感觉的绝对阈限可能不同，人的活动性质、刺激强度和持续时间、个体的注意、态度及年龄等，都会影响阈限的大小。如老年人只能听到10000～12000赫兹的声音，而婴儿可听到20000赫兹的声音。

2. 差别感受性与差别感觉阈限

差别感受性是人对客观刺激最小差异量的感觉能力(difference sensitivity)。在刺激物引起感觉之后，如果刺激的数量发生变化，并不是所有的变化都能引起感觉上的变化，只有它们的强度达到一定的差异，才能引起差别感觉，即人们能够觉察出它们的差别。例如，几百人参加的大合唱，如果减少一个人，人们听不出声音的差别。如果增减 10 个人，差别就可以被感觉到。差别感受性的高低是通过差别感觉阈限来衡量的。

差别感觉阈限是刚刚能引起差别感觉的刺激物间的最小差别量（difference threshold）。差别感受性与差别感觉阈限在数值上也呈反比关系，即差别阈限值越小，差别感受性就越强；差别阈限值越大，差别感受性就越弱。

3. 韦伯定律

德国生理学家韦伯曾系统研究了触压觉的差别阈限，他让被试者用手先后举起两个重量不同的物体，并判断哪一个重些，用这种方法研究差别感受性。结果发现，对刺激物的差别感觉，不取决于一个刺激物的绝对数量，而取决于新刺激量与原刺激量的比值。如手上原有重量是 100 克，新增的刺激量必须至少是 2 克，人们才能感觉到两个重量的差别；如果是 200 克，新增的刺激量必须至少是 4 克，才能感觉到差别；如果是 300 克，新增的刺激量必须至少是 6 克，才能感觉到差别。可见，为了引起差别感觉，新增的刺激量与原有刺激量之间存在着某种关系，这种关系可用公式 $K=\Delta I/I$ 来表示，其中 ΔI 代表差别感觉阈限，即引起差别感觉的刺激增量，I 代表原刺激量，K 为一个常数。意即在中等刺激强度范围内，差别感觉阈限（ΔI）与原刺激量（I）的比值是一个常数 K。这种关系最初是由韦伯提出的，后来被称为韦伯定律。对不同的感觉来说 K 值是不同的，见表 4-1。

表 4-1 不同感觉的 K 值

感觉类别	K 值
重量（400 克时）	$1/77=0.013$
视觉明度（100 光量子时）	$1/63=0.016$
举重（300 克时）	$1/53=0.019$
皮肤压觉（5 克/平方毫米时）	$1/7=0.143$
咸味（3 克分子量/千克时）	$1/5=0.200$

韦伯定律虽然揭示了感觉的某些规律，但是只适用于中等强度的刺激，刺激过弱或过强，比值均会发生改变。

（二）感觉适应

感觉适应（sensory adaptation）是由于刺激物对感受器的持续作用从而使感受性提高或降低的现象。在各种感觉中，除痛觉外，几乎所有的感觉都有适应现象。但感觉适应在不同的感官中其表现与速度各不相同。

1. 视觉适应

在视觉范围内可以分为明适应与暗适应两种。明适应(对光适应)是指照明开始或由暗处进入亮处时人的感受性变化的现象。如中午从电影院看完电影出来，外面阳光明媚，开始觉得光线耀眼，但是很快就能恢复正常状态。明适应进行得很快，时间很短暂，在5分钟左右明适应就能完成，明适应说明视觉感受降低了，这是因为视网膜上的视锥细胞在起作用。暗适应(对暗适应)是指照明停止或由亮处进入暗处时视觉感受性的变化。如从明亮的室外进入电影院，电影已经开演，最初是漆黑一片，什么也看不清，过一会儿就能够逐渐地看清黑暗中的物体，说明视觉感受性提高了。暗适应进行的时间较长，一般需半小时左右，人的视觉感受性可以提高20万倍。形成暗适应的原因是视杆细胞中的视紫红质在白天被分解，突然进入暗室得不到恢复，故不能看清物体。

2. 嗅觉适应

由于刺激物对嗅觉的持续作用而引起嗅觉感受性发生变化的现象。嗅觉适应特别明显，多数情况下为感受性降低，甚至消失。如"入芝兰之室，久而不闻其香；入鲍鱼之肆，久而不闻其臭"，就是典型的嗅觉适应现象。

3. 其他感觉适应

触压觉、温度觉、味觉、听觉等均可发生适应现象。其中触觉不仅有高度的适应性，而且会很快适应，大家都有这样的体验，穿上大衣不觉得沉，戴眼镜时间久了也不觉得碍事。刚进游泳池觉得水很凉，过一会儿就不觉得凉了，这是温度觉的适应。但是痛觉适应较难或根本不能适应，它是有机体受到伤害性刺激的信号，可以引起相应的防御和保护性反应。如果痛觉也能适应，就会危及有机体的生存。

研究感觉适应现象有重要的意义。如由于塌方在矿井下被困的工人，在抢救出来时要注意保护他们的眼睛；对于值夜勤的飞行员和消防员，在执勤前最好戴上红色眼镜在室内灯光下活动，以便他们在面对紧急情况时，可以加快视觉的适应过程；又如，为了减轻工人在车间的疲劳，提高工效，可以在车间里放上一种芳香物质；在病房中放些天竺花的香味，可引起镇静的作用；厨师做菜，应该研究人们进食时口味的变化，决定哪道菜在前哪道菜在后。

(三)感觉对比

感觉对比(sensory contrast)是由于不同刺激物作用于同一感受器，从而使人的感受性发生变化的现象。它可以分为同时对比和先后对比。

1. 同时对比

同时对比是指两个或两个以上刺激物同时作用于某一特定感受器而使感受性发生变化的现象。如白粉笔字写到黑板上就很清楚，写到白墙上就看不清；用红笔批改作业比蓝笔批改作业清楚。

2. 先后对比

先后对比也叫继时对比，是指两个或两个以上刺激物先后作用于某一特定感受器而使感受性发生变化的现象。例如，吃过苦药后再吃糖觉得糖很甜；而先吃糖后吃药，就会觉得药更苦。

研究感觉的对比现象有实践意义。如在工业生产中各种色彩的设计、装饰、装潢、服装设计；教学中板书设计等诸多方面都要考虑到颜色搭配产生的对比效果；在饮食行业要考虑到味觉的对比等。

（四）联觉

联觉是指由一种感觉引起另一种感觉的心理现象。色彩感觉最容易引起联觉。红、橙、黄等颜色视觉容易引起人温暖的感觉，因而被称为暖色；青、蓝、绿等颜色容易使人产生寒冷、凉快的感觉，被称为冷色。

音乐作品容易引起人的联觉。如有的音乐作品能使人精神振奋，有的使人轻松愉快，有的使人悲伤。

联觉现象在其他方面也非常普遍。尖锐的声音使人起鸡皮疙瘩，产生寒冷的感觉；看到肮脏的东西可以使人产生呕吐的感觉；听到敲击声可以使牙痛患者加重疼痛等。

在生产劳动和日常生活中，人们常常运用联觉的规律。如在劳动工地播放优美动听的音乐可以提高劳动效率，在产房里放轻音乐可以减轻产妇的疼痛，在音乐歌舞厅可以利用灯光效果提高演奏效果，在教学中教师可以利用教学方法的改变减少学习疲劳，提高学习效果等。

（五）后像

刺激物对感受器的作用停止以后，感觉现象并不会立即消失，而是逐渐减弱直至消失，这种感觉存留的现象叫作感觉的后像。在各种感觉中，都存在后像现象。痛觉后像特别明显，视觉的后像也很显著。

视觉后像在我们生活中非常普遍。如我们手里拿着一个点燃的烟头，以一定速度快速转动，我们看到的会是一个火圈；电扇转动时，我们看到的不是一个个单独的叶片，而是一个圆面。电影、电视利用的就是视觉后像的原理。

视觉后像分为两种：正后像和负后像。后像性质与刺激物相同叫正后像，后像性质与刺激物的性质相反叫负后像。例如，在注视发光的灯泡几分钟后，闭上眼睛，就会感到眼前有一个同灯泡差不多的光源出现在黑暗的背景上，这是正后像。正后像出现之后，我们把视线转向白色的背景上，就会感到在明亮的背景上有黑色的斑点，这就是负后像。如果刺激是彩色的，负后像就是该颜色的补色，如一个黄色的刺激对象，它的后像是蓝色的。视觉后像存留的时间与刺激的强度和作用的时间有关，一般来说，刺激的强度越大，时间越长，后像的持续时间越长。

由于视觉后像作用，人会对一定频率断续的光产生连续的感觉，这种现象叫作视觉的闪光融合现象。如日光灯的光线每秒闪动 100 次，我们看不见闪动的光，而把它看成是连续而不闪动的光。高速转动的电风扇我们看不清每片叶子的形状，这些都是闪光融合的结果。刚刚能引起融合感觉的最小频率，叫闪光融合频率，它表现了视觉系统分辨时间能力的极限。如我国城市民用电灯的闪光融合频率是 50 次/秒，我们才看到连续不断的灯光；过去放电影用的电影胶片放映的底片速度是 24 格/秒，我们才能看到连续的画面。

综上所述，感觉的规律性普遍存在于我们的日常生活中，只要我们善于观察和利用，感觉规律可以更好地服务于我们的生活。

第二节　知　觉

无论哪一种感觉信息，它反映的都是客观事物的个别属性。然而在我们的日常生活中，事物的个别属性作为一个方面总是与整个事物同时被反映的。例如"红色"，它是红旗的红，或者是红花的红，或者是红衣服的红等，离开具体事物的抽象的红色是不存在的。所以感觉信息一经感官传到大脑，知觉也就产生了。

一、知觉的概念

(一)什么是知觉

知觉(perception)是人脑对直接作用于感官的客观事物整体属性的反映。

知觉和感觉一样，是事物直接作用于感觉器官而产生的，知觉以感觉为基础，但并非个别感觉信息的简单相加。还是以苹果为例，通过感觉人可以认识苹果的形状、颜色、味道、重量、软硬等个别特征，那么为什么你能认识到它是一个苹果而不是其他的东西呢？也就是说，所有圆形的、红色的、酸的或甜的东西未必就是苹果。原因是我们把苹果的形状、颜色、味道、软硬等个别特征有机的综合在一起而产生对苹果的整体认识。这种对客观事物整体属性的认识就是知觉。

（二）知觉与感觉的关系

感觉和知觉同属于认识过程的感性阶段，它们都是对客观事物的直接反映，一旦事物在我们感官所及的范围内消失时，感知觉也就停止了。但感觉和知觉又有所区别。

首先，感觉是对客观事物个别属性的反映，而知觉是对客观事物整体属性的反映。

其次，感觉是通过单一分析器的活动而产生，而知觉是通过多个分析器共同参与、协同作用而产生。如日常所说的看电影、听音乐，实际上都是视分析器和听分析器协同作用的结果，不过其中有一种分析器的活动是主要的。在许多知觉中，视分析器与听分析器起着主导作用。

最后，知觉比感觉更复杂。知觉是按一定方式来整合个别感觉信息，形成一定的结构，并根据个体的经验来解释由感觉提供的信息，其本质就在于揭示作用于感官的事物是什么，能叫出它的名称，并用词来标志它，如"这是一本书""那是一张桌子"，这均是知觉现象，而不是单纯的感觉。当人们对事物作为整体反映时，就意味着它已经确定了该事物的意义。

二、知觉的种类

（一）根据知觉时起主导作用的分析器不同，可以把知觉分为视知觉、听知觉、嗅知觉、味知觉、触摸觉等

知觉的产生是多种分析器共同作用的结果，如学生上课听课时是视觉、听觉、运动觉、平衡觉等多种分析器协同作用，但其中起主导作用的是听觉；而读书的时候起主导作用的是视觉；走路的时候运动觉和视觉起主导作用。

（二）根据知觉物体的特性不同可将知觉分为空间知觉、时间知觉、运动知觉

1. 空间知觉

空间知觉是反映物体大小、形状、距离、深度和方位等空间特性的知觉。包括距离知觉、形状知觉、大小知觉、方位知觉、深度知觉等。它是通过人的视觉、触摸觉、动觉等多种分析器协同作用产生的，也是个体在后天的生活实践中逐步发展起来的。日常生活中，空间知觉随处可见，如上下台阶、穿越马路、工具操作以及在拥挤的人群中与人保持适当的距离等。

拓展学习

视觉悬崖——深度知觉

沃克和吉布森曾进行了一项旨在研究婴儿深度视觉的实验——"视觉悬崖"实验(如图4-2)。研究者制作了平坦的棋盘式的图案,用不同的图案构造以造成"视觉悬崖"的错觉,并在图案的上方覆盖玻璃板。将2~3个月大的婴儿腹部向下放在"视觉悬崖"的一边,发现婴儿的心跳速度会减慢,这说明他们体验到了物体深度;当把6个月大的婴儿放在玻璃板上,让其母亲在另一边招呼婴儿时,发现婴儿会毫不犹豫地爬过没有深度错觉的一边,但却不愿意爬过看起来具有悬崖特点的一边,纵使母亲在对面怎么叫也一样。这似乎说明婴儿已经具备了深度知觉。但这种深度知觉是与生俱来的,还是在出生后几个月里学来的,目前还没有定论。

图4-2 "视觉悬崖"实验

2. 时间知觉

时间知觉是个体反映客观现象连续性、顺序性和周期性的知觉。如太阳的东升西落、月亮的盈亏、四季的变化以及星座的移动等特征。人总是通过各种衡量时间的媒介来反映时间,这些媒介可以是自然界的周期性现象和其他客观标志,也可以是机体内的一些生理状态——生物钟,人类发明了精确的计时工具——钟表和日历之后,人们就可以根据它们来调节自己的活动。在对时间的知觉过程中,人的个别差异和误差是很大的,容易对时间做过长或过短的估计,一般情况是对于1秒钟估计的最准确,短于1秒容易估计过长,而长于一秒常常被估计过短。在一个实验中,让被试估计1分钟的时间,结果有的被试在 13 秒的时候便认为到了 1 分钟。时间间隔越长，估计的错误越大，同时个别差异也越明显。对时间的估计受刺激的物理特性以及个体的态度、情绪、注意等影响很大。时间知觉是在人的生活和活动过程中发展起来的，在我们的现实生活、工作中有着重要的意义。有些活动要求有精确的知觉时间的能力，如跳伞运动员要在跳出飞机的 20 秒钟内准时开伞；发令员从发令到枪响应该是 3 秒，运动员对此要做出准确的判断；在高速的宇宙航行中，时间知觉就更重要了。

3. 运动知觉

运动知觉是反映物体空间位移和位移快慢的知觉。它与空间知觉、时间知觉有着不可分割的关系，都是对客观存在的反映，是多种分析器协同活动实现的。影响运动知觉的因素主要有物体运动的速度、物体与个体之间的距离、个体本身的活动状态等。例如，太慢的运动我们觉察不到，如钟表时针的移动、头发的生长等；太快的运动我们同样觉察不出，如光速、电速等；在天空中高速飞行的飞机因离我们太远，我们感觉不出它的速度之快；而在身边一辆正常行驶的汽车却感觉飞速而过。运动知觉十分复杂，运动着的物体我们可能会知觉成静止的，静止的物体可能被知觉成运动着的。

（三）根据知觉的准确性程度的不同可将知觉分为精确知觉、模糊知觉、错觉和幻觉

1. 精确知觉

精确知觉是指人脑对直接作用于感觉器官的客观事物或现象的知觉映象符合客观实际的知觉。只有精确知觉才能使我们客观地认识世界，为改造世界促进人类社会的进步奠定基础。

2. 模糊知觉

模糊知觉是人脑对知觉作用于感官的客观事物的知觉映象是不清晰的或不准确的知觉。虽然它不够精准，但它能够以较小的代价传送更多的信息，可以提高认知的效率。

3. 错觉

错觉是在特定的条件下对客观事物产生的失真的歪曲的知觉。错觉种类很多，可以发生在各种感觉中。如"一日三秋""度日如年""时光飞逝"等，这是时间错觉；坐在行驶的车里，感到路边的树木房屋在移动，这是运动错觉；穿上浅颜色的衣服显胖，穿深颜色的衣服显瘦，这是颜色错觉。还有几何图形错觉等。如图 4-3。

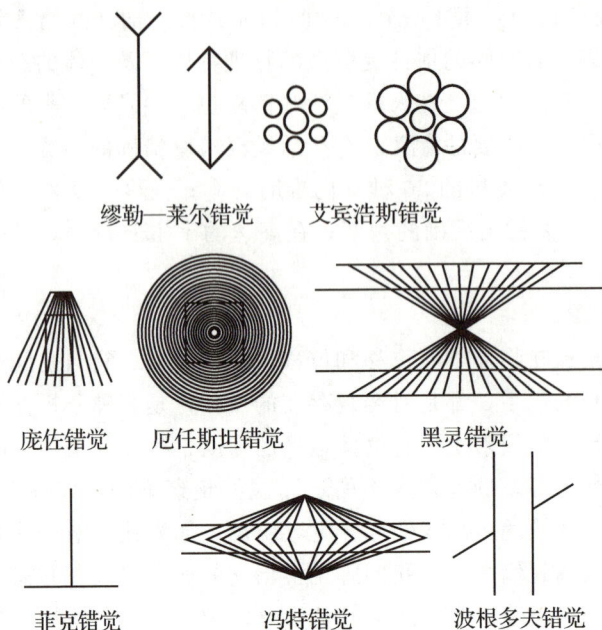

缪勒—莱尔错觉　　艾宾浩斯错觉

庞佐错觉　　厄任斯坦错觉　　黑灵错觉

菲克错觉　　冯特错觉　　波根多夫错觉

图4-3　几何图形错觉

错觉看似荒谬，但却是人人都会体验到的正常现象，没有个别差异，即使主观努力也避免不了。错觉有时会给生活和实践带来麻烦，造成损失，但也可为我们的生活服务。如军事上的伪装和隐蔽、广告艺术设计、着装搭配、美容化妆、舞台的灯光和背景的设置等。

4. 幻觉

幻觉是在没有外界条件刺激物作用于感官的情况下人所产生的一种虚幻的知觉。最常见的幻觉是幻听、幻视。身心健康的人很少出现幻觉，只有在特殊状态下，如疲劳过度、入睡前、刚睡醒后、身体虚弱等情况下，才偶尔出现幻觉，且时间很短暂。对精神分裂症患者而言，幻觉则是一种常见的严重的知觉障碍。

三、知觉的特性

(一)知觉的选择性

人在知觉客观世界时，总是有选择地把少数事物当成知觉对象，而把其他事物当成知觉的背景，以便更清晰地知觉一定的事物与对象。如上课时，教师的声音或黑板上的字会成为学生知觉的对象，而周围环境中的其他因素则成为知觉背景。知觉的对象与背景并非固定不变的。在一种情况下，我们选择某一事物为知觉对象，其他事物成为背景；而在另一种情况下，我们选择另一事物为知觉对象，先前的对象就成为背景了。我们可以用双关图对知觉的对象和背景的相互关系加以说明。如图4-4、图4-5。

图4-4 少女与老妇双歧图

图4-5 花瓶与人面双歧图

影响知觉选择性的因素很多，但归纳起来有两大方面。

1. 刺激物本身的因素

对象与背景的差别。对象和背景差别越大，对象越容易从背景中分离出来。如在晴天阳光照射下，白色的物体容易被发现，但在阴天或有雾的情况下，黑色物体容易分辨。因此，足球、灯塔、栏杆、路标常漆上黑白相间的颜色。

对象的运动。在相对静止的条件下，运动着的刺激物易成为知觉对象。如黑夜里的流星、交通信号灯、夜晚城市里闪烁变幻的霓虹灯广告等易被人发现。

空间上接近、连续，形状上相似的一组刺激容易成为知觉的对象。如图4-6、图4-7。

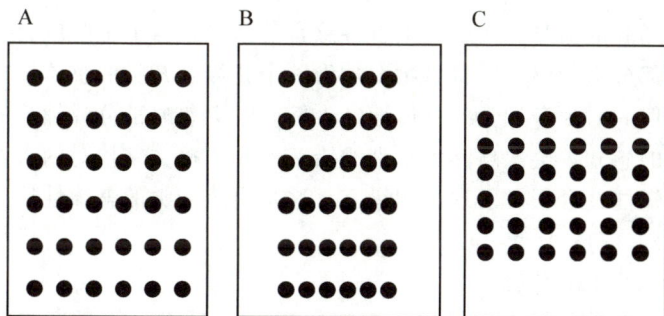

图4-6 空间上接近

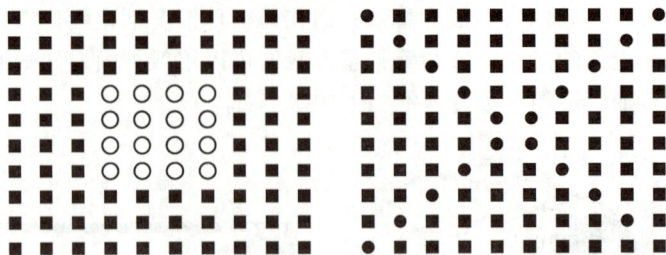

图 4-7　形状上相似

2. 知觉者的主观因素

个体的需要、兴趣、动机、知识经验等也是影响知觉选择性的因素。凡是与人的需要、兴趣、动机、目的等有关的事物，容易被选择为知觉的对象，其他的无关刺激物就成为背景。

（二）知觉的整体性

知觉对象由不同部分组成并具有各种属性，当部分属性作用于人的感官时，人并不把它知觉为孤立的部分，而总把它知觉为一个统一的整体。如教师站在讲台后面讲课，学生只看到老师身体的一部分，但仍认为老师是一个完整的整体。

另一方面，我们对个别部分的知觉，又依赖于事物的整体性。如图 4-8，图片的中间是数字 13，还是字母 B，这取决于它所在的整体。

图 4-8　知觉整体性

知觉之所以具有整体性，是由于人在知觉时有过去经验的参与。人脑对来自各感官的信息进行加工时就会利用已有经验对缺失的部分进行整合，将事物知觉为一个整体。知觉的整体性提高了人的感知能力，但同时由于知觉的整体性，人们有时会忽略部分或细节的特征。如对一个词组的感知，会忽略其中个别的错字；常年搞文字校对的人，由于对整个句子的感知往往会很难发现个别错字。这是由于知觉的整体性反过来也会抑制事物的个别成分。

（三）知觉的理解性

知觉的理解性是指人们依据已有的知识经验对感知的新事物进行加工处理，并用言语把它揭示出来的特性。

在知觉理解性中，人的知识经验在对事物进行感知的过程中起着重要作用。表现在知识经验越丰富，对事物的理解越透彻；一个内行比外行所能知觉到的要多得多；知识经验还能使知觉更正确、更清晰。另外，词在知觉理解性中有重要作用，它有助于对知觉对象的理解，使知觉更迅速、更完整。我们可以用图来加以说明（如图 4-9）。图上画的只是一些线条和斑点，凭过去的经验一时看不出所以然的时候，当"雪地里的狗"这句话一出现，就会恍然大悟。在我们解题过程中的提示，往往起的就是这样的作用。

图 4-9　雪地里的狗

（四）知觉的恒常性

当知觉的客观条件，如距离、角度、光线等在一定范围内改变时，我们的知觉映象在相当大的程度上保持恒定不变，这就是知觉的恒常性。例如，从不同的角度看某教室的门，门在视网膜上的成像是不同的，可能是长方形、平行四边形，也可能就看到门的一个侧边，但我们还是按门的原有形状去感知它，这就是知觉的恒常性的表现。如图 4-10。再如白灰在阳光下和月光下看，我们都认为它是白色的；而煤块在阳光下和月光下，亮度是不一样的，但我们都认为它是黑色的。知觉的恒常性主要受人的知识经验的影响，它对于人的正常生活和工作同样有重要意义。

图 4-10 知觉恒常性

四、社会知觉

(一)社会知觉的概念

社会知觉是指个体对社会刺激物的知觉，即个体在生活实践中对他人、对群体以及对自己的知觉。社会知觉是人对人的知觉，它不仅是对人的外部特征（外貌、姿态、行为举止等）的知觉，而且要在人与人的交往当中，通过对人的外部特征的知觉，判断人的内部动机、兴趣、个性等心理状态，从而形成对人的认识、印象和评价。社会知觉包括对他人知觉、自我知觉、人际知觉、角色知觉等。

(二)社会知觉的种类

1. 他人知觉

他人知觉是指个体在交往中，通过与别人的接触，感知别人的外部特征以及内心的世界，从而形成自己对别人的看法。对别人外部特征的感知比较容易，包括了解别人的长相、仪表、体态、风度、表情、言语等。如果他人外表端庄大方、举止文明有度就容易对他人形成良好的印象。如果他人外表肮脏邋遢、言语粗俗不堪、举止扭捏作态就很难形成好的印象。而要形成对一个人完整的认识光凭外表往往有失偏差，要深入了解一个人还需通过进一步接触，了解他人的内心世界，包括一个人的人品、性格、气质、能力、为人处世等，而要真正了解一个人的内在本质，则不是一件很容易的事，需在长期的交往、观察才能了解一个人。

2. 自我知觉

自我知觉指个体自己对自己的知觉，即自我意识。自我知觉可以从三个方面来认识：生理自我、心理自我和社会自我。自我是在社会关系和社会实践活动中所形成的每个人的心理、意识、活动及机体自身的统一体。广义地说，自我既包括个体的躯体、生理活动、心理活动，也包括所有与个体有关的存在物，如个人的事业、成就、名誉、地位、财产、权力等。

生理自我又称物质自我。生理自我是指个体对自己躯体、性别、体形、容貌、年龄、健康状况等生理特质的意识。有时也将个体对某些与身体特质密切相关的衣着、打扮以及外部物质世界中与个体紧密联系并属于"我的"人和物的意识和生理自我一起统称为物质自我。生理（物质）自我在情感体验上表现为自豪或自卑。在意向上表现为对身体健康、外貌美的追求和物质欲望的满足，以及对自己所有物的维护等。

心理自我指个体对自己智能、兴趣、爱好、气质、性格诸方面心理特点的意识。在情感体验上表现为自豪、自尊或自卑、自贱。在意向上表现为追求智慧、能力的发展和追求理想、信仰，注意行为符合社会规范等。

社会自我在宏观方面指个体对隶属某一时代、国家、民族、阶级、阶层的意识，在微观方面指对自己在群体中的地位、名望、受人尊敬接纳的程度，拥有的家庭、亲友及其经济、政治地位的意识。在情感体验上也表现为自豪或自卑，在意向上表现为追求名誉地位，与人交往，与人竞争，争取得到他人的好感等。

全面认识自我是形成正确自我意识的基础。一个人不仅能观察别人，也能够观察自己，人贵有自知之明，不要刚愎自用、自以为是、自高自大、自吹自擂，也不要自暴自弃、自卑。自我既是认识的主体，又是认识的客体，自我认识的难处在于主体我对客体我的认识，俗话说"当局者迷，旁观者清"，意即要真正了解自己也不是一件很容易的事情。要使认识具有全面性、正确性，就要凭借各种参考系。

3. 人际知觉

人际知觉是指个体在实践过程中，对人与人之间的相互关系、彼此作用的知觉。包括两方面，即自己与他人的关系和他人与他人的关系。人是社会人，他不可能脱离社会关系而存在，必然要与他人发生这样或那样的关系，如亲戚朋友关系、长辈晚辈关系、上下级关系、同学同事关系等。人要生存、要学习、要工作，也要提高自己各方面的能力，其中包括社会交往能力，也就是要学会处理好人与人之间的关系，这里存在很大的学问和技巧，只有在与人交往中、在实践锻炼中，才能逐渐积累社会经验，学会与人交往的技巧。从某种意义上来讲，一个人要想在事业上成功、在社会上立足，甚至要维持家庭的美满幸福，没有良好的人际知觉，处理不好各种错综复杂的人际关系是很难行得通的。

4. 角色知觉

角色知觉指个体在社会生活实践中，对自己或别人的社会地位、身份及行为规范的知觉。角色是指个人在特定的社会环境中相应的社会身份和社会地位。个体在了解自己的角色之后，会按着一定的社会期望，运用一定的权利来履行相应社会职责。社会就像一个大舞台，每个人在不同的场合中扮演着不同的角色。社会按着各类社会角色所规定的行为模式去要求每一个社会成员，这被称为角色期望。符合角色期望的个体行为就会受到社会的认可与赞许。每一个人应了解自己在不同情况下所扮演的角色和与之相应的角色期望，之后产生角色意识，角色意识会调节个人的行为，使之表现出符合某种社会角色的行为。

教师在教育教学活动中，扮演着多重角色：知识的传播者、学习的组织者和评定者、学生灵魂的塑造者、学生集体的领导者、课堂纪律的管理者、人际关系的协调者、心理卫生工作者、教育科学的研究者、学生家长的代理者等。作为教师要清楚地了解自己在教学中所扮演的角色，产生正确的角色意识，履行相应的角色行为，才能为人师表，不愧于"人类灵魂工程师"的称号。

(三)社会知觉偏差

社会知觉非常复杂，受很多因素影响，如风俗文化、宗教信仰、社会舆论、自我认知等，所以要想形成正确的社会知觉并不是一件容易的事，而且在社会知觉中人们常常出现一些偏差。常见的主要有首因效应、近因效应、晕轮效应和刻板印象。

1. 首因效应

也叫"第一印象"，也就是初次打交道给人留下的印象。心理研究表明，第一次交往非常重要，它会直接影响甚至决定今后的关系。第一印象鲜明、深刻而牢固，会形成一种固定的看法。首因效应表现为泛化作用，犹如一滴墨水滴到一杯清水里，会迅速扩散到整杯水。人的大脑也会出现这种泛化意识。比如，对某一个人的第一印象非常好，你以后就容易从积极的方面去看待对方，以至于他的一些缺点，你可能就看不到或在你的看来很可能就不是缺点，甚至会认为是优点，正如我们平时所说的"爱屋及乌"，反之第一印象极差，你可能就会对他抱有某种偏见，在今后的交往中很难改变对他的看法。

影响首因效应的主要因素：一是价值标准。每个人评价事物都有自己的标准，当我们观察的对象符合自己的标准时，就会产生好感；反之则产生冷漠感或厌恶感。一见钟情的产生就是因为对方的初次行为、外貌特征、言谈举止、风度等符合你的标准。二是经验水平。人们对外界信息做出判断，往往是依据自己的经验水平。如一个人在过去生活中的某个方面吃过亏，当下一次遇到类似的人或事时，就很难产生好印象。三是需要被满足的程度。当人产生某种需要的时候，那么足以能满足需要的人或事物就容易使人产生好的第一印象。如雪中送炭比锦上添花更容易给人带来好的印象。

首因效应是人们在交往中出现的正常的心理效应，但是仅仅凭借第一印象很难真实地反映一个人的面貌。所以我们在人际交往中应该全面地、客观地观察一个人，尽量克服首因效应的局限性和盲目性。

2. 近因效应

近因效应是指最近获得的信息给人留下的深刻印象，它对以后的交往会发生一定影响。这种效应多发生在对熟人的知觉中，它会改变对人的第一印象。如常在一起比较熟悉的同学，一旦他做出了一件出乎所有人意料的事情，就会使了解他的人改变了以往对他的认识和看法，产生新的认识。

近因效应也是人们在交往中常出现的心理表现，它往往左右我们对人的看法，要正确、客观地看待一个人，我们不仅要看他的过去，还要看他的现在，也要看他的将来。

3. 晕轮效应

晕轮效应又称成见效应或光环效应。是指对他人的某些品质、特征形成的清晰鲜明的印象后从而掩盖了其他的品质、特征的知觉。即"以点盖面、以偏概全""一白遮百丑""一好百好，一坏百坏"的效应。晕轮效应往往悄悄地却强有力地影响着我们对人的知觉与评价，如看到某人的某些缺点或不喜欢某个人，就可能看不惯他的言谈举止、穿着打扮，甚至会把他看得一无是处。晕轮效应的极端化就是推人及物，从喜欢一个人的某个特征推及喜欢他整个人，进而喜欢一切与他有关的事物，正如"情人眼里出西施"，也正如我们看到了太阳的光芒而看不到太阳的黑子一样，所以在人际交往中，我们要尽量避免晕轮效应带来的负面影响，多侧面、多角度、客观地评价别人。

4. 刻板印象

刻板印象是指对社会上的各类人群所持有的固定的、概括而笼统的看法。其形成的过程就是按预想的类型把人分为若干类别，然后按类贴上标签。于是我们在对人的知觉中，往往按某个人的一些显著特征，如年龄、性别、种族、国籍、职业、文化和教育背景等，把他简单地归入某一群体中去。如人们普遍认为北方人诚实、正直、身材魁梧，南方人聪明、能随机应变、身材小巧；女人柔弱温柔贤惠，男人坚强大度豪爽。这就是一种刻板印象。刻板印象并非先天就有，主要是后天因素，如教育、文化背景、风尚等的影响。所以，我们要善于从每个人的具体行为中去认识他，不可以凭刻板印象简单地给某个人下定论。

社会知觉中发生的偏差主要是由于一些主观因素造成的，但其发生均有一定的客观原因，只要认真对待，是可以克服的。在人际交往中，人们可以合理地利用其原理进行相互了解，改善人际关系。

具体到在教学过程中，教师如何正确运用社会知觉的偏差，是教师需要关注的问题。在教学过程中主要人际关系就是师生关系，师生关系的好坏会直接影响教学质量的高低和教学效果的好坏，良好的师生关系是保证教学顺利进行的必要前提。由于人际交往中容易出现偏差，使得教师在教育过程中也难免会受到这些偏差的影响，所以教师在教书育人过程中，应善于利用这些偏差给教育教学带来的积极影响，同时也要尽量避免这些偏差带来的消极影响，建立起良好的、融洽的、和谐的师生关系。

第一，认真对待第一印象。良好的开始是成功的一半，教师要注意给学生留下良好的第一印象。为此要把握好几个"第一"：认真对待第一次与学生见面；上好第一节课；开好第一次班会；批改好第一次作业；组织好第一次班团队活动等。这就要求教师要注意自己的形象，如衣着要整洁、大方、得体，行为要端庄有度，言语表达要简洁、准确、流畅，尽量给学生留下良好的第一印象。与此同时，作为教师却不能只凭借对学生的第一印象而简单地得出某种不客观的结论，要用发展的眼光来看待学生。

第二，防止发生晕轮效应。在教育教学过程中，教师如不注意很容易对学生产生晕轮效应，进而影响学生健康发展及师生关系。表现在有的教师偏爱学习好的学生，或简单地把学习好坏作为衡量一个学生好坏的唯一标准。用有色眼镜去看待所谓的"差生"。作为教师要看到每个学生身上都有优点，也都存在不足，尤其是不要轻易地把"差生"这样的词用在学生身上，客观、公正地评价每一个学生，全面地了解学生，不可形成"一好百好、一坏百坏"的效应。保护好学生的自尊心和上进心，帮助学生扬长避短，共同进步。

第三，消除刻板印象。学校和教师不可凭借刻板印象简单、轻易地把学生归入某个群体当中去，或只根据学习成绩把学生分成几个等级。应该通过对学生长期的观察和了解，对学生做出具体、客观的评价。

第四，重视运用近因效应。教师在教育教学过程中要善于获取学生的最新信息，清楚地了解每个学生的发展情况，及时发现学生身上的变化，有了进步及时鼓励，发现问题及时正确地解决，使学生时时处在发展进步之中。

第三节 观 察

一、观察的概念

观察是一种有目的、有计划、有思维参加的比较持久的知觉。它是通过眼睛看、耳朵听、鼻子闻、嘴巴尝、用手摸等有目的的认识周围的事物的心理过程，是智力的组成部分。在观察中，视觉起着最主要的作用。观察是感性认识阶段的最高层次，它在我们的实践活动中起着重要的作用。只有通过观察，人才能获得丰富的感性材料，并以此为基础进行深入的思维，达到理性认识，从而对事物本质和规律进行认识。进化论鼻祖达尔文说："我既没有突出的理解力，也没有过人的机智，只是在观察那些稍纵即逝的事物并对其进行精细观察的能力上，我可能在众人之上。"生理学家巴甫洛夫在他的实验室中写着："观察、观察、再观察"。无数科学发明创造都是在人们司空见惯的、平常的现象中发现不平常的道理，找出事物内在的规律性的。社会的发展与进步需要创新，需要发明、需要创造，而创新、发明、创造离不开观察与想象。

二、观察的良好品质

（一）客观性

真实、正确、如实地反映客观现实，防止个人主观经验的消极影响。

（二）全面性

观察要认真、仔细、全面，不遗漏细小的问题，防止片面性。

（三）准确性

观察要准确、精确，能辨别相类似事物的最小差别，防止错觉对观察准确性的影响。

（四）敏捷性

能及时、快速地观察到稍纵即逝的现象，从中发现不寻常的科学道理。

（五）创造性

观察最可贵的品质就是从平常现象中观察到不平常的东西，从表面上貌似无关的现象中发现因果关系，从而进一步认识事物，推动社会的进步与发展。

三、观察力的培养

良好的观察力是创造型人才的重要标志，而人的观察力并不是天生的，而是在实践活动中培养和发展起来的。我们的教育一个重要的任务就是让学生学会学习，培养他们观察能力。具体怎么样培养学生的观察力，可以从以下几个方面入手。

（一）要有明确的观察目的性与计划性

提出明确的观察任务是良好观察的前提条件。如果一个人的观察没有明确的目的性和计划性，就不能很好地组织自己的注意力，更不能有效地控制自己的注意力，因为观察是需要耐心和毅力的。观察的目的越明确，越有一定的计划性，观察的效果就越好；反之，就会对观察的事物熟视无睹，不能够看出事物之间微小的差别，更不能全面掌握事物各方面的特征。例如，为了塑造学生的美感，除了让学生去观察大自然外，还必须培养学生去更好地观察各类人群，带着明确的目的去观察才会更好地完成任务。

（二）积累丰富的知识、经验和技能

观察的目的是为了从平常的现象中发现不平常的道理，进而推动社会的进步与发展，而要达到这样的目的必须要有丰富的知识经验和技能为前提。俗语说"谁知道得越多，谁就知道得最多"。即一定的知识、经验不仅能使人深入地思考，而且能够使人更精确地去感知观察事物。一位考古学家能够在一片残缺不全的龟壳上发现许多有价值的东西，而一个对考古一无所知的人却一无所得。因此，为了更好地观察事物，达到观察的最终目的，必须具备相应的知识和技能。

（三）学会多角度、多层次去观察

在观察事物的过程中，一定要教会学生从多个角度、多个层次进行观察，可以"由近及远"再"由远而近"；还可以从部分到整体，再从整体到部分；可以"由表及里"或"由内到外"等。对观察的对象观察得越仔细，观察也就越全面、越具体，得到的资料也就越多，结论也就越准确、越科学。

（四）学会运用多种感官进行观察

视觉在观察活动中占有重要的地位，但是它并不是唯一的观察器官。我们在认识一件新生事物时，必须调动多种感官，只有这样才会收集到更多的信息，从而获得有用的资料。

（五）做好观察记录

记录可以更好地帮助我们对观察到的信息做出正确的分析、判断，从而得出正确的结论。

培养一个人的观察力必须从儿童做起，让孩子从小学会观察的方法，掌握观察的策略，接受更多的外部刺激。这样从小的方面来看有利于孩子智力的发育，从大的方面来看有利于国家的兴旺发达和整个社会的发展。

思考与练习

1. 填空题：视觉适应是一种普遍的感觉现象，它包括 _____ 和

_____ 。

2. 单选题："入芝兰之室，久而不闻其香"属于感觉的哪种现象（   ）。

A. 同时对比   B. 后像   C. 适应   D. 继时对比

3. 单选题：电影是使一系列静止的画面连贯起来，前一幅画面的印象还没有消失，后一幅画面又出现在视觉中，使观众看到一幅幅活动的电影场景，这是利用了（   ）。

A. 后像的作用   B. 适应的作用

C. 对比的作用   D. 联觉的作用

4. 判断题：感觉感受性与感觉阈限成正比关系。

5. 问答题：什么是社会知觉？社会知觉中容易出现哪些偏差？教师在教学过程中如何正确利用这些偏差？

阅读与欣赏

理查德·格里格，菲利普·津巴多. 心理学与生活［M］. 王垒，王甦，等，译. 北京：人民邮电出版社，2003.

第五章　记　忆

学习目标

1. 掌握记忆的概念与种类。
2. 理解记忆的基本过程。
3. 掌握记忆的规律。
4. 理解掌握有效的复习方法。
5. 了解提高记忆力的方法。

记忆是智力的重要因素之一，是人思维、想象的基础，是感性认识过渡到理性认识的桥梁。人的记忆系统是如何工作的？我们的记忆容量究竟有多大？为什么会产生遗忘？什么样的材料容易被记住？研究记忆的规律、探索记忆的方法，提高记忆力，人才能更深入地认识世界，改造世界。

第一节　记忆的概述

一、记忆的概念

（一）什么是记忆

记忆（memory）是过去经历过的事物在头脑中的反映。感知过的事物、思考过的问题、体验过的情感、从事过的活动等都会在头脑中留下不同程度的痕迹，有的会在头脑中保持一定的时间，并在一定条件下重现出来，这个过程就是记忆。

记忆与感知觉不同，感知觉是对当前直接作用于感官的客观事物的反映；而记忆是对过去经历过的或感知过的事物的反映。

（二）记忆的基本过程

回想一下我们常用的一元纸币有国徽的一面还有什么？如果你没注意看过会很难确定，因为我们根本就没记过它。在我们的学习、生活中经常会发生这种现象：学过的知识，如果不复习，时间长了，有很多会忘记了。有时我们在路上遇到一个熟人和你打招呼，好像他的名字就在嘴边，但无论如何就是说不出来。这种对记忆中存有的信息，似乎能够达到但又无法提取的体验，在记忆中称为"舌尖现象"(tip-of-tongue phenomenon)。

可见，记忆不只是储存，它包括三个基本过程：信息如何进入编码——识记，信息如何在记忆中储存——保持，信息如何又从记忆中提取——回忆。记忆的三个基本过程的作用，恰好可以与计算机的信息加工过程相类比，即信息的编码、储存和提取。

1. 编码——识记

编码是记忆的第一个基本过程，它把来自感官的信息变成记忆系统能够接收和使用的形式，即信息的获取。有时，刚刚介绍给你的人，转瞬间就忘了他的姓名，是因为你忙着和他寒暄，没有注意去记，也就是没有来得及将他的姓名编码就转入谈话了。编码的强弱直接影响记忆的长短。当然，也有另外一种情况，假如你无意间目睹了一场车祸的发生，尽管你没有注意，那幅可怕的情景也会长期保存而不能忘掉，即强烈的情绪体验会加强记忆效果。总之，如何对信息进行编码直接影响到记忆的储存和提取。一般情况下，对信息采用多种方式编码会收到更好的记忆效果。

2. 储存——保持

储存即已经编码的信息必须在头脑中得到保存，在一定时间后才能被提取。但信息的保存并不都是自动的，在大多数情况下，为了日后的应用，我们必须想办法努力地将信息保存下来。即便如此，已经储存的信息还可能受到破坏，出现遗忘。心理学对记忆的研究主要关心的就是影响记忆储存的因素以及如何防止遗忘。

3. 提取——回忆

保存在记忆中的信息，只有被提取出来加以应用才是有意义的。提取可以有再认、重现两种水平。元记忆则是指不管你是否能够提取，但你知道自己知道。

记忆在个体与社会的生存与发展中具有十分重要的作用。记忆是心理现象在时间上的延续，它将人的前后经验联系起来，使人的心理活动成为一个统一的、发展的过程，进而形成人格。社会的发展、进步也离不开记忆。在人类发明文字之前，许多民族的大部头巨著，都是以记忆的方式靠民间的口头传诵流传下来的。如古希腊著名的荷马史诗《伊利亚特》《奥德赛》，中国藏族的民族史诗《格萨尔王》等，各种技术的传授、民族精神的传播等，都必须依靠记忆。记忆是学习的重要条件，记忆是知觉以及高级认识过程的基础。没有记忆，这个世界的一切对于我们来说都将是不可想象的。

二、记忆的分类

（一）根据记忆的内容不同，可以把记忆分为形象记忆、动作记忆、情绪记忆和逻辑记忆

1. 形象记忆

以感知过的事物形象为内容的记忆叫形象记忆，也称表象记忆。我们看到过的、听到过的、摸过的、闻过的、尝过的等，都会在头脑中留下映象，这就是形象记忆。在形象记忆中，一般人以视觉记忆和听觉记忆为主，而嗅觉记忆、味觉记忆、触觉记忆虽然一般人都有一定程度的发展，但从一定意义上来讲可以称之为职业形式的记忆，因为只有从事某种特殊职业的人或生活的特殊需要，这些记忆才得到独特的发展，如品酒师、厨师、盲聋哑人等。

2. 动作记忆

以做过的动作为内容的记忆叫动作记忆，也称运动记忆。它是技能形成的基础，其特点：识记时较慢，但记住的内容易保持、回忆，不易遗忘，甚至能永久保持；大肌肉群的动作不易遗忘，小肌肉群的动作则易遗忘。如学会骑自行车的人虽然长期没有骑车，但动作技能大体不忘，练习一段时间后就会熟练。动作记忆对形成各种熟练的技能非常重要。

3. 情绪记忆

以体验过的情绪或情感为内容的记忆叫情绪记忆，也称情感记忆。它也具有保持时间长，甚至经久不忘的特点。尤其是情绪体验强烈的记忆更不容易遗忘，如"洞房花烛夜""金榜题名时"。在某种情况下情绪记忆还会引起习惯性恐惧等异常症状，如"一朝被蛇咬，十年怕井绳""谈虎色变"。情绪记忆的作用具有两重性，它可以鼓舞人的意志，成为人们活动的动力，也可以削弱人的意志，成为人们活动的阻力。

4. 逻辑记忆

以语词、概念、原理为内容的记忆叫逻辑记忆，又称语词—逻辑记忆。是人类特有的记忆形式，它反映的是客观事物的本质和规律，即定义、公式、定理等，具有高度的理解性、逻辑性。学生在学习知识时，这种记忆形式显得非常重要。科学越发达，越需要这种记忆。

（二）根据是否有情境性以及自我体验的参与程度，可以把记忆分为情节记忆和语义记忆

1. 情节记忆

对个人亲身经历的事件的记忆称为情节记忆，或情景记忆。它具有情境性，与自我体验密切相关，它储存的是自传式的信息。情节记忆具有情境局限性，容易受各种因素的干扰，不易储存和提取。

2. 语义记忆

语义记忆是指对各种有组织的知识的记忆。这种记忆的特点：记忆的信息以语言的意义为参照，与特定的时空无关，也较少受外界因素的干扰，稳定性强，易存易取。

（三）以记忆材料保持时间的长短为标准，可以把记忆分为瞬时记忆、短时记忆和长时记忆

1. 瞬时记忆

瞬时记忆是指客观刺激停止作用后，它的映象在头脑中只保留一瞬间，而且其信息尚未被主体注意的记忆，也称感觉记忆。例如，在大街上，从你眼前走过的人很多，你看到了，当时也有记忆，但瞬间就忘记了。瞬时记忆的储存时间为 0.25～1 秒，声像信息储存的时间也只有 2～4 秒，瞬时记忆最明显的例子就是视觉后像，电影就是由于视觉后像这种瞬时记忆才使一系列断续的画面被看成是不断连续的画面。

瞬时记忆中信息的保存是形象的，保持的时间很短，保持量大，在瞬时记忆中呈现的材料如果没有受到注意就很快消失，稍加注意就转为短时记忆。

2. 短时记忆

短时记忆比感觉记忆保持的时间长，一般为 30 秒左右，不超过一分钟的记忆，称为短时记忆。例如，打电话时查过电话号码，你记住一个六位数或七位数的电话号码，你就能逐个数字往下拨，可如果不重复，刚拨完可能就忘了，又需要再查。老师讲课，学生在下面记笔记，大部分是靠短时记忆来完成的。

短时记忆容量有限，一般为 7±2 个记忆单位，但它的绝对值常常会因实验材料的不同而发生变化。为解释这一现象，米勒（Miller，1956）提出了组块的概念，组块指将若干小单位联合成大单位的信息加工过程，也指这样组成的单位。他认为，短时记忆容量是以组块来计算的，一个组块可以是一个数字、一个字母、一个词组、一个句子，甚至是更庞大的组块，这样短时记忆的容量

就提高了。组块的大小与记忆材料的性质，主体的经验有关，如"psychology"和"心理学"对有的人来说各是一个组块，但对不识英文或不识中文的人来说，它们就成了 10 个或 3 个组块了。这就告诉我们，尽管短时记忆的容量很有限，但组块的大小可以改变，因此可以提高短时记忆的广度。

短时记忆具有可操作性，一方面，它注意加工感觉记忆保持的信息为当前的工作服务，并把其中的必要信息经复述储存在长时记忆系统中；另一方面，它又根据当前工作的需要，从长时记忆库中提取所需要的信息完成某种操作，因此，短时记忆也称工作记忆。例如，学生记笔记、收发报员、电话接线员、仪表监测员等更多地依靠的是短时记忆。为了方便人们的短时记忆，电话号码、车辆号码一般不超过五位数，若超过五位，就应把它分成几个单位或几个组块。

3. 长时记忆

它是指信息在记忆中的存储超过 1 分钟以上直至许多年，乃至终生的记忆。它的信息主要来自对短时记忆的复述，也有一些印象深刻的内容在感知过程中一次性输入而长久保存。长时记忆的容量是无限的。

长时记忆以语义的方式编码，简称义码。如给被试呈现洗衣机、狗、运动员、电视机、老虎、演员、电冰箱、羊、主持人、空调等单词，他们在回忆时，往往不是按原来词出现的先后顺序，而是按其意义加以归类的，如家用电器类、职业名称类、动物类等。

瞬时记忆、短时记忆、长时记忆之间的关系可以用下图表示。如图 5-1。

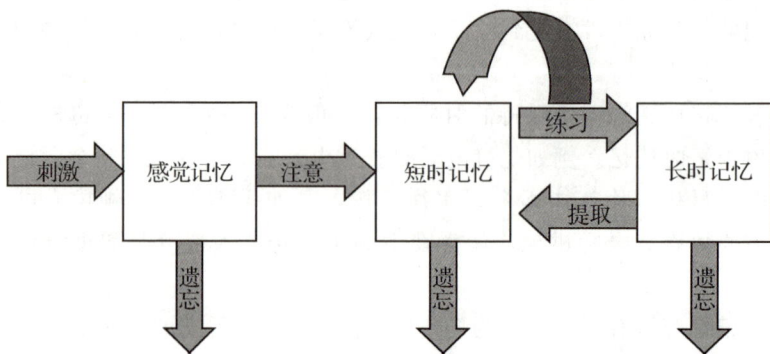

图 5-1　记忆系统模式图

三、记忆表象

(一)记忆表象的概念

表象指浮现在脑海里的事物的形象。有记忆表象和想象表象两种,我们主要研究的是记忆表象。记忆表象是指感知过的事物不在面前而头脑中再现出来的形象。例如,在外上学,想念母亲,母亲的面容就浮现在眼前。

表象和知觉的映象不同。知觉映象是由事物本身直接引起的,而记忆表象是由其他事物,特别是有关词的作用下引起的。如一个熟人当时虽然不在场,可由于别人谈到他,或收到他的短信,就会引起对熟人的记忆表象。

表象和后像也不同。后像是由刺激作用的后效直接形成的,而表象是记忆的效果,是在回忆时引起的;后像有正负,受注视的背景影响,通常负后像占优势,而表象没有正负,和注视背景无关;后像一般不受意识的控制,表象通常是有意地回忆起来的;后像持续时间很短,表象的持续时间可以由意识来控制。

(二)记忆表象的特征

1. 形象性

记忆表象是感知后留下的形象,因此它具有形象、直观的特点。例如,"不看时钟,回答时钟的时针与分针的夹角,12:05 和 6:35 哪个大?"要解决这个问题,就必须凭借头脑里钟表的表象,这时钟表的表象就很形象地浮现出来,但你会觉得一时间很难判断,因为记忆表象又不同于感知的形象,主要区别在于感知的形象鲜明生动,而表象的形象较为模糊;感知的形象稳定持久,而表象的形象不稳定,易动摇;感知的形象完整,而表象的形象不够完整,带有片面性。

2. 概括性

记忆表象一般不是一次感知形成的,而是多次感知的结果。人们多次感知同类或同一物体,但在记忆表象中留下的只是这类事物的主要特征,而非事物的个别特征,这就是表象的概括性。如一提到"山",你头脑中出现的记忆表象往往是山的概括形象,未必是具体的哪座山;想到"河",也未必是具体的哪条河,而是一般河的形象。从这个意义上说,表象接近于思维的概念。但是,二者又有不同,表象概括的是事物的形象,其中混有事物的本质和非本质属性,而思维的概括性是借助词语实现的,反映的是事物的本质属性。

3. 可操作性

表象在头脑中不是凝固不动的,是可以被智力操作的,表象在头脑中可以被分析、综合，可以放大、缩小，可以移动、翻转。正因为表象具有可操作性，形象思维和创造思维才成为可能。所以说表象是感知到思维的过渡环节。

（三）记忆表象的种类

1. 按表象的感知特点划分为视觉表象、听觉表象、嗅觉表象、味觉表象、触觉表象、动觉表象

由于人的遗传素质、生活经验以及年龄等因素的不同，在表象类型上存在一定的个体差异，如音乐工作者的听觉表象、美术工作者的视觉表象等都特别清晰、鲜明。

2. 按表象的概括性划分为个别表象和一般表象

个别表象是指对某一特定对象的感知基础上产生的表象，是关于某一个特定的人或物的，如自己母亲的表象。一般表象反映的是一类事物共有的重要特征，如我们脑子里的中年女性形象，一般表象具有更大的概括性。

（四）记忆表象的作用

1. 记忆表象是由感性认识向理性认识过渡的桥梁

人对客观世界的认识是从感性认识开始的。感性认识反映的是事物的具体特征和外部联系，是认识的低级阶段。要完成高级认识过程，进行思维与想象，即向理性认识过渡，必须借助于记忆表象。记忆表象既有与感知相似的直观性，又有与思维相似的概括性。有了表象，人才能保持过去的反映，才能拿过去的事物和当前的事物比较，也就是进行思维。表象是由感知向思维过渡的中间环节，这在儿童心理发展中表现得很明显，我国心理学工作者曾经对学前儿童加减法计算进行训练，发现原来儿童只能按实物计算，然后把实物掩盖起来，要儿童想着实物进行计算，也就是利用表象进行计算，经过这个过渡环节，儿童较顺利地进行口算或心算了。在某些职业活动中，表象具有更大的作用，如画家、音乐家、技术员等，都要求有鲜明、稳定、完整的记忆表象。

2. 表象是记忆的重要内容

人记忆的知识有两类：感性知识和理性知识。感性知识的主要内容是表象，理性知识的主要内容是概念、原理。储存在大脑中的知识大多数是以表象的形式出现的。据研究推测，在人的记忆中形象的信息量与词语的信息量的比例约为1000：1，知识的重现也大多以表象的形式进行。

第二节　记忆的规律性

记忆的过程包括识记、保持和回忆三个基本环节，下面就从这三个方面来探讨记忆的规律性。

一、识记的规律

（一）识记的概念

识记就是人们识别并记住事物的过程。从信息加工的角度看，识记是信息的输入过程。

（二）识记的分类

1. 根据识记有无明确的目的、是否需要意志努力，可分为无意识记和有意识记

无意识记也叫不随意识记，就是事先没有明确的识记目的，也不需要意志努力的识记。在我们生活中很多识记形式属于无意识记，如看完一场电影，参加完一次聚会之后，虽然我们没有给自己提出什么识记的任务，但电影和聚会的很多情节被我们无意记住了。无意识记与人的需要、兴趣、情绪体验密切相连，也与实际操作有关。

有意识记是指有预定的识记目的，经过一定的意志努力，并运用一定方法的识记。如今天老师上课讲的内容明天要进行考试，学生要想取得好成绩，就要特意地进行复习，这就是有意识记。人类掌握系统的知识，主要靠有意识记来完成，有意识记在学习、工作中占有重要的地位。

2. 根据识记材料有无意义以及对材料是否理解，可分为机械识记和意义识记

机械记忆是指识记的材料本身无内在的意义联系，或虽有意义但学习者不理解，仅依靠机械重复的方法进行的识记。如记忆字的笔画、电话号码、不理解的公式等在很大程度上靠的是机械识记。

意义识记是指在理解识记材料的基础上，依靠材料本身的内在联系进行的识记。运用这种识记，材料容易记住，保持的时间也长，并且易于提取。

（三）影响识记的因素

识记是记忆过程的开端，是保持和回忆的前提，想要提高记忆的效率，必须先研究识记的规律，提高识记的质量。研究发现，识记效果与下列因素存在

规律性联系。

1. 识记的目的要求

识记的目的性是影响识记效果的首要因素。大量实验表明，有明确目的的识记比无目的的识记效果好。这就是人们熟知的有意识记优于无意识记。苏联教学论专家赞可夫曾以成人为被试做过实验，他把成人分成甲乙两组读课文，要求甲组尽可能完全地记住课文，而对乙组则不提出任何要求。结果甲组被试平均记住了课文的125个句子，而乙组只记住了87个句子，甲组识记效果明显好于乙组。

识记任务在时间上的要求不同，也会影响识记的效果。在一个实验中，让被试识记两段难易程度相同的语文材料，事先说明：第一段次日测验，第二段在一周后测验。实际两段都是在两周后才进行测验，结果表明，第一段只记住了40%，第二段却记住了80%。可见，提出长久识记的要求对识记效果有积极影响。日常经验也证明了这一点，只是为了应付考试的学生，在考试之前突击复习，等考完之后，很快就忘了；相反，为了长久掌握知识去识记，保持的时间也长久。

2. 对材料的理解

在识记过程中，理解的识记比不理解的识记效果好，识记效果随着理解的加深而提高。这就是人们所说的，意义识记优于机械识记。

在下面拓展学习窗口中，为什么三组数量相同的材料识记的效果大不一样呢？用识记的规律来分析，道理很显然：第三种材料属于有内在联系的有意义材料，可以在理解的基础上进行识记；第一种材料无内在意义，我们只能靠机械识记；第二种材料中，虽然每个词是有意义的，但前后不连贯，意义孤立。这种测验的结果说明意义识记优于机械识记。所以，我们在各门学科的学习上，要尽可能地应用意义识记，加强理解，反对"读书不求甚解"和单纯的死记硬背。

意义识记的效果固然优于机械识记，但也不能因此否认机械识记的作用。尤其儿童年龄越小，越需要机械识记，因为他们缺乏知识经验，很难找出材料间的内部联系，如让小学低年级的学生复述课文，他们大多数逐字逐句地背课文，而高年级则可以用自己的语言来组织材料。年龄越大，意义识记越占优势。

拓展学习

意义识记优于机械识记

下面三组材料都是 42 个字：

1. 共台甫马哈那坤奔他哇劳狄希阿由他亚马哈拉底陆浦改劝辣塔尼布黎隆鸟冬帕拉查尼卫马哈洒坦（泰国首都全名）。

2. 早稻、机车、体育、时间、及格、燃料、可耻、止渴、诊断、开水、看戏、煤油、外衣、公园、母牛、轮胎、自制、打球、公正、木床、相声。

3. 不费劲就能解答的问题，往往很快就忘记了；而那些绞尽脑汁才能解答的问题，能长时间地留在头脑里。

将上述材料依次逐一呈现给学生看，两分钟后要求他写出记住的字。结果第三组材料测试的成绩最佳，有的人一字不差；第二组材料测试的成绩居中，每人都能写对一部分；第一组材料测试的成绩一塌糊涂。

3. 识记材料的数量

识记材料数量的多少对识记效果有很大影响，一般说来，要达到同样识记水平，材料数量越多，平均用的时间或朗读的次数就越多。

4. 识记材料的不同性质

识记材料的性质对识记的效果也有一定的影响。一般说来，直观形象的材料比抽象的词识记效果要好些，视觉的材料比听觉的材料好些，如记忆同样数量的文言文比记忆白话文要慢得多，同样的材料看一遍比听一遍识记效果要好。此外，有意义的材料比无意义的材料容易识记，有韵律的材料比无韵律的材料容易识记。

5. 主体的情绪状态

主体的情绪状态和身体健康状况也是影响识记效果的一个因素。一般认为，积极情绪状态下识记的效果要优于消极情绪状态下识记的效果。

除了上述几个方面，人的主观需要、知识经验、性格特点、能力类型等都对识记效果有一定的影响。

二、保持的规律

（一）保持的概念

保持是经历过的事物在头脑中储存和巩固的过程。保持是记忆系统的中间环节，是再认和重现的前提。

（二）影响保持的因素

1. 学习的程度

学习的程度对保持有较大影响。一般把学习程度分为三级：低度学习（识记达不到背诵的标准）、中度学习（识记后恰能背诵）和过度学习（超过刚能背诵的程度）。在一定限度内，学习程度越高，保持效果越好。当过度学习程度达到 150％时，记忆效果最好。德国心理学家克鲁格研究了各种过度学习与记忆的关系，如图 5-2。他让被试识记 12 个名词，学习程度分别为 100％、150％、200％，并在一天至 28 天后测其保持量。实验结果表明，过度学习超过 150％以后，记忆效果不再有显著增长。可见，把握好过度学习的"度"，既能提高保持的效果，又不浪费精力和时间。

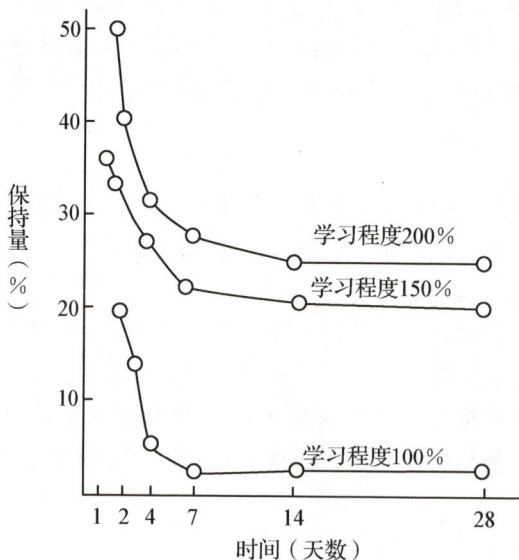

图 5-2　不同学习程度学习材料保持量的比较

2. 记忆任务的长久性

记忆任务的长久性也对保持效果有较大影响。日常生活中人们都有这样的体验，只要求临时记住的材料，保持的时间就很短，而要求长期记住的材料，保持的时间就长些。这一点也得到了实验的证实。在一项实验中，主试将甲、乙两种难度相当，字数相近的短文写在黑板上，待学生背出后把两篇文章擦去，然后宣布第二天检查甲文，一周后检查乙文。但实际上甲、乙两文同在两周后检查。结果发现，学生对乙文的保持率为 80％，而对甲文的保持率为 40％。

3. 记忆内容的不同性质

记忆内容的性质也是影响保持的因素之一。一般来说，动作记忆保持最长久；形象性记忆材料保持较长；言词材料不易保持；在言词材料中，有意义的材料比无意义的材料，诗歌比一般意义的材料保持地要好。如图5-3。

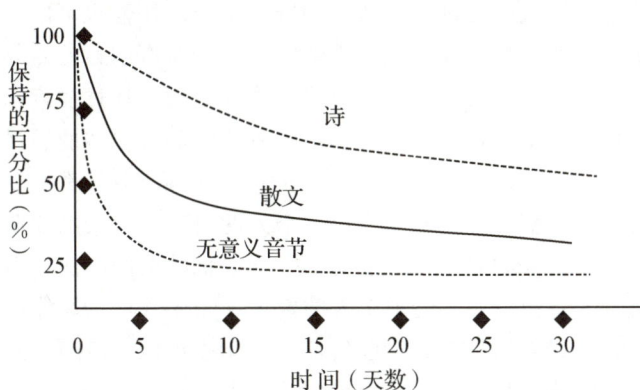

图 5-3　不同性质材料的遗忘曲线

4. 识记后的复习

在影响保持的因素中，复习无疑是最重要的了。早在两千多年前，大教育家孔子就提出"学而时习之""温故而知新"的学习原则。19世纪德国哲学家狄慈根也提出"重复是学习之母"。现代心理学的研究更有力地证明：使学过的知识在记忆中长久保持的最有效办法就是复习。当然复习的效果不单纯取决于复习次数的多少，而是取决于正确的组织安排和活动方式。

三、回忆的规律

回忆即信息的提取，它有再认和重现两种水平。重现和再认相比较，再认比重现要容易些。一般能重现的，一定能再认，而能再认的，却不一定能重现。

（一）再认

1. 再认的概念

过去经历的事物重新出现时，人能够识别和确认的心理过程叫再认。例如，我们能够认出过去交往过的人、学习过的公式、看过的风景等。

2. 影响再认的因素

（1）原有经验的巩固程度

如果过去经验很清晰、准确地被保持，当再次出现时，一般能迅速、准确地予以确认。如果过去经验已经发生了泛化现象，就容易发生再认错误。

（2）原有事物与重新出现时的相似程度

相似程度越高，再认越迅速、准确；相似性越差，再认越困难、缓慢，出现再认错误的可能性越大。

（3）个性特征

个性特征不同，人的心理活动速度和行为反应的快慢也不同。心理学家曾通过实验证实，独立性强的人和依附性强的人的再认有明显的差异。

当再认出现困难时，人们常常要寻找再认的线索，通过线索达到对事物的再认。线索是再认的支点，个别部分的出现可能唤起对整体的回忆。例如，再认一个人时，他的性格、姓名、面貌、举止、腔调、职业等都可以成为再认的线索，认出其中的一部分，就有助于对这个人的再认。曾帮助罗斯福入驻白宫的吉姆，能叫出五万人的名字，他发明了一种记忆姓名的方法，即无论什么时候遇见一个陌生人，他就要问清那个人的姓名、家中人口、职业特征等，当下次再见到那人时，尽管那是在一年以后，他也能拍拍他的肩膀，问候他的妻子儿女，问他后院的花草，他也因此而得到了很多人的追随。

再认有时会出现错误，对熟悉的事物不能再认或认错对象。发生错误的原因是多方面的。如接受的信息不准确；对相似的对象不能分化；有时错误则是由于情绪紧张或病理原因等。

拓展学习

真实的谎言——法庭作证的可信度

法庭判案重视人证和物证。一直以来大家都是相信目击证人依据记忆所做的证词是可信的。但事实真的如此吗？

1979年的夏天对彼那德神父来说，是难以忘记的痛苦经历。他涉嫌参与了美国惠明顿地区的几件持械抢劫案。尽管整个审讯过程中，他都坚持自己是无辜的。然而有7名目击者指证了彼那德神父是那个"儒雅的歹徒"，因为抢劫者举止文雅，衣着得体。万幸的是，真正的抢劫者在关键时刻自首了，神父才终获清白。为什么彼那德神父会差点被误判？实际上这两个人的长相并不是很像，然而有一些因素使得目击者的记忆和判断发生了偏差。

自20世纪70年代以后的心理学研究结果看，法庭作证的可信度不高。为了证明当时所见与事后所记的不一致现象，近年来心理学家从事过很多实验研究。当前心理学的应用研究在法律中受到重视，心理学家们的研究贡献是主要原因。

（二）重现

1. 重现的概念

重现是指经历过的事物不在眼前，能够在脑海里重新出现，并加以确认的过程。

2. 重现的种类

根据重现是否有预定的目的和意志努力，可以把重现分为无意重现和有意重现。

（1）无意重现

没有预定目的，也不需要意志的努力，自然而然发生的重现，叫无意重现。例如，有时偶然想起某件往事，有时"触景生情"或"睹物思人"，有时"想入非非"，这些都是无意重现。

（2）有意重现

有预定目的，并且常常需要意志努力的重现，叫有意重现。例如，闭卷考试中，有时"冥思苦想"；在写作活动中，有时"搜肠刮肚"，这些都是有意重现。有意重现根据是否需要中介性联想参与，可分为直接重现与间接重现。

直接重现，即不需要中介性联想参与而产生的重现。例如，我们看到 4×4，立刻就想到 16；看到"π"，立刻就想到 3.14159。这种重现仿佛是突然在脑中产生的，而且重现人并不清楚地意识到是如何想起来的。直接重现产生的先决条件是对重现的事物十分熟悉。

间接重现，即在中介性联想参与下实现的重现。例如，对部分遗忘的物理公式或数学公式的重现，往往需要许多中介性联想参与，如通过重现有关的实验、图表、有关的例题及做过的练习题等。间接重现有时需要很大的意志努力，并在积极的思维参与下才能实现，这种重现又称为追忆。

3. 影响重现的因素

重现是回忆环节的主要表现形式，故有人称其为回忆。在生活中常常有许多记忆信息不能被回忆重现，主要是因为受到一些因素的干扰，比如，旧的知识经验和主体的情绪状态等，使信息的提取失败，但记忆中信息间的联系依然存在。所以要想提高重现的速度和准确性就需要借助一些特殊的提取线索，那么如何寻找线索，寻找怎样的线索直接影响重现的效果。

（1）编码信息联系的紧密程度

在长时记忆中，信息经常以语义方式组织的，因此与信息意义紧密联系的线索，往往更有利于信息的提取。例如，我们都有这样的经历，当故地重游时会想起许多往事，甚至触景生情。我们之所以浮想联翩，往日情形依稀可辨，是因为故地的一草一木都紧密地与往事联系在一起，他们激发了昔日的回忆。然而在另一个时间和地点，即使看到同样的草木，也会视而不见，没什么联想出现。又如，当突然遇到一位老同学而想不起他的名字时，我们常常会有意识地去想他曾经常与谁在一起，他有什么习惯等，即努力地寻找有关线索。

（2）情境和状态的依存性

一般来说，当努力回忆在某一环境下学习的内容时，人们往往能回忆出更多的东西。因为事实上，我们在学习时不仅将要记的东西予以编码，也会将许多发生在同时的环境特征编入长时记忆。这些环境特征在以后的回忆中就成为有效的提取线索。环境上的相似性有助于或有碍于记忆的现象，叫作情境依存性记忆。一项研究表明，让学生在一个房间里学习，并在同一个房间测试，其记忆效果比在别的房间接受测试要好。尽管情境依存性效应并不总是很强，但对某些学生来说，在考试的教室里复习多少会对成绩有所帮助。

（3）主体思维灵活性

思维要有灵活性，当依靠某一线索不能重现时，我们应及时改用其他线索进行重现，同时还要在众多线索中善于找出和解决问题有必然联系的线索。即主体应善于发散思维，善于联想，充分利用中介事物，利用事物多方面的联系去寻找线索。

（4）主体主观状态

首先，个人情绪状态和学习内容的匹配也影响记忆。例如，在一项研究中，让一组被试阅读一篇包含有各种令人高兴和令人悲伤事件的故事，然后在不同条件下让他们回忆。结果显示，当人感到高兴时，回忆出来的更多的是故事中的快乐情境，而在悲哀时则反之。已有研究表明，心境一致性效应既存在于对信息的编码中，也包含在对信息的提取里。一般来说，人们会因故事中主人公的悲哀而悲哀，因主人公的死里逃生而激动不已，情绪上的共鸣促进了与情绪有关的信息的加工。其次，主体的毅力和求索精神也直接影响回忆的进行。

第三节　遗　忘

一、遗忘的概念

对识记过的事物不能回忆或者错误回忆的现象称为遗忘。

遗忘有两种表现形式：暂时性遗忘和永久性遗忘。暂时性遗忘是以前经历过的事物需要回忆的时候，一时想不起，但过后能回忆，如提笔忘字；永久性遗忘就是以前经历过的事物永远不能回忆。

人们沉浸在美好的回忆中时感觉更好，同时为了减轻心理不安，人们也能有意识地逼迫自己不去回忆那些引起痛苦体验的事件，或者有意地歪曲它们，使之不再出现。这种有意识地不使某些信息再现的记忆效应称为有意遗忘（motivated forgetting）。人脑之所以能储存大量有用的信息，也应归功于遗忘。忘却是一种精神代谢，不会忘却如同不会排泄，如果这样，即使脑再大10倍也无用。合理忘记比囫囵记忆要难上千万倍，哪怕是低级的电脑也有记忆功能，但再高级的电脑也不能合理忘记，因此，从某种意义上说，遗忘是必要的。但是，我们学过的知识、重要的事情等不想遗忘的东西有时也会遗忘，这就需要研究遗忘的规律，据此有效地去克服遗忘。

二、遗忘的原因

德国心理学家艾宾浩斯的工作描述了遗忘的进程，但没有揭示为什么产生遗忘。对遗忘的原因一般有两种解释：消退（decay）和干扰（interference）。消退理论认为，遗忘是记忆痕迹得不到强化而逐渐减弱以致最后消退的结果。这种说法接近于常识，容易被人们接受，因为某些物理的、化学的痕迹有随时间推移而消退甚至消失的现象。干扰理论认为，长时记忆中信息的遗忘主要是因为在学习和回忆时受到了其他刺激的干扰。一旦干扰被解除，记忆就可以恢复。干扰又可分前摄干扰和倒摄干扰两种。前摄干扰是指学过的旧信息对学习新信息的抑制作用，倒摄干扰是指学习新信息对已有旧信息回忆的抑制作用。

一系列研究表明，在长时记忆里，信息的遗忘尽管有自然消退的因素，但主要是由信息间的相互干扰造成的。例如，在一个实验中，让两组被试学习十对形容词，直到记住八对为止，并在两天后进行测查。其中，第二组被试在学完以后的两天中，以相同的方式又学习了另外两个字表；第一组被试则不进行这种学习。结果第一组正确保存 69％，第二组正确保存只达到 25％。对回忆中出现的错误进行考察发现，错误反应很多来自回忆以前学过的字表。这反映了后面学习的两个字表对先学材料的保存产生了倒摄干扰。类似实验也表明，后学材料的保存量也会随着前面学习材料的增加而降低。例如，我们都知道早晨起来背单词，比上完四节课再背的效果要好。这里既有疲劳的原因，也有前摄抑制的影响。一般说来，先后学习的两种材料越相近，干扰作用越大。对于不同内容的学习如何进行合理安排，以减少彼此干扰，在巩固学习效果方面是值得考虑的。

三、遗忘的规律

德国心理学家艾宾浩斯首先系统地对长时记忆和遗忘进行了研究。他的目标是研究"纯"记忆，既不受个人情绪反应的污染，也不受其他一切以前学过的保存在长时记忆中的知识干扰的记忆。为了消除新学习的材料与记忆中的知识的可能联系，他创造了无意义音节（nonsense syllable），即一种有两个辅音和一个元音组成的字母串，如 POF、XEM 和 QAZ 等。实验中以他自己作被试，大声地朗读一串串无意义音节，并且用节拍器有规律的节奏控制朗读速度，然后再努力地回忆它们。

为了测量遗忘，艾宾浩斯设计了节省法（saving method），即把初学时重复的遍数当作印象深度的指标，把达到初学的熟练程度所需再学的遍数当作印象消失程度的指标，计算两种指标间的差异，这种差别称作节省，如间隔20分钟后，重学时节省诵读时间58.2%；1小时后，节省44.2%；8~9小时后，节省35.8%；一天后，节省33.7%⋯⋯具体实验结果见表5-1。

表 5-1　不同时间间隔后的成绩

时间间隔	重学时节省诵读时间的百分数（%）	遗忘的百分数（%）
20 分钟	58.2	41.8
1 小时	44.2	55.8
8~9 小时	35.8	64.2
1 天	33.7	66.3
2 天	27.8	72.2
6 天	25.4	74.6
31 天	21.1	78.9

艾宾浩斯根据上述实验结果绘制了遗忘曲线，如图5-4。

艾宾浩斯遗忘曲线揭示了遗忘过程受时间因素制约的规律。

第一，遗忘的进程是不均衡的，在记忆最初阶段遗忘速度很快，以后逐渐缓慢，即先快后慢的遗忘进程。

第二，引起主体兴趣，符合主体需要动机，激起主体强烈情绪，在主体的工作、学习上具有重要意义的材料，一般不易被遗忘。

第三，熟练的技能遗忘得最慢，形象材料次之，言词材料遗忘较快，无意义的材料或材料本身虽有意义但未被学习者理解时遗忘得最快。

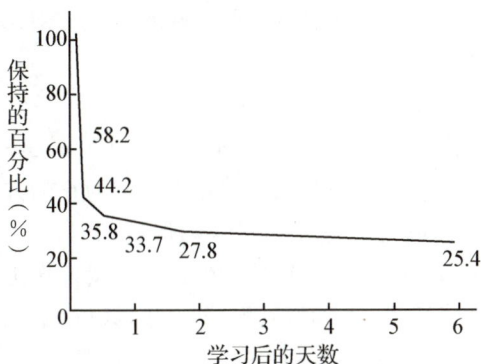

图 5-4　艾宾浩斯遗忘曲线

第四，材料首尾不容易遗忘，中间容易遗忘。心理学家肯斯雷用三种不同材料即无意义音节、彼此不相关的英文单词和意义相关联的单词进行记忆试验，结果发现材料首尾容易记住，中间容易遗忘，材料越无意义这种现象越明显。这是因为中间呈现的材料同时受到前摄抑制和倒摄抑制的影响。

第五，过度学习的材料能避免遗忘。所谓过度学习是指把练习进行到超过那种刚好能回忆起来的程度。研究表明，过度学习150％时可以避免遗忘。

四、如何避免遗忘

避免遗忘提高保持效果最好的方法就是复习，但是复习的效果不单纯取决于复习次数的多少，而是取决于正确的组织安排和活动方式。

（一）及时复习

根据遗忘先快后慢的规律，复习要在尚未大量遗忘前及时进行。19世纪俄国著名教育家乌申斯基曾经说过，记忆就像建筑物，不要等快要倒塌时再去修复，否则那就等于重建，说明了及时复习的重要性。心理学实验也有力地证实了这个问题。斯必曳给两组被试学习一段课文，甲组学生在学习后不久进行一次复习，乙组没有复习，一天后甲组保持98％，乙组保持56％；一周后甲组保持83％，乙组保持33％。

（二）分散复习

正确分配复习时间对复习效果有着重要影响。复习时间分配有两种方式：集中复习与分散复习。一次复习较长的时间为集中复习，将较长的时间分几次使用是分散复习。一般说来，分散复习的效果优于集中复习的效果，但分散复习的时间间隔要视材料的性质、数量、难度以及记忆已经达到的水平而定。一般是"先密后疏"，即开始时间间隔短一些，随着所学的知识不断地巩固，以后可逐渐增加间隔的时间。

（三）尝试重现与反复识记（阅读）相结合

在材料还没有记住前，就积极地试图重现，重现不起来的再识记（阅读），这种复习方法比简单的一遍又一遍地阅读直至熟记为止的方法要好得多。它在识记的时间上花得少、识记的速度来得快，保持的时间也更长。在一个实验中，让学生识记课文的内容，一种是让学生连续阅读四次进行识记，另一种是阅读两次、重现两次，结果一小时后测定两者的保持的百分比分别为 52% 和 75%，一天后保持的百分比是 30% 和 78%，十天后是 25% 和 75%。可见阅读和重现交替进行是记忆的好办法。

尝试重现与反复识记相结合之所以能提高学习的效果，其原因在于尝试重现的目的、任务更明确、更具体，能使大脑皮层注意的兴奋性活动更强，留下的印象更深刻；通过尝试重现，能及时地发现重现材料中的难点，从而想方设法集中力量解决；通过不断地自我检查，学生不断地发现取得的成绩和进步，增强了学习的兴趣和信心。

（四）多样化复习

复习方法单调，容易使学生厌倦、疲劳，降低复习效果；而多样化的复习方法使学生感到新颖，能引起和加强注意并激发兴趣，调动学生的积极性，从而提高复习的效果。为此，要注意采取多样化的复习方式。例如，对同一问题的复习，可用填空、判断、问答等多种方法。

（五）多种感官参与复习

这也是提高记忆效率的重要条件之一，多种感官参加复习之所以能取得良好的效果，是因为当信息通过多种感觉通道传到大脑皮层时，会对同一内容建立广泛的暂时神经联系，这样的联系不但较为巩固，而且也容易接通和恢复。

第四节　记忆的品质与培养

一、记忆的品质

（一）记忆的敏捷性

记忆的敏捷性即识记速度的快慢，通常以单位时间内记住内容的多少来衡量，在这方面有很大的个体差异。对同一内容，有的人记得快，有的人记得慢。据说列宁的记忆速度很快，他看一遍电报就能把内容记住，可谓过目成诵。

（二）记忆的持久性

记忆的持久性是指识记的事物保持时间的长短。有的人能把识记过的内容长久地保持在记忆中，而有的人却能很快地将其遗忘。有些人记忆的持久性是非凡的。例如，马克思能成段地背诵歌德、莎士比亚、但丁和塞万提斯等人的作品。巴金也曾谈到有 200 篇文章一直储存在他的脑子里。

（三）记忆的准确性

记忆的准确性是指对识记的材料记得是否正确。有的人对识记的材料能正确无误地加以重现，而有的人在回忆时经常出现歪曲、遗漏，这是记忆准确性上的差异。我国汉末著名学者蔡邕的著作在兵荒马乱中散失，他也被杀害了，流传至今的 400 多篇蔡邕的作品，乃是他女儿蔡文姬准确无误地背诵出来，才得以保存下来的。记忆的准确性是记忆的重要品质。如果缺乏记忆的准确性，那么记得再快、再牢也是没有意义的。

（四）记忆的准备性

记忆的准备性是指能否及时地从记忆库中提取所需的知识。在知识竞赛中，有的人反应很快，有的人反应较慢，虽然他们中不少人都掌握了回答某一问题的有关知识和能力，但在记忆中提取信息的速度却存在快慢的差别，这就是记忆准备性上的差异。

上述四种记忆品质在个体身上的表现是不平衡的，有差异的，有多种组合的可能性。判断一个人记忆能力的强弱，必须同时兼顾以上四种记忆品质。

二、记忆能力的培养

培养学生的记忆能力是教学的主要任务。其目标是通过培养和训练，使学生记得快、记得准、记得牢，并能在需要的时候迅速提取出来为己所用。培养学生的记忆力应从以下四个方面入手。

（一）加强学习目的的教育

进行学习目的的教育，是培养学生记忆力的首要条件。学生只有明确了为什么而学后，才能自觉学习，主动去记，积极思考。因此，在教学的各个环节都要把学习目的教育置于首位。既要进行学习总目的教育，把当前的学习同日后参加国家建设的大目标联系起来，增强学生的社会责任感。也要进行具体的学习目的教育，通过阐述知识的价值激发学生的学习兴趣，强化学生的学习动机，使学生好学、乐学。

（二）掌握记忆和遗忘的规律

记忆过程是由识记、保持和回忆三个环节构成的。无论是识记，还是保持和回忆，都有其特定的规律。现代心理学对记忆规律的揭示，为我们制定记忆策略，选择记忆方法提供了基本依据。掌握与运用记忆规律，就可以提高识记、保持和回忆的效果，增强记忆能力。

（三）学习科学的记忆方法

1. 正确地识记

一方面要有目的地识记，宏观目标与具体目标相结合。目标越明确，注意力越集中，识记效果越好；另一方面要在理解的基础上识记，从很多的记忆对象中找出它们的规律性，结合具体情境或操作活动识记，借助听、看、写、实践等增加对大脑的刺激，加深印象。

2. 合理地复习

从时间安排上，及时复习，经常复习，分散复习。将重要的内容放在开头或末尾复习，分散复习增加了更多的首尾内容。从方式方法上，运用多样的方式方法，发动多种感官参与。当复习感到疲劳时，改变学习内容，大脑就会轻松一些，这也是一种变相的休息。从主观状态上，复习要身心投入，注意力集中，头脑活动积极，尝试重现与反复阅读相结合，将复习内容形成系统。

3. 有效地回忆

借助联想有利于回忆。联想就是由一种事物想到另一事物的心理活动。联想之所以有助于回忆，是因为当具有某种联系的事物在大脑皮层建立较稳定的神经联系以后，只要一事物出现，自然会联想到另一事物，联想成了回忆的线索。联想主要有接近联想（时空上）、相似联想（形式或性质上）、对比联想（性质或特点上）、因果联想（因果关系）等。

记忆方法既是完成记忆任务的保证，也是影响记忆效果的重要因素。科学、合理的记忆方法可收到事半功倍的效果。心理学已研究、总结出许多行之有效的记忆方法，如直观形象记忆法、特征记忆法、归类记忆法、重点记忆法、歌诀记忆法、联想记忆法、推导记忆法、图表记忆法等。教师要把方法论教育渗透在知识传授之中，使学生能用科学的方法去记忆知识，不断提高记忆效率。

（四）掌握有效的记忆术

记忆术（mnemonics）指为了便于记忆而将信息加以组织的技巧，其基本原则是使新信息同熟悉的已编码的信息相联系，从而便于回忆。科学的记忆方法，能增强记忆，防止遗忘，取得"事半功倍"的好效果。常用的记忆术有以下几种。

1. 地点法

地点法(method of loci)又称位置法，是一种传统的记忆术。这种技术在古代不用讲稿的讲演中曾被广泛使用，而且沿用至今。地点法的原理是将一组熟悉的地点与要记的东西之间建立起联系，主要利用视觉表象，以地点位置作为以后的提取线索。采用什么地点是任意确定的，因人而异。但所选定的位置必须是个人熟悉的场所。例如，在校园中，有一条由书店到图书馆的路线你非常熟悉，我们就可以利用它来识记一系列东西。方法只是在想象中沿着这条路线走，把所要识记的每一件东西和这条路线上的一个确定位置联系起来，建立生动的表象。如要记六种食品的名字：牛奶、鸡蛋、面包、番茄、香蕉和茶叶，你可以首先将牛奶和书店联想在一起，可以想象书店门前人很多，挤倒了送牛奶的车，撒了满地的牛奶还有几本书。第二个位置是招待所，可以想象招待所门口有人在买鸡蛋。然后到了小吃部，可以想象那里摆着各式各样的面包特别诱人。然后，又到了交叉路口，要把番茄和这里联系在一起，就可以想象有一辆运菜的车在这里翻倒了，到处滚着西红柿。然后又到了教学楼门前，看见树上挂满香蕉。最后来到图书馆，发现进门处新添了一个茶座，很多同学在那里兴高采烈地招呼你喝茶。要回忆这个食品单时，我们所需要做的只是在想象中走一遍这条路线，把与路线上各个位置的联想恢复起来就行。一般来说，在地点与要记的东西联系起来时，想象越夸张，越离奇，形象越鲜明，回忆的效果越好。

另一种与位置法具有相同的原理，但形式不同的传统记忆术是字桩法(peg word method)。其特点是形象的和语言的线索并用。在使用字桩法时，首先要记住一组词作为"桩"，然后将要记的单词或其他材料与字桩一个个地挂上钩。

位置法、字桩法以及其他类似的方法具有一个共同点，这些技术使支离破碎的信息有了组织，在各个地点或字桩与各个要记项目之间建立联想，经过对材料的深入加工产生了许多额外的线索，这种自我生成的联想过程非常重要。一般来说，这类方法用于记忆讲演的要点、人名、电话号码、外语单词等散乱的信息时非常有效，而且在要记忆的信息很多时效果更好。

2. 韵律法

对一些纯语言的材料，最明显有效的记忆方法是靠韵律(rhythm)去记忆内容，也称口诀法。它在民间和在教学中都广泛应用。例如，你是否能清楚地背出中国农历的二十四个节气？如果不能，你不妨试一试韵律法。首先学会背诵下列四句七绝诗句："春雨惊春清谷天，夏满芒夏暑相连，秋处露秋寒霜降，冬雪雪冬小大寒"。背熟以后，再把每一个字词加以讲解，整个内容就完全出现了。英语中也有类似的做法，例如，为记忆一年四季里有哪几个月份是 30 天，他们背"Thirty days hath September，April June and November"。教学过程中，有意识地利用口诀和押韵，可以大大地提高记忆效果。

3. 谐音法

这是利用谐音来帮助记忆的方法。也就是对要记忆的材料加上某种外部联系，这样就便于贮存，易于提取。特别是可以利用一些方言的谐音来帮助记忆。例如，有人利用谐音来记忆圆周率 3.1415926535897932384626，编成谐音是：山巅一寺一壶酒，尔乐苦煞吾，把酒吃，酒杀尔，杀不死乐尔乐。

4. 笔记法

在大学里，举办各种讲座是司空见惯的事。研究发现，学生对讲座中重要细节的记忆往往不如对不重要细节的记忆好。人们经常对讲座中的笑话和旁征博引记忆犹新，而将讲座中的主要观点抛之脑后。毫无疑问，记笔记（note-taking）有助于记住讲座或课堂上所讨论的问题。然而，有效地记笔记并不是一种容易掌握的技能。许多学生往往在考试前才意识到自己的笔记记得是多么糟糕。

就记笔记而言，重要的是要认识到并非记得越多越好。不管是重要的还是不重要的，将讲演者所讲的内容都记下来的做法往往是不明智之举。因为这样，不仅要求注意力高度集中，而且很少能留出时间对所讲的内容进行思考。事实上，在记笔记时，思考远比书写更为重要。思考为我们提供了安排事实的框架。这也是为什么借看别人的笔记不如看自己的笔记效果好。因此用相对精练的字句记下主要的观点往往比记录每一个细节对学习更有帮助。总之，记笔记的最好方法是对所听到的内容进行思考，找出各种材料间的关联，清晰准确地总结主要的观点和例证。

5. PQ4R 法

根据学习和记忆原理，心理学家提出了许多用于教材学习的记忆技术。其中最流行并取得公认的技术是 SQ3R 法和 PQ4R 学习法。其他一些技术也十分相似，基本上都是这两种技术的改编。下面主要介绍 PQ4R 法。

PQ4R 的名称是用六个英文单词首字母组成的，代表着学习任意一章内容应遵循的六个步骤。

（1）预习（preview，P）

在开始新一章的学习时，一个最好的做法是不要马上就读，而是先花几分钟大略地看一遍。注意一下各节标题、大写的或黑体的术语，形成一个总体的认识。同时，也要考虑这一章讨论的是什么问题，材料是怎样组织的以及它与前几章有什么联系等。

（2）提问（question，Q）

在阅读每一节之前，停下来先问问自己它都包含什么内容以及应当抽取哪些信息。例如，本章中有一小节的标题是"语义代码"，你可以改成这样一些问句："什么是语义代码？""语义代码有什么作用？"

（3）阅读（read，R）

阅读课文，并试着回答自己前面提出的问题。

（4）复述（rehearsal，R）

在读课文时，试图予以理解，默读并想出一些例子，把教材和已有的知识联系起来。

（5）回忆（recall，R）

在学完一段后，试着回忆其中所包含的要点，回答自己提出的问题。对不能回忆的部分再阅读一遍。

（6）复习（review，R）

学完一章后，复习所有内容，找出各节内和各节间的联系。目的是考察作者如何组织材料。一旦掌握了篇章的组织结构，单个的事实就容易记住了。

在学完所有内容以后进行休息、放松。研究表明，采用这种方法不仅可以更好地记忆材料，而且会节省大量时间。

（五）讲究记忆卫生

记忆卫生也是影响记忆效果的一个重要因素。愉快的情绪、清新的空气、适当的营养、合理的作息制度和科学用脑等，都能增强记忆效果，提高记忆能力。营养不良、不良嗜好、疾病缠身、心理障碍，均可影响大脑功能的发挥，使正常的保持和回忆能力受到阻碍，产生遗忘的现象。所以，保证脑和心理卫生是提高记忆力的必要前提。

思考与练习

1. 填空题：记忆的过程包括三个环节，分别是_____、_____、_____，从信息加工的视角看，记忆就是人脑对信息的_____、____

_____、_____。

2. 单选题：当你的人头脑能够回忆起"平行四边形"的形状时，这种记忆属于（　）。

A. 运动记忆　　　B. 形象记忆　　　C. 逻辑记忆　　　D. 情绪记忆

3. 判断题：记忆的内容在头脑中保留的时间超过一分钟的记忆属于短时记忆。

4. 问答题：什么是遗忘？从艾宾浩斯遗忘曲线上可以看出遗忘有什么规律？应如何复习才能有效地克服遗忘？

阅读与欣赏

1. 凯文·都迪. 魔术记忆[M]. 王明波，译. 海南：南海出版公司，2004.

2. 贡特·卡斯滕，马丁·孔茨. 记忆王中王[M]. 王乾坤，译. 天津：天津教育出版社，2008.

3. 心理电影：初恋50次.

4. 心理电影：记忆碎片.

第六章　思维与想象

学习目标

1. 掌握思维的概念与种类。
2. 理解思维的基本过程。
3. 掌握想象的概念和种类。
4. 理解创造性的概念及影响创造性的主要因素。
5. 了解培养创造力的主要途径和方法。

在我们的生活中，每时每刻都离不开思维。我们利用思维来学习知识、解决问题，我们借助思维辨别真伪，识别美丑。正因为人类有了思维，我们才能探索新知、创造未来。

第一节　思　维

一、思维的概念

（一）什么是思维

思维是人脑对客观事物间接的和概括的反映。思维以内隐的或外显的动作或言语形式表现出来。思维有十分复杂的脑机制，它在脑内对客观事件的关系与联系进行多层加工，揭露事物的内在联系和本质特征，是认识活动的高级形式。

思维与感知觉一样，都是人脑对客观现实的反映。它们所不同的是，感知觉是对客观现实直接的反映，而思维则是对客观现实间接的和概括的反映；感知觉只能反映具体事物的表面特点和外部联系，而思维却能反映事物的一般特点和内在联系。

（二）思维的特征

1. 间接性

思维的间接性是指在思维过程中，必须借助已有的知识经验或其他信息来认识事物。思维所借助的已有经验或其他信息叫作"媒介"。如天正在下雨，我们看见了这种情况，这是对现实的直接反映，不需要什么媒介，属于感知觉范畴。但是，如果早上起来，推开窗户，看见地面和房顶都湿了，便推想到"昨天夜里下过雨"。夜里下雨，我们并没有直接感知到，而是通过地面房顶湿了和以往的经验这些媒介，用间接的方法推断出来的，这就是思维的间接性。

由于思维具有间接性，所以，借助思维我们可以间接地认识到当前不能直接感知的事物或无法直接感知的事物的特性。在生活、学习、工作以及发明创造中，有许多事物是不能直接感知的，却可以通过思维间接地认识到。如法医通过对被害人尸体的检查、化验等，推断出被害人的死因，为侦破工作提供可靠的依据；再如，我们可以借助历史资料和历史文物等媒介，间接地了解几千年前的历史；人们还可以根据当前的某些资料，预测未来的形势，如天气变化趋势、天文现象的出现、国际政治经济形势的走向等。

2. 概括性

思维的概括性是指借助思维能认识到一类事物共同的本质特点和事物间内在的规律性联系。例如，把钢笔、铅笔、圆珠笔、蜡笔、粉笔等放在眼前，利用感知只能认识到它们的大小、形状、颜色、制作材料等外在的表面的特征，而利用思维却可以把它们的共同特征在思想上抽取出来并加以概括，得出"它们都是人制造的专门用来书写的工具"的结论。

思维的概括性使人类在认识上大大超越了感知单个事物的表面特征的局限，突破了时间、空间的限制，能够认识某一类事物内在的本质特征和事物之间的规律性的联系，从而上升到理性认识。正因为人类具有理性认识的能力，人才得以总结并积累了大量的理论知识，即自然科学知识和社会科学知识，从而扩大了认识的范围，加深了认识的深度。

思维的间接性和概括性是相互联系、不可分割的。人之所以能间接地认识事物，是因为人们掌握了相关的概括性的理论知识，如原理、法则、公式等；人之所以能概括出一类事物的本质特点或规律，是因为人能摆脱直接感知的局限，能利用已有的知识经验间接地认识事物。

二、思维的种类

（一）依据思维的性质和解决问题的方法分为直觉动作思维、具体形象思维和抽象逻辑思维

1. 直觉动作思维

它是一种伴随实际动作进行的思维活动，它要解决的问题也是操作性问

题。如体育运动项目的技能改进，书法绘画技艺的学习和训练，汽车、电器的修理等，都需要借助直觉动作思维来完成。

2. 具体形象思维

它是运用已有表象进行的思维活动，它要解决的问题也是形象化问题。如作家、画家、音乐家、雕塑家等经常运用形象思维进行艺术构思，塑造出鲜明生动的艺术形象。学生也需要经常运用具体形象思维来理解文学、历史、地理、数学、物理、化学等方面的知识。

3. 抽象逻辑思维

它是利用概念、判断、推理来进行的思维活动，它要解决的问题是理论性的。例如，科学家利用抽象逻辑思维发现事物的客观规律，教师利用抽象逻辑思维传授各种理论知识，学生运用抽象逻辑思维学习各科理论知识等。抽象逻辑思维是人类思维的典型形式。

关于上述三种思维，有几点需要说明：第一，三种思维在实际活动中是不可分割的，人们经常综合运用它们。第二，上述是成人思维的分类，不论哪种思维，都是在理论渗透和指导下进行的较高级的思维活动。第三，儿童思维的发展从低级到高级也分为三个阶段：直觉动作思维、具体形象思维和抽象逻辑思维阶段，前两种思维是没有理论指导的初级的思维活动，即使到了抽象逻辑思维阶段，其抽象思维水平也较低，属于经验型而非理论型，往往离不开形象的支持。

(二)依据思维的中介是日常经验还是科学理论分为经验思维和理论思维

1. 经验思维

人们凭借日常生活经验进行的思维活动叫作经验思维。如"果实是可食用的植物""鸟是天上飞的动物，鱼是水里游的动物"。有时由于经验不足，这种思维易产生片面性，甚至得出错误或曲解的结论。

2. 理论思维

根据科学的概念和论断进行的思维活动叫作理论思维。如学生运用所学的科学概念、定理、公式等解决练习题的思维活动。用科学理论进行的思维活动，往往能抓住事物的本质，使问题得到正确的解决。

(三)依据思维过程的逻辑严密程度分为直觉思维和分析思维

1. 直觉思维

直觉思维也叫灵感或顿悟，是人们在面临新的问题时，能迅速理解并大胆做出猜测性判断的思维活动。这是一种直接的领悟性的思维活动，有时是非逻辑的。如科学家对某些偶然出现的现象，提出猜测或假设；警察在证据不足的情况下凭直觉判断某人是最大的嫌疑犯等。直觉思维具有快速性、跳跃性等特点。

2. 分析思维

分析思维也就是逻辑思维，它是遵循严密的逻辑规律，逐步推导，最后得出合乎逻辑的正确答案的思维活动。学生在解决数理方面的作业时，主要运用的就是分析思维。

(四)依据思维的方向和数量分为发散思维和辐合思维

1. 发散思维

发散思维也叫求异思维，是对所要解决的问题从多方面加以思考，并提出许多新的假设和新的答案的思维活动。如"红砖有什么用途"对这个问题人们可以从不同的方面思考，提出诸如"盖房子、铺路面、打狗、压纸、支书架、钉钉子"等多个不同的答案。

2. 辐合思维

辐合思维也叫求同思维，是指人们根据已知的信息，利用熟悉的规则解决问题，或从给予的信息中，产生逻辑的结论的思维活动。它是一种有方向、有范围、有条理的思维。例如，已知 A＞B，B＞C，其结果必然是 A＞C。

(五)依据思维的新颖程度分为常规思维和创造思维

1. 常规思维

常规思维也叫习惯性思维，是人们运用已获得的知识经验，按现成的方案和程序直接解决问题的思维形式。如学生运用已学会的公式解决同一种类型的习题。这种思维创造性水平低，对原有知识不需要进行明显的改组，也没有创造出新的思维成果。

2. 创造思维

创造思维是需要重新组织已有的知识经验，提出新的方案或程序，并创造出新的思维成果的思维活动。创造思维是多种思维的综合表现，它既是发散思维与辐合思维的结合，也是直觉思维与分析思维的结合，既需要抽象逻辑思维，也离不开直觉动作思维和具体形象思维。

三、思维的过程与形式

(一)思维的过程

思维是通过一系列比较复杂的操作来实现的。在人们的头脑中，运用存储在长时记忆中的知识经验，对外界输入的信息进行分析、综合、比较、抽象和概括等信息加工的过程，就是思维的过程，也叫思维的操作。

1. 分析与综合

分析是指在头脑中把事物的整体分解为各个部分或各个属性来分别加以思考的过程。例如，为了深入了解一篇文章的结构，我们常常把文章分成几个段落，再把每个段落分成几个层次，还可以把每个层次分成几个句子，分别思考每个段落、层次和句子的具体特点。通过分析，可以把实际上不能分解的事物在头脑里进行分解，以便逐一进行思考。再如，为了深入了解一个人，我们可以在头脑里把他分解为外貌、才能、品行、个性特征等几个部分来加以思考。因为有了分析，人的认识才从事物的表面开始走向事物的内部，可以说，分析是思维过程的开端。

综合是指在头脑中把事物的各个部分、各个属性结合起来，了解他们之间的关系，从而形成一个整体印象的过程。例如，我们把某个段落中的各个层次结合起来，理解它们之间的内在联系，从而对整个段落形成一个整体印象，总结出段落大意，再把文章的各个段落结合起来，理解各段之间的内在联系，总结出文章的中心思想，获得对文章的整体认识。

分析与综合是彼此相反的过程，同时又彼此密切地联系着。分析是在综合指导下的分析，即分析是对事物的整体进行的，没有事物的整体，分析就无法进行；而综合又是在分析基础上的综合，即只有通过对事物各个属性、各个部分的深入思考，才能获得对事物更全面、更准确的整体认识。分析与综合是思维过程的两个侧面，在实际思维活动中二者互相依存、互为条件、不可分割，共同构成了人类思维的基本过程。思维过程中的其他环节，都是在分析与综合的基础上进行的。

2. 比较

比较是指在头脑里把某些事物或现象加以对比，确定他们之间的相同点、不同点及其相互关系的过程。

比较可以在同中求异，也可以在异中求同。即人们可以从看似相同或相似的事物中找出他们的不同点，也可以从看似不同的事物中发现他们的相同点。例如，有两个同学考试成绩都不理想，均得 65 分。那么，他们成绩不好的原因是否也一样呢？经过比较发现：一个学生原本很聪明，只是太贪玩，学习不用心；而另一个同学不很聪明，但学习很用功，只是原来的基础不好，学习方法也不当。

比较可以横向进行，也可以纵向进行。例如，我们可以和他人进行比较，找出自己比别人强的地方，树立自信，再找出自己不如别人的地方，加强学习，这是横向比较；我们更要重视自我前后对照比较，从中看到自己的进步或退步，从而进一步明确今后的努力方向，这是纵向比较。

比较对于学生学习和教师教学都有十分重要的意义。"有比较才有鉴别"。通过比较，对所学知识的掌握会更准确和牢固。比较在人们的日常生活中也有重要作用，只有通过比较，我们才能分清美丑，辨别真伪。

3. 抽象与概括

抽象是指在思想上抽出一类事物或现象的共同特征和属性，舍弃其个别特征和属性的过程。例如，我们通过对各种钟表的分析，发现每种钟表都有大小、颜色、形状、制作材料、由人制造的、能计时、一种工具等特征，再通过对各种钟表的比较发现"由人制造""能计时""一种工具"是所有钟表的共同特征，至于颜色、大小、形状、制作材料等则各不相同，属于每个钟表的个别特征，于是我们在思想上就把所有钟表的共同特征抽取出来，舍弃其他个别特征，这个过程就是抽象过程，可见，抽象是以分析、比较为基础的。

概括是指在思想上把抽象出来的事物的共同特征和属性联合起来，推广到同一类事物当中去，使之普遍化的过程。例如，把上述抽象出来的钟表的共同特征联合起来，推广到所有钟表当中去，总结出"钟表就是由人制造的计时工具"，这就是概括过程。可见，概括是在抽象和综合的基础上进行的。没有抽象和综合，就不可能进行概括，而科学的抽象与概括才是人类思维过程的最主要特征。任何科学的概念、理论都是抽象和概括的结果。概括有初级概括与高级概括之分。一般认为初级概括是在感知、表象水平上的概括，如"鸟是天上飞的""鱼是水里游的"，这种水平概括出来的概念、原理往往是不科学的，是日常概念。高级概括是根据事物的本质特征和事物间的内在联系进行的概括，如一切科学的定理、定义、公式、规律等都是高级概括的产物。

4. 具体化与系统化

具体化是指用抽象和概括出来的一般原理解决具体实际问题的思维过程。例如，用所学的数学公式解数学题，用所学的心理学理论分析某些具体的心理现象等。具体化在思维活动中也占有重要位置。首先，具体化本身也是认识事物的重要环节，通过具体化，人才能更好地理解一般规律，使认识不断深化。其次，具体化可检验学生基本原理掌握得是否准确牢固。

系统化是指在头脑里把一般特征相同的事物（一类事物）进行分类与归类，形成比较完整的体系的过程。系统化的方法有划分、分类、编写提纲、绘制图表等。系统化是思维过程中不可缺少的环节，它有助于人们更好地理解知识和巩固知识，有助于人们对知识的提取和运用，从而使人较深刻较全面地认识事物。

学生掌握知识、解决问题的过程就是分析与综合、比较、抽象与概括、具体化与系统化的过程。

（二）思维的形式

任何思维活动都需要借助一定的形式来进行。思维活动的主要形式有概念、判断和推理。

1. 概念

概念是人脑对客观事物的一般特征和本质特征的反映形式，是理论思维对外来信息进行加工的基本单元。

事物的一般属性或本质属性是从同一类事物中抽取出来概括而成的。当对某类事物的抽象概括达到一定程度时，就需要有一种能够代表和标志这一般性的东西，即符号。我们在这里说的符号指的就是词。因此，当事物的一般特征和本质属性的抽象和概括达到用词的形式标志它们时，这个词的内容或意义就是概念。所以，概念是以词标志的事物的一般特征和本质特性。概念是思维活动中抽象、概括的结果，是思维的产物。然而，概念一旦形成，就成为思维活动得以凭借的单元，人类思维活动主要以概念进行。人在思维过程中，把事物的共同的本质属性抽象出来加以概括，就形成了概念。如前所述，我们把石英钟、手表、秒表等事物的共同的本质属性抽取出来加以概括，就形成了"钟表"这个概念。我们把布娃娃、木枪、小汽车等多种物品共有的本质属性抽取出来加以概括，就形成了"玩具"这个概念。概念用词语来表示，但词语本身不是概念，因为词语是一类事物的总的名称，是一个符号，而概念指的是词语所表达的内容或意义，如"动物"这个概念指的是一类有神经、有感觉、能运动的生物。

2. 判断

判断是肯定或否定某种东西的存在，或指明某种东西是否具有某种属性的思维形式。判断是用句子来表达的，它表现了概念与概念之间的关系。如"人有两只手""正义必胜"等。前者表达了"人"和"手"的关系，后者表达了"正义"和"胜利"的关系。判断有肯定式、否定式。前面的例子都是肯定判断，"鲸鱼不是鱼""纽约不是美国的首都"等是否定判断。判断有正确的，也有错误的。与客观事实相符的判断自然是正确的，反之则是错误的。

3. 推理

推理是由一个或几个已知的判断推出一个新的判断的思维形式。推理的作用是从已知的知识得到未知的知识，特别是可以得到不可能通过感觉经验掌握的未知知识。例如，"客观规律总是不以人们的意志为转移的，经济规律是客观规律，所以，经济规律是不以人们的意志为转移的"，这段话就是一个推理。其中"客观规律总是不以人们的意志为转移的""经济规律是客观规律"是两个已知的判断，从这两个判断推出"经济规律是不以人们的意志为转移的"这样一个新的判断。任何一个推理都包含已知判断、新的判断和一定的推理形式。作为推理的已知判断叫前提，根据前提推出新的判断叫结论。前提与结论的关系是理由与推断、原因与结果的关系。

按推理过程的思维方向可将推理划分包括归纳推理、演绎推理和类比推理。归纳推理是由特殊的前提推出普遍性结论的推理，演绎推理是由普遍性的前提推出特殊性结论的推理，类比推理是从特殊性前提推出特殊性结论的一种推理。

第二节　想　象

一、想象的概念

（一）什么是想象

想象是指人脑对已有表象进行加工改造，形成新形象的过程。这是一种高级的认识活动。形象性和新颖性是想象活动的基本特点。

想象最突出的特征是在已有表象的基础上产生有关事物的新形象。这些新形象不同于亲身感知过的、简单再现于头脑中的记忆表象，它可以是个体从未亲身经历过的、现实中尚未存在或者根本不可能存在的事物的形象。想象同其他心理现象一样，是对客观现实的反映，是在感性材料的基础上形成的，没有相应的感性材料，就不能产生想象。

（二）想象与表象、思维的关系

1. 想象与表象的关系

表象是指过去感知过的事物在人脑中再现出来的形象，对于个人来说，它属于旧形象。如一个人过去看过电视剧《西游记》《红楼梦》等，现在，当有人提起"猪八戒""孙悟空""贾宝玉""林黛玉"等人物时，他的头脑中就会再现出看过的电视剧中相应的人物形象，这些形象属于表象。而想象是改造旧表象，创造新形象的过程。所谓"新"，就是说通过想象创造出的形象，不是个体直接感知过的，是经过对已有表象的加工改造而形成的。但表象和想象也有共同点，它们都具有形象性，而且，想象是以表象为基础的，二者不能截然分开。

2. 想象与思维的关系

想象和思维同属于高级认识过程，它们都产生于某种问题的情境，并按着个体的需要，对问题情境所提供的信息进行分析综合，进而预测问题的结果。也可以说思维和想象是同一种认识过程，想象就是形象性的思维。我们知道，当人们面对某种问题情境或体验到某种尚未得到满足的需要时，头脑中常会出现问题得到解决或需要得到满足的情景，这种情景是对现实的一种超前反映，是通过思维或想象对未来的一种预见。但思维和想象并不完全是一回事，二者存在一定的区别。思维的预见通常是以概念的形式出现的，而想象的预见都是以具体形象的形式出现的，也就是说，当人们面对问题情境时，头脑中可能存在两种超前系统，一种是概念系统，另一种是形象系统，这两种系统是密切配合、协同活动的。

二、想象的种类

(一)根据想象时是否有预定目的分为无意想象和有意想象

1. 无意想象

无意想象是没有预定目的、不由自主地产生的想象。如看到天上的浮云就不由自主地想象成棉花、绵羊等；听音乐、听歌曲时不由自主产生的各种联想；看文学作品、绘画作品、雕塑作品时不由自主产生的各种联想，都属于无意想象。人在睡眠时做梦的过程，也是一种无意想象的过程。因为梦是人在没有意识控制下对已有表象进行加工改造(大多是无原则、无逻辑的)而形成的，所以它属于无意想象的极端情况。

2. 有意想象

有意想象是按一定目的、自觉地进行的想象。如学生根据一定的题目有目的地构思写作文、作画、作曲等。

(二)根据想象内容的新颖性和创造程度分为再造想象、创造想象和幻想

1. 再造想象

根据言语、文字的描述或图样的描绘，在头脑中形成相应新形象的过程叫再造想象。例如，根据古诗"孤舟蓑笠翁，独钓寒江雪"在头脑中浮现出一位老人头戴斗笠，身披蓑衣，蹲在江边一条孤零零的小船上钓鱼的情景，这就是再造想象。一个没有看过真正沙漠的人，可以根据看过的影视资料或者别人对沙

漠的描述"再造"沙漠的景象；我们没有见过古人，却可以根据有关文字或图画"再造"古人的形象。

再造想象对于学生掌握知识技能具有重要意义。因为学生学习的知识，大部分都是无法亲身经历的，需要凭借教师的讲解或书本上的描述，通过再造想象来理解和掌握。如学习历史，同学们没有见过原始社会人们的生活和劳动场景，但可以根据历史资料的描绘，在头脑中想象出有关原始人的住宅、劳动工具、猎食方式等；学生在阅读文学作品时，也必须借助再造想象来达到对作品的理解；学生学习抽象的数理化概念和理论时，更需要再造想象的支持，如学习有关点、线、面、体的概念时，必须通过再造想象才能理解。

2. 创造想象

创造想象是不依据现成的描述而独立地创造新形象的过程。作家创造典型的人物，艺术家、雕塑家塑造新的作品形象，技术人员设计新的机器等都是创造想象。

创造想象具有首创性、独立性和新颖性等特点，它与再造想象是有区别的。如人们依据鲁迅的描述，在脑中再造出"祥林嫂""孔乙己"等形象，这是再造想象；而作为鲁迅本人来说，他塑造"祥林嫂""孔乙己"等形象的过程则是创造想象。创造想象的特点是创造出别人从未创造过的新形象。

创造想象在人类生活中具有重要意义，它是一切创造活动的必要条件。没有创造想象，生产劳动、技术发明、艺术创造中的一切创造活动就无法顺利进行，没有创造想象，人类也无法发展和进步。

3. 幻想

幻想是与个人愿望相联系的、指向未来的想象。幻想体现了一个人的向往和追求。例如，有人幻想将来坐上宇宙飞船遨游太空，幻想登月球、火星，幻想成为有突出贡献的英雄人物等。

由于幻想不必通过别人的语言或符号的描绘，它也是个人独立进行的想象，因此，它也属于创造想象。但幻想又与一般的创造想象不同，因为幻想总是与个人的愿望相联系，而一般创造想象所产生的新形象不一定是个人所期望的形象，如鲁迅创作的"阿 Q""祥林嫂"等形象。幻想总是指向未来事物的，而一般创造想象所产生的新形象也可以是现在的，甚至是历史性的，如原始人的形象、恐龙的形象等。所以，一般认为，幻想是创造想象的一种特殊形式。

幻想包括科学幻想、理想和空想。

(1)科学幻想

科学幻想是有一定科学成分的幻想。如人们幻想将来到另一个星球上居住，幻想在海底建造城市等。科学幻想是与个人愿望相联系的，有一定科学成分，虽然目前不能实现，但将来是有可能实现的。

科学幻想是科学预见的一种形式，是创造想象的准备阶段，可以鼓舞人们向科学进军，激励人们去发明创造。过去，有人曾幻想过能腾云驾雾，遨游太空，也幻想过拥有千里眼、顺风耳，这些幻想推动人们去发明创造，在今天已逐步变成了现实。

（2）理想

理想是符合社会发展规律并可能实现的幻想。例如，同学们将来想当科学家、艺术家、教育家、政治家等，这些幻想就是符合社会发展规律，经个人努力是可能实现的理想。

（3）空想

空想是违反客观规律的和不能实现的幻想。如有人不想努力学习却希望取得好成绩；有人不想劳动却想发大财；或高估自己的能力制定自己不可能实现的行为目标等，都是不切实际的、不可能实现的空想。一个长期陷入空想的人，只能碌碌无为、一事无成。所以我们在制订行为目标时，要分析其合理性，预计其实现的可能性，让自己有科学的心理预期，避免不必要的挫折出现。奢望自己不可能实现的东西，往往给自己带来的是挫折、是痛苦；而信心百倍地去做可能实现的东西，往往会有更多的收获，给自己带来成功的喜悦。

三、想象的作用

（一）预见作用

想象能预见活动的结果，指导人们活动进行的方向。同时，想象的新颖性、形象性也是人们创造活动中不可缺少的因素。爱因斯坦说过："想象力比知识更重要。"

（二）补充知识经验的作用

在实际生活中，有许多事物是人们不可能直接感知的，如宇宙中的星球、原始人类生活的情景、数学中所描述的问题情境、古典小说中的人物形象等，但通过想象可以补充这种知识经验的不足，帮助我们理解这些事物和现象。

（三）代替作用

当人们的某些实际需要不能得到实际满足时，可以利用想象的方式得到满足或实现。如幼儿想当一名汽车司机，但由于他们的能力限制而不能实现，于是他们就在游戏中，把排列起来的小板凳想象成小汽车，手握方向盘开起了小汽车。成人有时也用想象来满足自己的某些暂时或永远无法得到满足的愿望，以维持心理的平衡，如阿Q把自己挨别人打想象成"儿子打老子"，暂时满足了自尊心，平衡了心态。有些残疾人在小说里把自己描写成健康而美丽的人，让自己的美好愿望在小说里得到实现，其心理得到了补偿和升华。

（四）调节作用

许多研究证实，想象能改变人体外周部分的机能。早在中世纪，这个事实就已经被发现，要求患有某种歇斯底里症的病人，按着《圣经》上的描写，想象耶稣基督被钉在十字架上的痛苦，病人想象后，在其手掌和脚掌上出现了血斑，甚至有溃疡的标记。当时人们称之为"圣斑"。近年来，人们通过对生物反馈的研究，也证明了想象对人体生理活动的调节控制作用。如多年前，有人对一位具有丰富想象力的人进行了研究。结果发现，只要这个人说他想象出什么事物，就可以观察到他的机体发生的奇特变化。例如，当他说"看见右手放在炉边，左手在握冰"时，就可以观察到他的右手温度升高2度，左手温度则下降1.5度；当他说"看见自己跟在电车后奔跑"时，就可以看到他的心跳加快；在"看见自己安静地躺在床上"时，心跳则减慢。

第三节　创造性

一、创造性的概念

（一）什么是创造性

创造性（creativity）是指人们运用新的方式发现问题、解决问题，并产生新的有社会价值的理念、方法或产品的心理过程。如哲学家创造出一种新的学说，作家写出一部新的作品，工程师设计出一台新的机器，科学家研究出一个新的理论公式等，都属于创造性活动。

拓展学习

你能用六根火柴棒摆出四个等边三角形吗？

问题要求：用六根火柴棒摆出四个等边三角形，三角形的每条边都由一根火柴棒构成。

解决过程：

第一，在平面内尝试各种摆法，问题终不能得到解决。

第二，分析问题的条件：四个等边三角形，每个三角形需三条边，四个三角形共需 12 条边，现在只有六根火柴，说明每根火柴都必须是两个三角形的公共边，而这在平面内是无法实现的。

第三，提出新的设想：用立体的办法是否能解决问题？

第四，动手尝试，果然解决了问题。

这是一个典型的用新的思路发现问题并解决问题的创造性思维过程。

（二）创造的层次

不论是对创造性概念的理解，还是对创造力定义的讨论，抑或是对创造性思维的分析，我们不难发现，其核心都围绕着一个最关键的词——"新"，即创新。因此，"新"也就成为创造的本质。对"新"的含义的进一步研究发现，"新"可以分为三个层次。

第一个层次的"新"是对人类社会来讲是新的，是前所未有的。例如，中国古代的四大发明，爱迪生发明电灯，达尔文创立了进化论，诺贝尔发明了火药等。这一层次的创造力被称为特殊才能的创造力。特殊才能的创造力通常都是指杰出的政治家、科学家、发明家、作家、艺术家等所具有的创造力。

第二个层次的"新"是对社会的某一特定的群体来说是新的，是前所未有的，而对于整个社会来说可能并没有什么新的含义。如司马光"砸缸救人"的想法和行动，对于成年人来说，也许很平常，谈不上有什么创造性，但对于幼年的司马光来说，却是绝对聪明的，具有创造性的。这一层次的创造力被称为群体比较的创造力，群体比较的创造力通常是指在某一范围或某一层面上进行的竞争、竞赛的优胜者所具有的创造力。

第三个层次的"新"是对个人自己来说是新的，是前所未有的，而对于社会，甚至对于个人所在的群体来讲，都未必是新的。例如，一个人在思考某一问题的解决办法时，常常会冒出一种很新很好的想法或思路，这种想法或思路，可能是别人没有想到过的，也可能是别人已经想到过的，但对于个人自己来说却是非常新颖的、以前从未想到过的，所以依然说明具有较高的创造力。这种创造力一般被称为自我实现创造力。

创造力的三个层次之间，并没有截然的分界线。在一定的条件下，它们是可以相互转化的，特别是在努力和奋斗的基础上，低层次的创造力可以向高层次的创造力发展。长期以来，人们习惯将"创造力"和"特殊才能的创造力"等同起来。许多普通人误认为自己没有创造力，从而抑制了他们创造性的发挥。创造心理学的研究表明，除了少数智力发育较差者外，大多数具有普通智力水平的人都有创造能力，只要肯学习、善钻研，人人都能从事发明创造并取得一定成果。科学研究还表明，要培养学生的创造力必须从小抓起。

二、培养创造型人才的重要意义

创新是一个民族进步的灵魂，是国家兴旺发达的不竭动力。社会主义现代化建设的各个领域，如科学研究、技术革新、艺术创作、侦察破案、经济改革、教育改革、军事战略战术的研究等，都属于创造性活动，都需要具有创新精神和创造才干的人才。因此，培养创造型人才是祖国建设和时代发展的需要。我国的教育目的就是为现代化建设培养全面发展的创造型人才。我们要教育学生：不应坐享其成，而应造福人类；不应墨守成规，而应勇于创新；不应满足现状，而应创造未来。

国际教育界已把 21 世纪作为"创造教育"的世纪。世界许多国家都把培养具有创新精神与创造才干的新一代列入教育的战略计划。有人预言，今后各国之间的激烈较量，其输赢不取决于火箭发射场，而取决于培养创造型人才的家庭教育和学校课堂。可见，对儿童创造能力的培养，不仅关系到一个人的成长和前途，而且关系到一个国家的生存和发展，关系到一个民族的成败与兴衰，它是国家民族的希望所在。而我们国家目前的劳动力素质和科技创新能力不高，已经成为制约我国经济发展和国际竞争能力的一个主要因素。因此，在当今社会发展中，我们不仅要传授学生知识，更要注重培养学生的创新精神和创造能力。创新的关键在人才，人才的成长靠教育，教育在培育民族创新精神和培养创造型人才方面，肩负着特殊的使命，而教育怎样培养学生的创新意识和创造能力却是一个需要从理论到实践都需要加以认真探讨和解决的问题。

三、创造性的心理成分

(一)发散思维与辐合思维

美国心理学家吉尔福特把思维分为发散思维和辐合思维两种，并认为发散思维是创造性的主要成分。他还设计了发散生成测验来测量创造性，在测验中，他用发散思维的流畅性、变通性和独特性的好坏来衡量一个人创造性的高低。

流畅性是指在一定的时间内对问题所能给出的解决方案的多少。创造性高的人，心智活动少阻滞，多流畅，能在短时间内想出数量较多的项目，即反应迅速而众多。而对所给定的问题产生可供选择的解决方案越多，问题解决的可能性就越大。

变通性是指发散的维度。维度越多，变通性越强。创造力高的人，其思维的变通性较强，他们在解决问题时能触类旁通，举一反三。吉尔福特通过《非常用途测验》来测量人的变通性。例如，他要求被试在一定时间之内写出"你不喜欢的声音"。结果一类被试的答案只局限在令人不舒服的生活噪声范围之内，如工厂的机器声、汽车的鸣笛声、孩子的哭声、警报声、战争中的噪声等，这些答案只是在同一维度内发散，说明被试的变通性较差。而另一类被试则表现出较大的变通性，他们的答案除了通常被认为的噪声之外，还包括了虽令人不快但并不总被认为是噪声的声音，如牙钻的声音、足球场上对方啦啦队的叫声、睡得正香时电话的铃声、我的骨折声、当你希望喝彩时的寂静无声等，这样，思维就在不同的维度内发散，其变通性就大多了。思维的变通性越大，独特的有价值的答案就越容易出现。

独特性是指对问题能提出超乎寻常的、独特新颖的见解。吉尔福特采用《命题测验》来测试人思维的独特性。具体做法：提出一段故事情节要求被试按着自己的意思给予一个适当的题目，题目越奇特越好。例如，有这样一个故事：一对夫妻，妻子是个哑巴，经医生治疗后能像常人一样说话了。但是妻子说话太多，整天与丈夫吵，丈夫非常痛苦。最后，丈夫只好要求医生设法把他自己变成了聋子，家中才又恢复了安宁。对这样的一段故事，一类被试命题为《丈夫与妻子》《医学的奇迹》《永不满意》；另一类被试命题为《聋夫哑妻》《无声的幸福》《开刀安心》等。吉尔福特认为，后一类被试比前一类被试的命题更有独特性。

任何科学理论的创立和艺术作品的产生，无不建立在发散思维的基础上。没有发散思维，人类的创造活动也就不复存在了。现代心理学认为，一个人的创造能力与他的发散思维能力成正比。

辐合思维也是创造性的一个组成部分，因为仅有发散思维，人们不可能从众多的可能方案中选择到最合理的最佳方案。在解决问题时，人们必须把发散思维的结果与原有的思维任务相对照，并利用辐合思维从各种不同的方案中做出正确的选择。所以，辐合思维也是创造性的构成成分。在一项活动中，人们需要从发散到辐合，又从辐合到发散，经过多次循环才能完成。

（二）直觉思维与分析思维

直觉思维是人们在面临新的问题时，能迅速理解并大胆做出猜测性判断的思维活动，它有时是顿悟式的、非逻辑的，是思维水平达到超常的特殊表现形式。1910年，奥地利气象学家魏格纳卧病在床，一次，偶然从墙上挂的地图上发现南大西洋两岸，即非洲东海岸与南美洲西海岸的轮廓十分相似，顿时萌发出创造性设想：这两岸原来是不是连在一起的一块大陆？进而进行深入研究，两年后提出了地球物理学与大地构造学中具有划时代意义的"大陆漂移说"。"没有大胆的猜测，就没有伟大的发现"。直觉思维是创造性活动不可缺少的重要成分。在创造活动中，由直觉思维所产生的想法尽管还是一种未经检验与证明的猜想、假设，但它能推动人们继续深入思考，从而成为发明、创造的先导。

直觉思维也叫灵感，但它不是灵机一动、心血来潮的产物，而是艰苦长期的脑力劳动的结果，是对某一问题的一切方面经过深入考虑之后达到的瓜熟蒂落、水到渠成的境界。有人研究认为，灵感的爆发是由于注意力高度集中，大脑处于优势兴奋状态、久经酝酿接近成熟的问题，一经受到启发，暂时神经联系突然接通，即刻妙思泉涌。那种好逸恶劳、思想僵化和无所用心的人是不会有灵感的。

直觉思维虽然重要，但如果不经过分析思维运用严密的逻辑规律，逐步推导，最后也难以得出合乎逻辑的正确结论。所以，在创造性活动中，直觉思维和分析思维同等重要，它们必须相互配合、协同活动。

（三）与创造性相关的非智力因素

创造性的心理成分不仅包含智力因素，也包含一系列非智力因素。如人的坚持性、自信心、意志力等对创造性都有重要作用。此外，责任感、勤奋、热情、善于想象、兴趣广泛、独立性等非智力因素也是创造性的重要心理成分。

四、影响创造性的主要因素

每个正常人都有创造力，但有时受到主客观因素的影响，人们的创造性难以充分发挥出来，致使问题得不到很好的解决。

（一）创造动机

一个人是否有强烈的创造欲望或创造动机，是影响创造性的一个重要因素。一般来说，创造动机太低，就没有创造的积极性，不能激活脑细胞的充分工作，所以创造水平也低；而创造动机太强，由于紧张、兴奋，又会使注意力过分集中于某一点，从而抑制了对其他方面的思考，不利于广泛联系的接通，往往打不开思路，问题得不到有效的解决；只有中等强度的创造动机才能使人发挥出最佳水平的创造性。

（二）知识经验

创造力是一个人心理活动的最高水平，它是以知识信息为基础的，是智力的高度发展和归宿。有人研究创造型人才的智力结构，认为其是多因素、多层次的立体结构，就像一座高大壮观的"金字塔"。按知识、智力、创造力分为三个层次。知识是第一层次，是"塔基"，"知识就是力量""无知必然无能"。大凡智力水平高，创造力强的人，一般在基础知识、基础理论的掌握上是扎实而系统、博大而精深的。智力是第二层次，是建立在知识基础上的"塔身"。创造力是金字塔顶的一颗光彩夺目的"明珠"，它是在知识基础上、智力背景下，运用已有信息材料，重新改组认知结构，用新的方式发现或解决问题的本领。

可见，一个人只有具备了广博的知识，才能在别人习以为常的现象中发现新问题，才能从更多的角度提出新的假设，并找到解决问题的最佳方案。一般情况下，知识越广博的人就越容易发挥其创造性。但如果其知识结构不合理，不能实现广泛的迁移，也难以创造性地解决新问题。

（三）知觉情境

知觉情境就是知觉的具体环境。一般来说，知觉情境越简单、越明显，问题就越容易解决；而知觉情境越复杂、越隐匿，问题就不易解决。如图 6-1 中，已知圆的半径为 r，求正方形的面积。其中 a 图中圆的半径易被看作正方形的一部分，所以问题容易解决；而 b 图中圆的半径就不易被看作正方形的一部分，因而解决问题较困难。

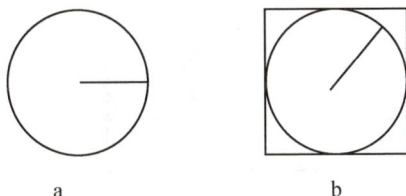

图 6-1 知觉情境对问题解决的影响

问题的表述也可以理解为一种知觉情境，它也对问题的解决有重要影响。如有这样一道选择题："假定某国今年商品生产总值是 5000 亿美元，再假定原子弹或类似的东西不用来毁灭人类，那么 1000 年后，该国的商品生产年总值将是多少？选择答案：A. 16000 多亿美元；B. 15000 多亿美元；C. 不足 15000 亿美元；D. 大约 19000 亿美元；E. 答不出。"许多做这道题的人都选择 B 或 C，很少有选择 E（正确答案）的。就是因为题中无关的已知条件影响了他们的判断，他们的思路总在几个已知条件上打转儿，既找不到必然的联系，又舍不得丢开它们，这也是知觉情境对解决问题时的创造性的影响。

（四）心理定势

心理定势是指由于重复先前的心理操作所引起的对新活动的心理准备状

态。定势在解决问题中有积极作用，也有消极作用。陆钦斯在一个实验中，要求被试用大小不同的容器量出一定量的水，用数字进行计算，见表6-1。实验分为两组，实验组做第1～8题，控制组只做6、7、8等三道题。结果，实验组在解1～8题时，大多用"B－A－2C"的方法计算，称为间接法。而控制组在解7、8题时，则采用了"A－C"或"A＋C"的简便算法，称为直接法。这说明实验组在做7、8题时，有81％的人受到了前面定势的影响，只有19％的人没有受定势的影响。见表6-2。

表6-1　定势对问题解决影响的实验材料

课题序列	容器的容量		要求量出的容量	
	A	B	C	D
1	21	127	3	100
2	14	163	25	99
3	18	43	10	5
4	9	42	6	21
5	20	59	4	31
6	23	49	3	20
7	15	39	3	18
8	28	59	3	25

表6-2　定势对问题解决影响的实验结果

组别	人数	采用间接法正确解答（％）($D=B-A-2C$)	采用直接法正确解答（％）（$D=A+C$ 或 $D=A-C$）	方法错误（％）
实验组	79	81	17	2
控制组	57	0	100	0

（五）功能固着

人们把某种功能赋予某种物体的倾向叫作功能固着（functional fixation）。如盒子是装东西的，笔是写字的，砖是建筑材料等。在解决创造性问题的过程中，人们能否改变事物固有的功能以适应新的问题情境的需要，常常成为解决问题的关键。在功能固着的影响下，人们不易摆脱对事物用途的固有观念，因而直接影响到人们解决问题的灵活性。杜克的实验证实了这种影响。实验要求被试使用五种熟悉的工具解决五个新问题。实验组在解决问题前对工具的习惯用法进行了练习，增加了功能固着的倾向。控制组直接解决问题。结果控制组的成绩大大超过了实验组。见表 6-3。

表 6-3　功能固着对解决问题的影响

组别	工具	事先练习工作	变更使用工具、解决新问题	人数	成绩(%)
实验组	钻子	钻洞	支撑绳索	14	71
	箱子	装物品	做垫脚台	7	43
	钳子	打开铁丝结	支撑木板	9	44
	秤砣	称重量	击钉入木	12	75
	曲别针	夹纸	做挂钩	7	57
控制组	同上	无	同上	10	100
				7	100
				15	100
				12	100
				7	86

（六）酝酿

在解决问题的过程中，时常遇到这样的情景，即经过长时间的思索之后，仍未找到解决问题的答案，但当你稍稍休息后，突然找到了答案，这种情景有人称之为酝酿（incubation）。为什么酝酿有助于问题的解决呢？究其原因可能是，在问题解决时，定势和功能固着等心理因素在某一时刻可能阻碍着问题的解决，这些因素在短时间内是难以排除的。然而，当你休息一会之后，这些因素的干扰可能消除了。酝酿还有助于重新形成问题的表征，进而创造性地解决问题。

（七）社会因素

人们生活环境中的社会因素也影响着创造性。研究表明，当人们知道他人会对自己的成果做出评估时，人们创造性的程度会降低。研究还发现，人们在工作时，如果有他人在旁边观看，也会在一定程度上影响创造性的水平。

五、创造力的培养

（一）调动学生创造的积极性，使学生产生强烈的创造欲望

创造欲望是推动创造性思维活动的内部动力。一个人再聪明，如果无创造欲望，好逸恶劳、得过且过，也不会有什么创造性成果。如何激发学生的创造

欲望呢？首先，教师要努力为学生营造创造的氛围，给学生提供创造的空间，而且教师本人要有创造性，用自己的行为带动学生。其次，要对学生进行学习目的教育，让学生深刻认识创造的重要性。再次，要创设良好的环境氛围，培养学生的创造意识。最后，要对学生表现出来的创造"成果"给予充分的肯定和必要的表扬，让学生体验到创造的快乐，以增强学生创造的信心和兴趣。

(二)丰富学生的知识经验，优化学生的知识结构

丰富的知识经验是创造能力发展的基本条件，而良好的知识结构便于在创造活动中迅速有效地提取知识，使思维活动流畅、变通，及时运用所学的知识创造性地解决新问题。所以，要教育学生扎实地学习和掌握各学科的基础知识，充分地了解社会、了解自然，丰富各方面的感性经验，充实各学科的理论知识，并建立合理的知识结构。

(三)激发学生丰富的想象力，提高他们的创造水平

想象是创造发明的基础。离开了想象，人既不可能有什么预见，也不可能有什么发明。想象是最有价值的创造因素。科学家的假说、设计师的蓝图、作家的人物塑造、工人的技术革新等，无不需要有丰富的想象力。想象力越丰富，创造力越强。想象是创造的前导。教师要引导学生多接触生活，观察生活，积累丰富的表象；要多组织开展想象性的活动，锻炼学生的想象力；对学生在想象活动中创造出的新形象要给予充分的肯定和表扬，激发其想象的积极性。

(四)教给学生有关创造的方法

传统的教学过程只是重视知识的传授而忽视学习方法和思维方法的训练，这种教学方法只能培养出"高分低能"的学生。要想培养创造型人才，教师必须在传授知识的同时，教给学生学习的方法、思维的方法和发明创造的方法，有计划地对学生进行创造性思维的训练。

(五)提高学生的言语表达能力

思维与言语密切相关。学生掌握的词汇量越大，言语活动越有条理，思维活动就越开阔和深入。因此，提高学生的言语能力是提高其思维能力的重要条件。教师要在丰富学生的词汇，让学生切实掌握语言这个思维工具，以更好地发展其思维能力上下功夫。

(六)组织创造性活动，让学生大胆进行创造实践

教师应鼓励学生进行创造性的学习，如一题多解、一事多写，文章的改写、扩写、缩写、续写等，还要多组织一些创造性的课外活动，如设计板报、标语、班训，制造各种模型，组织各种文体活动等，让学生在创造实践中切实提高自己的创造力。

（七）进行创造性思维的训练

我国心理学教授黄希庭等人研究表明，通过对思维的流畅性、变通性、独创性和辩证性的训练，可促进学生创造性思维的发展。同时，他们还提出以下一些具体训练方法。

1. 思维的流畅性训练

（1）用词的流畅性训练

例如，在平时或上课时对学生提出要求：在一定时间内说出尽可能多的含有规定的字母或字母组合的词来，并提供范例进行训练。

（2）联想的流畅性训练

例如，在平时或上课时对学生提出要求：在限定时间内对一个指定的词说出尽可能多的意思及其同义词或反义词，并提供范例进行训练。

（3）表达的流畅性训练

例如，在平时或上课时对学生提出要求：按照句子的语法结构与语意要求，运用尽可能多的词汇造出一个句子来。

（4）观念的流畅性训练

例如，要求学生在限定时间内提出尽可能多的满足一定要求的观念，即提出尽可能多的解决问题的答案。

前三种训练都要运用语言，后一种既可以运用语言也可借助动作。训练既可个别进行，也可集体进行，如"头脑风暴法"就是一种集体观念的流畅性训练方法。

所谓"头脑风暴"，是指运用人的智慧去冲击问题。它采用开会形式组织人们对特定的问题进行讨论，当一个与会者提出一种设想或看法后，就会激发其他成员的联想，而这些联想、观察问题的角度和研究方法等方面的差异，会产生各自独特的见解，然后，通过相互间的启发、比较甚至是提问、责难，可在短时间内产生解决某一问题的许许多多的方法。想法越多，最后得到有价值的见解的可能性也越大。它既是开拓人们思路的训练方法，也是使人们产生具有创造设想，得到一些意想不到的解决问题的好途径。

2. 思维的变通性训练

（1）物体功能变通性训练

例如，要求学生在一定时间内对普通物体如桌子、砖头等提出尽可能多的用途来。

(2)遥远联想变通性训练

例如，训练学生能在意义距离相隔甚远，表面看似不存在联系的事物间建立新联系，如胶水和月亮。

(3)问题解决变通性训练

例如，要求学生解决一系列问题，而其中每个问题的解决都需要运用一个不同的策略，从而增强思维灵活性的意识。

3. 思维的独特性训练

(1)命题独特性训练

例如，要求学生对所给予的一段故事情节给出一个适当的又富有新意的题目，并且越有新意越好。

(2)后果推测独立性训练

例如，给出一些独特性的事情，如"如果国家和地方的法律都突然被废止"等，让学生想象可能会发生什么事。

(3)故事结尾独特性训练

例如，给出一些短的故事或寓言，但缺少结尾，要求学生做出独特性的结尾来完成这些故事或寓言。

(4)问题解决独创性训练

要求学生对所提出的问题尽可能用独特的方法去解决。

至于怎么样培养学生的创造力，并不是一个简单的问题，有待于我们在今后的教育理论和实践中进一步探讨。

心理自测

发散思维能力自我测验

一、测试题目

1. 请你写出所能想到的带有"土"的字，写得越多越好(5分钟完成)。

2. 请你用数字或字母，以各种数学运算形式来完成"1＝?"这一等式。写得越多越好(5分钟完成)。

3. 请你举出包含"三角形"的各种物品。举得越多越好(10分钟完成)。

4. 给你3条直线、1个任意三角形，请你同时使用这些简单图形和线条，组成各种有意义的图案。画得越多越好(10分钟完成)。

5. 请你列举出所能想到的普通砖头的各种用途，举得越多越好(10分钟完成)。

6. 请你给下段小故事写出各种合适的标题，写得越多越好(10分钟完成)。

"冬天到了，一个百货商店的新售货员忙着销售手套，但他忘记了手套应该配对出售，结果商店最后剩下100只左手手套。"

二、评价标准与结果分析

发散思维分为流畅性、变通性和独创性3个层次。这6个题目的答案也需从这3个方面来评判。

1. 流畅性是发散思维最低层次的特点，它只是表现思考的数量。这6个题目，你一共写了多少答案？每一个答案计1分，然后对照下表，就可以知道你的发散思维的流畅性的好坏，也可表示你的发散思维的熟练程度。

等级	差	一般	好	很好
分数	0～29分	30～54分	55～74分	75分以上

2. 衡量发散思维的变通性是按照答案可分成几类来评量的。如可分成4类就计4分。最后，把6个题目的变通性的得分加起来，对照下表：

等级	差	一般	好	很好
分数	0～11分	12～19分	20～23分	24分以上

3. 独创性是发散思维最高层次的特性，它常常突破常规和经验的束缚。在发散思维中，答案凡是符合"新颖、独特和稀有"这3个条件，都被视为有独特性。

你的得分是多少？但记住，不管你得分多少，创造性是可以培育和发展的。

思考与练习

1. 填空题：思维的过程有_____、_____、_____、_____。

2. 填空题：思维的基本形式是_____、_____和_____。

3. 单选题：医生根据病人体温脉搏可以推断病人的病情和病因，这体现了思维的(　　)。

A. 间接性　　　　　　　B. 概括性

C. 直接性　　　　　　　D. 表面性

4. 多选题：某美术学院举行考试，要求考生根据自己的经验和理解，按着自己的方式画出"野水无人渡，孤舟尽日横"这两句诗的意境。完成这个绘画的过程属于（　　）。

A. 无意想象　　　　　　　　B. 有意想象

C. 再造想象　　　　　　　　D. 创造想象

5. 材料分析题：阅读下列材料，回答问题。

在课堂上，老师让学生"列举砖头的用途"时，学生小芳的答案是"盖房、铺路、垒墙、建学校"。学生小明的答案是"建筑、打狗、练气功、当椅子"。

(1)请问你更欣赏哪位同学的答案？为什么？

(2)请谈谈在学校该如何培养学生的创造力。

阅读与欣赏

1. 文森特·赖安·拉吉罗. 思考的艺术[M]. 马昕，译. 北京：世界图书出版公司，2010.

2. 心放. 想象力统治世界[M]. 北京：新世界出版社，2009.

3. 琳内·莱韦斯克. 创造力[M]. 李敏，译. 哈尔滨：黑龙江科学技术出版社，2009.

4. 心理电影：禁闭岛.

5. 心理电影：地心历险记.

第七章　情绪与情感

学习目标

1. 理解情绪与情感的含义及两者的关系。
2. 掌握情绪、情感和表情的分类。
3. 理解挫折及其对人心理的影响，思考如何应对挫折。
4. 了解常用的情绪调节方法。

在我们的日常生活中，无时不在发生着情绪反应，我们常说"人有七情六欲""人非草木，孰能无情"，这里所说的"情"就是我们心理学所要研究的情绪、情感。人正是因为有了情绪、情感，才使我们的生活充满情趣，变得丰富多彩。人需要乐观、积极向上的情绪、情感，它为我们的生活提供了无形的动力。当然我们也会遇到挫折、苦恼，由此会产生悲观消极的情绪反应，会使人心灰意冷，焦虑不安，影响身心健康，甚至产生极端反应。人的一生就是在多种情绪的变化中体验着生活的内涵，但人要学会驾驭自己的情绪，尽量把情绪给我们生活带来的负面影响降低到最低限度。通过本章学习，科学地认识并掌握情绪、情感的有关问题，不仅有助于调控我们自己的情绪，还有助于我们了解中小学生情绪情感的特点及其发展规律，为对中小学生进行情绪情感教育奠定理论基础。

第一节　情绪与情感的概述

一、情绪与情感的概念

（一）什么是情绪、情感

19 世纪以来，心理学家对此进行了很多研究探讨，但至今没有明确的定论。根据目前公认的看法，我们可以给情绪、情感下这样一个定义：情绪（emotion）与情感（feeling）是人对客观事物的态度体验及相应的行为反应。

从定义可以看出，情绪与情感的构成包括三个层面：在认知层面上的主观体验；在生理层面上的生理唤醒；在表达层面上的外部行为。当情绪和情感产生时，这三种层面共同活动，构成一个完整的情绪情感体验过程。

1. 主观体验

情绪与情感的主观体验是人的一种自我觉察。人有许多主观体验，如喜怒哀乐爱恨等。人们对不同事物的不同态度会产生不同的感受，如对朋友遭遇的同情，对敌人凶暴的仇恨，事业成功会使人欢乐，考试失败会让人悲伤。而这些主观体验只有个人内心才能真正感受到或意识到，如我知道"我很高兴"，我意识到"我很痛苦"等。情绪、情感的主观体验反映了人内心世界的丰富多彩。

情绪与情感作为一种主观体验，是对客观现实的反映，客观事物本身不会引起人的情绪、情感反应，只有人对客观事物产生了一定的态度、看法、观点之后，才会引起相应的情绪与情感体验。如对于久旱无雨的农民来说，他们会因为一场雨而非常兴奋，而对于阴雨连绵，已经发生洪涝灾害的地区的人们来讲，下雨则令他们忧愁。所以，可以说凡是满足人的需要、符合人的愿望和观点的事物，就会使人产生愉快、兴奋等积极的情绪与情感，凡是不符合人的需要、违背人的愿望和观点的事物会使人产生厌恶、烦躁等消极的情绪与情感。

2. 生理唤醒

人在情绪反应时，常常会伴随一定的生理唤醒。如当人激动时，血压会升高；紧张时呼吸和心跳都会加速；恐惧时呼吸频率增加的同时，还会出现间歇或停顿等，这些生理指数的变化是一种内部的生理反应过程，常常是伴随不同情绪产生的。

3. 外部行为

在情绪产生时，人们还会出现一些外部反应过程，这一过程也是情绪的表达过程，如人悲伤时会痛哭流涕，激动时会手舞足蹈，高兴时会开怀大笑等。情绪所伴随出现的这些相应的身体姿态和面部表情，就是情绪的外部行为。它经常成为人们判断和推测情绪的外部指标。但由于人类心理的复杂性，人们的外部行为也会出现与主观体验不一致的现象。

主观体验、生理唤醒和外部行为作为情绪的三个组成部分，在评定情绪时缺一不可，只有三者同时活动、同时存在，才能构成一个完整的情绪情感体验过程，只有其中一种或两种成分时，不会产生一个真正的情绪过程。例如，当一个人假装高兴时，他只有高兴的外部行为而没有真正内在的主观体验和生理唤醒，因而也就称不上有真正的情绪过程。因此，情绪必须是上述三个方面同时存在，缺一不可。

（二）情绪与情感的关系

情绪与情感既是在种族进化中发生，又是人类社会历史发展的产物，二者是既难以分割但又有区别的主观体验，历史上曾统称为感情。而人的感情是相当复杂的，既包括感情产生的过程，又包括由此产生的体验，因此用感情一个概念很难全面准确地表达这种心理现象的全部特征。

在当代心理学中，人们常常使用情绪、情感两个概念来表达不同状态下人的感情过程和体验。如新生儿因温饱舒适而安详，因饥饿不适而啼哭，动物也常常露出愉快、惊慌、恐惧等反应，这只能说是情绪，而不能说他们对事物有了情感，从这个意义上说，情绪概念既可用于人类，也可用于动物。但任何情感，如父母的关爱、儿女的情怀、恋人的思念、仇人的嫉恨、朋友的情谊、同志的关怀、集体的荣誉、民族的尊严等，都是在情绪的基础上、在人社会化的过程中逐步发展起来的，不带情绪的情感是不存在的，因此说二者有紧密地联系，但它们之间又存在一些差异。

1. 区别

（1）从需要的角度看，情绪更多与人的物质需要或生理需要相联系

如吃、住、睡眠、性的需要等，是人和动物所共有的。如当人们满足了饥渴需要时会感到高兴，生命受到威胁时会感到恐惧等。情感更多与人的精神需要或社会需要相联系，如友谊感的产生、成就感的获得等。

（2）从发展角度看，情绪发生早，情感产生晚

例如，婴儿出生后就产生了情绪反应，而情感是随着婴儿与外界环境的接触而逐渐发展起来的，最早的情感体验应该是婴儿对母亲的依恋感，以后随着个体社会化的不断深入，情感的内容才逐渐复杂起来。

（3）从反映特点看，情绪具有外显性、情境性和短暂性

情绪发生时往往带有明显的表情，在很多情况下，人的情绪变化是通过肉眼可以看到的，如高兴时喜笑颜开，悲伤时痛哭流涕，害羞时脸色绯红，愤怒时虎目圆睁，发愁时唉声叹气等。情感具有内隐性、稳定性、持久性和深刻性。情感在一般情境下是很难察觉的，如对亲人的思念、对祖国的热爱常常是深藏内心深处的。

2. 联系

实际上，无论情绪和情感都有内容和形式两个方面，它们既有区别又有联系。一方面，稳定的情感是在情绪的基础上形成的，同时又通过情绪反应得以表达。如在前线，战士们面对敌人的进攻，爱国主义情感会爆发为强烈的怒火。另一方面，情绪的变化也反映了情感的深度，那些与生理需要相联系的情

绪，由于社会内容的改变而改变了它的原始表现形式，上升为一种情感。如在抗美援朝期间，我们的志愿军战士在极度缺水的情况下，一杯水在战士们手中传递，谁也不肯喝一口，这时对水的生理需求和渴望已经上升为具有社会意义的战友情、报国志。总之，它们总是彼此依存，相互交融。

二、情绪与情感的种类

（一）情绪的分类

由于情绪表现的纷繁复杂，使得情绪的划分成为一件比较困难的事，至今也没有统一的定论。我国古代有七情六欲之说；近年来，西方情绪心理学中的一派倾向于把情绪分为基本情绪和复合情绪等。通常情况下，我们从情绪的状态来进行划分，依据情绪发生时的强度、持续的时间和紧张度可以把情绪分为心境、激情、应激。

1. 心境

心境是指人比较平静而持续时间比较长的一种情绪状态。

心境持续的时间因人、因事而异，有很大的差别。某种心境可能持续几个小时，也可能持续几周、几个月，甚至更长时间。持续时间的长短在很大程度上与引起心境的事件的性质和个人人格特点有关。如重大成就的喜悦、失去亲人的痛苦引起的情绪反应可能持续时间比较长；同样一件事对心胸狭窄的人来讲影响就较大，持续的时间就会较长，而对乐观开朗的人影响就会较小，持续的时间也会较短。

引起心境的原因是多方面的。有时由对个人来讲具有重大意义的活动事件的成败、工作的顺逆、人际关系是否和谐等引起的，有时是由于对往事的回忆引起的，有时是由身体状况引起的，有时是由自然环境中的一些因素引起的。如职位的升迁、青年处在热恋或失恋当中、工作取得了成功得到大家的认可等，会使人产生积极的愉快的情绪反应。而工作失败、年轻人失恋、高考落榜、工作积极努力却不被认可等，会使人产生消极的烦躁的情绪反应。自然环境中的温度、湿度等也会对人的情绪产生影响。研究表明，气温在20℃～22℃的情况下，人的心情最舒畅；在18℃～20℃时人的工作学习效率最高；当温度超过34℃时，人不仅大汗淋漓，而且心情烦躁，易产生过激行为；当室温降到10℃以下时，人感到沉闷、情绪低落；当气温低于4℃的时候，严重影响人的思维效率。另外，湿度、气压、风、雨、雪、噪声等都对人的情绪有不同程度的影响。

心境具有弥散性。因某一特定事件引起之后，在一定时间内以同样的态度体验对待一切事物，就好像一个人戴着有色眼镜看世界，一切事物都被当时的心境染上了情绪色彩。除了某些事物引起的心境外，每一个人还有自己独特的比较稳定的心境，有的人经常处于乐观向上的、朝气蓬勃的积极心境中，遇到问题经常能从积极的角度去看问题。而有的人经常处于悲观抑郁、萎靡不振的消极心境中，遇到困难总是看到事物的消极一面。心境在现实生活中有重要意义，积极的、健康的、良好的心境能使人精神振奋，乐观地对待困难和挫折。消极的、不良的心境使人精神萎靡、悲观消沉。要使自己保持乐观向上的心境，这与一个人的意志品质和性格分不开。

2. 激情

激情是一种强烈的、爆发式的、时间短暂的情绪状态。

激情通常是由对个人来讲有特殊意义的事件引起的，如重大成功后的狂喜、惨遭失败后的绝望、突然失去亲人的极度悲痛等。

在激情状态下，人的内部生理、外部行为、思维意识都发生着变化。如暴怒时，肌肉紧张、面红耳赤、语言粗犷、浑身发抖；绝望时，目瞪口呆、面色苍白；狂喜时，手舞足蹈、振臂欢呼；悲痛时，木然不动、涕泪交加。当强烈的刺激在大脑皮质上引起强烈兴奋或抑制，会使大脑皮质的控制与调节作用减弱，当激情的强度过大时，往往会减弱理智的思考作用，甚至使人失去控制自己的能力，产生不顾后果的行为。或者由于身体内部各项指标的急剧变化，会出现休克甚至猝死的情况。

通常情况下，激情对人的影响是弊大于利的，我们应该学会控制激情，但并不是所有激情都是消极的、不可取的。如战士为了正义事业在前线冲锋陷阵需要激情，诗人没有激情难以写出激动人心的作品，一个人生活中没有激情，就会平淡无味，所以我们还要学会利用激情。

3. 应激

应激是人遇到突然出现的意外情景时做出适应性反应的情绪状态。

人们在生活中，往往会遇到突然发生的事件或偶然发生的危险，它要求个体迅速地集中自己的智慧和经验，动员自己全部机体的力量，及时做出反应，应付紧急情况。如飞行员在飞行中突然与地面失去联系，司机在正常行驶中突然遇到危险，在没有任何心理准备的情况下突遇地震、歹徒、洪水、车祸等，在这些情况下人们所产生的一种特殊紧张的情绪状态，就是应激。

应激由应激源、应激认知和应激反应三个要素构成。应激源是产生应激的原因。应激认知是对应激源及其与自身之间关系的认识、评价与判断，它起着中间媒介的作用，决定着应激反应的强弱。应激反应是在应激源的作用下，个体在生理、心理和行为上所发生的一系列的变化。如心率过速、血压上升、呼吸急促、行为紊乱、动作失调、不知所措、语无伦次、张口结舌等。在心理上由于没有事先的预料，造成思维混乱，知觉、记忆错误，注意的转移发生困难。有些人在应激的状态下，全身发生抑制，呆若木鸡。有的人由于身体机能失调，发生休克现象。

应激状态对人既有积极的影响，也有消极的影响。在有的应激状态下，人可以调动身心的潜能，提高个体的应付能力，对个体的活动起积极的增力作用，如急中生智。但在有的情况下却干扰人的认知活动，如呆若木鸡等反应。20世纪30年代，加拿大生理学家汉斯·赛里（Hans Selye）提出了应激的生理反应模式，叫作"一般适应综合征"。认为应激的生理反应包括警觉、阻抗和衰竭三个阶段。警觉阶段是指有机体在受到外界紧张刺激时，会通过自身的生理机能的变化和调节来进行适应性的防御。阻抗阶段是通过心率和呼吸加快、血压上升、血糖增加等变化，充分动员人体的潜能，以对付环境的突变。衰竭阶段是指引起紧张的刺激继续存在，阻抗持续下去，此时必需的适应能力已经用尽，机体会被自身的防御力量所损害，结果导致适应性疾病。可见，应激是在某种情况下可能导致疾病的原因之一。

在现实生活中，应激是任何人都不可避免的，要抵御应激的消极影响，就必须控制应激的反应程度，使其保持在我们能够承受的适宜水平内。具体做法：控制减少那些我们主观上可以控制的应激源；平时就要进行处理突发事件的能力训练；辩证达观地看待生活事件；安排张弛适宜的生活节奏；关注他人并寻求他人支持。

（二）情感的分类

情感是同人的社会需要相联系的主观体验。它包含着人类所独有的社会意义，反映着人们的社会关系和社会生活状况，并对人的社会行为起着积极的或消极的作用，主要包括道德感、理智感和美感。

1. 道德感

道德感是对别人或自己的言谈举止、思想品德是否符合社会道德标准而产生的内心体验。道德属于社会历史范畴，不同时代、不同民族、不同阶级都有自己的道德评价标准。如果自己或别人的言行符合这一标准，就产生愉悦、赞许、钦佩、热爱等肯定的体验。如对自己祖国的热爱、自豪感；对领袖的热爱、崇敬感；对正义行为的钦佩、敬重感等。而对违背道德标准的言行会产生厌恶、憎恨、内疚、鄙视等体验。如对侵略行为的抗议、对贪污腐败的痛恨、对自己错误行为的内疚、对违反社会公德行为的愤恨等。

2. 理智感

理智感是在智力活动中产生的内心体验。如人在认识事物或研究问题时，对新的还未认识的事物的好奇心、求知欲；对不能理解或不能解决问题的惊奇和疑惑；对正在讨论、评价问题时所表现出维护自己观点的热情和浓厚兴趣；对经过努力钻研和思考使问题得到解决表现出来的兴奋和喜悦等。这些求知欲、惊讶感、怀疑感、坚信感、满意感、成就感等都是理智感的表现。

理智感是人们在认识掌握科学文化知识的过程中产生的，是人认识和探索世界的动力，其作用的大小、感受是否深刻与一个人的知识经验、能力水平、兴趣爱好、理想抱负等有关。

3. 美感

美感是根据一定的审美标准去评价事物时而产生的内心体验。

美感主要是由客观事物引起的，包括自然景观、人类创造物、言谈举止等。美感经常与道德感联系在一起，善良、公正、大公无私、见义勇为、拾金不昧、克己奉公、廉洁自律等既与道德感相联系，又能引起美的体验。反之，贪污腐败、自私自利、损人利己、两面三刀、阴险毒辣等既能让人产生否定的道德感，又不符合美的标准。但二者也有区别，比如，影视作品中反面角色的表演，既能引起观众对他所显示的不符合道德标准的言行的憎恶，也能引起人们对演员的艺术表演能力的肯定，前者是道德感，后者是美感。其次，美感还受个体的知识水平、文化修养、审美能力等主观状态的影响，俗话说，不是世界上缺少美，而是你缺少一双发现美的眼睛。

究竟什么是美，目前美学界没有统一的标准。有人说，美是真的形象化，有人认为美是善的形象化，我国古代著名思想家庄子认为：美是一种存在于宇宙和生命之中的无始无终、无边无际、无形而无所不在的"道"，是靠人倾之全部身心才能够领悟体验到的。审美标准不同，对美的界定就不会相同。而审美标准既存在民族差异、时代差异，还存在个体差异，因此，不同国度、不同时代、不同民族、不同文化背景下，人对同样的事物会做出不同的审美评价。如有人以白肤色为美，有人以黑肤色为美；有时以胖为美，有时以瘦为美；艺术家会认为断臂维纳斯是美的，而文化水平低的百姓往往认为那是丑的等。

三、情绪与情感的外部表现——表情

（一）什么是表情

人处于一定的情绪情感状态时，身体的某些部位往往会出现一些相应的动作变化，这些变化就称其为表情（expression）。

表情是情绪情感表达的一种方式，也是人们交往的一种手段，人们主要是通过表情来传情达意的，"叙情勿需七寸管，述怀何必三寸舌"表达的就是这个意思。情绪情感作为一种内心体验，一旦产生，通常会伴随相应的非言语行为，表情就属于非言语行为。表情是与情绪情感有关的行为表现。

(二)表情的种类

表情主要有三种表现形式，即面部表情、体态表情和语调表情。

1. 面部表情

面部表情(facial expression)是指通过眼部肌肉、面部肌肉和口部肌肉的变化来表现各种情绪状态。不同情绪有不同的面部模式，见表7-1。"眼睛是心灵的窗口"，如"眉开眼笑""目瞪口呆""双目凝视"等均表达着不同的情绪和情感。眼睛不仅能传达情感，而且还可以交流思想。可见眼神是一种非常重要的非语言交际手段。口部肌肉的变化也是表现情绪情感的重要线索，如憎恨时"咬牙切齿"，紧张时"张口结舌"等。

有关研究结果证明：首先人脸的不同部位具有不同的表情作用，例如，眼睛对表达忧伤最重要，口部对表达快乐和厌恶最重要。其次辨别不同情绪的表情照片的难度存在差异，例如，最容易辨认的是快乐和痛苦，较难辨认的是恐惧和悲哀，最难辨认的是怀疑和怜悯。一般来说，情绪成分越复杂，表情越难辨认。

表 7-1　不同情绪的面部模式

情绪	面部模式
兴趣	眉眼朝下、眼睛追踪着看、倾听
愉快	笑、额眉舒展、面颊上提、嘴角上翘、眼笑(环形皱纹)
惊奇	眼眉朝上、眨眼
悲痛	哭、眼眉拱起、额眉紧锁、嘴角下拉、有泪、有韵律的啜泣
恐惧	眼发愣、脸色苍白、脸出汗发抖、毛发竖起
愤怒	皱眉、眼睛变狭窄、咬紧牙关、面部发红
羞愧、羞辱	眼朝下、头低垂
轻蔑、厌恶	冷笑、嘴角微撇、鼻子耸起、双目斜视

2. 体态表情

体态表情是通过身体表情和手势表情两种方式来进行的。身体表情(body

expression)是表达情绪的方式之一。人在不同情绪状态下身体姿态都会发生相应的变化，如手舞足蹈、手足无措、捶胸顿足等。手势（gesture）是人们表达情绪的一种重要的体态表情，它通常与言语一起使用，如在中国用鼓掌表示欢迎，搓手表示焦虑，翘大拇指表示赞许等。研究表明，手势表情是人后天习得的，它不仅有个别差异，而且有民族或团体的差异性，受民族文化和风俗习惯、信仰的影响。

3. 语调表情

语调表情（intonation expression）是人在情绪发生时在言语的声调、节奏和速度等方面的变化。如悲伤时语调低沉、语速缓慢，喜悦时语调高昂、语速较快，兴奋时语速快、声音尖锐等。

总之，人的面部表情、体态表情、语调表情构成了人类的非语言交往形式，它们经常相互配合，更加准确地表达着不同的情绪。这种表情在教师的教学过程中被称为"态势语"。无论是教师教学还是其他人际交往中，正确、恰当地运用态势语都是社会交往中不可忽视的重要方面。

（三）表情的特性

1. 先天性

达尔文在《人类和动物的情绪表情》一书中总结道："表情是动物和人类进化过程中适应性动作的遗迹。"达尔文认为，在种族进化过程中，有些对有机体生存具有适应价值的面部动作最初并非有意识地传情达意，但由于它们往往具有一定的适应意义，因而在漫长的演化过程中，逐渐形成固定的生理解剖痕迹而遗传下来，发展成为表现特殊情绪的面部肌肉模式。例如，啼哭时嘴角下撇、眉眼皱起的面部模式源于人类祖先在困难痛苦中求援的适应性动作；愤怒时咬牙切齿、鼻孔张大的面部模式是准备搏斗的适应动作；厌恶表情是源于呕吐等。其次，发展心理学家的研究发现，盲婴出生早期的面部表情与正常婴儿相同，但长大后面部表情淡漠呆滞主要是因为未得到来自成人表情的视觉强化。此外，当代的一些研究者通过跨文化研究也表明，表情具有全人类性。例如，艾克曼等人对来自十个不同国家和地区的被试呈现了30不同的情绪面孔的照片，要求他们辨认每张图片的表情，结果表明被试在辨别情绪照片时出现高度一致性，因此支持了表情是先天固有的观点。

2. 修饰性

虽然表情具有较强的先天预成性，但随着个体的发展，在社会文化的不断作用下，为了适应社会环境、文化规范以及人际关系的需要，人们经常会对表情加以修饰，使表情受意识控制的程度得到不断加强，这便是表情的社会化。

表情的社会化使人类的表情复杂化、判断情绪困难化、表情文化差异化，如处于青春期阶段的个体便学会了掩饰自己的表情。

因为情绪可以进行很好的修饰，人们可以做到喜怒无形于色，那么是不是我们就无法了解人们真正的内心情绪状态了呢？答案是否定的，我们可以通过观察、测量人们的生理指标的变化来进行判断。

四、情绪与情感的功能

情绪与情感对人的身体和行为有什么功能呢？归纳起来主要表现在以下几个方面。

（一）适应功能

情绪的适应功能主要表现在身体各项指标的变化能增加体内机能。体内机能的增加对人的行为的影响可以有两种情况，一是对人的活动起积极的增力作用，二是消极的减力作用。积极的增力作用表现在人在情绪发生的时候可以激发沉寂在人体内的潜能，尤其是人处在应激状态的时候，可以做出平时根本不可能做到的事情，对行为和活动起积极作用，有助于人们更好地适应环境。如人在比较重要的考试、比赛等活动前会紧张，适度的紧张会调动人的潜能；人遇到危险时会感到恐惧，适度的恐惧反而会使人充满力量，以应对克服困难等。消极的减力作用表现在人的情绪有时会对身体和行为起反作用。如在高考的时候，有的学生因为紧张过度而影响了思考；人在非常激动的时候，会做出冲动行为，以致造成严重的后果等。

（二）信号交往功能

情绪和情感的信号交往功能主要通过表情来实现的，凭借表情，彼此可以相互了解，达到交往的目的，从某种意义上说，表情比语言更重要，因为有些心理状态无法用语言表达，有的能用语言表达，但远不如表情表达的效果好。如年轻人向对方传递爱的信息在很多情况下用表情比用语言更微妙，更能打动对方。语言可以心口不一，而察言观色可以发现真实的心理状态，有时出于某种原因，语言不便表达，可以用表情代替。一个人如果到了一定年龄不能读懂别人的表情，是不成熟的表现，在社会交往中肯定会遇到问题。因为表情的信号传递不仅服务于人的交往，而且往往是人们认识事物的媒介，这种现象不仅在成人身上，在婴儿身上表现得也非常明显。如一岁左右的孩子，也会看大人的表情来判断自己的行为是否得到鼓励还是阻止，这种现象被称作情绪的社会性参照作用，这种参照作用有助于人们认识社会，提高自己的社会交往能力。

（三）感染功能

人的情绪和情感具有感染性，是情绪和情感非常强大的一个功能。如看小说被故事情节所吸引，看电视电影为剧情所感动，看到五星红旗在奥运赛场上升起欢呼雀跃。有人认为人是感情的动物，主要指的是人的情绪容易被外界环境所感染。成功的文学、艺术、电影、电视、戏剧、音乐等作品就在于以情感人，达到应有的效果。

（四）调节功能

人的情绪和情感对人的行为及效果具有组织调节功能，表现在积极的情绪和情感及其适中的强度对行为活动起促进作用，消极的情绪情感对活动起阻碍作用。关于情绪对学习效果的影响的研究表明，愉快强度过高与过低的操作效果都不如愉快强度适中时的操作效果好，而痛苦的强度水平与操作效果之间基本上成直线相关，即痛苦强度越大操作效果越差，它不仅影响学习行为及效果，而且影响着人的生活各个领域。

另外，情绪与情感还影响调节着人的生理或身体状况。如长期情绪紧张、心烦意乱、焦躁不安、遇事急躁的人，其机体内交感神经、肾上腺、甲状腺、胰腺的活动加强，由于内分泌液的相互作用，血中儿茶酚胺上升，血压增高，心跳加快，血液中胆固醇、甘油三酯浓度超出正常水平，造成血清蛋白过多，动脉硬化等。中国古代医书《内经》中也写道："怒伤肝、忧伤肺、思伤脾、恐伤肾。"消极的情绪情感不仅会降低人的免疫力，还会严重损害人的身心健康，甚至会造成生命危险。相反，积极的情绪情感却可以提高人的免疫力和病后的康复能力。俗话说得好：人得病后三分靠治、七分靠养。这里所说的"养"就是"养心"，即调节心情，好的心情能使病人早日康复，乐观的心态还会使奇迹发生。所以，保持健康的积极的心态是非常重要的。

第二节　挫折与应对

挫折普遍存在于人们的生活中，几乎每个人都体验过挫折给我们带来的心灵的震撼，品尝过不同挫折的滋味。但挫折并不可怕，只要我们能正确地认识它、了解它，就能有效地驾驭它、战胜它，从而成为生活的强者。

一、挫折的概念

挫折是人们在有目的的行动中遇到了无法克服或自认为无法克服的障碍和干扰，使其预定目标不能实现时所产生的消极的情绪反应。

在生活中，我们随时都可能遇到这样的情况，上班途中由于堵车不能准时赶到，此时便产生一种烦躁不安的焦虑状态和情绪反应；农民遇到干旱，庄稼歉收，会产生焦躁、失望、忧虑、担心等情绪反应；家里亲人去世、工作中受到批评、考试不及格等，都会引起痛苦、难过、着急、烦闷等情绪反应，这就是我们所说的挫折。

从我们给挫折下的定义可以看出，挫折包含着三层意思：挫折情境、挫折认知和挫折反应。挫折情境即干扰或阻碍行为活动，使个体需要不能获得满足的情境条件，如因为考试题过难而导致不及格、亲人亡故、朋友背叛等是产生挫折的原因。挫折认知即个体对挫折情境的认知、态度和评价。挫折情境能否构成挫折以及感受挫折程度的大小、强弱，在很大程度上取决于个体对挫折情境的态度和评价，它是产生挫折和如何对待挫折的关键。如同样考60分，有的学生感到满足，而有的学生则感到失败和沮丧。挫折反应即伴随着挫折认知而产生的情绪和行为反应，如愤怒、焦虑、紧张、逃避、攻击等。当挫折情境、挫折认知和挫折反应同时存在时，便构成了心理挫折。但有时只有挫折认知和挫折反应这两个因素，也可以构成心理挫折，如有的人怀疑周围人在议论自己、看不起自己而产生紧张、烦躁等情绪反应。所以，在挫折情境、挫折认知和挫折反应三个因素中，挫折认知是最重要的，挫折情境与挫折反应没有直接的联系，它们的关系要通过挫折认知来确定。

二、挫折产生的原因

挫折产生的原因很多，但归纳起来可以分为两种，一种是外部原因，另一种是内部原因。

(一)外部原因

外部原因是指由于外界因素给人带来干扰和阻碍，使人的需要或愿望得不到满足，动机受阻而引起挫折，主要有自然因素和社会因素。

1. 自然因素

自然因素包括各种非人为力量所造成的时空限制、天灾地变等因素。它往往是人力所无法控制和避免的。如人世间的生老病死、自然灾害、各种意外事故、地震、洪水、干旱、火灾、亲人亡故等所招致的挫折，都属于自然因素所致。

2. 社会因素

社会因素是指个体在社会生活中所遭受的人为因素的限制而引起的挫折，包括政治的、经济的、宗教的、种族的、伦理道德的、家庭的，以及一切风俗习惯等因素造成的个体需要受阻、动机受挫而引起的消极的情绪反应。如青年男女爱慕致深，但由于家里的反对而不能如愿以偿；由于人口太多，就业岗位有限而不能找到如意的工作；由于家庭经济贫困而无法完成自己的大学梦等，都会使人感受到挫折，品尝挫折给人带来的心理体验。

（二）内部原因

内部原因是指由于个人的生理因素，或知识、能力不足、动机冲突等心理因素而使自己的需要或愿望得不到满足而造成的挫折，主要有生理因素和心理因素。

1. 生理因素

生理因素主要指个体在生理上的某些缺陷或疾病所带来的限制，使其不能达到自己的愿望而产生挫折感。如高度近视想当飞行员；生来色盲想成为一名画家；身材矮小想成为国家篮球运动员，等等。由于个体生理条件的限制，无论他们怎样努力，其成功的可能性也比一般人小得多，在这种情况下，帮助他们正确认识环境和认识自己非常重要。

2. 心理因素

心理因素引起的挫折非常复杂，表现形式也多种多样。其一表现在人格方面，对豁达、大度、开朗、坚强、能正确看待环境和自己的人来说，有时虽然有挫折情境，但并没有引起挫折感；而对生性多疑、心胸狭窄、内向、软弱的人来说，有的时候虽然没有挫折情境，但却引起很大的挫折感，并不能正确对待。其二表现为自身的知识、能力与愿望、现实之间产生矛盾，而自己又不能看到这一点，从而产生挫折感。如自己的学历偏低、没有一技之长、或能力有限，可能导致自己在求职过程中频频受挫；或自己的愿望很高，知识、能力等方面条件又有限，而自己又过高地估计自己，对自己提出不切实际的目标或愿望，而自己又不能清醒地认识到这一点，从而招致挫折。其三表现在动机冲突，即个体同时产生两个或两个以上的动机，由于条件限制，不能同时兼得，只能得其一，舍其余，产生难以抉择的心理状态，如果这种心理矛盾持续的时间太久，太强烈，就会产生挫折感。

三、挫折的反应

人们在遇到挫折后，或强或弱、或多或少、或明或暗、或意识到或意识不到，都会做出一定的反应，它主要体现在三个方面，即情绪性行为反应、理智性的反应和个性的变化。

（一）情绪性行为反应

情绪性行为反应是指个体在遭受挫折时伴随着紧张、烦恼、焦虑、苦闷、悲伤等情绪体验以及相应的情绪性行为反应，由情绪体验引发的情绪性行为反应主要表现在：

1. 攻击

攻击是情绪性行为反应最常见的一种，是个体遭受挫折时发泄愤怒情绪的外显的行为表现。按其表现方式分为两种：直接攻击和转向攻击。直接攻击即个体受挫后将愤怒的情绪直接发泄到构成挫折的人或事物上，多以动作、表情、言语等形式表现出来。转向攻击即当对构成挫折的人或物不能或不便攻击时便将愤怒的情绪发泄到其他人或事物上，如"迁怒"行为。

2. 冷漠

冷漠是指个体遭受挫折时表现的无动于衷、漠不关心，与攻击行为恰好相反。一般情况下人在长期遭受挫折，或处境非常艰险而又无法改变的时候，容易产生冷漠行为。冷漠并非不包含愤怒的情绪成分，只是个体将愤怒情绪暂时压抑，也可能内心深处隐藏着很深的痛苦或愤怒，是一种受压抑的情绪性行为反应，如身患绝症的人；死刑犯等，往往以冷漠的方式来应对外界环境。

3. 退化

退化是指个体遭受挫折时表现出与自己年龄或身份不相称的幼稚行为。它是一种由成熟向幼稚倒退的反常现象，但本人并不能意识到，如有的人被盗后，捶胸顿足、号啕大哭，就是退化的表现。再如固执，个体受挫后，刻板、盲目地重复某种无效行为，例如，家里着火后，只知道站在那儿喊"着火了，着火了"，却不知道去找水灭火。

4. 逃避

逃避是指个体受挫后，不敢或不愿面对现实，采取避重就轻的办法，如逃学、离家出走等。

5. 自残

自残是个体承受的压力过大，或个体心理承受能力太差，而采用伤害自己，甚至轻生的方式来对待挫折。

（二）理智性反应

理智性反应是指个体遭受挫折后，能审时度势，采取积极的态度，勇于克服困难。有三种表现形式，一是坚持目标。经历了一次或多次挫折后，冷静地分析形势，坚持既定的目标不动摇，最后取得了成功，无数科学发明和创造都是在这种情况下最终获得成功的。二是降低目标。经历了挫折后，经分析是因为自己目标定得过高，在这种情况下，退而求其次，降低原定目标，是明智的选择。三是改换目标。按着原定目标努力之后，个体由于某种原因受挫，而放弃原定目标，改换其他目标，继续努力。

（三）个性的变化

持续性的挫折或重大的挫折不仅会使个体产生持续的紧张状态和挫折反应，而且某些行为反应还会固定下来，形成个体相应的习惯和某些突出的个性特点，甚至影响个性的形成与发展。如有的人经历了一些大的变故或持续时间较长的挫折后，原本爱说爱笑，变得沉默寡言；原本积极进取，变得消极冷漠；原本性情温和，变得粗暴凶狠等。

四、挫折对人心理的影响

挫折是生活中普遍存在的一种现象，在人生的道路上每个人都要经受挫折的考验，虽然它的产生是我们所不情愿的，而且会因此产生消极的情绪反应，但对人的总体发展来看，它的影响并不都是消极的，我们应辩证地看待挫折。

（一）积极影响

1. 对人的情绪和行为起积极的增力作用

有的人在遇到挫折情境时，会唤醒内在的生理机制，激发内在的潜力，帮助自己摆脱困境。还有的人会把挫折带来的压力，变成学习和生活的动力，进而激发自身内在的潜力，使自己向更高层次上发展。

2. 可以增强个体的容忍力

人经历了挫折之后，会更加客观地看待社会，看待人生，变得更沉稳、更冷静。

3. 可以提高个体的认识水平

"吃一堑，长一智"，经历了一次次挫折之后，人们会从挫折中吸取教训，总结经验，变得更加成熟。

（二）消极影响

第一，影响个体实现目标的积极性。

第二，降低个体创造性思维水平。

第三，对人的行为起消极的减力作用，容易发生行为偏差。

第四，对身心健康发展会产生负面影响。

五、挫折的应对

挫折对人的心理既有积极的影响，也有消极的影响。是在挫折中沉沦，还是在挫折中奋起？身处逆境，怎样保持正常的心态和活动能力？怎样使挫折给人带来的不良影响降低到最小限度？那么就要学会如何应对挫折。

（一）正确地看待挫折

首先，我们应认识到挫折是普遍存在的，是人的生活不可避免的组成部分，要做好接受挫折和挑战挫折的心理准备。其次，不应只看到它消极的一面，只把它当作人生的拦路虎、绊脚石，而应将它当作人生的财富，自古英雄多磨难，挫折和失败往往是成功的摇篮，挫折能催人奋进，使人坚强，经历挫折之后人会变得更理性、更深刻、更成熟。

（二）认真分析受挫原因

所受挫折如果是由外在的、非自己所能控制的原因引起的，学会坦然处之，也可用"阿Q"精神。如果是由内在的个体原因造成的，就要重新认识自己、评价自己、及时调整自己的心理和行为。

（三）调整抱负水平

抱负水平是指个体从事活动前给自己定下的目标或成就标准。它是人们进行成就活动的动力，而能否成功则取决于抱负水平的高低与个体的能力水平是否相符，抱负水平过高易产生挫折感，需及时调整使之适合自己的水平且具有挑战性。

（四）改变行为方式方法

有时受挫并非目标过高，也并非是自己的能力所不及，而是因采取的行为方式方法不恰当所致。比如，到了大学还沿用着中学时的学习方法，会产生许多困惑或惨遭失败，所以要因时、因地、因事而及时调整自己的行为方式方法。

（五）寻求他人的帮助

当自己无力调控时，可以找亲朋好友诉说，减轻压力，寻求支持、安慰、鼓励与信任，重新振作精神。另外还可以到心理咨询服务中心，在那会得到更加科学与理性的帮助。

第三节　情绪的调节

一、情绪调节的概念

情绪调节（emotion regulation）是个体管理自己和改变他人情绪的过程，在这个过程中，通过一定的策略和机制，使情绪在生理活动、主观体验、表情行为等方面发生一定的变化。

　　当情绪调节使情绪、认知和行为达到协调时，被称为良好调节。相反，当调节使个体失去对情绪的主动控制，使心理功能受到损害，认知活动受阻，并导致作业成绩下降，这种调节就是不良调节。良好调节能促进身心健康，不良调节或情绪失调会破坏身心健康，引起身心疾病。因此，研究情绪调节显得非常重要。

二、常用的情绪调节方法

（一）合理情绪法

　　合理情绪法是认知疗法之一，是美国著名心理学家、现代心理治疗家艾利斯所创立。它是通过改变对某一事物或事件的看法、态度、评价而调节情绪的方法。

　　艾利斯认为，人的情绪的好坏并非单纯地决定于客观事件，而更多地受人对客观事件的认知的影响，其中合理的信念产生合理的情绪和行为反应，不合理的信念产生不合理的情绪和行为反应。例如，母亲生她儿子的气，母亲会认为是因为儿子不听话才使自己生气，但实际上，她对儿子生气这件事，产生于她不合理的信念："儿子就应无条件地听母亲的话，"如果她认为儿子是独立的，他可以听母亲的，也可以自己决定，这位母亲就不会生气了。所以，凡有不适当的情绪反应，其背后必有不合理的信念。

　　不合理信念，即不合理认知主要有以下三个特征。

　　1. 绝对化要求

　　绝对化要求就是不合理的走极端，体现在对自己、他人及周围环境事物的绝对化要求上，该信念常与"必须"（must）和"应该"（should）这类词联系在一起。如"我必须获得成功，赢得人们的赞赏""人们必须善意地对待我、支持我""我周围的环境与条件必须是完美的"等，怀有这种信念的人极易陷入情绪困扰，因为绝对化要求不可能永远实现。

　　2. 片面化

　　片面化就是以偏概全、过分概括化的思维方式。它是以人的某一事、某个言行来对自己或他人进行整体评价的方式。如一些人当面对某一次失利时，往往会认为自己"一无是处"、"一钱不值"、是"废物"等，这种片面的自我否定往往会导致个体的自责自罪、自卑自弃，以及焦虑、抑郁等情绪。

　　3. 糟糕至极

　　糟糕至极即当一件不好的事情发生时将认为是一件可怕的、非常糟糕的，甚至是一场灾难性的想法。这同样是一种不合理信念，因为对任何一件事情来说，都有比之更坏的情况发生。因此没有一件事情可以被认为是百分之百的糟糕透顶，否则会陷入极端不良的负性情绪体验之中。

合理情绪疗法调节的重点是改变不合理信念，以合理信念取而代之。即变绝对化为相对化、片面化为全面化、糟糕至极的静止化为发展化。应认识到"人非圣贤，孰能无过""金无足赤，人无完人"，人不应过分苛求自己和他人，理性的人应学习把事情办得更好，而不是试图去做一个完美的人；理性的人应学会尊重他人理解他人体谅他人，而不是要求他人按自己的意志行事；理性的人遇到问题时，会尝试改变或改善周围的环境事物，如果不可能做到这一点，就努力接受这种现实。当人们一件事没有做好时，并不能说明这个人一无是处，应就事论事，不能因为一件事而否定一个人的整体价值。另外，人还应学会用发展变化的眼光看待一切。"塞翁失马，焉知非福"，好事可变成坏事，坏事也可能会变成好事，得意时不要忘形，失意时不要绝望。

(二)宣泄法

宣泄法是将自身不能得到充分流露或发挥的情绪情感、力量加以释放、疏导，以平衡心态的调节方法。宣泄的途径有以下几种。

1. 闲聊

当一个人处于生理、心理的困境时，跟朋友海阔天空的神侃，会感到宇宙天地之浩荡，个人得失荣辱之渺小，从而缓解紧张、发泄怒气，使烦躁的心很快平静下来。

2. 倾诉

一个人可以将自己的不快、烦恼直接向知心朋友诉说，以获精神解脱。

3. 写日记

当你没有知心朋友，或不愿向外人坦露心声时，不妨写日记，将自己的不良情绪于笔纸之间得以宣泄。

4. 哭泣

科学研究发现，流泪可以减轻或消除人们的压抑情绪。哭能使人产生有益的激素，使人体的反应更加协调，哭还可以增大肺荷、活动眼珠、温和脾气。所以在情绪悲伤、压抑时不妨一哭。

(三)注意力转移法

心理学研究表明，大脑不能同时思考两种以上的事情，你只能交替地思考。所以通过忘我的工作，学习忘却不快与烦恼。学习和工作是最有效的安神剂，一种来自信心的愉悦和忘我精神带来的欢乐会平静我们的神经。当你没有闲暇去理会自己是否幸福时，你就不会再抑郁与烦恼。

（四）顺其自然，为所当为法

顺其自然是当你面对恐惧、不安或苦恼这些反感的情绪时，不要把他们当成异常病态而采取绝对的抵制、回避、压抑或消除的态度，而是争取接纳的方式，忍受它，努力去做应该做的事，会使这种不良情绪减轻或消失。如果反其道而行之，不仅不能如愿，反而会徒增烦恼。例如，对人恐惧、见人脸红，越怕脸红越想阻止脸红，就会越注意自己的表情，越注意越紧张，反而使自己的脸红的感觉持续下去。相反，接受脸红这一事实，带着"脸红就脸红吧，反正我没做亏心事"的态度与人交往，反而使自己不再注意这种感觉，从而脸红的感觉慢慢会消退。

（五）积极的自我暗示法

暗示是指以某种观念或语言影响自己或他人，使之无批判地加以接受。暗示分为他人暗示和自我暗示。自我暗示是通过自己的认识、言语、思维等心理活动，来调节和改变身心状态的方法。自我暗示的力量是非常惊人的，积极的自我暗示会使你的生活充满阳光，如常常对自己说："我真聪明""我多漂亮，人人都喜欢我""我真是世界上最幸福的人"等。相反，消极的自我暗示会使你长期生活在忧郁当中。

（六）表情控制法

表情是表达情绪情感的，即愉快时会微笑，悲伤时会哭泣。但近几十年来的研究还证明：通过身体反馈活动可以增强情绪和情感的体验，也就是说可以通过控制表情来调节情绪。例如，假装微笑比皱着眉头、读 20 遍英文中的 a、b、c 比读 20 遍 u 更让人感到愉快；坐直比蜷缩成一团更能感到骄傲；伸展身体姿态能振奋精神，而收缩姿势会降低活力等。

（七）情志相胜法

在我国的中医学中，将各种情绪统称为情志。情志相胜法是在中医理论指导下，根据我国传统文化和民族心理，运用朴素的古代心理学思想和情绪之间相互制约的关系来进行心理调节的方法。

1. 喜伤心，恐胜喜

喜为心志，喜大劲儿会伤心气，可能导致嬉笑不止或疯癫，可让其产生恐惧心理，从而达到控制喜的目的。

2. 恐伤肾，思胜恐

过度或突然的惊恐会使人惶惶不安、提心吊胆、神气涣散、意志不定等，可采取各种方法引导其对有关事物进行思考，以制约其过度的恐惧。

3. 思伤脾，怒胜思

过思则气结，使人精神倦怠、胸膈满闷、食欲不振、脾胃不和等，可激起其愤怒情绪，已冲破郁思，达到调节之目的。

4. 努伤肝，悲胜怒

怒为肝的情志表达，大怒会使气血厥逆于上，扰乱心神，而悲则气血沉降。故可诱使其产生悲伤的情绪，以阴治阳，可有效地抑制过怒的不良心理。

5. 忧伤肺，喜胜忧

悲忧是肺的情志表达，太过会使肺气耗散，而咳喘短气、意志消沉、食少而呕、甚至神呆痴癫等，可设法使之欢快喜悦而战胜忧愁。

三、情感智商

情绪的调节可以发展成为一种能力，这就是"情感智力"，而衡量其水平高低的指标就是"情感智商"。情感智商（emotional intelligence quotient）简称"情商"（EQ）。这一术语是由美国耶鲁大学的彼得·萨洛维和新罕布什尔大学的约翰·梅耶教授于1990年正式提出的。经1993年和1996年的修订，认为情感智商包括四个方面的能力。

（一）情绪的知觉、评估和表达能力

情绪的知觉、评估和表达能力主要包括以下四种。

第一，从自己的生理状态、情感体验和思想中辨认自己情绪的能力。

第二，通过语言、声音、仪表和行为从他人艺术作品，各种设计中辨认情绪的能力。

第三，准确表达情绪，以及表达与这些情绪有关的需要的能力。

第四，区分情绪表达中的准确性和真实性的能力。

（二）情绪对思维过程的促进、引导能力

情绪对思维过程的促进、引导能力主要包括以下四种。

第一，情绪思维的引导能力。

第二，情绪生动鲜明的对与情绪有关的判断和记忆过程产生积极作用的能力。

第三，心境的起伏使个体从积极到消极摆动变化，促使个体从多个角度进行思考的能力。

第四，情绪状态对特定问题解决所具有的促进能力。

（三）理解与分析情绪，可获得情绪知识的能力

理解与分析情绪，可获得情绪知识的能力主要包括以下四种。

第一，给情绪贴上标签，认识情绪本身与语言表达之间关系的能力。

第二，理解情绪所传送意义的能力。

第三，认识和分析情绪产生原因的能力。

第四，理解复杂心理的能力。

（四）对情绪进行成熟调节的能力

对情绪进行成熟调节的能力主要包括以下三种。

第一，以开放的心情接受各种情绪的能力。

第二，根据所获知的信息与判断成熟的浸入或离开某种情绪的能力。

第三，成熟的监察与自己和他人有关情绪的能力。

1995年，美国学者戈尔曼在其著作《情感智商》中系统地阐述了情感智商的概念及其表现，并把它概括为五种能力，即自我认知能力、情绪调控能力、自我激励能力、对他人情绪的识别能力、人际协调能力。

情商的概念是在智商概念的基础上提出的，那么两者有何关系呢？智商（IQ）是用来衡量智力高低的，而情商（EQ）是被用来衡量一个人情感智商高低的。智商分数更多是被用来预测一个人的学业成就，情商分数则被常常用于预测一个人能否取得职业成功或生活成功的更有效的东西，它更好地反映了个体的社会适应性。智商与情商并不是相互抵触的，两者之间还存在一定的相关性，即智商高者，情商未必高，但情商高者，智商一定不会太低。总之，像智商高而情商特低，或情商高而智商特低者在生活中都很少见。所以说，虽然智商与情商反映的内容不同，但两者之间绝非截然对立，非此即彼的关系，对一个人的人生成败来说，两者都是必不可少的。

心理自测

大学生情绪稳定性自我测验量表

1. 看到自己最近一次拍摄的照片，你有何想法？

A. 觉得不称心　　　　　B. 觉得很好　　　　　C. 觉得可以

2. 你是否想到若干年后会有什么使自己极为不安的事？

A. 经常想到　　　　　B. 从来没有想过　　　　　C. 偶尔想到过

3. 你是否被朋友、同事、同学起过绰号、挖苦过？

A. 这是常有的事　　　　　B. 从来没有　　　　　C. 偶尔有过

4. 你上床以后是否经常再次起来一次，看看门窗是否关好？

A. 经常如此　　　　　B. 从不如此　　　　　C. 偶尔如此

5. 你对与你关系最密切的人是否满意?

A. 不满意　　　　　B. 非常满意　　　　　C. 基本满意

6. 在半夜的时候,你是否经常觉得有什么值得害怕的事?

A. 经常有　　　　　B. 从来没有　　　　　C. 偶尔有

7. 你是否经常因梦见可怕的事而惊醒?

A. 经常　　　　　　B. 从来没有　　　　　C. 极少有

8. 你是否曾经有过多次做同一个梦的情况?

A. 是　　　　　　　B. 否　　　　　　　　C. 记不清

9. 是否有一种食物使你吃后呕吐?

A. 是　　　　　　　B. 否　　　　　　　　C. 记不清

10. 除去看见的世界外,你心里是否有另外一种世界?

A. 是　　　　　　　B. 否　　　　　　　　C. 偶尔是

11. 你心里是否时常觉得你不是现在的父母所生?

A. 是　　　　　　　B. 否　　　　　　　　C. 偶尔是

12. 你是否曾经觉得有一个人爱你或尊重你?

A. 说不清　　　　　B. 否　　　　　　　　C. 是

13. 你是否常常觉得你的家庭对你不好,但你又确知他们的确对你好?

A. 是　　　　　　　B. 否　　　　　　　　C. 偶尔是

14. 你是否觉得没有人十分了解你?

A. 是　　　　　　　B. 否　　　　　　　　C. 说不清

15. 在早晨起来的时候,你最经常的感觉是什么?

A. 忧郁　　　　　　B. 快乐　　　　　　　C. 讲不清楚

16. 每到秋天,你经常的感觉是什么?

A. 秋雨霏霏或枯叶遍地　　B. 秋高气爽或艳阳天　　C. 不清楚

17. 在高处的时候,你是否觉得站不稳?

A. 是　　　　　　　B. 否　　　　　　　　C. 偶尔是

18. 你平时是否觉得自己很强健?

A. 是　　　　　　　B. 否　　　　　　　　C. 不清楚

19. 你是否一回家就立刻把房门关上?

A. 是　　　　　　　B. 否　　　　　　　　C. 不清楚

20. 当你坐在房间里把门关上时,是否觉得心里不安?

A. 是　　　　　　　B. 否　　　　　　　　C. 偶尔

21. 当需要你对一件事做出决定时，你是否觉得很难？

A. 是　　　　　　B. 否　　　　　　C. 偶尔是

22. 你是否常常用抛硬币、玩纸牌、抽签之类的游戏来测凶吉？

A. 是　　　　　　B. 否　　　　　　C. 偶尔是

23. 你是否常常因为碰到东西而跌倒？

A. 是　　　　　　B. 否　　　　　　C. 偶尔是

24. 你是否需用一个多小时才能入睡，或醒得比你希望的早一小时？

A. 经常这样　　　B. 从不这样　　　C. 偶尔这样

25. 你是否曾看到、听到或感觉到别人觉察不到的东西？

A. 经常这样　　　B. 从不这样　　　C. 偶尔这样

26. 你是否觉得自己有超越常人的能力？

A. 是　　　　　　B. 否　　　　　　C. 不清楚

27. 你是否曾经觉得因有人跟踪你而心里不安？

A. 是　　　　　　B. 否　　　　　　C. 不清楚

28. 你是否觉得有人在注意你的言行？

A. 是　　　　　　B. 否　　　　　　C. 不清楚

29. 当你一个人走夜路时，是否觉得前面潜藏着危险？

A. 是　　　　　　B. 否　　　　　　C. 偶尔

30. 你对别人自杀有什么想法？

A. 可以理解　　　B. 不可思议　　　C. 不清楚

计分与评价　以上各题的答案，凡选 A 得 2 分，选 B 得 0 分，选 C 得 1 分。请将你的得分统计一下，算出总分。根据你的总分查下面评价表，便可知你的情绪稳定水平。

评价表

总分	情绪稳定水平
0～20 分	情绪稳定，自信心强
21～40 分	情绪基本稳定，但较为深沉、冷静
41 分以上	情绪极不稳定，日常烦恼太多

思考与练习

1. 填空题：不良情绪主要是由不合理信念导致的，那么不合理信念即不合理认知的特征包括_____、_____和_____三种。

2. 单选题：当同学们获悉本班取得学校创新比赛冠军时欣喜若狂，他们的情绪状态属于( )。

A. 心境　　　　　B. 激情　　　　　C. 应激　　　　　D. 热情

3. 苗苗在解决了困扰她许久的数学难题后出现的喜悦感属于( )。

A. 道德感　　　　B. 理智感　　　　C. 美感　　　　　D. 效能感

4. 材料分析题：阅读下列材料，回答问题。

小聪在小学时成绩优秀，并在升初中的升学考试中，以第一名的成绩考入班级。进入初中后，因学习不适应，渐渐地成绩下滑，降到二十几名，这次考试给小聪的打击很大，从此，小聪的情绪低落，少言寡语，不愿交往。

(1)请分析小聪受挫的原因及受挫后有哪些反应。

(2)分析挫折对人心理的影响。

(3)请你帮助小聪想办法战胜挫折。

阅读与欣赏

1. 大卫·鲍恩斯. 实用宽心术[M]. 张国清，蔡旗，译. 上海：上海人民出版社，1992.

2. 骆正. 情绪控制的理论与方法[M]. 北京：光明日报出版社，1989.

3. 心理电影：头脑特工队.

4. 影片赏析：魂断蓝桥.

第八章　需要与动机

学习目标

1. 掌握马斯洛需要层次论。
2. 掌握动机冲突的种类。
3. 理解动机的强度与学习效果的关系。
4. 掌握学生学习动机的培养。

需要与动机是个性心理的一部分，是个体行为活动的动力源泉，它们影响着人行为的方向和效果，影响着个体个性心理特征的形成。

第一节　需　要

一、需要的概念

(一)什么是需要

需要是个体在生活中感到自身内部及自身与外部环境之间失去平衡并力求恢复平衡的一种内心状态。

需要的产生应具备三个条件。

第一，不平衡的存在是需要产生的前提，即自身内部环境(生理和心理)及自身与外部环境之间有不平衡的存在是产生需要的前提。但不平衡本身不等于需要，有了不平衡的存在也未必一定能产生需要。假如某个有机体的"饥饿神经中枢"遭到破坏之后，他便不会再感到饥饿，也不会产生进食的需要，尽管他体内已严重失去平衡。

第二，对不平衡存在的感知是需要产生的条件，即只有主体对自身内环境及自身与外环境之间存在的不平衡有所感知，才可能导致需要的产生。比如，主体只有感到饿，才会产生进食的需要；只有感到内心郁闷，才会产生发泄的需要；只有感到知识贫乏，才会产生求知的需要；只有感到自己有各种各样的缺点与不足，才会产生不断自我发展与完善的需要。

第三，恢复平衡的愿望是需要产生的关键，即主体不仅仅认识到自身及自身与环境之间失去了某种平衡，而且还得有恢复平衡的愿望，这样才会真正导致需要的产生。有的人虽然已清晰地意识到自己的知识已远远落后于时代的要求，但他并不想消除或缩短自己知识水平与社会所要求的知识水平之间的差异，那么他就不会产生求知的需要。

（二）需要的特点

1. 广泛性

人和动物都有需要，但人的需要和动物的需要有本质的区别。相对于动物而言，人的需要更复杂、更广泛。动物的需要只是满足维持生存和繁殖后代的生理需要，而人的需要不仅有生理需要，而且有社会需要。

2. 动力性

需要是活动的原始动力，是个体活动积极性的源泉。需要一旦被意识到，就形成一种寻求满足的力量，驱使着人朝一定的对象去活动，以满足这种需要。需要状态是有机体的唤醒或激活状态，是有机体产生驱力、寻求需要满足的基础。一般说来，需要的强度越大，活动的积极性越高；需要的强度越小，活动的积极性越低。

3. 社会历史性

人的各种需要，受当时所处的历史阶段的社会物质生活条件和科技发展水平的制约。人的需要是无止境的，但一定要受社会法律与道德规范的约束。这也是人和动物在需要方面最本质的区别。

4. 对象性

人的需要都要指向一定的对象，这个对象可以是物质的，也可以是精神的；可以是活动本身，也可以是活动的结果；可以是追求某一事物或某一活动的意念，也可以是避开某一事物或停止某一活动的意念。

5. 周期性

人的需要不因一时的满足而满足，从长久来看，具有一定的周期性特点，如一日三餐、每天都需要睡眠等。

6. 独特性

人与人的需要有共同性，也有独特性。每个人的需要都受它的遗传因素和环境因素的影响，而成为不同于别人的需要系统。

二、需要的种类

人的需要是多种多样的，分类的方式也有多种，下面介绍两种主要的分类方式。

（一）按需要的起源可分为生物性需要与社会性需要

生物性需要也叫自然需要或生理需要，是人脑对生理需要的反映，是指一个人生来就有，与保持个体的生命安全和种族延续相联系的一些需要，如进食、饮水、睡眠与觉醒的需要、排泄与性的需要等。这些需要往往要通过一定的外部条件才能间接地得到满足。研究表明，生理需要不能得到满足时将严重地影响有机体的身心健康。比如，睡眠与觉醒需要不能得到满足不仅会影响注意力，而且会影响记忆和情绪。人的生物性需要也带有社会性，受社会生产、社会生活条件的制约。

社会性需要是以天然的生理需要为基础，在后天生活与实践中逐渐形成的，是人类所特有的高级需要。它随着社会生活条件的变化而变化，也就是说，它将因社会历史发展的不同、经济与社会制度的不同、民族风俗习惯和行为方式的不同而有所不同。例如，中国人男女之间的交往需要受中国儒家思想的影响，带有民族色彩，不像西方那样开放。社会性需要在人类的生活中具有重要的意义，如劳动的需要、交往的需要、归属的需要、美的需要等都是人类生活中所必需的，这些需要得不到满足，虽说不像生物性需要那样，得不到满足就会导致死亡，但是，也会引起痛苦、沮丧和焦虑等情绪，甚至会引发疾病。同时，这种需要比较内在，往往隐藏于一个人的内心世界，不易被别人觉察。

（二）按需要对象不同可分为物质需要和精神需要

物质需要是指对物质对象的需要，如对衣食住行的需要，对书、笔、电等的需要。物质需要既包括生理性需要，又包括社会性需要。

精神需要是人对精神生活的需要，它包括人对事物认识的需要、学习的需要、交往的需要、爱的需要等。人类最早形成的精神需要是对劳动和交往的需要，随着科学技术的发展，精神需要变得越来越重要。

应该看到，物质需要和精神需要虽然有区别，但是它们又是相互联系的。比如，为了满足求知的需要，就要有书籍等物品。同时，物质需要的满足，也有精神需要做指导，比如，个人服饰的选择需要有一定的审美观点做指导。

三、马斯洛需要层次理论

需要是一种主观心理状态，是一切行为活动的基本动力。许多心理学家对需要进行了研究和探讨，其中影响最大的是美国人本主义心理学家马斯洛提出的需要层次理论。

（一）马斯洛简介

马斯洛(1908—1970)，美国犹太人，是著名的社会心理学家，第三代心理学的开创者。他提出了融合精神分析心理学和行为主义心理学的人本主义心理学，被称为人本心理学之父。他通过对名人经历的研究提出了需要层次理论。其代表作品有《动机和人格》《存在心理学探索》《人性能达到的境界》等。

（二）需要层次理论的内容

1943年，马斯洛在《人类动机理论》一书中提出了需要层次理论，把人的需要分为五层，按照由低到高的顺序依次为：生理的需要、安全的需要、归属与爱的需要、尊重的需要和自我实现的需要。如图8-1。

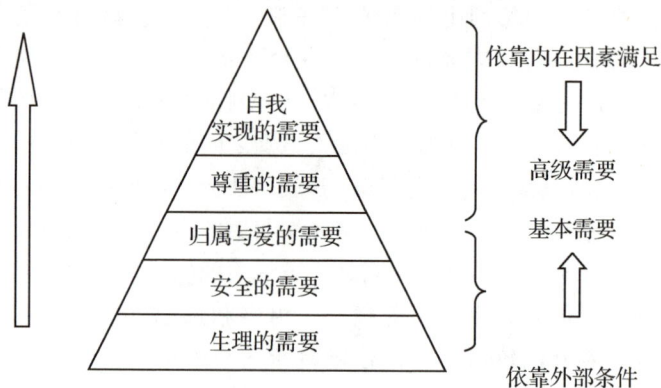

图 8-1　马斯洛需要层次模式图

1. 生理的需要

生理的需要是指维持生存及延续种族的需要，是人类最原始、最基本的需要，如对水、空气、性、睡眠等的需要。正如马斯洛所言："……如果一个人所有的需要都得不到满足，这个人就会被生理需要所支配，而其他需要就要退到隐蔽的地位。对于一个处于极端状态的人来说，除了食物，没有别的兴趣，在这种极端的情况下，写诗的愿望、获得一辆汽车的愿望、对美国历史的兴趣……则统统被忘记或退到第二位，这个人做梦也会梦到食物，看见的只是食物，渴望的只是食物，充饥成为独一无二的目标。"所以，生理的需要是所有需要中最基本、最原始、也是最强有力的需要，是其他一切需要产生的基础。

2. 安全的需要

安全的需要是指个体希求保护与免遭威胁从而获得安全感的需要。这是一个人生理需要获得一定满足之后出现的需要，包括安全、稳定、被保护、远离恐惧和混乱以及对秩序的需要。当未来不可预测或者社会秩序受到威胁的时候，这些需要就特别突出。其目的是使生理需要的满足保持在一定水平上，不能失去或降低，以避免生命危险。典型的安全需要有生命安全、财产安全、职业安全等。

3. 归属与爱的需要

归属与爱的需要是指每个人都有被他人或群体接纳、爱护、关注、支持与鼓励的需要。人是社会性的动物，需要社会归属感。爱的需要是指人们都希望得到他人的爱和爱他人的需要，希望与同事、朋友、邻居等关系融洽，保持友谊，希望得到友情与爱情。归属与爱的需要是在生理需要、安全需要基本获得满足后产生的。

4. 尊重的需要

尊重的需要是人对自己社会价值追求的需要，包括自尊和受人尊重的需要。满足自尊的需要会使人相信自己的力量和价值，会使人在工作、生活中产生自信心、信任感、友谊感等。受人尊重的需要就是希望他人尊重自己的人格，希望自己有权利、威信和地位，希望能受到社会的赞许、他人的信赖。马斯洛认为，如果尊重的需要得到满足，就能使自己对社会产生信心，对社会充满热情，对工作更有创造性。相反，如果尊重的需要受到挫折，就会使人产生自卑感，失去生活的信心。

5. 自我实现的需要

自我实现的需要是指个人渴望自己的能力得到充分的发挥，潜能得到挖掘，实现个人的理想和抱负的一种需要。正如马斯洛所说："音乐家必须演奏音乐，画家必须画画，诗人必须写诗，这样才能使他们感到最大的快乐，是什么样的角色就干什么样的事，我们把这种需要叫自我实现。"

1954 年，马斯洛在《激励与个性》一书中对其需要层次论做了修订，又增加了求知的需要和审美的需要。求知的需要又称认知和理解的需要，是指个人对自身和周围世界的探索、理解及解决疑难问题的需要。马斯洛把其视为是克服障碍的工具，当认知的需要受挫时，其他需要的满足也会受到威胁。审美的需要是指对对称、秩序、完整结构以及行为完美的需要。

（三）理论观点

1. 需要被划分为不同的等级

马斯洛将人的需要分为不同层次、不同等级，通常将生理与安全的需要划为低级需要，自我实现与尊重的需要划为高级需要，爱与归属的需要属于中间过渡。低级需要一般依靠外部条件获得满足，而高级需要一般依靠内在因素获得满足。低级需要又称基本需要，高级需要又称成长需要。

2. 需要层次的发展是由低到高的

马斯洛认为，需要层次之间是由低到高依次出现的。只有当较低一级的需要得到基本满足之后，高一层次的需要才会产生。也就是说，只有生理需要得到基本满足之后，才会产生安全需要。只有安全需要得到基本满足之后，才会产生归属与爱的需要，依此类推，一直到自我实现的需要。低级需要获得基本满足之后，就失去了对行为的激励作用，这时追求高一级的需要就成为驱使行动的动力。但这种次序不是完全固定的，可以变化。如"志者不饮盗泉之水，廉者不受嗟来之食"，说明一个人生理需要没有获得满足的情况下，追求自尊的需要。

3. 多个需要同时并存

在同一时期内，一个人的需要不止一个，而是多个。在不同条件下，必定有一种需要占主导地位，成为推动某行为活动的优势动力。任何一种需要不会因为更高层次需要的发展而消失。各个层次的需要互相依赖，互相重叠，高层次需要发展后，低层次需要仍然存在，只是对行为影响的程度减小而已。

4. 不同层次需要满足的难易不同

一般情况下，最低层次的生理需要最为强烈，也最易满足，而层次越高的需要，越难完全满足。

5. 处于不同层次需要的人口比例不同

马斯洛认为，在需要层次的金字塔中，越向下的层次在全人口中所占比例越大，越向上的层次在全人口中的比例越小。马斯洛认为，真正达到自我实现的人在全人口中只占很小的一部分，而绝大多数人都停留在中间的某一层次。马斯洛还认为，一个国家多数人的需要层次结构，与这个国家的经济发展水平、科技发展水平、文化和人们受教育的程度直接相关。在发展中国家，生理需要和安全需要占主导的人数比例较大，而高级需要占主导的人数比例较小，而在发达国家则刚好相反。

（四）理论评价

马斯洛需要层次理论是迄今为止非常重要的需要理论，它有优点，也存在不足。

1. 理论贡献

马斯洛需要层次理论强调了人内在的需要是激励行为活动的主要诱因和动力，所以，否定和批判了人的行为是单纯的对外部刺激反应的行为主义外因决定论。

马斯洛的需要层次论是一个有严格组织的层级系统，比较客观、准确地揭示了人类需要的客观规律，比较接近现实。

马斯洛需要层次理论在各行各业中得到广泛的运用，对搞好教育教学、调动人的积极性具有现实指导意义。马斯洛指出，人在每一时期都有一种优势需要，其他需要处于从属地位。因此，只要我们善于了解人的优势需要，尽量满足其合理需要，采取恰当措施，就能调动人的积极性。

2. 理论缺陷

马斯洛需要层次理论带有一定的机械主义色彩。马斯洛强调低级需要向高级需要发展，但没有充分认识到高级需要对低级需要的调节作用。因为在某些特定的背景中，即使低级需要没有得到基本的满足也可能产生高级的需要。马斯洛把需要的发展看作按固定程序机械地上升的过程，认为没有低级需要的满足，就不可能有高级需要，这就忽视了人的主观能动性。马斯洛不否认少数人为了满足高级需要而牺牲低级需要，但是他认为这些个别情况不是发挥主观能动性的结果，而是先天造成的。

马斯洛把人的需要看成是与生俱来的，需要的发展过程是自然成熟的过程，低估了环境与教育对需要发展的影响。比如，人有生理需要是为了维持自己的生存；人有安全需要是出于"趋利避害"的本能；人有自尊和自我实现的需要是为了出人头地，因此，人的一切行为是出于利己的本能，这就完全否定了社会生存对人需要发展的决定作用。

马斯洛过分注重个体需要意志的自由，而忽略了社会历史的制约作用。他的许多观念是从抽象的人性论出发的，而未能顾及这些概念的现实社会内容。

马斯洛需要层次理论缺乏科学实验的依据和客观测量的指标，还有待在社会实践中进一步检验。

第二节　动　机

一、动机的概念

（一）什么是动机

动机是直接推动个体趋向一定目标的内部动力。具体地说，动机是由一种目标或对象所引导，激发和维持个体活动的内在心理过程或内部动力。动机是一种内部心理过程，而不是心理活动的结果。对于这种内部过程，我们不能进行直接的观察。但是，可以通过任务选择、努力程度、对活动的坚持性和言语表达等外部行为间接地推断出来。通过任务选择我们可以判断个体行为动机的方向、对象或目标；通过努力程度和坚持性我们可以判断个体动机强度的大小。

（二）动机与需要、行为、效果的关系

动机与行为紧密联系，它直接引起、导致行为，所以常常称"行为动机"或"动机性行为"。动机是在需要的基础上产生的，需要是一切行为的原动力，而动机是行为活动的直接动力。心理学研究表明，需要本身是主体意识到的不平衡状态，只表现为一种愿望、意向，只有当诱因出现时，需要才能被激活，才能转化为动机。动机必须有目标，目标引导个体行为的方向，并且提供原动力。动机是行为的内在原因，效果是行为的结果，动机和效果之间不是简单的对应关系，好的动机不一定有好的效果。

（三）动机的功能

从动机与行为的关系上分析，动机具有以下几个功能。

1. 激活功能

动机能激发有机体产生某种活动。动机激活力量的大小，是由动机的性质和强度决定的。一般认为，中等强度的动机有利于完成任务。

2. 导向功能

动机能将行为指向一定的对象或目标。动机种类不同，人们行为活动的方向和追求的目标也不同。

3. 调控功能

动机对行为活动过程起调节控制作用。动机的维持作用与个体的活动及其预期目标的一致程度相关。

二、动机的种类

（一）根据动机的性质将动机分为生理性动机与社会性动机

1. 生理性动机

生理性动机也称驱力，它以有机体自身的生物学需要为基础，又称原发性动机、原始性动机或生物性动机，比如饥饿、渴、空气、睡眠、性、排泄等动机。

2. 社会性动机

社会性动机又叫继发性动机、习得性动机和心理性动机，是以社会需要为基础的动机。社会性动机的内容十分丰富，如成就动机、交往动机、权利动机等。

（二）根据动机的来源将动机分为内在动机和外在动机

1. 内在动机

内在动机是指个体对活动本身的兴趣所引起的动机，动机的满足在活动之内，不需要外界的诱因、惩罚来使行动指向目标。如有的学生喜欢英语，只要上英语课时便认真听讲，课后也会认真复习。

2. 外在动机

外在动机是指个体由外部诱因所引起的动机，动机满足在活动之外，即个体不是对活动本身感兴趣，而是对活动所带来的结果感兴趣。如有的学生学习是为了得到老师的奖励或避免父母的惩罚等。

拥有内部动机的学生能积极投入学习，发挥主动性，容易在学习中获得满足；具有外部动机的学生通常在达到目标后，学习动机便容易下降，或选择没有挑战性的任务，避免失败。

内部动机和外部动机的划分不是绝对的。学习动机是人从事学习活动的内部心理动力，因此任何外界的要求、外在的力量都必须转化为个体内在的需要，才能成为学习的推动力。在外部学习动机发生作用时，人的学习活动较多地依赖于责任感、荣誉感或希望得到奖赏和避免受到惩罚。从这个意义上说，外部学习动机的实质仍然是一种学习的内部动力。因而在教育过程中强调内部学习动机，但也不应忽视外部学习动机的作用。教师应一方面逐渐使外部动机作用转化为内部动机作用，另一方面又应利用外部动机作用使学生已经形成的内部动机作用处于持续的激起状态。

（三）根据动机在活动中的地位与作用大小将动机分为主导性动机和辅助性动机

1. 主导性动机

主导性动机是指在活动中处于支配地位，发挥主导作用的动机。

2. 辅助性动机

辅助性动机是指在活动中处于从属地位，只起辅助作用的动机。例如，在学习活动中，可能有几种动机，如为祖国富强而学习，为获得奖励而学习，为得到别人赞许而学习，或为自尊而学习。假如为获得奖励而学习的动机处于支配地位，其余几种动机都属于辅助性动机。

（四）根据动机的影响范围和持续作用的时间将动机分为近景性动机和远景性动机

1. 近景性动机

近景性动机也叫短暂性动机，是指与活动本身相联系，影响范围小，持续作用时间短的动机。如学生仅仅为考试得高分做出努力等。

2. 远景性动机

远景性动机也叫长远性动机，是指与活动的社会意义相联系，影响范围大，持续时间长的动机。比如，一个学生为了将来成为科学家而努力学习等。

（五）根据美国心理学家奥苏贝尔的理论将学习动机分为认知内驱力、自我提高内驱力及附属内驱力

1. 认知内驱力

所谓认知内驱力，就是指学生渴望认知、理解和掌握知识，以及陈述和解决问题的倾向。认知内驱力发端于学生好奇心，引起探究、操作、理解和应付环境的心理倾向。这些心理倾向最初都是潜在的动机因素，它们本身既无内容也无方向。这些潜在的动机能够转变为实际的学习动机，受两个方面因素的影响：一是成功的学习结果会导致学生对未来能取得更为满意结果的预期；二是家庭和社会中有关人士的影响。值得注意的是，认知内驱力作为内部动机，往往会因注重竞争分数、计较名誉或担心失败等外部动机而削弱了，这在心理学上称作"德西效应"。因此，课程教学必须重视认知和理解的价值，使学生对认知本身感兴趣，而不应把实利作为首要目标。

2. 自我提高内驱力

自我提高内驱力是一种通过自身努力，胜任一定的工作，取得一定的成就，从而赢得一定的社会地位的需要。自我提高内驱力指向的是取得一定的社会地位，以赢得一定的社会地位为满足。在自我提高内驱力中对地位的追求是动机的直接目标，而成就的获得和能力的提高是间接的目标。显然，自我提高的内驱力属于外部的、间接的学习动机。但是也不能因此忽视自我提高内驱力的作用，它的作用时间往往比认知内驱力还要长久。认知内驱力往往随着学习内容的变化而发生变化，当学习的内容不能激发起学生的认知兴趣时，认知内驱力就要下降或转移方向，而自我提高内驱力指向的是较为远大的理想或长期的奋斗目标，会成为鞭策学生努力学习、持续奋斗的长久力量。因此，在教学中培养学生树立崇高的理想和远大的抱负，激发学生自我提高内驱力，也是促使学生保持长久学习动机的有效措施。

3. 附属内驱力

附属内驱力是指个人为了得到长者或权威的赞许或认可而表现出来的一种把学习或工作做好的需要。对于学生来说，附属内驱力表现为学生为了赢得家长或教师等人的认可或赞许而努力学习，取得好成绩的需要。附属内驱力的产生有两个条件：一是由学生认可的长者或权威人物对其学习结果进行评价；二是从长者或权威人物的认可和赞许中也会获得一种派生的地位。但这种地位与自我提高内驱力所赢得的一定的社会地位不同，它不是由学生本人的能力或成就水平决定的，而是从他追随或依附的长者或权威人物所给予的赞许中引申出来的。

三种内驱力有比较明显的年龄特征。在中小学生身上，小学低年级学生附属内驱力是成就动机的主要成分，随着年龄的增长和独立性的增强，附属内驱力在强度上有所减弱，到了中学阶段，来自同伴的赞许或认可将激发中学生形成强烈的自我提高内驱力。进入高中或大学后，随着认知能力的发展，职业定向的稳定，认知内驱力将成为学习的主要动机因素。

三、动机冲突

在现实生活中，人的需要是多种多样的，因而动机的种类也多种多样，但在某一个特定的时空条件下，这些同时并存的动机不可能同时得到满足，人们不得不从众多的动机中选择某些动机而放弃其他动机，因此在心理上就产生了动机冲突。所谓动机冲突是指在同一时间内出现的彼此不同或相互抵触的动机，因不可能都获得满足而产生的矛盾心理。动机冲突在每个人的日常生活中都是经常发生的，根据动机冲突的表现形式，把动机冲突分为双趋冲突、双避冲突和趋避冲突三种。

（一）双趋冲突

双趋冲突指两种对个体都具有吸引力的目标同时出现，形成强度相同的两个动机，但由于条件限制，只能选其中的一个目标时而产生的动机冲突。"鱼与熊掌不可兼得"就是双趋冲突的真实写照。例如，小丽既想成为一名音乐家，又想成为一名心理学家的冲突就是双趋冲突的体现。

（二）双避冲突

双避冲突是指同时面临两个具有危险性的目标都想避开，但必须接受其一时而产生的动机冲突。比如，既不想学习，又不想挂科，两者不可能全部避免，必须接受其一。

（三）趋避冲突

趋避冲突指某一事物对个体具有利与弊的双重意义时，会使人同时产生好而趋之和恶而远之两种态度而产生的动机冲突。所谓既想吃鱼又怕鱼刺、想吃肉又怕胖就是这种冲突的表现。

动机冲突就是为选择目标而产生的，动机冲突的过程就是目标确立的过程，动机冲突的过程就是对众多目标的利弊、优劣以及实现的可能性进行权衡，进而决定取舍的过程，因此，动机冲突往往不是单一的，而是多重趋避冲突并存的。同时面对动机冲突要尽快解决，否则会伤害身心健康。

四、动机与行为效率

研究表明，动机对行为效率的影响取决于两个要素，一是取决于动机本身的强弱，另一是取决于个体行为的质量。人们倾向于认为动机的强度越高对行为的影响越大，工作效率也越高；反之，动机强度越低则工作效率越低。但事实并非如此。心理学研究表明，动机强度与工作效率之间的关系不是一种线形关系，而是倒 U 形曲线关系。中等强度的动机最利于任务的完成。也就是说，动机强度处于中等水平时，工作效率最高，一旦动机强度超过了这个水平，对行为反而产生一定的阻碍作用。比如，学习动机太强，会产生焦虑和紧张，干扰了思维和记忆活动的顺利进行，使学习效率降低。考试中的"怯场"现象就主要是动机过强的结果。

心理学家耶克斯和多德森的研究表明，各种活动都存在一个最佳水平。动机不足或过分强烈，都会使工作效率下降。研究还发现，动机的最佳水平随着任务性质的不同而不同。在比较容易的任务中，工作效率随动机的提高而上升；随着任务难度的增加，动机的最佳水平有下降的趋势，也就是说，在难度较大的任务中，较低的动机水平有利于任务的完成。这就是耶克斯—多德森定律。如图 8-2。

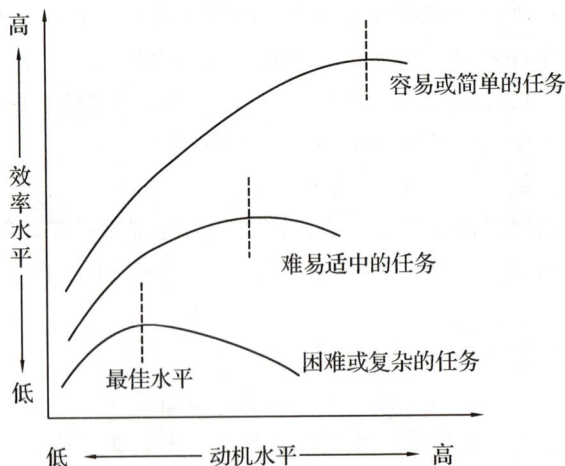

图 8-2　动机强度、任务难度和工作效率的关系

五、动机的理论

人们对动机的实质进行了多方面的探讨，提出了各种各样的看法，进而形成了多种不同的理论。

（一）本能理论

动机最早是由本能的概念引入心理学的。19世纪末，在达尔文的进化论的影响下，许多心理学家相信，人的大部分行为是由本能控制的。美国心理学之父詹姆斯早在1890年就提出，人的行为依赖于本能的指引，人除了具有与动物一样的生物本能外，还具有社会本能，如爱、同情、社交等。本能论最著名的倡导者是英国的麦独孤（W. McDougall），他系统地提出了动机的本能论。他认为人类所有的行为都是以本能为基础的，本能是人类一切思想和行为的基本源泉和动力，本能具有能量、行为和目标指向三个成分，个人和民族的性格与意志也是由本能逐渐发展起来的。他将本能区分为特殊的和普通的两大类。特殊本能主要有求食、逃避、好奇、拒绝、好斗、生殖、求知、自卑、父母之爱等；普通本能主要有同情、暗示、模仿等，是一种原始的过程。在后天的生活中，本能虽受学习的影响而发生变化，但本能的核心不变。

本能论虽然受到批评，但仍在一些领域占统治地位。一个是弗洛伊德的精神分析理论，它建立在本能论的基础上，认为人的心理活动的原动力是由人类生来固有的本能驱力决定的，这种本能驱力使人类产生一种紧张状态，驱使人采取行动并通过消除紧张来获得满足。另一个是马斯洛的需要层次理论，认为人类行为是由生来固有的自我实现的潜能决定的。

（二）诱因理论

诱因指能满足个体需要的刺激物，它具有激发或诱使个体朝向目标的作用。诱因既可以是物质的，如美味佳肴，也可以是复杂的事件或情境，如名誉、地位等。凡是人们希望得到的、有吸引力的刺激都可能成为诱因。诱因是个体行为的一种能源，它促使个体去追求目标。诱因与驱力是分不开的，诱因是由外在目标所激发的，只有当它变为个体内在的需要时，才能推动个体的行为，并有持久的推动力。

（三）成就动机理论

成就动机理论是麦克兰德（1953）提出的。这种理论认为，一般的人特别是有成就的人，都有如下一些特征：能全力以赴地完成某种困难的工作，看重声誉并获得成功；有明确的目标和较高的抱负水平，对自己有足够的信心；精力充沛，好奇探新，求异开拓；选择伙伴以能力取向，而不是以交往的疏密为标准。

阿特金森对麦克兰德的理论进行了进一步的深化，提出了成就动机模型。他认为成就动机的强度是由动机水平、期望和诱因的乘积来决定的。其关系可用下述公式表示：动机强度＝F(动机水平×期望×诱因)。动机水平是一个人稳定的追求成就的个体倾向；期望是某人对某一课题是否成功的主观概率；诱因是成功时得到的满足感。

在此基础上，阿特金森又进一步将个体的成就动机分为两类，一类是力求成功的动机，即人们追求成功和由成功带来的积极情感的倾向性；另一类是避免失败的动机，即人们避免失败和由失败带来的消极情感的倾向性。根据这两类动机在个体的动机系统中所占的强度，可以将个体分为力求成功者和避免失败者。力求成功者将目标定位于获取成就，既然要获取成就，就不能不对任务的成功概率有所选择。研究表明，成功概率在50％的任务是最能调动力求成功者的积极性的，因为这种任务对他们的能力最富挑战性。而那些根本不可能成功或稳操胜券的任务反而会降低他们的动机水平。对于避免失败者则相反，因为他们将心态定位于如何避免失败，因为要避免失败，所以他们往往会选择非常容易或非常困难的任务，如果成功概率是50％时，他们会回避这项任务。因此，在教育活动中，要调动力求成功者的积极性，就应当提供一些新颖且有一定难度的任务，安排竞争的情境，严格评定分数等方式来激发他们的学习动机；而对于力求避免失败者，则要少安排竞争，如果小有成功就及时给予奖励或强化，评定分数也要适当放宽，并尽量避免在公开场合指责其错误。应该说力求成功的动机比避免失败的动机具有较大的主动性。因此，对学生除了尽可能让他们避免失败之外，还应立足于增加他们力求成功的成分，使他们不以避免失败为满足，而应以获取成功为快乐，这样才能真正调动人的积极性。

(四)动机的认知理论

现代认知理论认为，个体对来自外在世界的信息经过编码、储存、提取和输出等加工过程，在头脑中形成各种不同的观念。这些观念在刺激和行为间起中介作用，它既能引起行为，又能改变行为，在这个意义上说，认知具有动机的功能。近年来，随着认知心理学的发展，动机的认知理论成为非常重要的理论。

1. 期待价值理论

动机的期待价值理论是早期的一种动机认知理论，是由新行为主义者托尔曼提出的。他认为，行为的产生不是由于强化，而是由于个体对一个目标的期待。他将期待定义为刺激与刺激的联系或反应与刺激的联系。如看见闪电，就期待雷声，这是由刺激引起的期待；平时努力训练，期待在比赛中取得好成绩，这是由反应引起的期待。

2. 动机的归因理论

归因理论的最早提出者是美国的社会心理学家海德。他指出，当人们在工作和学习中体验到成功或失败时会寻找成功或失败的原因。一般说来，行为的归因有两种，一种是环境归因(也称外部原因)，即将行为原因归为环境。另一种叫个人归因(也称内部原因)，即将行为的影响归于个人，如将行为的原因归为人格、动机、情绪、能力等的影响。他认为，如果将行为原因归为环境，则个人对其行为结果可以不负什么责任；如果把行为原因归为个人，则个人对其行为结果应当负责。他同时还提出了"控制点"的概念，并把人分为"内控型"和"外控型"。内控型的人认为成败是由自身原因造成的；外控型的人则认为成败是由于外部因素造成的。

韦纳系统地提出了动机的归因理论，证明了成功和失败的因果归因是成就活动过程的中心要素。并把归因分为三个维度：内部归因和外部归因、稳定性归因和非稳定性归因、可控归因和不可控归因。同时，他将人们活动成败的原因即行为责任归结为六个因素，即能力高低、努力程度、任务难易、运气好坏、身心状态、外界环境。

归因理论在实际应用中价值非常大。归因理论可以指导我们了解心理与行为的因果关系，可以引导人们根据行为者当前的归因倾向预测他以后的动机，有助于提高学生的自我认知。

3. 自我效能论

自我效能论是由班杜拉提出的。他认为，人对行为的决策是主动的，人的认知变量如期待、注意和评价等在行为决策中起着重要的作用。其中期待是决定行为的先行因素，强化的效果存在于期待奖赏或惩罚之中，是一种期待强化。

班杜拉把期待分为结果期待和效果期待两种。结果期待是指个体对自己行为结果的估计。如果个体预测到某一特定行为会导致某一特定结果，那么这种行为就可能被激活或被选择。比如，学生认识到只要上课认真听讲，就会获得他期望的好成绩，那他就很可能好好听讲。效果期待是指个体对自己是否有能力来完成某一行为的推测和判断，这种推测和判断就是个体的自我效能感。个体确信自己有能力进行和完成某一活动，属于高自我效能感，否则就是低自我效能感。班杜拉认为个体自我效能感的高低，直接决定个体进行这种活动时的动机水平。

班杜拉还认为，自我效能感建立在四种信息源的基础上。一是个体自己成功和失败的经验。成功的经验往往会提高个体的自我效能感，而多次失败的经验可能会降低自我效能感。二是替代性经验。即个体通过观察他人的行为而获得的信息，对自我效能感也有重要作用。比如，看到与自己水平差不多的人在活动中获得了成功，就会增强自己从事这项活动的信心。三是言语说服。他人的劝告、解释、建议等可能会改变人的自我效能感。四是情绪唤起。正情绪可以增强自我效能感，负情绪会减弱自我效能感。

此外，个体的归因方式也直接影响到自我效能感的形成。如果个体将成功的经验归因于外部的不可控因素，如运气、任务难度等，就不会增强自我效能感，如果把失败归于内部的可控因素，如努力等，也不一定会降低自我效能感。自我效能感也是可以通过训练提高的。

六、学习动机的培养与激发

学习动机是指推动人进行学习活动的内在动力。具有学习动机，并保持一定的强度，是学生得以进行有效学习的必要条件。在学校的教学环境中，培养学习动机，是指通过教学手段，帮助缺乏指向学习的内驱力的学生形成学习动机；激发学习动机，是指通过教学手段，调节诱因，使学生的学习动机得以引发。学习动机的培养与激发是相互联系、相辅相成的，前者为后者创造了激发的内部条件，后者又为前者的培养发挥了进一步强化的作用。因此，在教学中，既不应把学习动机的培养与激发混为一谈，也不能截然割裂。下面分别提出的相应操作措施，都是相对而言的，彼此有交互作用。

（一）学习动机的培养

1. 了解和满足学生的需要，促进学习动机的产生

需要是产生动机的前提条件，是中小学生学习积极性的源泉，因此，教师要了解和把握学生的学习需要，真正能在教学中提供学生所需所想，并通过采取一些强化和训练手段使学习的要求内化成为学生对自己的学习需要。

2. 重视立志教育，对学生进行成就动机的训练

中小学生随着年龄的增长，社会活动范围日益增大，社会联系日趋增多，他们在身心发展的基础上，社会成熟度也日渐提高，比较单纯的好奇心已失去支配地位，代之以信念、理想起支配作用。在这种情况下，着力增进他们的民族责任感、社会使命感，可以使他们站在"民族""社会""时代"的高度来认识自己肩负的历史重任，认识自己的学习意义，为自己的学习找到强有力的动力源。运用这种方法的要点是组织各种活动，或者让学生走出校门，走向社会，

通过亲身的调查、询问、考察，来深切地感受民族的期望、社会的要求和时代的呼唤，从而激发为社会的进步、民族的振兴、为赶上时代的飞速发展而奋发学习的热情。

3. 帮助学生树立正确的自我概念，获得自我效能感

自我效能是指个体对自己是否有能力完成某一行为所进行的主观推测与判断。这一概念是美国著名心理学家班杜拉于20世纪70年代提出的。要培养中小学生的自我效能感应该从培养正确的自我概念入手，可以通过教学等活动创造条件使学生获得成功的体验，为学生树立成功的榜样。

4. 引导学生形成积极正确的归因

美国心理学家韦纳通过实证研究对行为结果的归因进行了系统探讨，发现人们倾向于将活动成败的原因即行为责任归结为六个因素，这六个因素可归为三个维度。见表8-1。

表8-1　韦纳成就动机的归因模式

成败归因	成败归因维度					
	内外源		稳定性		可控性	
	内部的	外部的	稳定的	不稳定的	可控的	不可控的
能力高低	√		√			√
努力程度	√			√	√	
工作难度		√	√			√
运气好坏		√		√		√
身心状况	√			√		√
外界环境		√		√		√

教师指导学生形成正确积极的归因，可以激发学生学习动机，相信成功与努力之间存在必然联系，学生就会更加积极努力，不容易产生无力感，让学生在各种活动中体验成功与快乐。

（二）学习动机的激发

1. 创设问题情境，培养学习兴趣

创设问题情境就是在教材内容和学生求知心理之间制造一种不协调，把学生引入一种与问题有关的情境的过程。这个过程也就是不协调——探究——深思——发现——解决问题的过程。"不协调"必须要有设疑，把需要解决的课题

有意识地、巧妙地寓于各种各样符合学生实际的知识基础之中，以便在他们心理上造成一种悬念，从而使学生的注意、记忆、思维凝聚在一起，以达到智力活动的最佳状态。当然，运用这种方法的实质，是造成学生认知失调，通过兴趣作用把学习活动变成学生自己的需要，旨在培养学生强烈的内在学习动机。

2. 提高教学水平，激发学习兴趣

激发学生学习动机的首要关键在于提供学习诱因。对于学生而言，最好的诱因是教师高超的教学手段。有人对大学一年级796名新生进行问卷调查（卢家楣，1988），"对于青年学生来说，最好的学习诱因是什么?"结果发现，最富激励作用的是"好的老师"，这里的"好的老师"，不仅仅是指教师的人品师德，更是指教师的教学水平。教学内容毕竟要通过教师的一定教学形式和方法为学生所接受，作为教学内容载体的教学形式和方法的艺术性便是激发学生学习动机的最有效的方法。运用这种方法的要点是提高教师的教学技巧，使教学活动尽可能的生动、有趣、富有吸引力。其实质是向学生提供学习的正诱因，旨在激发学生的近景性内在学习动机。

3. 设置合适目标，控制作业难度

当目标是学生自己设定，而不是他人设定的时候，学生通常会付出更多努力，教师要帮助学生设定一个既有一定难度，通过学生的努力又可以实现的目标，也就是苏联教育家维果茨基所倡导的"最近发展区"，让学生在实现目标的过程中找到成就感，从而激发学习动机。

4. 表达明确的期望，提供及时的反馈

教师把对学生的积极期望明确地传达给学生非常重要。

让学生及时了解自己的学习结果，看到自己学习成绩的进步和所学知识在生活和工作中的意义，对进一步激励学习动机有重要意义。学生知道自己的进度、成绩，可以提高学习的热情，增加努力的程度。同时，通过反馈的作用，又可看到自己的缺点和错误，激起上进心，及时改正。当然，这种方法要求教师在对学生学习成绩评定时要注意及时、公正，鼓励为主。

拓展学习

罗森塔尔效应

罗森塔尔效应也叫"皮格马利翁效应"或"期望效应"。

美国著名心理学家罗森塔尔和他的助手雅各布森来到一所小学，声称要进行一个"未来发展趋势测验"，并煞有介事地以赞赏的口吻，将一份"最有发展前途者"的名单交给了校长和相关教师，叮嘱他们务必要保密，以免影响实验的正确性。其实他撒了一个"权威性谎言"，因为名单上的学生根本就是随机挑选出来的。8个月后，奇迹出现了，凡是上了名单的学生，个个成绩都有了较大的进步，且各方面都很优秀。

罗森塔尔的这个实验是受希腊神话启发的，这个神话的大意是说，塞浦路斯国王皮格马利翁性情孤僻，为规避塞浦路斯妓女而一人独居。他善雕刻，孤寂中用象牙雕刻了一座表现他的理想中的女性的美女像，久久依伴，竟对自己的作品产生了爱慕之情。他祈求爱神阿佛罗狄忒赋予雕像以生命。阿佛罗狄忒为他的真诚爱情所感动，就使这座美女雕像活了起来。皮格马利翁遂称她为伽拉忒亚，并娶她为妻。在这个故事中，皮格马利翁的期待也是真诚的，没有这种真诚，自然无法打动爱神。

启示：赞美、信任和期待具有一种能量，它能改变人的行为，当一个人获得另一个人的信任、赞美时，他便感觉获得了社会支持，从而增强了自我价值，变得自信、自尊，获得一种积极向上的动力，并尽力达到对方的期待，以避免对方失望，从而维持这种社会支持的连续性。

5. 合理运用外部奖赏，适当地运用表扬与批评

外部奖赏主要指物质上的奖励，运用得当，将会促进学习动机的产生，运用不当会引起负面效果。只有当内部动机缺乏时，物质奖励才能起到激励作用。

正确的评价和适当的表扬与批评的作用，主要是对学生的学习活动予以肯定或否定的强化，从而巩固和发展正确的学习动机。一般来说，表扬、鼓励比批评、指责能更有效地激励学生积极的学习动机。因为前者能使人产生成就感，后者可能会挫伤学生的自信心和自尊心。进行有效的评价和适当的奖惩要注意：要使学生对评价有一个正确的态度，只有对分数持正确的观点，分数才能起积极的激发学习的作用；评价必须客观、公正、及时；评价要注意学生的年龄特征及性格特征，比如，对学龄初期的学生，教师的评价起的作用很大，对学龄中、晚期的学生，通过集体舆论来进行表扬或批评，可能效果更好，对自信差的学生应更多地给以鼓励，对过于自信的学生，应多提出要求，在表扬的同时还应指出其不足之处。

拓展学习

德西效应

心理学家爱德华·德西曾进行过一次著名的实验，他随机抽调一些学生去单独解一些有趣的智力难题。

在实验的第一阶段，抽调的全部学生在解题时都没有奖励；进入第二阶段，所有实验组的学生每完成一个难题后，就得到1美元的奖励，而无奖励组的学生仍像原来那样解题；第三阶段，在每个学生想做什么就做什么的自由休息时间，研究人员观察学生是否仍在做题，以此作为判断学生对解题兴趣的指标。

结果发现，无奖励组的学生比奖励组的学生花更多的休息时间去解题。这说明：奖励组对解题的兴趣衰减得快，而无奖励组在进入第三阶段后，仍对解题保持了较大的兴趣。

实验证明：当一个人进行一项愉快的活动时，给他提供奖励结果反而会减少这项活动对他内在的吸引力。这就是所谓的"德西效应"。

"德西效应"给教师以极大的启迪：当学生尚没有形成自发内在学习动机时，教师从外界给以激励刺激，以推动学生的学习活动，这种奖励是必要和有效的。但是，如果学习活动本身已经使学生感到很有兴趣，此时再给学生奖励不仅显得多此一举，还有可能适得其反。一味奖励会使学生把奖励看成学习的目的，导致学习目标的转移，而只专注于当前的名次和奖赏物。因此，作为教师，要特别注意正确使用奖励的方法而不滥用奖励，要避免"德西效应"。

6. 适当地开展学习竞赛

一般认为，竞赛是激发学生学习积极性和争取优良成绩的一种有效手段。因为在竞赛过程中，学生的好胜性动机和求成的需要会更加强烈，学习兴趣和克服困难的毅力会大大增强。然而，竞赛也有消极作用，过多的竞赛不仅会失去激励作用，还会造成紧张气氛，加重学生负担，有损学生身心健康。学习不好的学生可能还会出现自卑倾向。因此，为使竞赛能起到激发学生学习动机的作用，应注意以下几点：按能力分组竞赛，这样多数学生都有获胜的机会，即使失败，也不会灰心丧气，因为彼此差异不显著；按项目分组竞赛，比如，按音乐、手工、绘画、劳动、摄影等以及不同学科分别开展竞赛，使不同智力、不同兴趣、不同特长的学生都有施展自己才能的机会；鼓励学生自己与自己竞赛，自我激励。

心理自测

自我实现测量

对下面的陈述，按以下标准选择最符合你的分数。

1＝不同意　2＝比较不同意　3＝比较同意　4＝同意

1. 我不为自己的情绪特征感到丢脸。

2. 我觉得我必须做别人期望我做的事情。

3. 我相信人的本质是善良的、可信赖的。

4. 我觉得我可以对我所爱的人发脾气。

5. 别人应赞赏我做的事情。

6. 我不能接受自己的弱点。

7. 我能够赞许、喜欢他人。

8. 我害怕失败。

9. 我不愿意分析那些复杂问题并把它们简化。

10. 做一个自己想做的人比随大流好。

11. 在生活中，我没有明确地要为之献身的目标。

12. 我肆意表达我的情绪，不管后果怎样。

13. 我没有帮助别人的责任。

14. 我总是害怕自己不够完美。

15. 我被别人爱是因为我对别人付出了爱。

计分时，以下题目要反向计分：2、5、6、8、9、11、13、14（选择"1"计4分；选择"2"计3分；选择"3"计2分；选择"4"计1分）。把15道题的分数相加，和下面大学生常模进行比较。分数越高，说明在你人生的某一阶段，越有可能达到自我实现。

	平均分	标准差
男生	45.02	4.95
女生	46.07	4.79

思考与练习

1. 填空题：马斯洛需要层次论将人的需要由低到高依次分为_____、_____、_____、_____和_____五个层次。

2. 单选题：罗森塔尔效应说明，能对学生产生巨大影响的是（　　）。

A. 教师的人格特点　　　　　　　B. 教师的教学水平

C. 教师对学生的期望　　　　　　D. 教师的威信

3. 单选题：想治好病又怕做手术，属于一种（　　）动机冲突。

A. 双趋式　　　　B. 双避式　　　　C. 趋避式　　　　D. 多重趋避式

4. 判断题：心理学研究表明，动机强度与问题解决效果之间成 U 形关系。

5. 问答题：如何培养激发学生的学习动机？

阅读与欣赏

1. 心理电影：歌舞青春.

2. 心理电影：跳出新天地.

第九章　气质与性格

学习目标

1. 理解气质与性格的概念。
2. 掌握气质类型及特征。
3. 理解气质在实践中的意义。
4. 了解性格的类型及特征。
5. 掌握影响性格形成的因素及培养良好性格的方法。

俗话说"人心不同，各如其面"，世界上没有两个心理特征完全相同的人。在日常生活中，有的人活泼开朗、对人热情、善于交际，有的人沉默寡言、喜欢独处；有的人聪慧敏捷，有的人反应迟缓；有的人果断勇敢，有的人怯懦胆小；有的人勤劳诚实，有的人懒惰狡猾；有的人谦虚好学，有的人骄傲自满；等等。这些都属于人与人之间在气质与性格方面表现出的差异，它们调节着人的心理活动，对人的生活、工作、学习等方面具有重要的影响。

第一节　气　质

一、气质的概念

（一）什么是气质

气质（temperament）是指个体心理活动方面的比较稳定的动力特征。所谓心理活动的动力特征是指心理活动发生时的强度（如情绪体验的强弱等）、速度（如知觉的速度 、思维的速度等）、稳定性（如注意集中时间的长短）、指向性（心理活动倾向于外部事物还是内心世界）等方面的特点和差异组合。心理学上所讲的"气质"与我们日常所说的"脾气""禀性"意思相似，在现实生活中，我们很容易观察到，有的人脾气暴躁，有的人沉着冷静，有的人活泼开朗，有的人多愁善感；在行动上有的人反应敏捷、动作轻快，有的人反应迟钝，动作缓慢。心理活动的这些动力特征为个体的心理和行为染上了一种独特的色彩。

（二）气质的特点

1. 天赋性

气质在很大程度上是由遗传素质决定的，受人的生理特点制约，与高级神经活动的类型关系密切。刚刚出生的新生儿就表现出不同的气质特征，如有的大声啼哭、好动，有的则很安静、哭声较小，这是气质最原始、最纯真的表现。年龄越小，气质的原始表现越明显，气质的各种特征也越清楚，儿童的遗传素质越接近，气质的表现越相似。

2. 稳定性

正因为气质具有天赋性，所以气质在后天的社会实践中是不容易改变的。个体在不同场合会有大体相同的气质表现，如一个性情急躁的人，他会在学习、工作、生活各方面表现出他的沉不住气、迫不及待，也忍受不了别人的慢性子的特点；而慢性子的人无论在说话，还是动作等方面都表现出慢条斯理、不慌不忙的样子。俗语说"江山易改，禀性难移"，说明气质具有较强的稳定性。

3. 可塑性

尽管气质是个性结构中最稳定的部分，但也不是绝对不可改变的。实践证明，遗传对气质的影响有随人的年龄增长而减弱的趋势，而环境对人气质的影响有随着年龄增长而增大的趋势。我们经常会发现一个脾气暴躁的人，随着年龄的增长，在生活、工作条件和教育的影响下会变得越来越温和冷静，所以气质还具有可塑性的特点。

二、气质学说

（一）体液说

古希腊著名的医生希波克拉底早在公元前5世纪就提出了气质的学说，他认为人体内有四种液体：血液、黏液、黄胆汁、黑胆汁。血液生于心脏，黏液生于脑，黄胆汁生于肝，黑胆汁生于胃。他根据四种体液在人体内哪一种占优势而把气质分为四种类型：有些人易怒，是由于黄胆汁占优势，故称之为"胆汁质"；有些人热心，喜欢运动，是由于血液占优势，故称之为"多血质"；另一些人冷静，善于算计，是由于黏液占优势，故称之为"黏液质"；还有一些人容易忧郁悲伤，是由于黑胆汁占优势，故称之为"抑郁质"。

罗马医生盖伦（2世纪）在希波克拉底理论的基础上，首次使用了"气质"这个概念。体液说用体液来解释气质，并不符合现代生理学研究所揭示的事实，但是它把人的气质表现分为四种基本类型则比较切合实际，所以多数人都同意这种分类，其称谓也一直沿用至今。

（二）体型说

德国心理学家、精神病学家克瑞奇米尔根据对精神病患者的临床观察认为，人的身体结构与气质特征有一定关系。他把人的体型划分为三种类型：肥胖型、瘦长型和斗士型。肥胖型身体矮胖，圆肩阔腰，这类人活泼、乐观、好动，善交际，感情丰富，情绪不稳定。瘦长型高瘦纤弱，肌肉不发达，这类人敏感，孤僻，不善交际，害羞沉静，寡言多思。斗士型又称筋骨型，体格健壮，肌肉发达，这类人好斗、好胜，固执，反应较快，独立性强。克瑞奇米尔认为，人的身体结构与气质特点以及可能患的精神病种类有一定的关系，如肥胖型属躁郁性气质，易患躁狂抑郁症；瘦长型属分裂性气质，易患精神分裂症；斗士型属黏着性气质，易患癫痫症。其后美国心理学家谢尔顿也发表了类似的见解。这种以体型特征划分气质类型的理论，是以日常观察的片面材料为依据的，显然不具有很强的说服力。

（三）血型说

日本心理学家古川竹二在大量调查的基础上认为，希波克拉特的四种气质类型不是由胆汁和黏液决定，而是由血型决定的，他于1927年创立了血型气质说。根据血型把人的气质划分为A型、B型、AB型和O型四种。古川竹二认为A型血型的人内向，保守，不善交际，做事细心谨慎，责任心强，但不果断；B型血型的人外向，积极、活泼、敏捷，善于交际，兴趣广泛，好奇心强，易感情冲动，缺乏细心和毅力；AB型血型的人以A型为主，含有B型成分，常外表为B型，内在为A型；O型血型的人直爽，热情，胆大，有主见，意志坚强，自信，爱指挥别人，易得罪朋友。目前，许多学者认为凭人的血型来判断人的气质类型是没有科学根据的，血型说的最大缺陷就在于搞不清血型为什么能决定人的气质和性格，它们的内在联系是什么。气质与血型的关系问题是一个有争议和需要进一步研究的问题。

（四）高级神经活动类型说

俄国生理学家巴甫洛夫通过动物实验的研究发现，神经系统的高级神经活动具有三个基本特性，即兴奋过程与抑制过程的强度、平衡性和灵活性。兴奋过程与抑制过程的强度是指个体的神经细胞接受强烈刺激或持久工作的能力，它有强弱之分。平衡性是指个体的兴奋和抑制过程之间的力量是否相当，有平衡与不平衡之分，其中不平衡又可分为两种：兴奋过程占优势的不平衡和抑制过程占优势的不平衡。灵活性是指兴奋过程和抑制过程相互转化的速度，有灵活与不灵活之分。这三种特性与整个神经系统一样，执行着一种生物学功能，保持着机体与外界环境的协调与平衡。巴甫洛夫认为这三种特性的独特组合就形成了高级神经活动类型，其中四种典型的高级神经活动类型如下：

1. 强而不平衡的类型

兴奋过程占优势，条件反射的形成比消退来得更快，具有易兴奋，奔放不羁的特点，又称"不可遏制型"或"兴奋型"。

2. 强、平衡而灵活的类型

兴奋和抑制都较强，两种过程也容易转化，即条件反射形成或改变均很迅速，具有反应灵敏，外表活泼，能很快适应外界环境的特点，又称"活泼型"。

3. 强、平衡而不灵活的类型

兴奋和抑制都较强，但两种过程不容易转化，即条件反射容易形成而难于改变，具有坚毅、行动迟缓，很难适应快速变化的环境的特点，又称"安静型"。

4. 弱型

兴奋和抑制都很弱，而且弱的抑制过程占优势，难以形成条件反射，具有胆小、经不起打击，消极防御反应强的特点，又称"抑制型"。

巴甫洛夫认为，这四种典型的高级神经活动类型恰恰与古希腊希波克拉底提出的四种气质类型相对应，其关系见表9-1。

表 9-1 高级神经活动类型与气质类型

神经过程的基本特性			高级神经活动类型	气质类型
强度	平衡性	灵活性		
强	不平衡		兴奋型	胆汁质
强	平 衡	灵 活	活泼型	多血质
强	平 衡	不灵活	安静型	黏液质
弱	不平衡		抑制型	抑郁质

巴甫洛夫指出，高级神经活动类型和气质有所不同。高级神经活动类型是一种生理现象，气质是一种心理现象。高级神经活动类型是气质的生理基础，气质是高级神经活动类型的心理表现。现实中属于四种典型气质类型的人并不占多数，大多数人属于两种或三种类型的混合型。他认为，还应该有其他未知的神经系统特性和气质类型存在，只是人们还没有发现而已。巴甫洛夫关于神经系统的基本特性和气质类型的学说，为气质的生理机制勾画出了一个轮廓，他的研究也不断地为后来的研究者所证实。

三、气质类型

人们沿用古希腊医生希波克拉底的分法把气质分为胆汁质、多血质、黏液质和抑郁质四种类型。

(一)胆汁质

属于"兴奋而热情的人"。这种气质类型的人直率、热情、精力充沛，易冲动，脾气暴躁；做事勇敢果断，表里如一，但容易感情用事，刚愎自用。胆汁质的男生更多地表现为敏捷、热情、坚毅，情绪反应强烈而难以自制；女生则更多地表现为热情肯干、积极主动、思维敏捷、精力充沛，但容易感情用事，欠思量。

(二)多血质

属于"活泼而好动的人"。这种气质类型的人活泼、好动、敏感，反应迅速，很容易适应新的环境，善于交际，兴趣广泛但容易转移，情绪不够稳定，缺乏耐心和毅力。多血质的男生更多表现出敏捷好动，适应能力强，工作效率高，但易轻率行事，不愿做耐心细致和具有平凡性质的工作；女生则更多表现出热情活泼、富有朝气，但较任性，从事需要煞费苦心的工作时难以坚持到底。

(三)黏液质

属于"沉着而稳重的人"。这种人安静、稳重、反应缓慢、沉默寡言，情绪不易外露，但内心的情绪体验深刻，注意稳定但难于转移，善于忍耐，内刚外柔，办事稳当，但缺乏冒险精神及创新意识。黏液质的男生更多表现为沉着坚定，态度持重，善于忍耐，考虑问题细致而周到，但较为刻板；女生则更多表现为冷静稳健，埋头苦干，有较强的自我克制能力，但执拗，表情平淡，易因循守旧。

(四)抑郁质

属于"情感深厚而羞涩的人"。这种人容易胆小，孤僻，多愁善感，不善交际，遇事犹豫不决、优柔寡断，但细心、谨慎，情绪体验深刻、细腻而又持久，善于觉察出别人不易觉察的细节，对人能体贴入微。抑郁质的男生行为更多表现为孤僻、迟缓，遇到问题时容易惊慌失措，但善于观察，处事谨慎，情绪深刻持久，态度平稳坚定；女生则更多表现出迟疑、怯懦、柔弱、腼腆，多疑多思，多愁善感，但温柔稳重，情感体验细腻。

在日常生活中，我们可以看到不同气质类型的人在面对同样情境、同样事情时的态度及处理方式往往截然不同。丹麦漫画家皮特斯特鲁普所作的《一项帽子》形象地表现了不同气质类型的人对同一事物的反应，如图 9-1。

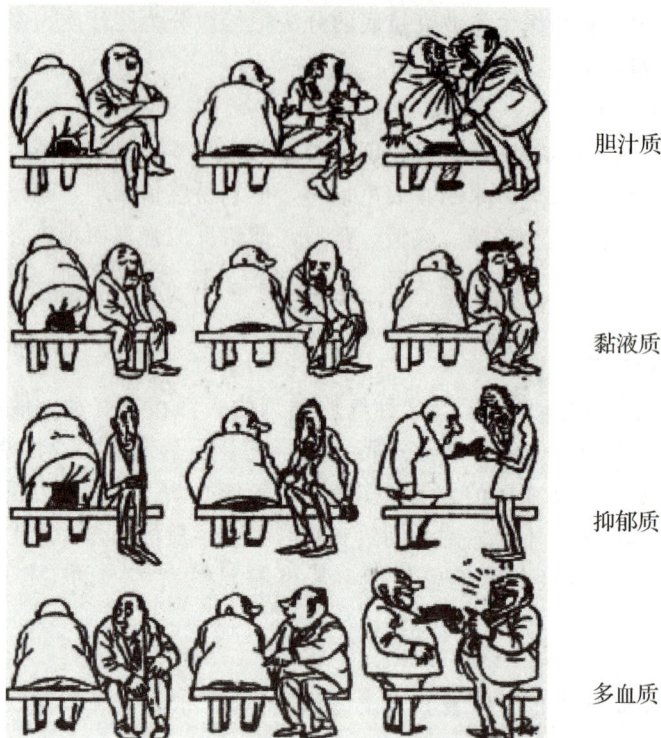

胆汁质

黏液质

抑郁质

多血质

一顶帽子（漫画）　　　　　　　　　[丹麦]皮特斯特鲁普 作

图 9-1　四种典型的气质类型的表现

当然，现实生活中单纯地属于这四种典型气质之一的人并不多，绝大多数人是四种气质的混合型或中间型，所以我们在判断人的气质时，不要简单地将某人划归为某一基本类型。

四、气质与实践

（一）气质没有好坏之分

气质本身无好坏之分，因为每一种气质类型都有其优点和缺点，也都存在着有利于形成某些积极的或消极品质的可能性。如在正确的教育影响下，胆汁质的人可能形成办事主动、意志坚强、有毅力、热情和有独创精神等特性，而在不良的环境影响下，他们可能出现缺乏自制、粗暴、急躁、易生气、爱激动等不良品质；黏液质的人在正确的教育影响下，容易形成勤勉，实干，坚毅等特性，而在不良的环境影响下，他们则可能发展为消极、迟钝、懈怠以及对人甚至对自己都漠不关心、冷淡顽固等不良品质。见表 9-2。

表 9-2　驾驶人的气质类型与安全行车的关系

气质类型	驾驶车辆时积极的一面	驾驶车辆时消极的一面
胆汁质	精力旺盛，不易疲劳，反应迅速敏捷	往往争强好胜，超速行车，强行超车，争道抢行，情绪急躁
多血质	动作迅速敏捷，胆大心细，机动灵活，对道路条件适应快，应变能力强	注意力易转移，感情易变化，耐久力较差
黏液质	小心谨慎，行动迟缓，遵章守纪，不急不躁，自制力强	遇突然情况应变力差，反应迟钝，固执呆板
抑郁质	观察细致，谨慎，敏感，能遵章守纪	处理情况犹豫不决，行动慢，遇危险心慌失意，面临险情时往往极度恐惧

（资料来源：中华人民共和国交通部．安全驾驶从这里开始）

(二)气质影响智力活动的方式和效率

气质的特点对心理活动的发生、进行和表现都产生着这样或那样的影响，如胆汁质的人精力旺盛，不易疲劳，能坚持长时间的紧张学习和工作；而抑郁质的人紧张学习、工作时间稍长就会感到疲乏，难以适应，需要及时休息以恢复体力和精力；多血质的人能很快适应变化的环境，工作、学习起来迅速、灵活；而黏液质的人则反应迟缓，学习、工作速度较慢，缺乏灵活性。

虽然气质影响着一个人智力的活动方式和效率，但气质只是给人们的心理活动或行为涂上了某种色彩，并不能决定一个人学习和工作的成就和社会价值。不同气质类型的人可以在同一实践领域中取得辉煌成就。例如，苏联心理学家经过分析认为，普希金属胆汁质，赫尔岑属多血质，克雷洛夫属黏液质，果戈理属抑郁质，他们都是大文学家。任何一种气质类型的人，既可能在学习、工作中取得突出的成就，成为某一领域的杰出代表，也可能成为碌碌无为，一事无成的人；既可能成为品行高尚、有益于社会的人，也可能成为道德败坏、有害于社会的人。

(三)气质是择业和选拔人才的依据之一

职业与气质有密切关系。研究和实践表明，某些气质特征往往为一个人从事某种工作提供了有利的条件。一般认为，黏液质和抑郁质的人容易适应持久、细致的工作，而胆汁质和多血质的人则难以适应；多血质和胆汁质的人容易适应迅速、灵活的工作，而黏液质、抑郁质的人则难以适应。所以从自己的气质出发选择职业，对自己、对工作都是有益处的。例如，胆汁质的人适合从事如导游员、推销员、节目主持人、演说家、勘探工作者等需要反应迅速、动作有力、应激性强、冒险性大、难度较高且费力的工作；多血质的人适合从事外交工作、管理工作、律师、新闻记者、演员、侦探等需要反应迅速、灵活的工作；黏液质的人适合从事自然科学研究、医生、法官、管理人员、会计等安静、有条不紊、思辨性较强的工作；抑郁质的人适合胜任校对、打字、化验、雕刻、刺绣、机要秘书等不需要过多与人打交道而又需要较强观察力、耐心、细致的工作。所以说，气质成了人们择业和选拔人才的依据之一。

（四）了解气质类型对教育工作的意义

首先，有助于教师认识自己，完善自己。在教学实践中，不同气质类型的教师在教学风格上会表现出很大的不同，气质是教师形成教学风格的心理基础。如胆汁质教师上课时情绪起伏较大、组织能力较强、自制力差、速度快但不细致；多血质教师上课表情丰富、有激情和感染力、灵活多变但缺乏耐心；黏液质的教师上课情绪稳定、条理清晰、但比较平淡刻板、缺乏教育机智；抑郁质教师上课沉稳持重、缺乏生动的表情、往往按部就班、速度慢、细致，但思维深刻、看问题较透彻。教师可以学会扬长避短、取长补短，使自己教学效果更佳。

其次，了解学生气质类型的特点，可以因材施教。每一种气质类型都存在向某些积极或消极品质发展的可能，作为教师要注意了解学生的气质类型，善于区分和正确对待学生的气质特征，从而发展其积极的品质而克服其消极的品质。教师在了解学生气质类型的基础上，就可以分别采取各种相适应的教育措施。例如，对待胆汁质的学生，宜采用"以柔克刚"和"热心肠冷处理"等有效方法，耐心启发，讲清道理，但不能激怒他们；对于多血质的学生，一定要"刚柔交替"，在他们满不在乎时，可进行具有说服力的严厉批评，在他们对错误能冷静对待时，要耐心帮助，做好巩固工作；对于黏液质的学生，教师应以满腔热情吸引他们参加集体活动，在进行教育时需要更加耐心，指出他们的缺点和错误时应给予更多的思考时间，千万不要以冷对冷或操之过急；对于抑郁质的学生，教师要给予更多的关怀和帮助，鼓励他们多参加集体活动，不宜在公开场合批评他们，应以侧面启发、鼓励为主。

最后，可以教育学生善于认识、控制自己的气质特点。一个人认识自己的气质特点，学会掌握和控制自己的气质，是形成健全人格的一个重要条件，教师应该帮助学生分析和认识自己气质特征中的长处和短处，教会学生经常有意识地控制自己气质的消极方面，发展积极方面，将有助于学生形成健全人格。

（五）了解气质类型对心理健康教育工作的意义

气质类型与心理问题有一定的相关性。大量的观察与研究表明，虽然每一种气质类型都有可能发生心理健康问题，但相对来说，神经过程强而不平衡的胆汁质和神经过程是弱型的抑郁质更容易发生问题，表现出一些病态倾向。愿望过强、紧张与劳累过度，往往会使胆汁质的人抑制过程更弱，兴奋过程更强，于是容易出现神经衰弱或出现过于狂暴、失控的现象。困难的任务、不顺的环境、社会的冲突与过多的挫折则可能使神经过程本来脆弱的抑郁质的人感到无法忍受，无所适从，容易转入慢性抑制状态，导致强烈的焦虑、忧郁、恐惧甚至绝望等心理问题。但必须指出，胆汁质和抑郁质绝不是病态气质类型。

对不同气质类型学生采用不同教育、管理、辅导策略，有助于学生保持身心健康。在教学实践中，教师应多关心这两种类型学生的情况和问题，采取科学的态度慎重对待他们。同时帮助这两种气质类型的学生进行自我调节，保持心理平衡，他们同样能够成为心理健康的人。

气质与实践的关系还表现在很多方面，例如，思想政治工作者必须了解对方的气质特点，采取相应的思想工作方式，才能有针对性地进行思想政治工作，取得更好的效果；在人事工作安排时，要考虑气质类型的有效组合，在两个人协同工作时，气质不同的人组合更有利于工作的开展。

第二节　性　格

一、性格的概念

（一）什么是性格

性格（character）是个体在对现实的态度及其相应的行为方式中表现出来的比较稳定而又具有核心意义的心理特征。在现实生活中，我们常说某人勤奋、正直、谦虚、诚实，某人懒惰、狡诈、自负、虚伪；某人自私自利，某人慷慨大方等，这就是我们心理学上所要研究的人的性格特征。

（二）性格的特征

性格作为个性心理的最重要的心理特征，它的特殊性主要表现在以下几个方面。

1. 性格是表现在个人对现实的态度和行为方式中的一种倾向

恩格斯说："人物的性格不仅表现在他做什么，而且表现在他怎样做。""做什么"反映了人的活动动机和对现实的态度，"怎样做"反映了人的行为方式。如一个人他在学习上对自己要求严格、认真、严谨，在生活中经常帮助别人，严格要求自己，我们就可以说他具有严于律己，宽以待人的性格特征，它是在一个人如何对待社会、对待工作、对人、对己的态度和如何采取行动中所体现出来的某种共同的倾向。

2. 性格具有稳定性和可变性倾向

性格是个体在后天的生活实践中逐渐形成的，是长期塑造的结果。个体一旦形成了某种性格，便会时时处处都表现出统一的态度或行为方式，因此性格具有稳定性的特点。如一个吝啬的人，他会处处表现出斤斤计较；一个鲁莽的人，他做事也总是会不计后果。但一个人由于某种原因而出现的一种偶然的态度或举动并不一定是他性格特征的标志。例如，一个勇敢的人偶尔也会出现震惊或害怕，但不能因此就说他是个胆小鬼；一个畏首畏尾、顺从的人在被激怒的情况下也可能一反常态地做出冒险的行为，我们也不能因此认为他具有勇敢的性格特征。由于性格具有稳定性的特点，我们如果了解一个人的性格特征，就可以预料他在什么情况下会表现出什么样的态度和行为。例如，在"空城计"中，由于诸葛亮了解司马懿具有多疑、优柔寡断的性格特征，才会设空城以等援兵，并取得成功。当然，由于性格是在后天形成的，性格也不是不可改变的，在特定的情境要求下，人也会逐渐改变自己原有的性格特征，而形成新的性格特征。例如，一个性格怯懦、胆小怕事的人，由于生活的锻炼，会变得越来越自信、胆大起来；一个活泼开朗、学习进步的孩子，可能会因为家庭生活的变故而变得沉默寡言、学习落后。

3. 性格是具有核心意义的心理特征

个性差异主要不是表现在气质、能力的差异上，而是表现在性格的差异上。如果说一个人能力有大小，各种气质类型都可能成为德才兼备者，而性格则往往标示着一个人的为人方向，它是有好坏之分的。因为性格是在后天生活中逐渐形成的，一个人对现实稳定的态度和习惯化的行为方式往往与他的人生观、价值观和世界观相联，具有明显的社会价值。因此，凡是有助于社会进步，符合大多数人利益的特征都属于好的性格特征，反之则属于不好的性格特征。比如，诚实、善良、勤劳、节俭等对社会有积极作用，是优良的性格特征；而虚伪、残忍、奢侈、懒散等性格对社会有消极作用，是不良的性格特征。

另外，性格的核心意义还表现在它对能力、气质的影响上。性格决定着能力的发展方向。一个品德高尚的人，能力越强对社会的贡献越多；一个心术不正的人，能力越强对社会的危害越大。性格也可以影响气质。一个外科医生应具有仔细、耐心、冷静的性格特征，胆汁质的人在其职业化的过程中，会逐渐抑制或改变原本的冲动、粗心、急躁等气质特征。

拓展学习

对症锻炼祛心病

科学研究表明：适度的体育锻炼可弥补心理缺陷。以下是针对不同性格的人采取的锻炼方法：急躁、易怒、感情冲动者，应多参加下棋、太极拳、慢跑、游泳、射击等缓慢、持久的项目；遇事紧张者，可参加竞争激烈的足球、篮球、排球等运动，沉着应付，取得优势；腼腆、胆怯、易难为情者，应多参加游泳、滑雪、举重、单双杠、平衡木等活动；孤独、怪癖者，可选择足球、接力跑等集体项目，以增进配合、交往；自负、爱逞强者，可多参加难度较大、动作复杂的运动，如跳水、体操、马拉松等，也可找水平超过自己的对手下棋、打乒乓球等来提醒自己山外有山。

二、性格的结构

性格有着复杂的、多侧面、多层次的心理结构，它包含有各种不同的性格特征。由于这些性格特征在不同人身上的组合情况及表现形式都各不相同，从而形成了人千差万别的性格。正如没有两片完全相同的树叶一样，也没有性格完全相同的两个人。

一般来讲，心理学从以下四个方面来分析和研究性格的结构。

（一）性格的态度特征

性格的态度特征是指表现在人对客观现实稳固的态度方面的特征，是性格结构中最主要的组成部分，也是性格最直接的表现，其他方面的特征在不同程度上都要受到它的影响。性格的态度特征包括三方面的内容。

1. 表现在对社会、集体、他人的态度上的性格特征

如是爱祖国、爱集体，以国家、集体的利益和荣誉为重，还是对国家、集体的利益和荣誉漠不关心；是正直无私，还是虚伪狡诈、自私自利；是为人热情、富有同情心，还是对人粗暴傲慢、冷酷无情，等等。

2. 表现在对劳动、工作、学习的态度上的性格特征

如是勤奋还是懒惰，是认真还是马虎，是耐心细致还是粗心大意，是精益求精还是潦草从事，是敢于创新还是墨守成规，是遵守纪律还是自由散漫，

等等。

3. 表现在对自己的态度上的性格特征

如是谦虚、自信，还是骄傲、自负；是自尊、自强，还是自轻、自贱；是开朗、大方，还是拘谨、羞怯；等等。

（二）性格的理智特征

性格的理智特征是指表现在人的感知、记忆、思维、想象等认知方面的特征。在感知方面，性格的理智特征主要表现为被动感知型和主动观察型，前者易受外界环境刺激的干扰和暗示，后者则不易受外界环境刺激的干扰，能根据自己的目的、任务和兴趣，主动积极地进行观察和判断；此外还表现为详细分析型（特别注意细节）和概括型（注意事物的整体和轮廓）、快速型（观察迅速，但不深入、不持久）和精确型（观察敏锐而细致）。在记忆、想象方面也同样存在主动和被动之分，而思维则有分析型、综合型、独创型、常规型等之分。

（三）性格的情绪特征

情绪影响着人的行为，在此之中表现出的一些经常的、稳定的特征，就构成了一个人性格的情绪特征。性格的情绪特征包括四个方面的内容。

1. 情绪强度方面的性格特征

它表现为一个人受情绪感染和支配的程度以及情绪受意志控制的程度。如有的人情绪反应一经出现就非常强烈、冲动，难以用意志加以控制；有的人情绪体验则比较微弱，对工作、生活和自身的影响也比较小，易于控制和调节。

2. 情绪稳定性方面的性格特征

它表现为一个人情绪的起伏和波动的程度。有的人情绪易激动，甚至一些琐碎小事也能引起强烈的情绪反应，情绪波动幅度大；而有的人则情绪比较稳定，波动幅度小，不容易为一般情境引起强烈的情绪反应。

3. 情绪持久性方面的性格特征

它表现为情绪在个体身上保持时间的长短。有的人情绪活动持续的时间比较长，对工作、生活和自身都有较深、较长的影响；有的人情绪活动持续的时间短，忽冷忽热，甚至转瞬即逝。

4. 主导心境方面的性格特征

它是指不同的主导心境在一个人身上稳定表现的程度。如有的人经常情绪高涨，乐观开朗，有的人则郁郁寡欢，悲观消沉。

（四）性格的意志特征

性格的意志特征是表现在个人自觉调节、控制自己行为方式和水平方面的特征。具体包括以下几个方面。

1. 表现在对行为目标明确程度方面的性格特征

如对行为目标是否明确，是否独立、有主见，不受暗示，是否有组织、有纪律，等等。

2. 表现在对行为自觉控制水平方面的性格特征

如行为是主动还是被动，是自制力强还是自制力弱，等等。

3. 表现在紧急或困难条件下的性格特征

如是沉着、镇定，还是惊慌失措；是勇敢、顽强，还是软弱、怯懦；是迅速、果断，还是优柔寡断；等等。

4. 表现在对已做出的决定贯彻执行方面的性格特征

如是严肃认真，还是轻率马虎；是持之以恒、有始有终，还是虎头蛇尾、半途而废；等等。

三、性格与气质的关系

性格与气质的关系非常密切，彼此间既有区别又有联系。

（一）区别

第一，气质是先天获得的，性格是后天形成的。气质主要是先天获得的，更多地受人的高级神经活动类型的影响，可塑性小，较难改变；性格主要是后天形成的，更多地受社会生活条件的制约，可塑性大，较易改变。

第二，气质无好坏之分，而性格则有好坏之分。

第三，气质与性格表现的范围不同。气质表现的范围窄，局限于心理活动的强度、速度等方面的特征，仅影响人的行动方式和效率；而性格表现的范围广，不仅影响人的行动方式和效率，还能影响人的行动的方向和内容，几乎囊括了人的社会心理特点。

第四，同种气质类型的人可以形成不同的性格特征。如同是胆汁质的人，有的自信，有的自负，有的自卑，有的慷慨，有的吝啬等；而不同气质类型的人也可以形成同一的性格特征，如勤劳、善良、正直、诚实等。

（二）联系

性格与气质又是密切联系的，二者相互渗透、相互影响。主要表现在以下几个方面。

1. 气质影响着性格的形成与发展

某一种气质类型会比另一种气质类型更容易促使个体形成某种性格特征。如黏液质和抑郁质的人比胆汁质的人更容易形成自制力。

2. 不同气质类型的人即使形成了同一种性格特征，也还会保留有各自的气质色彩

例如，四种气质类型的人都形成了乐于助人的性格特征，但他们的表现会因为气质的影响而各不相同：胆汁质的人常常是满腔热情、急切豪爽、不考虑后果地去助人；多血质的人往往是兴高采烈、能说会道、利落地去助人；黏液质的人则是不动声色、从容不迫、讲求方式地去助人；抑郁质的人往往是先同情，然后带着怜悯之心去默默地帮助人。

3. 性格也可以在一定程度上掩盖和改造气质

如一个人一旦形成了沉着的性格特征，就有可能改造胆汁质行为冲动、不可遏止的气质特点。

四、性格类型

性格类型是指在一类人身上所共有的性格特征的独特结合。长期以来，心理学家试图按一定标准对性格进行分类，但由于心理学家的理论观点不同以及人的性格的复杂性，所以至今还没有找到一个公认的、统一的分类标准。下面介绍几种心理学界有代表性的性格类型。

(一)从心理机能上来划分性格类型

英国心理学家培因(A. Bain)和法国心理学家瑞波(T. A. Ribot)等人依据理智、情绪、意志三种心理机能何种占优势，将人的性格分为理智型、情绪型和意志型三大类。理智型的人通常用理智来衡量一切，并用理智来支配自己的行动。他们观察事物认真仔细，思维活动占优势，很少受情绪波动的影响。情绪型的人，内心情绪体验深刻，外部表露明显，情绪不稳定，言行举止受情绪支配，遇事不善思考，易感情用事。意志型的人，有较明确的活动目标，办事积极主动，勇敢坚定，自制力强，但有的人可能会显得固执、任性或轻率、鲁莽。除了上述三种典型的类型外，还有一些中间的类型，如理智—意志型，情绪—意志型等。

(二)从心理活动倾向来划分性格类型

按照个体心理活动是倾向于外部世界，还是倾向于内部世界，可以把人的性格分为内向型和外向型。这种划分最早是由瑞士的精神分析心理学家荣格于1913年提出的。内向型的人，心理活动指向于内部世界，一般表现为安静、敏感、爱思考、富于想象；办事可靠，但容易瞻前顾后、小心谨慎；不善交往，往往对人有所保留或保持一定距离；反应缓慢，适应环境较困难。外向型的人，心理活动指向于外部世界，所以他们喜欢热闹、爱好交际；为人坦率、

热情、随和；情绪外露，不善思考，易感情用事；反应迅速、容易适应环境的变化。在现实生活中，典型的内向或外向型性格的人是很少的，大多数人是介于内向和外向之间的中间型，兼有内向和外向的特点。

根据最新理论，人的性格是内向还是外向，取决于人对刺激的敏感性。例如，有人喜欢选择安静、独处的环境复习功课，而有人则喜欢戴着耳机，嘴里哼着歌学习，前者很可能是内向型的人，后者可能是外向型的人。这是因为内向型的人对刺激更敏感，在喧闹的地方他们常常会被各种事情所干扰而很难进入学习状态；但是外向型的人对刺激具有较低的敏感性，如果他们受到的刺激太少，则可能会觉得安静的环境令人厌烦而难以把注意力集中到学习上，所以内向型的人喜欢安静，外向型的人喜欢热闹。

（三）从个体独立性程度来划分性格类型

按照个体活动的独立性程度，把人的性格分为独立型和顺从型两种，这是西方比较流行的一种分类方法。

独立型的人具有坚定的信念，自信心强，不易受次要因素的干扰；善于独立思考，独立地发现问题和解决问题；在紧急或困难情况下能沉着冷静，易于发挥自己的力量。但独立型的人有时可能会武断行事，把自己的意志强加于人。

顺从型的人独立性差，做事缺乏主见，易受暗示，常不加批判地接受他人意见；应激能力差，在紧急情况下常表现为束手无策或惊慌失措。

（四）从行为方式上来划分性格类型

根据人们在行为中是否充满竞争意识、是否有时间紧迫感等特点，把人的性格分为 A 型性格和 B 型性格。

A 型性格的人有强烈的时间紧迫感，总想争分夺秒地工作、学习以争取更多的时间，致使生活常处于紧张状态当中。这类人上进心强，有竞争性，心中常常充满着成功的理想，对他们来说，告诉他们有竞争对手比给他们奖金、奖状更有效。A 型性格的人缺乏耐心，常对人怀有戒心或敌意，更容易产生攻击性行为。

与 A 型性格的人形成鲜明对照的是 B 型性格的人，这类人心境平和，喜欢不紧张的工作，喜欢过悠闲、自在的生活。他们为人处事注意分寸，平时不愿在小事上与人一争高下，有耐心，没有时间紧迫感。

A 型性格和 B 型性格最初是由美国两位医生弗雷德曼（Friendman）和罗胜曼（Roseman）通过研究了人类行为以后提出的概念。他们发现，A 型性格的人更容易得高血压、冠心病等心血管疾病，也是腰背痛、焦虑的致病因素。有研究表明，A 型性格的人冠心病的发病率是 B 型性格的两倍多，而心肌梗死的复发率为 B 型性格的五倍。

在 A 型性格和 B 型性格的基础上，人们又提出了 C 型性格。C 型性格的人顺从忍耐，在行为上表现出与别人过分合作，体验较多的抑郁、不满；过分压抑负面情绪，常有不安全感；情绪常常起伏不定，易焦虑紧张。研究发现，C 型性格的人易患癌症。

(五)从社会形态来划分性格类型

美国心理学家霍兰德(J. L. Holland)根据社会形态的不同，把性格分为六种类型，即现实型、研究型、社会型、企业型、艺术型和常规型。他在研究中发现六种性格类型对职业选择有很大影响，当性格特征与职业特征相匹配时，人会表现出最大的积极性，其优势会得到充分发挥。见表 9-3。

表 9-3　霍兰德的性格类型划分及其匹配的职业

性格类型	性格特征	相匹配的职业
现实型	重视物质、实际利益，遵守规则，不爱社交，缺乏洞察力，喜欢有规律的具体劳动和需要基本技能的工作	制图员、修理工、电工、农民等
研究型	好奇心强，重分析，好内省，比较慎重，喜欢从事有观察、有科学分析的创造性活动	数学、物理等自然科学工作者、天文观测员、计算机编程员等
社会型	乐于助人，注重友谊，责任感强，喜欢社交，善于合作，关心社会问题，对教育活动感兴趣	社会学家、社会工作者、护士、教师和教授等
企业型	支配性强，富有冒险精神，自信、精力旺盛，爱抒发个人见解，喜欢担任组织、领导工作	董事长、经理、营业部主任、推销员等
艺术型	想象力丰富，热情冲动，富于创造性，喜欢从事非系统化的、自由度大的活动	作家、艺术家、雕刻家、音乐家、乐队指挥、编辑、评论家等
常规型	友好、务实，保守，自制力强，想象力差，喜欢稳定、有秩序的环境，愿意从事有条理的工作	办事员、打字员、资料管理员、会计、出纳、秘书、接待员等

另外，霍兰德还研究了各种性格之间的关系，发现每一种性格类型都有两种与之相近的性格类型，即一个人也能适应这两种相似类型的工作；每一种性格类型又都有两种与之保持中性关系的性格类型；此外，每一种性格类型还都有一种与之相斥的性格类型。见表 9-4。

表 9-4 霍兰德的性格类型关系

关系 性格类型	相　近	中　性	相　斥
现实型	研究型　常规型	艺术型　企业型	社会型
研究型	艺术型　现实型	常规型　社会型	企业型
社会型	艺术型　企业型	常规型　研究型	现实型
企业型	社会型　常规型	现实型　艺术型	研究型
艺术型	研究型　社会型	企业型　现实型	常规型
常规型	现实型　企业型	社会型　研究型	艺术型

霍兰德的性格类型及其与职业类型相匹配的理论，已被人们普遍接受，并被广泛地应用。尤其在现代的职业选拔中，成了一种重要的心理学依据。

五、影响性格形成的因素

性格是一个十分复杂的心理结构，一个人的性格是在其遗传素质的基础上，通过主体与后天环境的相互作用而逐渐形成和发展起来的。

（一）遗传因素

生物遗传因素影响着性格，心理学家通常用双生子研究法来研究遗传对于性格的影响。在明尼苏达大学关于分开抚养双生子的研究中，发现双生子在性格上有着惊人的相似，其中成长背景最不相同的双生子要属奥斯卡·斯托尔和杰克·伊弗。

奥斯卡·斯托尔和杰克·伊弗出生在玻利维亚东北部城市特立尼达，父亲是犹太人，母亲是德国人。刚出生母亲就把奥斯卡带到德国由外婆抚养，杰克由犹太人父亲在以色列集体农场抚养长大。这对双生子自出生起就被分开，31岁初次见面，但他们在兴趣和生活习惯等方面非常相像：都留有短鬓，戴金丝边眼睛，喜欢吃辣的食物、喝甜酒，喜欢把涂了黄油的土司放在咖啡里，甚至乘电梯时都会打喷嚏等。

人的高级神经活动类型在性格的形成中也有一定的作用，作为高级神经活动类型的心理表现，人的气质影响着性格特征的外部表现。例如，在不利的条件下，抑郁质的人比胆汁质的人更容易成为懦夫，而在顺利的条件下，胆汁质的人比抑郁质的人更容易成为勇士。

生理成熟也影响着性格的形成。一般情况，早熟者的性格特征表现为遵守社会准则，责任感强，容易理解别人，善于处理人际关系；而生理成熟晚的人不太遵守社会准则，易感情用事，责任感差。

可见遗传因素影响着性格的形成，它为性格的形成和发展提供了前提和可能性，但要想使之成为现实性，起决定作用的还是后天的环境和教育。

（二）家庭教育

家庭是社会的细胞，是儿童最早接触的社会环境，社会对儿童的影响，首先是在家庭中实现的。家庭是性格的摇篮，父母是儿童的第一位老师，而且也是子女一生的老师，俗话说："有其父必有其子"，其中不无一定的道理。父母按照自己的意愿和方式教育孩子，孩子的性格就是在与父母持续相互作用中逐渐形成的。

拓展学习

家庭教育与性格的形成

美国教育学博士珍妮特·沃斯和新西兰资深记者戈登·德莱顿在《学习的革命》一书中说：

如果一个孩子生活在鼓励之中，他就会学会自信；

如果一个孩子生活在忍耐之中，他就会学会耐心；

如果一个孩子生活在宽容之中，他就会学会忍让；

如果一个孩子生活在表扬之中，他就会学会感激；

如果一个孩子生活在真诚之中，他就会学会友好；

如果一个孩子生活在支持之中，他就会学会信任；

如果一个孩子生活在接受之中，他就会学会爱；

如果一个孩子生活在和蔼之中，他就会学会友善；

如果一个孩子生活在认可之中，他就会学会自爱；

如果一个孩子生活在温暖之中，他就会学会关心；

如果一个孩子生活在承认之中，他就会学会要有一个目标；

如果一个孩子生活在艰苦之中，他就会学会奋斗；

如果一个孩子生活在分享之中，他就会学会慷慨；

如果一个孩子生活在公平之中，他就会学会正义；

如果一个孩子生活在诚实和正直之中，他就会学会什么是真理和公正；

如果一个孩子生活在安全之中，他就会学会相信自己周围的人；

如果一个孩子生活在友爱之中，他就会学会热爱生活。

父母对子女采取的教育态度、教育方式不同，对儿童性格的影响是不一样的。研究者一般把家庭的教育方式分为三种类型。

1. 权威、支配型的教育方式

采用这种方式的父母在子女教育中，表现得过于支配，限制孩子的言行，孩子必须要按父母的认识和意愿去行事，一旦孩子不能如期所愿，就可能对孩子冷嘲热讽，甚至会打骂惩罚，这些都会使孩子的性格发展受到严重压抑，容易产生消极、被动、依赖、服从、懦弱、思想被禁锢、缺乏自信，甚至会形成不诚实的性格特征。

2. 溺爱、放纵型的教育方式

采用这种方式的父母表现为对孩子百依百顺，过分娇惯宠爱，让孩子随心所欲。我国在20世纪90年代初出现了一个新的名词叫"四二一综合征"，"四二一"是指现在独生子女的家庭构成：祖父、祖母、外祖父、外祖母和父母，再加上一根独苗的金字塔型的结构，这种家庭环境中的孩子很容易受到溺爱，父母对孩子的教育有时达到失控的状态。在溺爱、放任型的家庭环境中成长的孩子容易形成任性、幼稚、自私、懒惰、蛮横无理、自理能力差、缺乏独立性等特征。

3. 民主、理解型的教育方式

采用这种教育方式的父母与孩子在家庭中能处于一种平等和谐的氛围当中，父母尊重孩子，给孩子一定的自主权，父母在满足孩子合理需要的同时，也对其进行一定程度的指导与限制。有人曾对北京大学、清华大学的60多名高考状元做过调查，结果发现，几乎所有的状元家长都属于此种类型。父母的这种教育方式给孩子的心理和性格的发展提供了广阔的空间，容易使孩子形成活泼、快乐、谦逊有礼、待人亲切、诚恳、善于交往、独立性强等积极的性格特征。

此外，父母教育的能力水平、父母自身的性格特征以及家庭成员之间的关系等都对性格的形成产生着重要的影响。如在和睦友爱的家庭中成长的孩子往往容易形成谦虚、有礼貌、随和、诚恳等特征；而父母经常吵闹打骂，则容易使孩子形成胆小、孤僻、冷漠或粗暴、蛮横等特征。

(三)学校教育

儿童在入学之前,主要生活在家庭当中,家庭教育对儿童人格的形成起着至关重要的作用。但儿童进入学龄期后,学校的影响将取代家庭而上升到首要地位,成为影响儿童性格发展的最重要因素。

学校是通过各种活动有目的有计划地向学生施加教育的场所,学生在学校中不仅学习、掌握一定的文化科学知识,还接受一定的政治教育和道德教育,学习为人处世的方法,逐渐形成价值观和世界观,从而影响着性格的形成与发展。

学校的基本组织形式是班集体,班集体的规范、舆论、凝聚力等对学生的行为有重要作用,对人格的形成有着特殊意义。一个具有积极向上的良好班风的班集体,必然会促使其成员奋发上进、不甘落后,从而使儿童容易形成自信、自制、积极乐观、团结友爱的性格特征。

再者,教师是学生学习和模仿的榜样,教师的性格特征及其管教风格都会潜移默化地影响着学生性格的形成与发展。如果教师对工作认真负责、谦虚和善、自信乐观、办事民主,那么学生的情绪稳定、对人态度友好、学习工作积极进取;如果教师骄傲自大、对学生严厉粗暴、遇事专制,那么学生的情绪就容易比较紧张、易焦虑、感情淡漠或行动带有攻击性。教师的公平公正性对学生也有着至关重要的影响。一项有关教师公正性对中学生学业与品德发展的研究结果表明,学生极为看重教师对他们是否公正、公平,教师的不公正表现会导致中学生的学业成绩和道德品质的降低。心理学家勒温等人研究了不同管教风格对学生性格的影响作用。他们发现在专制型、放任型和民主型的管教风格下,学生表现出不同的性格特点。见表9-5。

表9-5 教师管教风格对学生言行的影响

教师管教风格	学生言行特征
专制型	作业效率提高,对领导依赖性加强,缺乏自主行动,但常有不满情绪
放任型	作业效率低,任性,经常发生失败和挫折现象
民主型	完成作业的目标是一贯的,行动积极主动,很少表现出不满情绪

总之,学校教育对学生性格的形成与发展的影响作用是不容忽视的,学校是性格社会化的主要场所,教师对学生性格的发展具有指导、定向的作用。

(四)社会文化因素

人都是在某种文化、社会和特定的经济地位中成长起来的,社会文化因素塑造着社会成员的性格特征，它使其成员的性格结构朝着相似性的方向发展，从而使每个人都能融入整个的社会文化环境当中，为其他人所理解和接受；反之，如果一个人极端地偏离了一定的社会文化所要求的性格特征，他就可能被其他人视为异类或患有心理疾病。

社会文化对性格的塑造作用还表现在不同的历史文化、不同的时代、不同的民族、不同的社会制度中的人，其性格也各有特点。例如，米德(Mead)等人研究了居住在新几内亚的三个民族的人格特征，结果表明，他们都具有本民族所固有的性格特征。

研究显示，居住在山丘地带的阿拉比修族，崇尚男女平等的生活原则，男女在家庭中都要照顾孩子，都要负担家务，无论男女老幼，都互助友爱，团结协作，不欺负别人，不争强好胜，大家都有安全感，表现得都很亲切、温和。居住在河川地带的孟都古母族，以狩猎为生，男女之间有权力与地位之争，对孩子处罚严厉，这个民族的成员表现出攻击性强，残酷、好嫉妒、粗暴、自大等特征。居住在湖泊地带的张布里族，男女两性所扮演的角色有明显划分。女性是一家之主，主持生产劳动，掌握着经济实权；男性则处于从属地位，其主要活动是美术、工艺和祭祀，整日学舞蹈、装饰和吹笛求爱以取悦女人；母亲对子女除了哺乳和身体保护外，很少接触他们，孩子从1岁起就由父亲承担孩子的养育责任。这样的社会分工使女人表现出刚毅、支配、活泼、快乐的特点，而男人则有明显的自卑感，依赖感强，无主见。

社会文化因素对学生性格的影响主要是通过社会风尚、大众传媒等实现的，如电脑、电视、电影、报纸杂志、网络等。目前，电视、网络对儿童性格的影响相对更为显著。社会风气的好坏更能直接影响学生性格的形成。如在向雷锋同志学习，做好事不留名的社会风气下，孩子容易养成善良、热情、坦率的性格；在一切向钱看的社会氛围中，人会容易形成自私、冷漠、猜忌等性格特征。

（五）自我教育

一个人在性格的形成和发展过程中，并不是消极、被动地接受家庭、学校、社会对自己的影响，而是有分析、有选择地接受或抵制外部因素的影响，把所接受与领会的外部的社会要求，逐步转变为自己的内部需要，从而形成和发展自己的性格。例如，同样的生活环境和教育，不同的人可能会形成不同的特征，可能是积极的也可能是消极的。因此，从这个意义上来讲，每个人都在塑造着自己。特别是随着学生年龄的增长，自我意识水平的不断提高，他们具备一定的自我教育能力后，会主动地了解自己、分析自己，自觉地扬长避短，调节、控制自己的性格结构及其发展，不断塑造自己完美的性格。

六、良好性格的培养

(一)树立正确的人生观、世界观和价值观

人的性格归根结底还是受人生观、世界观和价值观的制约与调节。一个人如果有了坚定的人生目标与生活信念，性格自然就会受到熏陶，就容易形成积极的生活态度和行为方式，表现出乐观、坦荡、自信等良好的性格特征。反之，如果失去了人生目标和生活的勇气，性格也会变得孤僻、冷漠和古怪。因此要培养学生良好的性格特征，学校就必须利用各种形式开展教育，使学生形成正确的人生观、世界观和价值观，树立正确的人生目标。

(二)注重家长、教师言传身教的作用

家长和教师应该给学生树立良好的榜样。有研究表明，学生模仿最多的是自己的家长、老师和同学。孔子曰："其身正，不令而行；其身不正，虽令不从。"家长和教师的言行对学生性格的影响是通过潜移默化的形式实现的，尤其儿童入学后，教师对学生的影响大大超过父母对孩子的影响，成为学生模仿和学习的主要对象。在性格培养的过程中应该遵循"身教重于言教"的教育原则，家长和教师应该不断严格要求自己，提高自身修养，成为德才兼备和具有良好性格特征的人。

(三)建立良好的班风、校风，充分发挥集体的作用

在学校教育因素中对学生性格的形成与发展影响最大的可以说是班集体。从某种意义上来说，班集体就是一个微型社会，集体中的每个成员都有不同的思想、志趣、性格特征，都带有不同家庭教育的印记。教学实践证明，良好的班集体会使学生形成团结友爱、大公无私、合作奉献的性格特征。学校、班级是学生长时间学习、生活的场所，校风、班风的好坏直接影响着每一个学生的性格的发展与完善。因此，学校、班级应该建设成为宽松和谐、民主平等、蓬勃向上、富有生机的教育环境，应该增强我国传统文化意识，渲染文化氛围，从而对学生起到潜移默化，耳濡目染的影响。

(四)提供实践锻炼机会，养成良好的行为习惯

性格是在后天各种实践活动中逐步形成的，通过具体的实践活动的锻炼也可以使性格不断地发展、完善。学校里的实践活动包括学习活动、体育活动、科技活动、各种形式的劳动以及有组织进行的社会性服务，在这些实践活动中，可以锻炼他们勤奋、认真、守纪律、坚强、勇敢等良好的性格特征。同时，在这些实践活动中还要注重养成学生良好的行为习惯。美国心理学家威

廉·詹姆士说过："播下一个行为，收获一种习惯；播下一种习惯，收获一种性格；播下一种性格，收获一种命运。"

（五）根据性格特点因材施教，个别指导

学生性格的培养受他们已有的个性特点的影响，因此，性格教育必须针对学生不同的个性特点因材施教，个别指导。例如，对于"吃硬不吃软"的淘气学生，教师不能过于迁就或温存；对于"吃软不吃硬"的犟学生，则尽量在教育中心平气和、避免顶牛；对于特别自卑或自暴自弃的学生，教师不能过多地苛责，而应通过启发、暗示、表扬等方法给予鼓励，使他们看到自己的优点以增强自信心；对于自尊心强或自高自大的学生，不能一味夸奖，但批评时也要顾及情面，留有余地，使其认识到自己的不足，逐步养成谦虚谨慎、戒骄戒躁的良好性格。

（六）鼓励学生自我教育

自我教育在性格形成与发展中是由被动变自觉的过程。良好性格的形成应是主客观因素共同起作用的结果，而内在的主观能动性则起着决定性的作用。可以说，没有自我教育，也就没有性格的培养，自我教育是形成和培养学生良好性格的重要条件。因此，教师要鼓励并指导学生认识自己性格的优缺点，提供性格自我修养的素材，制订性格自我锻炼的计划和方法，充分发挥意志的作用，持之以恒，从而形成良好的性格特征。

心理自测

气质测验量表

下面60题可大致确定人的气质类型。在回答下列问题时，若与自己的情况"很符合"计2分，"较符合"计1分，"一般"计0分，"较不符合"计－1分，"很不符合"记－2分，并填入"气质测验答卷"中。

1. 做事力求稳妥，一般不做无把握的事。
2. 遇到可气的事就怒不可遏，想把心里话全说出来才痛快。
3. 宁可一个人干事，不愿很多人在一起。
4. 到一个新环境很快就能适应。
5. 厌恶那些强烈的刺激，如尖叫、噪声、危险镜头等。
6. 和人争吵时，总是先发制人，喜欢挑衅别人。
7. 喜欢安静的环境。
8. 善于和人交往。

9. 羡慕那种善于克制自己情感的人。

10. 生活有规律，很少违反作息制度。

11. 在多数情况下情绪是乐观的。

12. 碰到陌生人觉得很拘束。

13. 遇到令人气愤的事，能很好地自我克制。

14. 做事总有旺盛的精力。

15. 遇到问题总是举棋不定、优柔寡断。

16. 在人群中从不觉得过分拘束。

17. 情绪高昂时，觉得干什么都有趣；情绪低落时，又觉得什么都没有意思。

18. 当注意力集中于某一事物时，别的事很难使我分心。

19. 理解问题总比别人快。

20. 碰到危险情境，常有一种极度恐怖感。

21. 对学习、工作，怀有很高的热情。

22. 能够长时间做枯燥、单调的工作。

23. 符合兴趣的事情，干劲十足，否则不想干。

24. 一点小事就能引起情绪波动。

25. 讨厌做那种需要耐心、细致的工作。

26. 与人交往不卑不亢。

27. 喜欢参加热烈的活动。

28. 爱看感情细腻、描写人物内心活动的文艺作品。

29. 工作学习时间长了，常感到厌倦。

30. 不喜欢长时间谈论一个问题，愿意实际动手干。

31. 宁愿侃侃而谈，不愿窃窃私语。

32. 别人总是说我闷闷不乐。

33. 理解问题常比别人慢些。

34. 疲倦时只要短暂的休息就能精神抖擞，重新投入工作。

35. 心里有话宁愿自己想，不愿说出来。

36. 认准一个目标就希望尽快实现，不达目的，誓不罢休。

37. 学习、工作同样一段时间后，常比别人更疲倦。

38. 做事有些莽撞，常常不考虑后果。

39. 老师或他人讲授新知识、技术时，总希望他讲得慢些，多重复几遍。

40. 能够很快地忘记那些不愉快的事情。

41. 做作业或完成一件工作总比别人花的时间多。

42. 喜欢运动量大的剧烈体育运动，或者参加各种文艺活动。

43. 不能很快地把注意力从一件事转移到另一件上去。

44. 接受一个任务后，就希望把它迅速解决。

45. 认为墨守成规比冒风险更稳妥。

46. 能够同时注意几件事物。

47. 当我烦闷的时候，别人很难使我高兴起来。

48. 爱看情节起伏跌宕、激动人心的小说。

49. 对工作抱认真严谨、始终一贯的态度。

50. 和周围人的关系总是相处不好。

51. 喜欢复习学过的知识，重复做能熟练做的工作。

52. 希望做变化大、花样多的工作。

53. 小时候会背的诗歌，我似乎比别人记得清楚。

54. 别人说我"出语伤人"，可我并不觉得是这样。

55. 在体育活动中，常因反应慢而落后。

56. 反应敏捷，头脑机智。

57. 喜欢有条理而不甚麻烦的工作。

58. 兴奋的事情常使我失眠。

59. 老师讲新概念，常常听不懂，但是弄懂了以后很难忘记。

60. 假如工作枯燥无味，马上就会情绪低落。

评分标准与结果分析：

1. 将各题得分按下面的题号分类计分，并汇总各类得分

胆汁质题号 2、6、9、14、17、21、27、31、36、38、42、48、50、54、58，总得分_____。

多血质题号 4、8、11、16、19、23、25、29、34、40、44、46、52、56、60，总得分_____。

黏液质题号 1、7、10、13、18、22、26、30、33、39、43、45、49、55、57，总得分_____。

抑郁质题号 3、5、12、15、20、24、28、32、35、37、41、47、51、53、59，总得分_____。

2. 确定气质类型

(1)如果某气质类型得分明显高出其他三种，均高出 4 分以上，则可定为该类气质。如果得分超过 20 分，则为该气质的典型；如果得分在 10～20 分，则为一般型。

(2)如果两种气质类型得分接近，其差异低于 3 分，而且又明显高于其他两种，高出 4 分以上，则可定为两种气质的混合型。

(3)三种气质得分均高于第四种，而且接近，则为三种气质的混合型，如多血质—胆汁质—黏液质混合型或多血质—黏液质—抑郁质混合型。

(4)如果四种气质类型得分皆不高且接近在 3 分以内，则可能是你没有如实作答，也可能你是四种气质类型的混合型，但这种情况很少见。

思考与练习

1. 填空题：性格特征是指性格的 _____、_____、_____ 和 _____。

2. 单选题：古希腊著名的医生希波克拉底提出的气质理论是（   ）。

A. 血型气质说　　　　　　　B. 体型气质说

C. 体液气质说　　　　　　　D. 高级神经活动类型学说

3. 单选题：初中生小黄热爱班集体，学习认真，对自己要求严格，小黄的这种性格特征属于（   ）。

A. 态度特征　　　　　　　　B. 理解特征

C. 情绪特征　　　　　　　　D. 意志特征

4. 问答题：分析自己性格优缺点是受哪些因素影响形成的？今后该如何完善自己的性格？

5. 材料分析：阅读下面材料，回答问题。

肖平、王东、高力、赵翔四个人都喜欢足球，也喜欢看足球，他们看到自己喜欢的球星进球后，肖平手舞足蹈，振臂高呼："好球！好球！"王东也很兴奋，高呼"好球"，但又不像肖平那样激动；高力也觉得球踢得不错，说"是一场好球"；赵翔则比较安静，没有什么表现。请回答下列问题：

(1)请判断这四个人的气质类型分别是什么？

(2)这四种气质类型分别具有何种特征？

(3)针对这四种气质类型的学生，教师应如何进行教育？

阅读与欣赏

1. 肖晓，毅弘，伊静. 笔迹与性格[M]. 上海：学林出版社，1990.

2. 王登峰，崔红. 解读中国人的人格[M]. 北京：社会科学文献出版社，2005.

3. 吉沅洪. 树木——人格投射测试[M]. 重庆：重庆出版社，2011.

4. 杨凤池. 幸福"心"帮助[M]. 北京：中华书局，2011.

5. 心理电影：致命 ID.

第十章　能　力

学习目标

1. 理解能力的概念及种类。
2. 了解能力测验的种类。
3. 掌握能力发展的个体差异。
4. 掌握能力形成的影响因素。

能力是我们日常生活中常见的一个名词，在大力提倡素质教育的今天，教师的职能不仅要传授知识，更重要的是培养学生的能力。每个学生各有千秋，如有的学生擅长记忆，有的擅长思维；有的学生擅长唱歌，有的擅长画画等。面对学生，我们应仔细观察，善于发现学生能力上的差异，扬其所长补其所短，更有效地发展、提高其能力水平。

第一节　能力的概述

一、能力的概念

（一）什么是能力

能力是直接影响活动效率，保证活动得以顺利进行的个性心理特征。

能力与活动密切相关，任何能力的形成都离不开具体的活动。人的能力的高低大小只有通过具体的实践活动才能够体现出来，也只有通过具体的实践活动才能锻炼人的能力。也就是说，实践活动对能力有制约作用，但是能力反过来又会直接影响活动的效率。例如，画家为了顺利地作画，必须具有色彩鉴别力、形象记忆力、分辨线条比例的能力等；音乐家进行音乐实践活动必须具备音乐的基本素质，如辨别音高、音色、音强的听觉感受性和音乐表象能力等。

（二）才能与天才

任何单独的能力都不可能顺利地、成功地完成某种活动，要完成某种活动必须依靠多种能力的结合。如为了完成学习任务，不能仅仅依靠记忆力或者思维力，而必须是记忆力、思维力、注意力、想象力、观察力等多种能力的结合才能保证学习活动的顺利进行；为了完成绘画活动，仅仅依靠色彩鉴别力是不够的，还需要具有形象记忆力、视觉想象力等其他能力才能顺利地完成绘画活动。这种多种能力的独特结合叫作才能。

才能的高度发展就是天才。它是各种能力最完备的结合和发展，能创造性地完成多种或某一领域的活动任务。天才人物的产生并不是天生的，而是在良好遗传素质的基础上顺应历史、时代的要求，通过自己的勤奋努力发展起来的。即天才人物的产生受先天遗传素质和社会历史条件的制约，更与个人的努力分不开，它是特定的历史环境中涌现出来的具有特定能力的人。

一个人的能力不可能样样突出，甚至还会有某些缺陷，但只要善于发挥自己的优势并有意识地发展其他能力来弥补不足，同样能顺利地完成任务或表现出才能，这种现象叫能力的补偿作用。例如盲人没有视觉，却能依靠异常发展的触觉、听觉、嗅觉及想象力等去行走、辨别钱币、识记盲文、写作或弹奏乐曲，有时表现出惊人的才能；有的人机械识记能力比较差，但可以利用或依靠自己的理解力、想象力等去掌握各种知识，并不比其他人逊色。这些表明，才能并不取决于一种能力，而有赖于各种能力的独特结合。

二、能力与知识、技能

（一）能力与知识、技能的区别

能力是保证活动得以顺利进行的个性心理特征，它表现在具体的活动中，并在活动中得到发展。也就是说能力是个体经常、稳固地表现出来的心理特点，因此它是个体固定下来的概括化的东西。知识是人对积累的经验的一种概括，是人脑对客观事物的主观表征，即知识是人类社会历史经验的总结。它有不同的形式，一种是陈述性知识，即"是什么"的知识，如北京是中国的首都、凡尔赛宫在法国等；另一种是程序性知识，即"如何做"的知识，如怎样开车、如何盖房等。技能是人们通过练习而获得的动作方式和动作系统，它是一种个体经验，是在活动中通过具体动作的掌握形成的。按照活动方式不同，技能可以分为操作技能和心智技能（智力活动）。操作技能的对象是物体，而心智技能是借助于内在的智力操作实现的，其对象为观念。两种技能直接控制活动的动作程序与执行，因此技能也是自我调节中的一个重要组成元素。

（二）能力与知识、技能的联系

能力与知识、技能的联系主要表现在：首先，能力的形成与发展依赖于知识、技能的掌握，随着知识、技能的积累，人的能力也会不断提高。其次，能力的高低又会制约着掌握知识、技能的快慢、深浅、难易和巩固程度。但是，知识、技能和能力的发展并不完全同步。在不同人身上可能具有相同水平的知识、技能，但是他们的能力可能是不同的；而具有相同水平能力的人也不一定获得同等的知识和技能。一般而言，学习成绩好，智力水平可能是很高的，但是两个学习成绩同样优异的学生，一个可能是才能出众，另一个可能主要是依靠刻苦。因此，作为教师，不要简单地凭借学生成绩的高低来判断学生能力的高低、知识的多少以及技能的大小。也就是说，影响学生成绩高低的因素有很多，如学习动机、是否勤奋、已有的知识技能、师生的关系、对具体教学方法的适应、情绪状态以及体力状况等均是影响学生成绩的因素。反之，掌握知识越多，也不一定能力（智力）水平很高，世界上尽有博学之士，但一生中很少有某种创造甚至没有创造性的成果；知识少，也不一定意味着能力低。我们也常常看到有些人，他们没有受过什么教育，但是他们分析问题解决问题的能力很高，这主要是由于他们自己的亲身观察、体验、交往以及在劳动中获得的经验，这些都充分说明了影响能力发展的因素是多方面的。

由于这个问题非常复杂，目前我们所要做的是不断改进教学方法，促进学生能力、知识、技能尽可能地发展。为此，在教学中首先应注意要积极引导学生开展智力活动，即认识活动。因为只有在积极的智力活动中才能自觉地掌握知识，也只有在积极的智力活动中才能较好地发展智力。如果在教学中学生的智力没有处在积极的活动状态，或者只是某一种智力因素处在积极的状态，学生掌握知识就会缺乏自觉性，知识的掌握和智力的发展就会出现"剪刀差"，这是被人类教学的实践证明了的。那么在引导学生积极的思维活动中应该重点运用启发性原则。所谓的启发，就是动脑子想问题，通过推理来解决问题。我们在启发式教学上已经积累了许多经验，如"不愤不启，不悱不发""道而弗牵，强而弗抑，开而弗达""举一反三""触类旁通"等，这是很有道理的。许多有经验的教师在进行启发时，总是运用教材的内在联系，学生的知识水平和智力发展情况，有计划地提出问题，从而激发学生学习的主动性和积极性。作为教师除了注重引导学生的积极思维外，还应该发展他们的注意力、记忆力、想象力和观察力等智力活动，使他们的智力水平获得全面的发展。其次，要激发学生学习的兴趣和主动性。兴趣是学生开展智力活动的前提，是引导学生学习主动性的重要因素，学生对学习有了兴趣就会调动学习的主动性，从而才会主动地去发现，去探索知识。所以，教学方法的改变会极大程度地提高教学效率，从而发展学生的能力，掌握一定的知识和技能，使三者协同发展。

三、能力的种类

人的能力是各种各样的，按照不同的标准可分为以下几种。

(一)一般能力与特殊能力

一般能力是指顺利完成各种活动所必需的基本能力。一般能力就是我们平时所说的智力，包括观察力、注意力、记忆力、思维力、想象力等，其中，抽象思维能力是智力的核心因素。通常我们所说的一个人聪明与否，就是指一般能力。一般能力是人完成任何一种活动所必须具备的最基本的能力。

特殊能力是指在某种专业活动中所表现出来的能力。它是顺利完成某种专业活动的心理条件。如画家的色彩鉴别力、形象记忆力以及音乐家的音乐表象能力以及区别节奏的能力等，均属于特殊能力，教师的教育教学能力也属于特殊能力。

由于教师职业的特殊性，决定了教师除了应具备一定的观察力、注意力、记忆力、思维力、想象力外，还应具备从事教师职业所必备的特殊能力。教师的特殊能力主要包括以下几方面。

1. 教学能力

教学能力具体包括：①组织教学全过程的能力：制订教学计划、备课、上课、教学检查以及教学评定；②组织管理的能力：组织课堂秩序、控制学生注意力等；③使用教材的能力：理解教材、灵活掌握教材、了解学生的特点与需求、讲清教材的重点难点；④语言表达能力：语言生动形象、讲好普通话、语速适中、语调适当、抑扬顿挫适度、思路清楚、层次分明；⑤板书的能力：字迹规范、整齐、条理分明、重点突出；⑥良好的心理素质：处理突发事件的能力、较强的心理承受能力、心理状态的相对稳定性和均衡性、心理素质完善的长期性、运用有关心理学的原理组织教学活动的能力。⑦运用启发式教学方法，激发学生创新思维的能力；⑧教给学生学习方法的能力。

2. 思想教育的能力

思想教育的能力具体包括：①了解学生的基本情况的能力：家庭环境、思想水平、心理素质、智力发展情况、性格等；②心理咨询的能力：及时地解决学生中随时出现的心理问题，保证学生的心理健康，了解心理咨询的基本原则以及相关的知识、技能、技巧，正确引导学生的观念及行为，做学生心理健康的引路人；③组织相关活动的能力：包括形成班集体的凝聚力的能力，培养班干部，组织学习、文体、科技活动的能力等。

3. 总结经验的能力

总结经验的能力包括教学总结、思想工作总结、学生工作总结等，如正确运用教学原理总结教学改革的能力、解决问题的能力、决策的能力等。

一般能力与特殊能力的关系十分密切。一方面，一般能力是特殊能力形成和发展的前提，为特殊能力的发展创造了有利的条件；另一方面，特殊能力的发展也促进了一般能力的发展，如音乐能力的发展会提高听觉能力，进而影响言语能力的发展。所以作为教师，不仅要发展学生的一般能力，更要善于发现学生的某种特殊能力，做到二者互相促进，协同发展。

（二）模仿能力和创造能力

模仿能力是指人们通过观察别人的行为、活动来学习各种知识，然后以相同的方式做出反应的能力。如儿童的学习行为主要是通过模仿父母、老师以及电视中演员的表情、动作、服饰以及语言等方式来进行的；学生掌握教师讲解的数学定理、公式，并按着学过的定理、公式来解决同一类型的问题，也是以模仿能力为主的。模仿不仅是人类也是动物的一种重要的学习能力。

创造能力是指在活动中创造出新的思想和新的产品的能力。如作家的新作品、科学家新的科研成果等均属于创造能力的结果。一个有创造能力的人往往能够打破现有的思维模式，如知觉情境、定势、传统的观念以及习惯等的束缚，在习以为常的事物和现象中发现新的联系，提出新的思想，产生新的产品。

模仿能力和创造能力是两种既有区别又有联系的能力。模仿能力是按照现成的方式解决问题，而创造能力是能够以新的方式与途径来解决问题；人的模仿能力与创造能力也不是同步发展的，有人善于模仿但是不具创造能力。同时二者也存在密切的联系，创造能力是从模仿能力开始的，即先模仿后创造，如学习书法是从先临摹别人的作品而后创作出自己独特的风格。

（三）流体能力和晶体能力

根据能力在人的一生中的不同发展趋势以及能力和先天禀赋与社会文化因素的关系，把能力分为流体能力和晶体能力。

流体能力也叫流体智力（fluid intelligence），是指在信息加工和问题解决过程中表现出来的能力。如对关系的认识、类比、推理、形成概念的能力等。它较少依赖于文化和知识的内容，而取决于人的禀赋。流体能力的发展与年龄有密切联系，一般情况下，人在 20 岁以后，流体能力发展达到顶峰，30 岁以后将随年龄的增长而降低。

晶体能力也叫晶体智力（crystallized intelligence），是指获得语言、数学知识的能力，它取决于后天的学习，与社会文化密切相关。晶体能力在人的一生中都在发展，只是在 25 岁以后，发展速度减缓。

晶体能力依赖于流体能力。如果两个人具有相同的经历，其中一个有较强的流体能力，他将发展出较强的晶体能力；而一个有较高流体能力的人如果没有丰富良好的后天文化环境刺激，他的晶体能力将得不到很好的发展。

（四）认知能力、操作能力与社交能力

认知能力是指人脑加工、储存和提取信息的能力，它是人们认识客观世界、获取知识的渠道，如我们所说的观察力、记忆力、思维力等均属于认知能力。操作能力是指在操作技能的基础上形成的，人们操作自己的肢体以完成各项活动的能力，如劳动能力、表演能力、体育运动能力等，这种能力是随着儿童的发育成熟以及参加力所能及的活动在实践中逐步得到发展和提高的。社交能力是指人们在交往活动中表现出来的能力，是人们参加社会集体生活，与周围人保持协调所必不可少的心理条件，如语言表达能力、组织管理能力、处理偶发事件的能力等，良好的社交能力更有利于我们适应当今的社会，是一个人心理健康的一项重要指标。

三种能力是相互制约、相互统一的整体。人在操作活动和社会交往中认识客观世界，提高认识能力；反过来，人又依靠对客观世界的认识来调节自己的操作活动和社会交往。

第二节　能力的测量

一、能力测量的由来

用一定手段和工具来测量人的智力是古来已有的。在我国古代，刘勰用左手画圆右手画方的方法来考察人的注意分配；西汉的扬雄用言语和书法速度来判断人的智力的高低；19世纪末，英国生物学家高尔顿设计了高尔顿音笛和高尔顿棒，分别测定人的视觉和听觉辨别力；还有世界上迄今一些国家采用"七巧板""九连环"等来测定人的智力，以上测验均带有智力测验的性质。然而首先采用量表的形式测定人的智力的是法国心理学家比奈和医生西蒙，统称为比奈—西蒙量表（Binet-Simon Scale），它是智力测验的开端，现在智力测验已有很大发展。

二、能力测量的种类

(一)一般能力的测量

1. 比奈—西蒙量表

比奈早年从事智力的研究并于 1903 年出版了《智力的实验研究》一书。1904 年他受法国教育部的委托制定了一套有关呆傻儿童的量表,1905 年在西蒙的帮助下,编制了一个包括 30 个项目的正式测验,根据通过项目的多少来评定他们智力的高低,这就是最早出现的一个量表,称为比纳—西蒙量表。1908 年,比奈和西蒙对已编好的量表进行了第一次修订,项目由 30 个增加到 58 个,测验的年龄由 3 岁到 15 岁,每个年龄组的项目为 4～5 个。1916 年,美国斯坦福大学教授推孟(L. M. Temran)将比奈—西蒙量表介绍到美国并修订为斯坦福—比奈量表(Stanford-Binet Scale)。

2. 斯坦福—比奈智力量表

斯坦福—比奈智力量表是一种年龄量表,它是以年龄作为衡量标尺,规定某个年龄应该达到某一智力水平。下表是斯坦福—比奈智力量表(1960)的部分内容。见表 10-1。

表 10-1　斯坦福—比奈智力量表(1960)

年龄	测验题目
5 岁组	1. 画一张缺腿人的画。 2. 在测验者表演后,将一张方纸叠两层,成一个三角形。 3. 给下列单词下定义:球、帽子、炉子。 4. 描一个正方形。 5. 辨认两张画片的异同。 6. 把两个三角形组成一个正方形。
8 岁组	1. 从一张标准词汇表上给八个单词下定义:橘子、稻草、顶上等。 2. 尽可能回忆一个简单故事的内容。发现故事描述上的荒唐、不合理,如一个人得了两次感冒,第一次使他一命呜呼,第二次很快就好了。 3. 分辨以下单词:飞机与风筝;海洋与河流。 4. 知道轮船为什么会开动;如果遇到了一个 3 岁的儿童迷了路,应该怎么办? 5. 列举一周内各天的名字。

续表

年龄	测验题目
12 岁组	1. 给 14 个单词下定义：如急速、功课、技能等。 2. 看出下文的荒唐处：比尔·琼斯的脚太大，以致他必须从头上套下他的裤子。理解在一个复杂图片上所描述的情景。 3. 按相反顺序重复五个数字。 4. 给抽象单词下定义，如遗憾、惊奇。 5. 在不完整句子中填入遗漏的单词，如一个人不能是英雄……一个人总可以是个人。

从表 10-1 可以看到测验的项目是按年龄分组的，每个年龄组的测验均由 6 个因素组成，即绘画、折叠、给单词下定义、判断词义、回忆故事、进行推理活动等许多方面，项目的难度是随年龄的上升而逐渐上升的。

用斯坦福—比奈智力量表来测量人的智力，首先要测量出人的心理年龄，简称智龄（MA），即受测者通过测验的项目所属的年龄。如一个孩子只通过了 5 岁组的项目而没有通过 6 岁组的项目，说明他的智龄只有 5 岁。即孩子的智龄越大，他的智力水平也就越好。智龄是对智力绝对水平的度量，它说明一个儿童智力实际达到了那种年龄的水平。早期的智力测验（如比纳 1905 年、1908 年的测验）就是用它来表示儿童的智力发展水平的。但是，智龄的大小并不能确切地说明一个孩子的智力发展是否超过了另一个孩子。智龄相同的两个孩子，由于实际年龄不同，他们的智力是不一样的。为了将一个孩子的智力水平与其他同龄孩子进行比较，还必须考虑智龄与实际年龄的关系，并对个体的相对智力做出估计。推孟采用智商的概念，来表示智力的高低。智商的概念是由德国心理学家施特恩首先提出来的。

智商也叫智力商数（intelligence quotient），常用 IQ 表示。智商是根据一种智力测验的作业成绩所计算出的分数，它代表了个体的智力年龄（MA）与实际年龄（CA）的关系。计算智商的公式为：

$$智商（IQ）＝智力年龄（MA）/实际年龄（CA）\times 100$$

按照这个公式，如果一个 5 岁儿童的智龄与它的实际年龄相同，那么这个孩子的智商就是 100，说明他的智商达到了正常 5 岁儿童的一般水平；如果一个 5 岁儿童的智龄为 6，那么它的智商就是 120 了。智商为 100 代表智力的一般水平。如果智商超过 100，说明儿童的智商水平高；低于 100，则说明儿童的智商水平低。

用智龄和实际年龄的比率来代表智商，叫比率智商（ratio IQ）。比率智商有一个明显的缺点，即人的实际年龄逐年增加，而他的智力发展到一定阶段却可能稳定在一个水平上。这样，采用比率智商来表示人的智力水平，智商将逐渐下降，这和智力发展的实际情况不相符。

3. 韦克斯勒智力量表

斯坦福—比奈量表是对个体智力状况的综合测量，只能给人一个相当笼统的概念。但是智力并不是一种单一的能力，它包含着各种结构成分。在同一人身上，智力的各个成分可能有不同的发展水平。为了更真实地反映一个人的智力水平，美国著名医学心理学家韦克斯勒（D. Wechsler）制定了适宜各种年龄人群的智力量表，如学前儿童的量表（适宜 4～6.5 岁）、儿童智力量表（适宜 6～16 岁）、成人智力量表（适宜 16 岁以上），这些量表比较全面地测量了一个人的能力。

韦克斯勒还革新了智商的计算方法，他把比率智商改为离差智商（deviation IQ），它是以同年龄组被试的总体平均数为标准，经统计处理得出的智商，称为离差智商。离差智商假定同年龄组的总体平均数为 100，呈正态分布。用个人的分数与总体的分数做比较，就能测定他在同年龄组内所占的位置，以此来判定他的智力水平。大量的测验证实人的智力差异是服从常态分布的。

由于离差智商是对个体的智商在其同龄人中的相对位置的度量，因而不受个体年龄增长的影响。它虽然克服了比率智商的弊病，但是它也容易造成对智力的绝对水平的误解。例如，一个人的离差智商在 70 岁和 30 岁时可能都是 100，而智力的绝对水平可能并不相同。

(二)特殊能力的测量

特殊能力的测量是指对特殊职业活动能力的测量，如对机械能力、音乐能力、艺术能力的测量等。对音乐能力的测量包括对音调、音响、和谐、节律的感受和分辨，通过测定视觉阅读速度和手指灵活性可以了解一个人的打字能力。也就是说特殊能力的测量满足了社会对各种专业人才的迫切需要，弥补了一般能力测量的不足。

特殊能力测验具有较强的针对性，因而对职业定向指导、安置和选拔就业人员、发现和培养有特殊能力的儿童有特殊的意义，但这种测验发现较晚，因而测验的标准化问题尚未得到较满意的解决。

(三)创造力的测量

创造力的测量是 20 世纪 60 年代初美国芝加哥大学首创的测验。创造力测验的内容不强调对现成知识的记忆与理解，而强调思维的流畅性、变通性与超乎寻常的独特性。

以华莱奇和科甘的一项研究为例，他们用一系列的测验测量了儿童思维的流畅性：①尽量说出几种常见东西的用途，如鞋子、软木塞等；②尽量说出一对物体相似的地方，如火车与拖拉机、马铃薯与胡萝卜等；③尽量列举一个抽象范畴所具有的各种实例，如圆形的东西有水珠、皮球、盖碗等；④在看到某个抽象的图形或线条画时，尽量说出你所想到的意义。

研究者记录了儿童所做出的反应数量和具有创造性的反应数量，通过这两方面的度量，就可以了解儿童思维的流畅性与创造性。

人的创造力在现代生活中有重要的意义，因此，创造力测验也就引起了人们的普遍重视。但是这类测验与特殊能力测验一样，研究的历史还不长，测验的标准化程度还不够。某些测验虽然取得了一些有价值的研究资料，但是离实际应用、预测和控制人的创造行为，则还有很远的距离。

三、能力测量应具备的条件

能力测量是用来衡量人的能力发展水平的工具，正如尺子、天平的精密程度会直接影响到测量结果一样。能力测验关系到能否准确真实地度量出人的能力。所以，要做到能力测量的标准化就必须具备一定的条件。

（一）标准化和常模

一个好的测验，在编制时要经过标准化过程。所谓标准化（standardization）是指测验编制时要经历四个标准化步骤。

1. 按测验性质选择具有代表性的测验题目

测验题目要符合两个原则，即测验题目必须与测验对象的年龄相符，另外还要注意选择题目公平合理，避免因文化上的差别而偏向某些被试。例如，让被试给钢琴下定义必须考虑到被试的家庭经济条件和父母职业的差异，有些人熟悉钢琴而有些人不熟悉。因此，选择这种题目必将产生不公平的结果，那么，这种题目就不宜作为测验题目。

2. 选择具有代表性的被试

选择被试应采取抽样化的方法，另外还要注意被试的性别比例、文化差异、经济地位、城乡差别等条件。一般而言，取样的数量越多，标准化的程序也会精确一些。

3. 施测程序标准化

只有测验的评分和施测都有统一的标准，测验才能准确有效。所以在施测时必须控制好施测的环境，以防在施测时因为出现偶然的事件而影响被试的成绩。另外，还要注意在施测时，必须在同一时限与同样情境下，按照同样规则去从事测验作业，测验的计分也要力求客观、正确。测验的评分也要有明确的规定，防止评分者的主观因素影响测评分数。

4. 统计结果，建立常模

常模（norm）是指样本施测后，对结果进行统计处理，得出一个具有代表性的分数分布。个体测验的分数必须与常模进行比较以判别个体得分的高低。例如，一个学生在大学英语考试中得了 75 分，我们不能简单地判断他得分的高低，我们只有将其分数与全年级的学生成绩比较才能判断他分数的高低。

（二）信度

信度（reliability）指测验的可靠程度，它以反复测验时能否提供相同的结果来说明。如果被试的成绩在初试和复试时一致，说明测验具有较好的信度；否则信度较差。信度用信度系数（reliability coefficient）来表示。智力测验的信度一般为 +0.90。信度太低的测验是不能使用的。

（三）效度

效度（validity）即测验的有效性。表示测验效度的一种方法，是将测量的结果与随后的行为进行对照。如果一种行为能预测后来的行为，这种测验的效度就高；否则就低。

第三节　能力发展的个体差异

能力是在活动中形成的，也是在活动中得到发展的。能力的发展有一定的趋势，但同时又存在着个体的差异。

一、能力发展的一般趋势

人的一生按照年龄的标准可以分为不同的时期，如乳儿期、婴儿期、幼儿期、童年期、少年期、青年期、成年期和老年期。在人的一生中，能力的发展趋势：童年期和少年期是某些能力发展的最重要时期；从三四岁到十二三岁，智力的发展与年龄的增长几乎同步；以后随年龄的增长智力的发展呈加速发展的趋势，再以后逐渐趋于缓和；智力发展的顶峰是在 18～25 岁（有人说到 40 岁）。当然，人的智力的不同成分到达顶峰的时间是不同的。成年期是人的智力发展最稳定的时期，也是人的事业的高峰时期，在这个时期（一般 24～40

岁），人常常出现富有创造性的活动。人的流体智力在中年以后呈下降的趋势，而人的晶体智力在人的一生中都是发展的，只是在不同年龄阶段发展速度快慢不同而已。能力发展的趋势存在个体差异，能力高的发展快，达到顶峰的时间晚；能力低的发展慢，达到高峰的时间早。

二、能力发展个体差异的类别

能力发展的个体差异是由于个体在成长过程中受遗传和环境的影响，使不同个体在身心特征上所显示出的现象。了解能力发展的个体差异是"因材施教"的前提条件，应当引起我们的重视。能力发展的差异主要表现在以下几个方面。

（一）能力发展水平的差异

人的智力水平有高有低，大致来说，人的能力发展在全人口中呈现正态分布，即两头小，中间大。智力超常和智力低下的人占少数，绝大多数人的智力水平属于一般，即正常的水平。见表 10-2。

表 10-2 智商的比率与评价

IQ	评价
140 以上	极优等
120～139	优异
110～119	中上
90～109	中等
80～89	中下
70～79	临界
70 以下	智力落后

1. 智力超常

智力的高度发展叫智力超常或天才，它大约占总人口的 1%。推孟（Terman，1916）曾经用智力测验来鉴别超常儿童，他认为智商超过 140 的儿童即超常儿童，智力超常的儿童智力的特点表现在以下几个方面：①观察事物细致、准确；②注意力集中，记忆速度快、品质好；③思维灵活，善于运用创新思维来解决问题；④语言能力强，发展较快；⑤想象力丰富，有创造性。

有人把超常的儿童称为天才、神童，认为他们的出现是天生的，这种观点有一定的片面性。天才的产生主要受先天和后天因素共同影响的结果，我们并不否认天才有良好的先天遗传素质，先天遗传素质为人的能力的形成提供了物质前提，但是后天因素中的教育与实践因素对能力的形成与发展起着不可低估的作用。针对智力超常儿童，在教育上我们应采用一些有针对性的方法，以便他们更好地发展：①允许超常儿童提前入学，允许跳级，加速他的学习进程；②在完成正常学习任务的前提下，给他们提供灵活的、适用的教学大纲；③与超常儿童相处的教师必须具有思维的灵活性和创新思维，具有丰富的想象力和灵活多变的教学方法，能够引起学生的学习兴趣和产生学习的需要；④加强儿童的营养条件，及时补充大脑的营养，做到劳逸结合。

2. 智力落后

智力落后是指智力明显低于同龄人的水平或有行为障碍，智商低于70的儿童即为智能不足。智能不足并非某种心理过程的破坏，而是各种心理能力的低下。智力落后是指人在胚胎期或出生后(1～18岁)，由于各种原因造成中枢神经系统发育障碍，在临床上以智力障碍为主要特征的一种疾病。它泛指智力发育过程没有达到正常水平。世界各国学者曾用各种术语来描述智力落后，如先天愚钝、先天痴呆、智力不足、智力缺陷、智力障碍、心理落后、智力发育不足以及精神幼稚症等。其中，智能不足可以分为几个等级，即轻度(智商在50～70)、中度(智商在25～50)、重度(智商在25以下)。按智力落后者的心理特点，智力落后可以分为安定型和不安定型。安定型患儿平静和善，易于接近，也容易接受成年人的教育和训练；不安定型的患儿情绪变化无常，突然大吵大闹，乱发脾气，有时撕破衣服，毁坏家具，咬伤自己和他人。低常儿童的特点表现为：知觉速度慢，范围狭窄；记忆力差，错误较多；语言发展较慢，词汇量少，缺乏连贯性；生活基本能够自理或不能自理；适应环境的能力差；在学校不能跟班学习等。因此对于低常儿童的教育必须设置专门的教育机构来教育这些特殊的儿童，无论家庭、学校还是社会都应该予以关心和帮助，使他们获得发展智力的机会。

(二)能力发展的类型差异

首先，巴甫洛夫根据两种信号系统的相互关系的特点，区分出三种人类特有的高级神经活动类型：艺术型、思维型和中间型。艺术型的人信号系统占相对优势，其特点是：直接印象较鲜明，知觉和记忆富于形象性，想象的丰富性较突出，在言语方面富有形象和情绪的因素。有些作家、音乐家、画家属于这种类型。思维型的人第二信号系统占相对优势，其特点是：倾向于逻辑构思，推理论证和抽象概括思维。有些数学家、哲学家、物理学家、语言学家属于这种类型。中间型的人两种信号系统的活动相对平衡，他们的特点是：各种心理活动中形象的、情绪的因素和抽象的、概括的因素得到了相对平衡的发展。绝大多数人属于中间型。

其次，感知方面可以分为综合型、分析型和分析综合型。有些人知觉富于概括性和整体性，属于综合型。另一些人对细节感知清晰，具有较强的分析能力，属于分析型。而第三种人兼有以上两种类型的特点，属于分析综合型。

再次，记忆方面可以分为视觉型、听觉型、运动型和混合型。

最后，思维方面有形象思维型、抽象思维型和中间型。

（三）能力发展的早晚差异

人的能力发展有早有晚，有人能力发展较早，年幼时就表现出卓越的才华，这叫"人才早熟"。如唐朝的王勃6岁善于文辞，10岁能赋，13岁写出了脍炙人口的《滕王阁序》；控制论的创始人之一韦纳，4岁读专著，11岁写出论文，14岁大学毕业，18岁获哈佛大学的哲学博士学位；奥地利作曲家莫扎特5岁开始作曲，8岁试作交响乐，11岁创作歌剧。人才早熟古今都有，尤其是在艺术界这种情况较为常见。另外一种情况叫"大器晚成"。这种人在年轻时由于各种原因并未表现出惊人的成就，而是在他们较晚的年龄才表现出出众的能力。如达尔文年轻时被认为是智力低下，经过20年的研究，50岁才写出《物种起源》，成为进化论的创始人；著名的画家齐白石当过牧童、木匠，后来在他40岁的时候才表现出绘画才能；李时珍60岁才写成《本草纲目》。有的人则属于中年成才的类型，有人曾统计1960年前1243名科学家，发现科学发明的最佳年龄是35岁左右。可见，取得重大成就的人并不全是智力早熟的人，所以我们无论什么时候都要对自己充满自信，相信"天生我才必有用"的道理。

（四）能力发展的性别差异

20世纪30年代的研究表明，男女在一般智力因素上没有性别的差异。50年代的时候，韦克斯勒(1958)对8～11岁的儿童进行了智力测试，发现男女儿童在智力的不同方面显示出各自的优势，包括一般能力和特殊能力方面，可从以下几个方面看出来。

1. 数学能力的个别差异

数学能力是对数学原理和数学符号的理解和运用能力，这种能力主要表现在计算和问题的解决上。经过分析发现，女生在计算能力上有一定的优势，但是这种优势只表现在中、小学阶段；在问题解决上，中学时期女生较好，到了高中和大学阶段男生占优势；男生在竞争性数学活动中比女生好，而女生在合作性数学活动中比男生好。

2. 言语能力的性别差异

言语能力是对语言符号的加工、提取、操作的能力，表现在听、说、读、写四个方面。在各种言语能力中，女生在词的流畅性方面占明显的优势；男生在言语的推理性方面则占明显的优势。但是在研究言语能力的性别差异上并未取得完全一致的结论。

作为教育工作者，必须认识到人才成长方面的差异，按照人的智力发展的规律和差异全面、客观、及时地发现人才、培养人才。

拓展学习

前十名现象

爱丽丝是一个学习成绩出色的学生，老师认为她是最好的学生，同学们也认为她是最聪明的人。她虽然在学业上能出人头地，可是在以后的职业生涯中却表现平平。同班同学中有70％～80％在工作中表现得比她出色。这样的例子在许多学校、许多国家都不难发现。中国也开始关注"前十名现象"，发现学习最好的学生不一定是工作最出色的人。

这一现象说明学业成就的高低并不是100％地决定着一个人是否成功，这就涉及成功智力的问题。成功智力（successful intelligence）是一种用以达到人生中主要目标的智力，是对现实生活中真正能起到举足轻重影响的智力。成功智力包括分析性智力、实践性智力和创造性智力三个方面。分析性智力涉及解决问题和判定思维成果的质量，强调比较、判断、评估等方面的能力；实践性智力涉及解决实际生活中问题的能力，包括使用、运用和应用知识的能力；创造性智力涉及发现、创造、想象和假设等创造思维的能力。

成功智力是一个有机的整体，只有这三个方面协调平衡时才最有效。一个人知道什么时候以何种方式来运用成功智力的三个方面，要比仅仅具有这三个方面的素质更为重要。具有成功智力的人不仅具备这些能力，而且还会思考在什么时候、以何种方式来运用这些能力。

第四节　能力形成的影响因素

能力形成的原因和条件是极为复杂的，要想全面、客观地发展一个人的能力，必须了解能力形成的原因和条件，我们可以从以下几个方面来进行分析。

一、遗　传

遗传是指从父母那里继承下来的解剖生理特点，如大脑、感官、效应器等方面的特征。遗传对人的智力发展有一定影响。关于遗传在能力发展和个别差异形成中的作用，心理学家曾从三个方面进行研究，一是研究血缘关系的疏密程度，二是研究养子女与亲生父母和养父母之间的关系，三是对同卵双生子进行追踪研究。见表 10-3。

表 10-3　不同血缘关系者的智力相关

关系	相关系数
无血缘关系又生活在不同环境者	0.00
无血缘关系在同一环境长大者	0.20
养父母与养子女	0.30
亲生父母与亲生子女(生活在一起)	0.50
同胞兄弟姐妹在不同环境长大者	0.35
同胞兄弟姐妹在同一环境长大者	0.50
不同性别的异卵双生子在同一环境长大者	0.50
同性别的异卵双生子在同一环境长大者	0.60
同卵双生子在不同环境长大者	0.75
同卵双生子在同一环境长大者	0.88

这些研究结果表明，血缘关系亲近的人在智力发展水平上确实有接近的趋势。同卵双生子智力的相关高于异卵双生子和同胞姐妹，亲生父母与子女的智力相关高于养父母，无血缘关系的人智力相关很低，而且在不同环境下长大的同卵双生子智力相关仍然很高。这就说明遗传因素对能力的发展的确有一定的作用。但遗传对智力的发展提供了一种可能，它是影响智力发展诸因素中的一个因素。遗传对人的智力的影响主要表现在身体素质上，如感官的特征、四肢、肌肉、运动器官的特征、脑的形态和结构特征等。我们知道，身体素质是能力发展的自然前提，这个前提对能力的发展有重要的影响。但是身体素质并不等同于能力本身，具有相同身体素质的人，能力的发展可能是不同的；而良好的身体素质如果没有后天良好的训练、培养，某种能力也可能得不到发展。所以，否认遗传的作用是不对的，同样过分夸大遗传的作用也是不正确的，因

为一个人能力的发展仅仅依靠遗传一个因素是不可能得到发展的，它还需要教育、实践等诸多因素的参与。关于制约能力发展的遗传因素的机制至今还未有科学的说明。许多病案材料记录了脑的不同部位的损伤会造成能力发展的障碍，特别是先天和早期的严重脑异常，这种不可改变的素质缺陷对能力发展有致命的影响，素质作为有机体形态与生理学的品质服从于普遍的遗传学的规律，但是不能得出素质遗传导致能力遗传的结论。

二、环境与教育

(一)母体环境的影响

胎儿在出生之前生活在母体里，因此母体的环境对胎儿的生长发育以及出生后智力的发展有着重要的影响。

1. 母亲的营养

营养是儿童智力发展的重要的物质因素。出生前后母亲的营养条件直接影响着儿童的智力发展水平。胎儿营养不良，就会导致脑细胞数量的下降或不足，由此会导致智力缺陷的可能性就要大得多。婴儿期尤其是出生以前人的脑细胞的数量是直线上升的，出生以后(六个月以后)人脑脑细胞的数量就不再增多而只增加脑的重量，所以孕期和婴儿期的营养条件对以后智力的发展有着重要的影响。

2. 药物

药物尤其是有毒的化学物质和环境污染也会干扰胎儿的正常发育，引起畸胎，会给婴儿的身体发育带来有害的结果，进而会影响到以后能力的发展，所以母亲在怀孕期间一定要慎重服药。

3. 母亲的疾病

孕妇的身体健康和营养一样重要，尤其是怀孕头三个月内，母亲的疾病对胎儿的影响最大，某些病毒和微生物对胚胎具有致畸作用，病毒感染中风疹对胎儿的影响最大，受到此病毒感染的婴儿有先天缺陷的可能性为 3：1，有可能造成中枢神经系统损坏、心脏缺陷和发育迟缓，进而会影响到以后智力的发育。

4. 母亲的情绪

母亲的情绪也会影响孩子智力的发育。母亲的情绪是指深沉、持久的情绪，同样是在孕期，一个母亲总是心情舒畅，而另外一个母亲则是紧张、忧郁，结果很有可能是前一个孩子健康、心态发展良好，而后者可能会出现一些负面的结果。原因是当母亲处于不同的情绪状态时，她们血液中的化学成分、全身循环流动的激素以及细胞的新陈代谢对孩子均有不同的影响。我国古代就有胎教之说，人们提倡孕期做到"清心养性，避免七情（喜、怒、忧、思、悲、恐、惊）所伤"。现代心理学也对胎教的说法给予了肯定。

母体环境的好坏直接影响到儿童后天能力的发展，所以我们应该加强影响儿童能力发展的早期因素的重视，力求为儿童后天能力的发展塑造一个良好的先天环境。

（二）早期经验的作用

儿童早期经验在儿童智力发展中起着重要的作用，尤其是神经系统的发展为能力的发展提供可能。神经生理研究发现，人的神经系统在出生以后的头四年内获得迅速的发展，为能力的发展提供了物质基础，而且1～7岁是脑重急剧增长的时期，脑重的增加也为儿童智力发展提供了可能。一般认为，此时期是智力发展的关键期，如果这一时期儿童得不到应有的发展，有可能导致将来难以弥补的缺陷。许多研究证明，人的不同能力发展的关键期是不同的：口语发展是在2～5岁，书面语言是在4～5岁，数的概念是在5～5.5岁，词汇能力是在5～6岁。如果这些能力在关键期得不到发展，就会使智力的发展受到阻碍。早期经验的形成，首先要重视早期环境的作用，这已经为事实所证明，如由动物抚养大的孩子（如狼孩、猴孩）能力发展明显落后，即使他后来回到了人类社会，也难以形成或发展成为一般人的智力水平。即儿童落入动物环境的时间越早，其智力发展的损害就越严重。再如，孤儿院中的孩子，由于缺乏同伴或亲人的关心，其智力水平和正常的儿童（生活在家庭中、有同伴）相比，其智力水平可能低于正常儿童。当然，造成智力低下的原因很多，比如，教育条件、缺乏与成人交往的机会等，这些都会影响儿童智力的发展。其次，还要考虑到家庭因素对儿童智力的影响，儿童的早期经验在很大程度上是在家庭中形成的，如父母对早期教育的重视程度，早期教育的方式、家庭气氛、生活方式以及家庭成员的职业、兴趣、爱好及知识水平等均会影响儿童的智力发展水平。

某些实验表明，丰富的环境刺激有利于儿童智力的发展，如各种颜色刺激、玩具的运动、各种声音尤其是母亲的声音等均会影响儿童智力的发展。但是我们的早期教育一定要考虑到孩子心理承受的水平，千万不可盲目地对孩子进行过早的教育，以防损害孩子的神经系统而造成终生的遗憾。

拓展学习

美国神童塞达斯——人造天才的悲哀

美国神童塞达斯六个月会认英文字母，两岁能看懂中学课本，四岁就已经发表了三篇五百字的文章，六岁在生日晚会上又写出了一篇解剖学的论文，十二岁破格进入哈佛大学，然而十四岁却患精神病入院治疗，二十一岁哈佛毕业却成为一名商店的普通职员。塞达斯的父亲原为哈佛大学心理学的荣誉教授，他认为人的大脑和肌肉一样是可以训练的。于是他就准备在塞达斯身上做试验。在塞达斯一出生，他就在床的周围挂满了英文字母，并不断地发出字母的读音；接着，他又用教科书代替了玩具。于是塞达斯从小就被各种几何、地球和多种语言包围，所以他的整个婴幼儿时期就成了他独自读书的时期。这种训练结果使他过早地成熟，他虽然天资聪颖，但是由于过重的负担使他神经系统开始失常，后来不得不被作为精神病患者送进了医院。后来虽然哈佛大学毕业，但是由于他对父亲的试验和整个世界的反感，离家出走，更名换姓，在一家商店当了一名普通的店员。

(三)学校教育的作用

学校教育是继家庭教育之后对孩子的智力发展起作用的又一个因素。学校教育是对学生施加有目的、有计划、有组织的教育。学生通过学校教育，系统地掌握知识、技能，同时也发展各方面的能力和其他心理品质。学校教育在人的智力发展的过程中起着主导作用。学校教育的任务除了传授知识外，还应该发展学生各方面的能力。只有发展学生的能力，才能从根本上提高教育质量，做到分数和能力的和谐统一，从根本上克服高分低能的弊端。同时学校教育中，还应该重视音乐、美术、劳动、体育等方面的教学，开发学生大脑的右半球，使大脑左右两半球同时得到发展。只有这样才能培养出德、智、体、美、劳全面发展的学生，适应社会的需求，满足社会的需要，才能够发展学生各方面的能力，从而提高他们的智力水平。在学校教育中，起关键作用的是教师和班集体，另外，同伴的作用也不能忽视。教师的主要作用是教书育人，所以教师要不断拓展本身的知识量，而且还要加大对知识深度的分析，能够运用浅显的道理透彻地解释一些抽象、深奥的知识，把知识灵活、扎实地教给学生，同时还要注意自身人格的魅力，用自身人格的魅力来影响学生，教育学生，培养德育与智育、美育的协同发展。而作为班主任，一定要使自己的班集体形成一种团结、友爱、向上、合作的集体，使学生生活在友爱、温暖的集体中，形成一种向心力，培养学生的交往能力、协调能力、管理能力等，使他们提早地进入社会的环境中，学会适应社会的各种能力，成为真正的社会人。

三、实践活动

环境和教育在人的智力发展中起着十分重要的作用，但是他们并不能决定智力的发展水平。因为人的各种能力是在实践活动中发展起来的，所以实践活动在人的智力发展中起着重要的作用。离开了实践活动，即使有良好的先天素质、环境和教育，人的能力也难以形成和发展起来。我国古代思想家王允曾经提出过"施用累能"和"科用累能"的思想，即能力是在使用中得到发展的。同时由于实践性质的不同，人的能力发展的方面也是不同的，如长期从事教学工作的人，他们的思维、言语、交际、组织等能力就会得到发展；常年从事文秘工作的人，他们的写作能力、组织语言的能力、社会交往能力也会得到发展；整天从事染布工作的人，他们的颜色辨别的能力就会优于一般人。也就是说，只要我们坚持参加某种实践活动，相应的能力也会得到发展。

实践任务促使能力的发展并达到高度水平的事例是很多的。如染色工人能够辨别 40 种浓淡不同的黑色；画家的亮度比值评定准确性比一般人高 45 倍；陶瓷工人根据敲击制品所发出的声音就能确定器皿的质量；烟酒制造工人依靠品尝制品就能判断制品的品种、质量；长期生活在草原上的牧民，他们只要品尝一下草的味道，就能判断牧草的营养价值。这些事实说明，在影响能力发展的多因素中，实践是重要的影响因素。

四、个体的主观能动性

能力的发展和提高离不开人的主观努力，因为外因要通过内因起作用。一个人刻苦努力，积极向上，有强烈的求知欲，为了实现自己的目标坚持不懈，他的能力就可能得到发展。反之，一个终日无所事事、懒惰、没有明确目标的人，其能力不会得到很好的发展。爱迪生曾经说过："天才是百分之一的灵感加上百分之九十九的汗水。"高尔基认为："才能不是别的什么东西，而是对事业的热爱。"一些人的成功并不是他们具有高于常人的天分，而是由于他们坚强的意志品质，他们具有明确的目的性、果断性、自制力、独立性和坚持性。此外，能力的发展还有赖于良好的自我意识，只有善于认识自己、评价自己、具有良好的调控能力的人才能及时地发现自己的不足，从而通过自己的努力提高自己，发展相应的能力，最终取得事业的成功。

能力的形成和发展有赖于多种因素的交互作用，我们只有把以上这些因素结合起来，才能更好地发展和提高我们的能力。

拓展学习

自学能力的培养

自学能力是指一个人独立获取知识的能力。从长远的角度分析，培养学生的自学能力比传授知识要重要。特别是在当今科学技术迅猛发展的今天，这种能力是我们年青一代所必须学会的。尤其是大学生，大学的教学方法远远不同于小学、中学乃至高中阶段的学习方法。到了大学我们才发现属于我们自己的时间多了，有的人不知道如何去分配时间，所以造成了许多大学生学风不浓、空虚、寂寞等一些消极、悲观的情绪。

关于自学能力的培养，美国的布鲁纳倡导用发现法，而苏联的教育家赞可夫强调让学生去理解学习的过程，其中都含有让学生学会如何学习，学会自己去探索知识的意图。我国的一些教育家也一向主张自学，目的在于通过教而用不着教，显然也是注重培养学生的自学能力。根据我们对当前学生自学能力的调查，我们认为，对教师而言，培养学生的自学能力应注意以下几点。

一、提高培养学生自学能力的自觉性

由于受传统观念的影响，现在一些学校忽视对学生自学能力的培养，他们受"教学就是传授知识"的狭隘观念影响，认为培养学生的自学能力是"远水解不了近渴"，以至于思想得不到解放，观念陈旧，教学方法呆板，限制了学生思维的灵活性，营造不出活跃的教学气氛，真正成了"教死书、死教书"的教书匠。从而造成了许多学生读了许多年书，却不知道读书的最起码的常识。大学生尤其是大学一年级的学生则普遍叫苦，为什么？原来不知道如何记笔记，如何选择课外书，如何阅读参考书等一系列的问题。明知道课程很紧张，却又无事可做。高中学生中有些是学习的尖子，而且成绩非常好，但是提及学习的方法，他们却一无所知。所以如何让学生在很短的时间内学习更多的知识，作为教师给予学生良好的自学方法是非常重要的。

二、充分发挥教学对培养学生自学能力的示范性

可以说，自学能力的培养途径很多，如举办读书经验交流会、开展专题报告会、举行读书笔记展览会等，但是在众多的途径中，还是以教学的示范性的方法为佳。因为教师在整个教学活动中，要教育学生重视教科书，会使用教科书，进而使学生掌握阅读书籍的一般本领。教会学生预习，使学生在预习当中发现问题，找出学习的重点、难点，从而上课时能够集中注意力，提高学习的效率。善于读书者能够把书读得由厚变薄，原因是他们善于掌握

书中的要点和核心，如果缺乏这种能力，那么便是死读书。随着自学能力的提高，新知识在不断增加，如何把这些知识储存在头脑中，如何提取和应用，也是自学中的一个重要问题。解决这个问题的最好的办法就是对知识进行系统化的整理。教学中有一条原则叫循序渐进，即要求新旧知识有机地联系，形成有机的知识系统和网络，这样我们所学的知识就不会支离破碎了。

　　三、加强自学的计划性

　　自学能力的培养并非朝夕之功，它需要我们在长期的教学与学习实践中不断地练习才能培养起来。培养自学能力的关键是能够做到持之以恒，坚持不懈。这一方面需要进行教育，另一方面需要培养学习的兴趣和积极性、主动性。教师要加强教育学生学习的目的性、计划性，指导学生做各种形式的笔记，如摘录、分类、提纲、读后感等。如果我们从小做起，相信学生的自学能力就会得到进一步的提高，我们的教学质量也会迈向一个新的台阶，那么我们培养出来的学生才会适应社会的要求，也才能够适应复杂的社会环境，成为新世纪所需要的人才。

思考与练习

　　1. 填空题：一般能力又称智力，它包括_____、_____、_____、_____和_____。其中_____是智力的核心要素。

　　2. 填空题：最早采用量表的形式测量人的智力的人是法国的心理学家_____和医生_____。

　　3. 单选题：有的同学擅长绘画、有的擅长音乐，这些能力差异属于能力发展的（　　）。

　　A. 绝对差异　　　　B. 相对差异　　　　C. 早晚差异　　　　D. 性别差异

　　4. 判断题：流体智力属于人类的基本能力，它受文化教育的影响较大。

　　5. 问答题：能力的个别差异表现在哪些方面？影响能力形成的因素有哪些？

阅读与欣赏

　　1. 心理电影：三傻大闹宝莱坞.

　　2. 心理电影：阿甘正传.

第十一章　学习心理

学习目标

1. 掌握学习的概念及学生学习的特点。
2. 了解心理学家有关学习分类的观点。
3. 掌握学习理论。
4. 理解并掌握学习迁移的分类。
5. 理解学习策略。

教育心理学是心理学体系中比较成熟的一门分支学科，其中的学习心理是心理学，特别是教育心理学的重要内容，古今中外的思想家、教育家和心理学家都非常重视学习问题的研究，形成了比较丰富的学习思想和比较系统的学习理论，成为教师从事教育工作非常重要的理论基础和实践依据。

第一节　学习的概述

一、学习的概念

（一）什么是学习

学习是我们日常生活中使用非常频繁的一个词语，学生主要的任务就是学习，但平时我们所说的学习一般指的是知识技能的掌握，而心理学关于学习的界定远远超出了我们平时所理解的范畴，而且关于学习概念有种种界定，但较为广泛接受的定义是："学习（learning）是指个体在适应环境过程中，通过练习或反复经验而产生的行为或行为潜能方面比较持久的变化。"

（二）学习的特点

1. 学习是以行为或行为潜能的改变为标志的

通过学习，有的可以通过外显的行为表现出来，比如学会写字、说话、开车等。而有的学习不一定在人的当前行为中立刻表现出来，如信仰的确立、世界观的形成、人格的养成等。此外，人类的学习不仅仅是为了适应环境、认识世界，还要提高征服自然与环境的素质，进一步改造世界。为了达到这一目的，人类主动地探索各种有效的认识世界的方法、学习的方法，并通过认识、经历、体验、获得感悟、进行自我改变，从而转化为人类自身征服自然、改造世界的能力。因此，人类的学习不是单纯的记忆和背诵，而是在自己头脑中建构属于自己的知识、方法和技能体系的过程。

2. 学习是由练习或反复经验引起的

这里所说的经验不是通常我们所说的总结出来的经验，而是指经历，是个体通过活动获得经验的过程。它不仅包括个体的练习，更重要的是包括个体和环境之间不断相互作用，一方面，外界环境信息要想对个体产生影响，需要以个体已有的知识、技能、态度为基础；同时外界环境信息对个体产生影响又使个体经验不断丰富与发展。本能、疲劳、适应、成熟等也能引起行为变化，但不是学习。如遇火缩手是本能引起的适应活动不能叫学习；运动员在长跑中速度越来越慢是由疲劳引起的生理反应也不是学习；个体的成熟与衰老也会使行为产生变化，这种变化是由机体的生理发展引起的也不是学习。但个体发展中学习和成熟往往相互作用，只有个体达到一定的成熟程度，经验才会发生作用，如儿童学习语言，其中既有成熟的作用，也是学习的结果，因为儿童只有到了一定的年龄才能理解语言进而表达语言，这是由生理成熟决定的，但如果没有外在的语言环境，如成人的教和儿童的语言模仿，儿童就不可能有正常的语言表达，这又是学习的作用。

3. 学习引起的变化是相对持久的

由一些因素引起的暂时性变化，如疲劳、疾病、药物、偶然的刺激等，也会引起人的行为的改变，但这种行为改变是暂时的，当这些因素消失后，相应的行为变化也就停止了，这种暂时性的行为变化不是学习。学习引起的无论行为上的变化还是行为潜能的改变都是相对持久的。

4. 学习有广义、次广义、狭义之分

广义的学习是指人和动物的学习，次广义的学习指人类的学习，狭义的学习专指学生的学习。人类的学习和动物的学习有着本质的区别。主要表现在：一是人类的学习除了要获得个体的行为经验外，还要掌握人类积累起来的社会历史经验和科学文化知识；二是人的学习是通过语言的中介进行的；三是人类的学习在很大程度上是有目的地、自觉地、主动地适应环境的过程。

（三）学生的学习

学生的学习是人类学习的特殊形式，特指在学校情境中，在教师指导下，有目的、有计划、有组织地在一定时间内通过一定方式，系统地掌握人类积累起来的文化知识，发展智能，形成行为习惯和道德品质，促进人格发展的过程。其学习内容大致可以分三个方面：知识的掌握和技能的形成；智能的开发和非智力因素的培养；行为规范的养成和道德品质的培养。

学生的学习主要有四个特点：

第一，学生的学习是以系统学习人类积累起来的间接经验为主。学生在学校中的学习主要是接受前人的经验，学习书本知识，而不是亲身去发现经验，因此，所获得的知识是一种间接经验，具有间接性。

第二，学生的学习是在教师指导下有目的、有计划、有组织进行的。学校教育是指教育者根据一定社会的需要，遵循受教育者身心发展规律，有目的、有计划、有组织地引导受教育者主动学习，积极进行经验的改组和改造，促使他们提高素质、健全人格的一种活动，学生的学习也自然体现了学校教育其中的特点。

第三，学生学习的主要任务是掌握系统的科学知识、技能，形成科学的世界观和良好的道德品质。教师的根本任务是教书育人，在教给学生知识的同时，对学生进行思想品德教育，引导学生形成正确的世界观。

第四，学生的学习具有主动建构性和一定程度的被动性。学生的学习与人类学习一样，是把外界信息和人类积累起来的经验通过自身主动建构的过程。但他们的学习又不是为了适应当前的环境，而是为了适应将来的环境和社会，所以当学生意识不到他当前的学习与将来发展的关系时，就存在被动学习的状态，需要教师用各种方法来培养和激发学生的学习动机，提高其学习的积极主动性。

二、学习的分类

学习是一种非常复杂的活动，不仅涉及的范围相当广泛，而且形式也多种多样，许多心理学家从不同角度对学习进行了分类，影响较大的有以下几种。

（一）加涅的学习分类

1. 根据学习层次分类

美国著名心理学家加涅1965年出版了他的代表作《学习的条件》，根据学习情境由简单到复杂、学习水平由低级到高级的顺序，把学习分为八类，构成了一个完整的学习层次结构。

（1）信号学习

信号学习是最基本的学习，是在经典性条件反射的基础上形成的对信号刺激做出的特定反应，包括不随意反应和情绪反应。例如，小孩看到穿白大褂的护士联想到打针就会恐惧，这种恐惧是由信号学习引起的。

（2）刺激—反应学习

刺激—反应学习是在操作性条件反射基础上形成的，学习时具有一定的情景，有机体做出某种行为后得到强化，学会用某种反应去获得某种结果。例如，学生考试取得好成绩得到老师表扬，之后还想努力学习取得好成绩，得到老师表扬。

（3）连锁学习

将一系列刺激和反应动作按一定系列联系起来。各种技能的形成都离不开这类学习。如学习体操、舞蹈等，都需要把单个的动作连接起来形成连贯的动作。

（4）言语联结学习

这类学习与连锁学习类似，是一系列的言语单位的联结，只不过学习的单位是言语刺激，如北京—首都—中国—世界等。

（5）多重辨别学习

学习辨别多种刺激的异同，并对之做出不同的反应，如形近字的学习。

（6）概念学习

在对刺激进行分类时，学习对同一类刺激做出相同的反应，抽出同类事物的本质属性，形成概念。如对三角形概念的掌握和理解。

（7）规则学习

规则是指两个或两个以上概念之间的关系，规则学习就是形成多个概念的连锁，如速度＝路程/时间，就要掌握概念及它们之间的关系。

（8）解决问题的学习

此类学习是指学会在不同条件下，运用规则或原理解决问题，最终达到目的的学习。

加涅的学习分类系统几乎概括了心理学家所研究的一切学习类型，它不仅包括了低级的动物学习，也包括了高级的人类学习。这几类学习是从简到繁、从低级到高级逐步发展的，彼此之间相互联系，构成了一个复杂、抽象的累积学习模式。

2. 根据学习结果分类

为了更好地与教学实际相结合，加涅在学习层次分类的基础上提出了五种学习结果，并把它们看作五种学习类型。

（1）言语信息的学习

言语信息的学习解决"是什么"的问题，学生掌握的是以言语信息传递（通过言语交往或印刷物的形式)的内容或者学生的学习结果是以言语信息表达出来的。这一类的学习通常是有组织的,学习者得到的不仅是个别的事实,而且是根据一定的教学目标给予许多有意义的知识,使信息的学习和意义的学习结合在一起,构成系统的知识。

(2)智慧技能的学习

智慧技能的学习要解决"怎么做"的问题,在各种水平的学习中都包含着不同的智慧技能,比如怎样把分数转换成小数等。加涅认为每一级智慧技能的学习要以低一级智慧技能的获得为前提,最复杂的智慧技能则是把许多简单的技能组合起来而形成的。他把辨别技能作为最基本的智慧技能,按不同的学习水平及其所包含的心理运算的不同复杂程度依次分为:辨别——概念——规则——高级规则(解决问题)等智慧技能。

(3)认知策略的学习

认知策略是学习者用以支配他自己的注意、学习、记忆和思维的有内在组织的才能,这种才能使得学习过程的执行控制成为可能。因此,从学习过程的模式图来看,认知策略就是控制过程、它能激活和改变其他的学习过程。简单地说,认知策略就是学习者用来"管理"他的学习过程的方式。这种使学习者自身能管理自己思维过程的内在的有组织的策略非常重要,是目前教育心理学研究中的热门课题。

(4)态度的学习

态度是通过学习获得的内部状态,这种状态影响着个人对某种事物、人物及事件所采取的行动。学校的教育目标应该包括态度的培养,态度可以从各种学科的学习中得到,但更多是从校内外活动中和家庭中得到。加涅提出三类态度:①儿童对家庭和其他社会关系的认识;②对某种活动所伴随的积极的喜爱情感,如音乐、阅读、体育锻炼等;③有关个人品德的某些方面,如爱国家、关切社会需要和社会目标、尽公民义务的愿望等。

(5)运动技能的学习

运动技能又称动作技能,如体操技能、写字技能、作图技能、操作仪器技能等,也是能力的组成部分。

加涅认为,上述五类学习不存在等级关系,其顺序是随意排列的,它们是不同范畴的学习,这种分类是对分层次学习的一种减缩,充分体现了人类学习的特点,尤其符合学校学习的性质。加涅认为把学习结果作为教育目标,有利于确定达到目标所需要的条件,可以为教学设计提供可靠的依据,对于我们帮助学生学习,更好地组织教学具有更现实的意义。

（二）奥苏贝尔的学习分类

美国教育心理学家奥苏贝尔 1968 年从两个角度对学习进行了分类。

1. 根据学习材料与学习者原有知识结构的关系，将学习分为有意义学习和机械学习

有意义学习就是符号所代表的新知识与学习者头脑中已有的知识之间建立起非人为的实质性的联系，所谓实质性的联系是指人们用不同的符号表达知识，但它代表的意义是相同的。非人为的指的是这种联系是内在的。机械学习是学习者没有理解材料的意义，只是死记硬背，学习者只是在学习内容与已有知识结构之间建立一种人为的非本质的联系。二者是一个发展连续体的两个极端，许多真实的教学都处于两者之间。奥苏贝尔特别重视有意义学习，这是他学习理论的核心。

2. 根据学习的方式将学习分为接受学习和发现学习

接受学习是指学生通过教师的讲授获得结论、概念、原理等。发现学习是指学生独立地通过自己的探索寻找而获得答案。

奥苏贝尔认为，在课堂教学中有意义的接受学习是最常见的有效的学习方法。但不能因此否认机械学习和接受学习的作用，在有的情况下，机械学习和接受学习也是必要的。

（三）布卢姆的学习分类

美国教育心理学家布卢姆认为，教育目标应该包括认知学习、情感学习和动作技能学习三大领域。其中认知学习由低到高分为六个等级。

第一，知识：指学习具体的知识，能记住以前学过的知识。

第二，领会：指对所学习的内容最低水平的理解。

第三，应用：指在特殊情况下应用概念和原理，应用反映了最高水平的理解。

第四，分析：区别和了解事物之间的关系。

第五，综合：能把已有经验中的各部分或各要素组成新的整体。

第六，评价：能根据内在标准和外部证据对所学材料做出判断。

第二节　学习理论

学习理论是心理学中最古老、最核心、也是最丰富的领域之一。心理学成为独立科学后，心理学家、教育学家们对人和动物的学习从多个方面进行了研

究和探讨，提出了很多学习理论，形成了行为主义学习理论、认知学派的学习理论、建构主义学习理论、人本主义的学习理论等比较系统、完整的理论体系。在这里主要介绍行为主义学习理论和认知学习理论。

一、行为主义学习理论

行为主义学习理论又称刺激—反应学习理论，是当今学习理论的主要流派之一。其核心观点是有机体在一定条件下形成刺激与反应的联系从而获得新经验的过程，主要代表人物有俄国生理学家巴甫洛夫、美国心理学家华生、桑代克、斯金纳、班杜拉等。

(一)经典性条件反射理论

俄国生理学家巴甫洛夫在他著名的经典性条件反射中，通过动物实验得出学习存在着一些基本规律。

1. 获得律与消退律

获得律是指条件反射需要条件刺激与无条件刺激多次结合，使被试对条件刺激做出反应的过程。在条件反射建立过程中，条件刺激和无条件刺激必须同时或近于同时呈现，间隔太长就无法建立。另外，条件刺激作为无条件刺激出现的信号，必须先于无条件刺激出现，否则也无法建立条件反射。消退律是指如果条件刺激重复多次出现而没有无条件刺激伴随，则条件反射会变得越来越弱，以致最后消失。

2. 泛化律与分化律

泛化律是指在条件反射形成初期，另外一些类似的刺激也可能会引起条件反射，如狗对电铃声做出反应，也可能对类似的铃声做出反应。刺激越相近，泛化现象越容易发生。分化律是指对事物差异的反应。如电铃声后有食物，而铜铃声后不会有食物，多次之后，狗听到电铃声分泌唾液，对铜铃声不会分泌唾液。

3. 二级条件作用律

在条件反射建立以后，如果将条件刺激(如铃声)用作无条件刺激，使它与一个中性刺激相伴出现，就能建立起一个新的条件反射，如当铃声与唾液分泌的联结建立起来之后，将铃声与灯光(无食物)反复伴随出现，灯光也会引起狗的反应。这种由一个已经条件化的刺激来使另一个中性刺激条件化的过程，叫二级条件作用。

二级条件作用可以帮助我们理解很多复杂的人类行为，很多情况下人们对工作或学习等事物本身没有直接兴趣，但可以通过某种方式激发间接兴趣，从而提高工作、学习的积极性。如在广告设计中，对于广告中宣传的产品，可能没引起人们的注意，但由于广告设计者们把这些商品同一些诱人的视听刺激联系到了一起，引发了人们对所宣传产品的关注，这就是二级条件作用在发挥作用。

4. 信号系统

能够引起条件反应的物理性的条件刺激叫作第一信号系统，是人和动物共有的，如望梅止渴。凡是能够引起条件反应的以语言符号为中介的条件刺激叫作第二信号系统，为人所特有，如谈虎色变。第二信号系统是在第一信号系统的基础上建立起来，但又反过来影响和支配了第一信号系统。第二信号系统必须经常被第一信号系统所校正，才不致歪曲人们与现实的关系。人类的高级神经活动乃是第一信号系统和第二信号系统共同活动相互作用的结果。动物只有一个信号系统，相当于人类的第一信号系统。第二信号系统的发生与完善使人类高级神经活动出现飞跃，它是人类社会活动的产物。

在经典性条件反射中，有机体的行为都是由刺激引发的不由自主的反应，这些刺激来自于环境，有机体不能控制和预测它。经典性条件反射理论能解释有机体的某些学习行为，如有机体是如何对刺激做出特定的反应，以求得与环境的平衡。但在实际学习中，我们经常看到，有机体为了获得某些结果积极主动地去做出某种反应，而不是被动地接受，用这种理论就很难解释这种行为。

（二）旧行为主义学习理论

旧行为主义代表人物美国心理学家华生以巴甫洛夫的研究结果作为指导进行学习理论的研究，认为学习就是刺激与反应之间建立联结的过程。华生以著名的小阿尔伯特实验来说明学习的发生过程。如图 11-1。

该实验以一名 11 个月的婴儿为被试。实验开始前，实验者给他呈现狗、猴子、白色绒棉以及白鼠，被试对这些动物和物体都感兴趣，愿意接近它们，并不时触摸它们，从来没有表现出丝毫的恐惧。实验开始时，当他的手刚触摸到白鼠时，响起敲击钢条的巨大声响，他停止动作，但并没有哭。当他再次去触摸白鼠，第二次响起敲击钢条的巨大声响，他猛烈跳起并开始大哭。他第三次去触摸白鼠，同样又响起敲击钢条的巨大声响，他猛烈跳起，张口大哭，并试图爬开。接下来，实验者将一只兔子呈现在他面前，他大哭并试图爬开。然后，实验者又将毛衣呈现在被试面前，被试并无接近倾向。最后，被试看到带毛发的面具，反应剧烈，大哭，立即向相反方向爬去。

根据这一实验，华生提出有机体的学习实质上就是通过建立条件反射作用

图 11-1　华生恐惧形成实验

形成刺激与反应联结的过程，从而形成习惯。人类的行为都是后天习得的，环境决定了一个人的行为模式，无论是正常的行为还是病态的行为都是经过学习而获得的，也可以通过学习而更改、增加或消除。

根据华生的观点，在实际教育中，许多学生的态度就是通过经典性条件作用而形成的。例如，有的学生不喜欢某门学科，很可能是因为曾经在学习该学科过程中出现过负性事件，如老师的批评或挖苦、学习的挫折或打击等引起的，学生形成了对该学科恐惧的条件作用，也有可能泛化到其他学科中，这是很多学生学习成绩落后或厌学的原因。

（三）联结主义学习理论

桑代克是美国著名心理学家，动物心理学的开创者，联结主义心理学的建立者和教育心理学体系的创始人。1903 年，他的《教育心理学》一书标志着教育心理学成为独立的学科，他也被称为"教育心理学之父"，他的学习理论在美国的影响持续了半个世纪之久。

桑代克最初研究学习问题是从动物开始的，其中"迷箱实验"最为经典，迷箱实验是把一只饿猫放进迷箱，箱内有各种开门的设施，箱外放鱼，猫可望而不可即，本能地做出各种反应，只有在猫碰巧抓到这些开门设施，门才会开，猫得以逃出吃到鱼。之后继续把饿猫放进迷箱，多次之后，猫在笼子中盲目动作越来越少，正确率越来越高，最后，猫一被放进迷箱就能触动开关跑出笼子获取食物。如图 11-2。

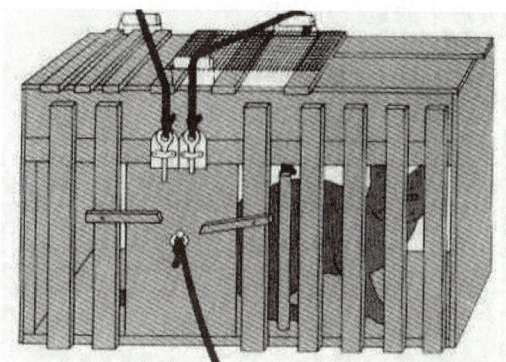

图 11-2　桑代克迷箱实验

1. 学习是尝试—错误的过程

桑代克认为，学习的实质就是尝试—错误的过程。饿猫在迷箱中经过反复尝试—错误，无效的动作逐渐减少，有效动作逐渐增加。在多次的尝试错误中，动物学会了从多种反应中选择出一种最有效的方式与特定的情境建立起联结。人和动物都是如此，在尝试错误中渐进提高。

2. 学习三定律：准备律、练习律、效果律

桑代克认为，学习遵循三条重要的原则，即准备律、练习律和效果律。

准备律：指学习者有准备又给予活动就感到满意，有准备而不活动或无准备而强制活动都会感到烦恼。

练习律：指学会了的反应练习的次数越多，联结就会越巩固，反之越弱，但联结只有在有奖励的练习中才会加强。

效果律：指一个人当前行动之后能否得到满意的答复对他以后的行动起着非常关键的作用，如果一个行动得到满意的、肯定的答复，以后在类似的情境中重复这个动作的可能性就会增加，如果行动得到的是否定的答复，以后出现同样动作的可能性就会减少。

桑代克的学习理论对教学实践有着重要的指导意义，为我们更有效地提高教学效果提供着理论依据。

（四）操作性条件反射理论

美国心理学家斯金纳（B. F. Skinner）在桑代克尝试错误理论基础上提出了操作性条件反射理论。他以白鼠和鸽子为实验对象，观察它们在食物的强化下，通过各种手段获取食物的操作过程，并对强化的机制、原理、方式等进行了深入研究，提出了操作性条件反射学习理论和程序教学思想，奠定了斯金纳

在心理学以及教育发展中的地位和作用。

1. 应答性行为和操作性行为

斯金纳认为，学习行为有两种类型：应答性行为和操作性行为。应答性行为是由特定刺激引起的，有机体被动地对外界刺激做出反应。而操作性行为则不与任何特定刺激相联系，是有机体自发做出的随意反应。应答性行为是经典性条件反射研究的对象，而操作性行为则是操作性条件反射研究的对象。在日常生活中，人的行为大部分是操作性行为，因此，对操作性行为的研究更能揭示人在实际生活中的学习规律。

2. 强化理论

斯金纳在巴甫洛夫研究的基础上，对强化问题做了更全面的研究。他认为，学习实际上是一种反应概率上的变化，而强化是增强反应概率的手段，凡是能增强反应概率的刺激和事件都叫强化物。

(1)正强化和负强化

当环境中某种刺激增加而行为反应出现的概率也增加时，这种刺激就是正强化，如饥饿的白鼠按压杠杆得到食物，食物就是正强化物。当环境中某种刺激减少而行为反应出现的概率增加时，这种刺激就是负强化。负强化往往是一种厌恶刺激，是有机体尽力回避的，如白鼠处于轻微的电击中，一旦按压杠杆，电击就解除，电击就是负强化物，它同样能增加白鼠按压杠杆的次数。需要注意的是无论正强化还是负强化，都是为了某种行为出现的概率增加，促进行为的发生。

(2)一级强化和二级强化

一级强化满足人和动物的基本生理需要，如食物、水、安全、性的需要。二级强化是任何一个中性刺激如果与一级强化反复结合，它就有了强化的性质。如金钱，对婴儿不是强化物，但当孩子知道用钱可以换取自己想要的东西时，金钱就成为二级强化物。二级强化可以分为社会强化（赞许、表扬等）、信物（奖金、证书、奖品等）和活动（旅游、玩耍等）。

强化在人的行为塑造中起重要作用。在学习生活中，为了使学生养成良好的学习和生活习惯，教师常常用表扬奖励等手段对学生的正确行为给予正强化，而用批评等办法对学生的错误行为给予负强化，这是非常必要和有效的。但要注意的是，无论正强化还是负强化，都要运用得当，因人而异，因年龄而异，否则不但起不到应有的作用，可能还会有负面作用。

3. 逃避条件作用与回避条件作用

（1）逃避条件作用

当厌恶刺激或不愉快情境出现时，有机体会趋利避害，采取逃避行为，以后遇到类似情境也会采取同样的方式，这就是逃避条件作用，它揭示了有机体如何学会摆脱困境和痛苦的。在许多情况下，逃避条件作用所产生的行为都是对自身不利的环境的一种逃避。如孩子犯了错误怕家长批评用撒谎的方式来逃避，人怕得传染病会躲避传染源，采取相应行为保护自己等。

（2）回避条件作用

当预示厌恶刺激或不愉快情境即将出现的信号出现时，因为有过以前的经验，有机体会自发做出回避反应，从而避免给自己带来伤害，以后该反应在以后类似的情境中发生的概率就会增加，这类条件作用被称为回避条件作用。如孩子有过到医院被穿白大褂的护士打针的经历，以后一到医院见到护士会极力回避。回避条件作用是在逃避条件作用的基础上建立起来的，是有机体在经历过厌恶刺激或不愉快经历之后学会的对预示厌恶刺激或不愉快情境的信号做出的反应。正因为如此，采取回避条件作用比逃避条件作用更能主动地保护自己，所以也更常见。

4. 惩罚

当有机体做出某种行为后，给予一个厌恶刺激或不愉快刺激，以抑制或消除此类行为的发生，这就是惩罚。如对考试作弊者给予处分，对随地吐痰者给予罚款等，目的在于抑制或消除此类行为的再次发生。但实验表明，惩罚并不能使行为发生永久性的改变，只能在短期内抑制此类行为的发生，不能根除行为。因此惩罚在运用时一定要慎重，惩罚一种不良行为要与强化一种良好行为结合起来，才能达到好的效果。

二、认知学习理论

20 世纪 50 年代后期，心理学家和教育工作者开始摒弃将人的学习和动物的学习等同起来的行为主义学习理论，转而关注人类更为复杂的认知过程，如思维、问题解决、语言、概念形成和信息加工。认知学派否认学习是刺激与反应之间的联结，他们注重解释学习行为的中间过程，即目的、意义等，认为这些过程才是控制学习的可变因素。认知学派认为学习不是被动地形成反应，而是主动地形成认知结构的过程。认知学派的学习理论起源于苛勒的研究，后经托尔曼、布鲁纳、奥苏贝尔和加涅等心理学家进行的大量创造性工作，使学习理论的研究自桑代克之后又进入了一个辉煌时期。

（一）格式塔学习理论

西方的认知学习理论根源于格式塔学说。格式塔理论自 1912 年韦特海默提出后，在德国得以迅速发展，又由于苛勒和考夫卡对这一理论的发展，格式塔理论成为世界上为数不多的理性主义理论之一。

格式塔心理学家苛勒在 1913—1917 年对黑猩猩的问题解决行为进行了一系列的实验研究，从而提出了完形—顿悟学习理论。其中最有名的实验是把黑猩猩关到屋子里，房顶悬挂着香蕉，地上摆着一些箱子，猩猩不借助外物是够不到香蕉的，简单的情境只需要黑猩猩运用一个箱子便能够到香蕉，复杂的情境则需要把几个箱子摞起才能够到香蕉。如图 11-3。

图 11-3　苛勒的大猩猩实验

1. 学习是顿悟的结果

黑猩猩通过对整个情境整体的感知，弄清物体之间的关系，产生了顿悟达到了学习的目的。

2. 学习的实质是主体内部构造完形的过程，整体永远大于部分之和

完形是一种心理结构，它是在机能上相互联系和相互作用的整体。人的每一种经验都是一个整体，总体不是部分的简单相加，整体总是大于部分之和。在学习中，各部分综合有效的运用就能达到意想不到的效果。顿悟的过程就是完形的构造过程。

（二）符号学习理论

美国心理学家托尔曼是新行为主义的代表人物，目的行为主义的创始人。他提出整体行为模式和中介变量的概念，弥补了华生古典行为主义的缺陷，并建构符号完形理论，也成了认知心理学的先驱。

托尔曼迷宫实验证明了他的理论。迷宫有一个出发点、一个食物箱和三条

长度不等的从出发点到达食物箱的通道。实验开始时，将白鼠置于出发点，然后让它们自由地在迷宫内探索。一段时间后，检验它们的学习结果。检验时，再将它们置于出发点，并对各通道做一些处理，观察它们的行为。结果是，若三条通道畅通，白鼠选择第一条通道到达食物箱，若 A 处堵塞，白鼠选择第二条通道，若 B 处堵塞，白鼠选择第三条通道。如图 11-4。

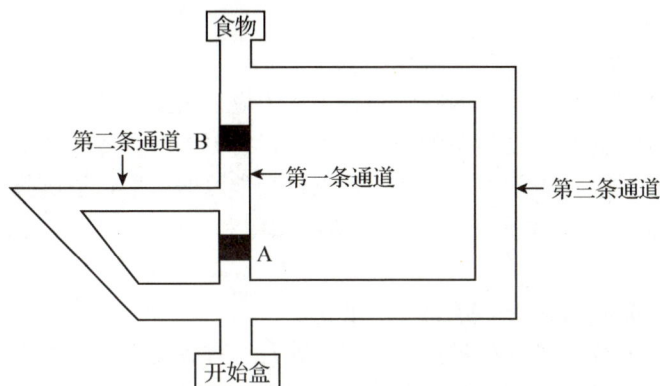

图 11-4　托尔曼位置学习实验

根据这一实验以及许多类似的实验，托尔曼认为：

第一，学习是有目的的行为，而不是盲目的。

第二，动物的学习并非是一连串的刺激与反应，学习的实质是脑内形成了认知地图。

第三，在外部刺激(S)和行为反应(R)之间存在中介变量(O)。主张将行为主义 S-R 公式改为 S-O-R 公式，O 代表机体的内部变化。

(三)认知结构学习理论

布鲁纳是美国当代著名的认知教育心理学家，他反对以刺激—反应联结和对动物行为习得研究结果来解释人类的学习活动，而是把重点放在学生获得知识的内部认知过程和教师如何组织课堂教学以促进学生发现知识的问题上。他对知觉和思维等方面进行了深入研究，提出了认知结构学习理论。

1. 认知表征

表征是人们知觉和认识世界的一套规则，布鲁纳认为，儿童认知发展与人类认识发展过程一样，大致经历了三个阶段：动作表征、形象表征、符号表征。

2. 编码系统

布鲁纳十分强调认知结构在学习过程中的作用，认为学习者不是被动地接受知识，而是主动地获取知识，并把新获得的知识和已有认知结构联系起来，建构新的知识体系，学习的实质是学习者主动形成认知结构的过程。他提出编码系统的概念，认为编码系统就是一组相互联系的概念，是人们对所接触的外界信息加以分类和组合的方式，并随着人们知识经验的丰富而不断重组更新。教师的任务就是在系统全面了解学生已有编码系统的基础上，帮助学生形成结构清晰的编码系统。

3. 发现学习

怎样获得知识的基本结构呢？布鲁纳认为应采用发现学习，发现学习就是启发学生在学习过程中主动探索的思维方式，它更能激发和培养个人主动探索知识结构的精神，注重学习的过程而不仅仅是学习的结果，重视获得知识的方法而不是知识本身，看重个人内部的学习愿望和策略，而不是外部的奖赏和强化。

(四)奥苏贝尔认知同化学习理论

奥苏贝尔在学习理论中最重要的观点就是对有意义学习的描述，他认为学生的学习如果有价值的话应该尽可能地有意义。

1. 有意义学习

(1)有意义学习的实质

如前所述，奥苏贝尔认为所谓有意义学习，就是将符号所代表的新知识和学习者认知结构中已有的观念建立起非人为的实质性联系，如果学习者不理解符号所代表的知识，只是依据字面上的联系，记住某些符号的词句或组合，则是一种死记硬背的机械学习。

(2)有意义学习的条件

有意义学习既受学习材料本身性质的影响，也受学习者自身因素的影响，前者为有意义学习的外部条件，后者为有意义学习的内部条件。外部条件即有意义学习材料本身必须合乎这种非人为的和实质性的标准，即学习材料必须具有逻辑意义，这种逻辑意义指的是材料本身与人类学习能力范围内的有关观念可以建立起非人为的实质性的联系。内部条件即学习者必须具有有意义学习的心向，能积极主动地把符号所代表的新知识与头脑中原有知识联系起来。其次，学习者认知结构中必须具有适当的知识，以便与新知识进行联系。最后，学习者必须积极主动地使新知识与旧知识发生相互作用，结果使旧知识得到改造，新知识获得实际意义。

(3)有意义学习的类型

有意义学习可以分为表征学习、概念学习、命题学习、发现学习。表征学习的主要内容是词汇学习，概念学习实质上是掌握同类事物的共同关键特征，命题学习是以句子的形式表达的学习。

2. 接受学习

接受学习是在教师指导下，学习者接受事物意义的学习。接受学习也是概念同化的过程，是课堂学习的主要形式。奥苏贝尔认为，学习应该是通过接受而发现，而不是通过发现而学习。在接受学习中，教师向学生传授的应是经过仔细考虑、认真筛选的、有组织、有系统的、完整的、已成定论的科学基础知识，包括一些抽象的概念、命题、规则等，通过教科书或教师的讲述，用定义的方式，直接向学习者呈现。这时学生不可能发现什么新知识，学习者只是接受这些现成的知识，掌握它的意义。学习者接受学习的心理过程表现为：首先在认知结构中找到能同化新知识的有关因素，然后找到新旧知识之间的共同点，最后再找出新旧知识的不同点，从而使所学的知识融会贯通，形成知识体系。

3. 先行组织者策略

所谓"先行组织者"是指先于学习任务呈现的一种引导性材料，它的抽象、概括和综合水平高于学习任务，并且与认知结构中原有观念和新的学习任务相联系。奥苏贝尔认为，教科书一般总是包括这个先行组织者的，如一开始的综述或概述，章节的标题或大纲，其目的是为新的学习任务提供观念上的固着点，增加新旧知识之间的可辨别性，以促进学习的迁移。这是奥苏贝尔理论中重要的学习策略。

（五）信息加工学习理论

学习的信息加工观点是一种计算机模拟的思想，是把人的学习过程比喻为计算机的加工过程。1974年加涅提出的学习的信息加工理论成为这种观点的主要代表。

加涅认为，学习的模式是用来说明学习的结构和过程的，它对于理解教学及教学过程以及如何安排教学事件具有十分重要的意义，因此他提出了著名的信息加工模式。如图11-5。

这一模式表明，环境中的刺激因素作用于人的感受器官，在感觉登记器作短暂的寄存，一般在百分之几秒内就可以把来自各感受器的信息登记完毕，有些部分登记了，有的部分就很快消失了。

被登记的信息很快进入短时记忆，信息在这里可以持续二三十秒。短时记忆的容量很有限，一般只能储存七个左右的信息项目，一旦超过这个数目，新的信息进来就会把原有的部分信息赶走，如果想要保持信息，就得采取复述的

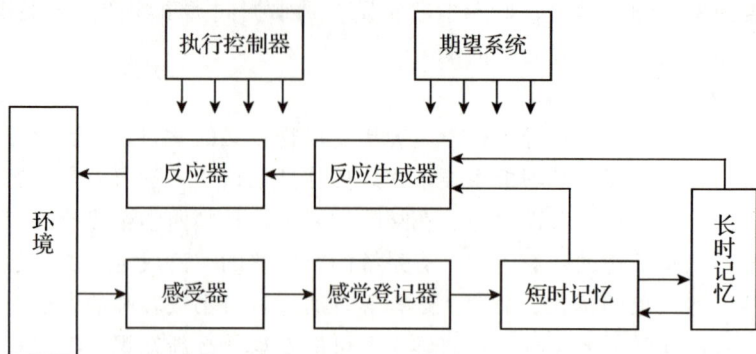

图 11-5　加涅的信息加工模式图

策略。但复述只能有利于保持信息以便进行编码，并不能增加短时记忆的容量。

当信息从短时记忆进入长时记忆时，信息发生了关键性的转变，即要经过编码过程。所谓编码就是用各种方式把信息组织起来，信息是经过编码形式储存在长时记忆中，而长时记忆是容量非常大的信息储存库。

当需要使用信息时，需从长时记忆中提取信息，被提取的信息可以直接通向反应效应器，从而产生反应，也可以再回到短时记忆，对该信息的合适性做进一步考虑，结果可能是进一步寻找信息，也可能是通过反应效应器做出反应。

这个信息流程的上部有两个控制结构，即执行控制和期望。执行控制是决定哪些信息从感觉登记进入短时记忆，如何进行编码，采取何种提取策略等。期望就是学生期望达到的目标，也是学习的动力。整个学习过程都是在这两个结构的作用下进行的。

第三节　学习迁移

一、学习迁移的概念

迁移是学习中非常普遍的现象，"举一反三""触类旁通"说的就是迁移现象，学好语文有助于学好其他学科，这是知识的迁移；会开拖拉机会很容易学会开汽车，这是动作技能的迁移；学习中养成认真的习惯有助于对待工作的认真负责，这是态度的迁移等。一般认为，学习迁移是一种学习对另一种学习的影响。由于学习既包括知识、技能、能力的学习，也包括情感、态度、行为方式的学习，所以，具体地说，迁移是指"在一种情境中获得的技能、知识或态度对另一种情境中技能、知识的获得或态度的形成的影响"。

二、学习迁移的种类

（一）根据迁移的性质和结果，可以分为正迁移和负迁移

正迁移是指学习之间产生的影响是积极的，如学习平面几何有利于学习立体几何，学好语文有助于学好其他学科。负迁移产生的影响是消极的，如学习拼音对学习英语的发音有时起干扰作用，会骑三轮车对学骑自行车有时会起干扰作用。

（二）根据迁移的方向，可分为顺向迁移和逆向迁移

顺向迁移是指先学习的材料对后面的学习产生影响，如学完加减乘除对以后学习四则运算产生影响。逆向迁移是指后学习的知识对先学过的知识产生影响，如学了立体几何之后会更容易理解前面学过的平面几何的知识。

（三）根据迁移内容抽象和概括水平，可分为纵向迁移和横向迁移

纵向迁移也叫垂直迁移，是指处于不同抽象概括层次的各种学习间的相互影响，如学习加减乘除、四则运算之间的影响。横向迁移也叫水平迁移，是指处于同一抽象概括层次的学习间的相互影响，如学习直角、锐角、钝角知识之间的迁移。

（四）根据迁移内容，可分为一般迁移和具体迁移

一般迁移也叫普遍迁移，是指一种学习中所习得的一般原理、原则和态度对另一种具体内容学习的影响，即原理、原则和态度的具体应用。具体迁移也叫特殊迁移，是指学习迁移发生时，学习者原有的经验组成要素及其结构没有发生变化，只是将学习中的经验要素重组并迁移到另一种学习中，如学习了"日""月"对学习"明"的迁移。

三、影响学习迁移的主要因素

由于迁移是学习中普遍存在的一种现象，很多因素都会直接或间接地影响迁移。

（一）学习材料的共同因素

有关学习理论表明，两种学习材料或对象共同因素越多越容易发生学习迁移。例如，平面几何与立体几何之间容易迁移，心理学与教育学之间容易迁移等。

值得注意的是，两种学习材料之间除了具有共同因素之外，必然也会有不同的因素。因此，两种材料的学习可能产生正迁移，也可能同时产生负迁移。为了促进学习迁移，防止干扰，在教学中教师应引导学生准确辨析学习材料之间的共同要素，加强对它们之间区别的认识。

（二）已有的知识经验和概括水平

学习迁移是在两种学习之间产生的，那么已有知识经验越丰富越有利于学习的迁移，所掌握知识经验概括水平越高越有利于迁移，反之就不容易迁移。教学实践经验也证明了这一点，知识掌握的灵活，能举一反三、融会贯通的学生，越能找到知识间的共同点，实现学习的迁移。为此很多教育心理学家非常重视对学生知识概括水平的培养和训练，强调对基本原理、基本概念的掌握，认为所掌握的内容越基本、越概括，对遇到的新情况、新问题越容易解决，越能产生迁移。

（三）教材的组织结构和学生的认知结构

认知结构迁移说认为，学生已有认知结构的可利用性、可辨别性、稳定性是产生学习迁移的前提条件，因此，让学生掌握学科的基本结构不仅便于学生对教学内容的理解和记忆，而且有利于学习迁移。教师应注意组织好教学内容的顺序，以便于形成学生的认知结构。

（四）智力水平

智力水平较高的人能很容易发现两种学习间的共同点和不同点，善于总结学习中的原理原则，能较好地将以前习得的学习策略和方法运用到以后的学习中去。

（五）心理定势

心理定势也叫心向，是由先前学习引起的，对以后活动产生影响的一种心理准备状态。定势对学习具有定向作用，在条件相同的情况下有利于问题的解决，产生正迁移，但在条件改变的情况下，却容易使人走入误区，产生学习的负迁移。关键在于学习者能否具体分析当前的学习情境，找出哪些可以利用已有知识经验和策略解决问题，哪些需打破常规，跳出已形成的思维定势灵活地、创造性地解决问题。

除了上述因素影响学习迁移之外，一个人的认知技能和策略、个性、年龄等也影响学习的迁移，在教学过程中教师应注意这些因素对学习的影响，充分发挥这些因素使它们在学生的学习中产生正迁移。

四、学习迁移能力的培养

根据以上分析，我们在教学中应有针对性地培养学生的学习迁移能力，更好地提高教学效果和学习效率。

（一）注重基本知识和基本技能的教学与训练

我们的教育历来强调"双基"教学，因此在教学中要把那些具有广泛迁移价值的学习材料作为教学的基本内容，而每一门学科中的基本概念、基本原理、基本技能都具有广泛的适应性，同时具有很大的迁移性，无论在教材的编排、教学内容的选择、教学重点的确定、学习效果的考核等方面都应重视基础性、代表性、广泛性。

（二）教师要对学生进行迁移指导，提高知识概括化水平

在教学中，教师要有意识地引导帮助学生学会分析不同学习材料之间的异同点，培养他们辨别问题、分析问题、解决问题、概括问题的能力，进而提高他们学习迁移的能力。

（三）合理选择和使用教材，合理编排教学内容

教材是依据教学大纲要求编写的教学用书，它不但是教师教学的基本依据，也是学生获取知识的重要工具。在国家宏观教育政策的调控下，各地在选用教材时应慎重地选择有权威性、代表性、基础性的教材作为学校教学的工具。根据奥苏贝尔的认知结构理论，认知结构中的可利用性、可辨别性、稳定性是影响学习迁移的重要因素，教师在讲授教材、传授教学内容的时候应充分利用教学内容之间的内在联系，使已有的旧知识能很好地同化新知识。对缺乏内在联系的学习材料，可以利用"先行组织者"策略，为新的学习任务提供观念上的固着点，增加新旧知识之间的可辨别性，以促进学习的迁移。

（四）提高学生迁移的自觉性

培养学生学习迁移的意识是实现迁移的前提，因此在遇到新的学习问题和学习情境的时候，应首先找出新旧知识之间的关系，发现它们之间共同的原则和原理，找出共性，以利于知识的迁移，并在迁移的时候，注意定势的影响，防止负迁移的发生。

（五）加强教学方法的选择，促进学生学习方式的转变

教师要引导学生变被动学习为主动学习，通过各种方式训练教给学生学习的方法，让学生学会学习，能够灵活掌握知识，举一反三，融会贯通。

（六）改进评价方式，鼓励学习迁移

教师对学生的评价方式直接影响学生学习的方式，教师通过评价方式来引导鼓励学生进行学习迁移，养成学习迁移的习惯。

第四节　学习策略

近年来，关于学习策略、元认知策略等成了教育心理学界的一个非常热门的研究课题，这些课题的研究目的就是为了让学生掌握学习方法，达到我们教育的目标，也就是学会学习。

一、学习策略的概念

（一）什么是学习策略

学习策略作为一个完整的概念，是布鲁纳 1965 年在提出认知策略后出现的，近些年逐渐成为教育心理学界关注的热点。但至于什么是学习策略，却始终没有统一的定论。很多心理学家从各自不同的角度提出了学习策略的定义。综合各种观点，我们认为，学习策略是学习者为了提高学习效果和效率，有目的、有计划地调整学习行为和认知活动的方法。它既可以是内隐的规则系统，也可以是外显的操作程序与步骤。

（二）学习策略的特点

学习策略的特点表现在三个方面。

1. 操作性与监控性的统一

学习策略的操作性体现在学生认知过程的各个阶段，监控性体现在内隐的认知操作之中。

2. 外显性与内隐性的统一

在学习中使用的一些学习操作可以直接观察到，而学习策略又是在头脑中借助内部语言进行的内部意向活动。

3. 主动性与迁移性的统一

主动性指的是学习策略可以根据学习材料和学习情境的特点以及学习的变化进行自我调整，迁移性指从某种学习情境中获得的学习策略能够有效地迁移到类似或不同的学习情境中。

二、学习策略的分类

一般来讲，学习策略包括认知策略、元认知策略和资源管理策略。如图 11-6。认知策略是信息加工的策略，元认知策略是对信息进行加工过程进行调控的策略，资源管理策略是辅助学生管理可用的环境和资源的策略。

```
          ┌          ┌ 复述策略(如重复、抄写、画线等)
          │   认知策略┤ 精细加工策略(如想象、口述、总结、做笔记、类比、答疑等)
          │          └ 组织策略(如组块、选择要点、列提纲、画地图等)
  学       │          ┌ 计划策略(如设置目标、游览、设疑等)
  习       │ 元认知策略┤ 监视策略(如自我测查、集中注意、监视领会等)
  策       ┤          └ 调节策略(如调查阅读速度、重新阅读、复查、使用应试策略等)
  略       │          ┌ 时间监督(如建立时间表、设置目标等)
          │          │ 学习环境管理(如寻找固定地方、安静地方、有组织地方等)
          │资源管理策略┤ 努力管理(如归因于努力、调整心境、自我谈话、自我强化等)
          └          └ 其他人的支持(如寻求教师或伙伴帮助、小组学习等)
```

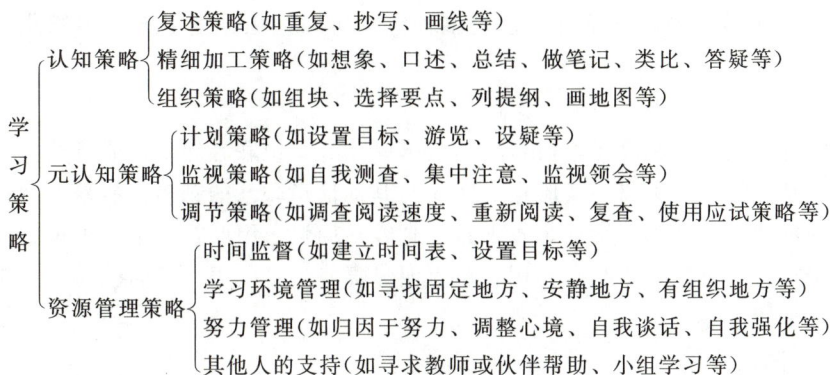

图 11-6　迈克卡学习策略的分类

为了更好地弄清认知策略和元认知策略，我们应先了解知识的概念。

"知识"一词在现实生活中使用频率非常高，但对其内涵目前仍有很大分歧。根据现代认知心理学的观点，知识是个体通过与环境相互作用而获得的信息及组织。

著名心理学家安德森把个体的知识分为两类，一类是陈述性知识，另一类是程序性知识。陈述性知识也叫描述性知识，是个人具备有意识的提取线索，能直接陈述的知识。它主要回答的是事物是什么、为什么、怎么样的问题，可用来区别和辨别事物，这类知识一般靠记忆来获得，具有静态的特点。目前学校主要传授的是陈述性的知识。程序性知识也叫操作性知识，是个人缺乏有意识地提取线索，只能借助于某种操作间接推测其存在的知识，它主要用来解决做什么和怎样做的问题，因为这类知识主要依靠操作获得，因而具有动态的性质。

（一）认知策略

认知策略是学习者对信息加工的一种方法和技术，其基本功能有两个方面：一是对信息进行有效的加工和整理；二是对信息进行分门别类的系统储存。

根据作用于信息加工过程的不同阶段，认知策略主要包括复述策略、精细加工策略和编码与组织策略。

1. 复述策略

复述策略作用于认知过程的起始阶段，即选择、获得阶段，是对信息进行反复识记以在头脑中得到巩固的策略。常用的复述策略有：在复述的时间上，采用及时复习、分散复习；在复述的次数上，强调过度学习；在复述的方法上，包括排除相互干扰、运用多种感官协同记忆、复习方法多样化、画线等。

2. 精细加工策略

精细加工策略是将新学习材料与头脑中已有知识联系起来，通过建立信息之间联系的深加工策略。实验也表明，与其他信息联系的越多，能帮助回忆出信息的准确率就越高，深加工越细致，越容易回忆。因此，它是一种理解性的记忆策略，与复述策略结合使用，可以明显提高记忆效果。下面就是一些常用的精细加工策略。

（1）记忆术

记忆术是通过把那些枯燥乏味但又必须记住的知识人为地赋予意义，使记忆过程变得生动有趣，从而提高记忆效果。常用的记忆术有：①位置记忆法。位置记忆法是一种传统的记忆术。这种技术最早被古希腊演讲家广泛使用，而且一直沿用至今。位置记忆法对于记忆有顺序的系列项目特别有用。②谐音联想法。如圆周率 $\pi=3.1415926\cdots\cdots$ 小数点后 24 位可以用顺口溜"山巅一寺一壶酒，尔乐苦煞吾，把酒吃，酒杀尔，杀不死，乐而乐"来帮助记忆。③缩减和编歌诀法。例如二十四节气，可以编为"春雨惊春清谷天，夏满芒夏暑相连，秋处露秋寒霜降，冬雪雪冬小大寒"。④关键词法。如英语单词"tiger"可以联想成"泰山上一只虎"，这种方法在记忆英语单词时非常有用，当然也适用于其他信息的学习。⑤首字联词法。首字联词法是利用每一个词的第一个字形成缩写，在英文中这种方法最常见。如 VIP 是 very important person 的缩写；IQ 是 intelligence quotient 的缩写；CCTV 是 China center television 的缩写。

（2）做笔记

做笔记是阅读和听讲时常用的一种精细加工策略。这种方法对于学校中正规课程的学习非常有用，因而受到广泛重视。

（3）提问

提问有助于学生在理解基础上的记忆，也有助于学生上课注意听讲，提高课堂教学效果。

（4）生成性学习

生成性学习就是对所学的知识产生类比或联想，这种方法最重要的一点就是需要主动积极的加工。

3. 编码与组织策略

编码与组织策略是整合新旧知识之间的内在联系，形成新的知识结构。

（1）列提纲

列提纲是以简要的词语写出主要的观点，所列的提纲要具有概括性和条理性。

（2）图形图解

图形是用来图解各种知识之间是如何联系的，主要图解法有系统结构图、流程图、模式或模型图、网络关系图等。

（3）表格

可以是一览表或双向表。

（二）元认知策略

1. 元认知

元认知概念是弗拉维尔于20世纪70年代提出的一个新概念。按弗拉维尔的观点，元认知就是对认知的认知。具体地说就是关于个人对自己认知过程的知识和调节这些过程的能力，对思维和学习活动的知识和控制。它包括两个独立但有相互联系的基本成分：元认知知识（存储在长时记忆中）和元认知控制（存储在工作记忆中）。

（1）元认知知识

元认知知识是个体通过经验积累起来的关于认知的一般性知识。它包括三个方面的知识：一是知人方面的知识，指对自己和他人认知能力和特点的认识，如对自己记忆、思维、智力发展水平等方面的认识，对他人在各方面的认识等；二是知事方面的知识，指对认知对象特点、本质等方面的认识，如对学习心理这部分学习内容的掌握程度，对自己所学专业的认识程度等；三是知法方面的知识，指对学习过程中所用方法和策略的认识，如对不同的学习材料采用什么样的策略和方法才能有效地达到学习目的。

（2）元认知控制

元认知控制是个体对认知行为的管理和控制，是主体在进行认知活动时，将自己的认知活动作为意识对象，不断对其进行积极的调节和监控的过程。它包括三方面内容：一是计划策略，即根据认知活动的特定目标，在具体从事认知活动之前，有目的地制订出切实可行的计划，预测结果和有效性；二是监视策略，就是在认知活动中根据认知目标对认知活动结果及时评价，正确估计自己实现认知目标的程度和水平，并根据有效性标准评价各种认知行动和认知策略的效果；三是调节策略，即根据对认知结果的反馈，及时发现问题，解决问题，同时根据对认知效果的检查，及时修正和调整认知策略。一般来说，元认知控制与认知目标、认知情境等因素密切相联。

在学习过程中，元认知对整个认知活动起着调节和控制的作用，监视和指导着策略的选择和使用。元认知水平高的人能够很好地根据学习内容选用恰当的学习策略，从而达到好的学习效果。

2. 元认知策略

元认知策略是个体调节和控制自己认知行为的方法。它可以分为计划策略、监控策略和调节策略三种。

(1)计划策略

计划策略包括制订切实可行的近期、中期、长期的学习目标，明确学习任务，阅读相关的材料，提出相关的问题等。大量事实说明，成功的学生往往是一个善于制订计划策略并积极主动执行计划的人。

(2)监控策略

监控策略包括学习时对自己的学习状态进行自我监督，对知识的掌握情况进行自我反思，考试时自己调控考试的时间和答题的速度等。这些策略使学习者警觉自己在注意和理解方面可能出现的问题，及时解决问题。

(3)调节策略

它与监控策略经常同时发挥作用，称为调控策略。它是指在学习中发现自己在哪些方面出现了问题，用什么方法解决问题，在学习过程中简单的问题可以一带而过，而在遇到难点、重点的时候可以多重复几遍或放慢速度来弄懂弄通，在考试的时候可以先做简单的题目后做难题等。这种调节策略可以使学生及时调整自己的学习方法，及时纠正自己的学习行为，从而达到更好的学习效果。

三、学习策略运用能力的培养

关于如何对学生学习策略训练问题，许多教育心理学家研发了各种训练课程，具有代表性的学习策略教学模式有指导教学模式、程序化训练模式、完形式训练模式、交互式教学模式、合作学习式训练模式等。

(一)指导教学模式

指导教学模式是一种与传统的讲授法十分相似的教学模式，它由激发、讲演、练习、反馈和迁移等环节组成。在教学中，教师首先讲解所选定的学习策略具体操作步骤以及运用条件，并结合实例展示这种学习策略具体运用过程，然后组织学生进行运用这种学习策略的实际练习活动，在练习活动中，教师不断给学生以提示，要求学生运用口头表述的方式，明确解释所操作的每个步骤，详细报告自己运用学习策略的思维活动，并通过不断重复这种内部定向思维活动来增强学生对学习策略的感知、理解和保持的效果。

（二）程序化训练模式

程序化训练是一种将所要训练的学习策略制定一套能够进行实际操作的技术来组织学生进行练习的学习策略教学模式。即将学习策略分解成若干个有条理的小步骤，并使这些小步骤成为一种固定程序，然后要求学生按照这种固定程序进行相应的学习活动，经过反复练习达到自动化的程度。

（三）完形式训练模式

完形式训练是一种运用完整性不同的学习材料来进行训练的学习策略教学模式。具体操作是：在直接讲解学习策略之后，提供完整性不同的学习材料，帮助学生分别对学习策略的各个组成部分或步骤进行练习，然后逐步降低所提供的学习材料的完整程度，直至完全有学生独立完成学习策略的所有组成或步骤。

（四）交互式教学模式

交互式教学模式是一种运用教师与学生"互动"来进行学习策略训练的教学模式。其主要做法是：教师对所要训练的学习策略的运用先进行示范，然后改变自己的角色，在学生不会运用学习策略时给予必要的帮助，扮演一个组织者和促进者的角色。

（五）合作学习式训练模式

合作学习式训练模式是一种通过由两个学生组成的学习小组来进行训练的学习策略教学模式。实施办法是：根据学习策略训练具体步骤的安排和要求，让两个学生分别扮演讲演者和听讲者角色，当讲演者进行学习策略练习时，听讲者注意发现和纠正其错误。然后，彼此互换角色，循环往复，直至训练完整结束。

思考与练习

1. 填空题：一般来讲，学习策略包括 ＿＿＿＿＿＿、＿＿＿＿＿＿和 ＿＿＿＿
＿＿＿＿。

2. 填空题：桑代克提出的学习三定律是 ＿＿＿＿＿＿、＿＿＿＿＿＿、＿
＿＿＿＿＿。

3. 单选题：列提纲、列表格属于（　　　）。

A. 精细加工策略　　　　　　　B. 编码与组织策略

C. 复述策略　　　　　　　　　D. 元认知策略

4. 单选题：个体把已经学到的经验应用到在内容难度、复杂程度和概括层次上类似的其他情境中，这种学习迁移属于（　　）。

A. 纵向迁移　　　　　　　B. 横向迁移

C. 顺向迁移　　　　　　　D. 逆向迁移

5. 问答题：影响学习迁移的因素有哪些？在教学中教师如何利用学习的迁移有效地提高学生的学习效率？

阅读与欣赏

山香教师招聘考试命题研究中心．教育理论基础（教师招聘考试专用教材）[M]．北京：首都师范大学出版社，2014.

第十二章　品德心理

学习目标

1. 理解道德和品德之间的关系。
2. 掌握品德的心理结构。
3. 了解品德发展理论及其主要观点。
4. 掌握品德不良学生的心理特点及培养学生良好品德的教育策略。

近些年来，在心理学领域越来越重视对品德心理的研究，这一方面反映了社会发展对人才培养的要求，另一方面也反映了教育心理发展的客观规律。我们了解了品德心理发展的规律与特点，会更有助于我们对学生进行品德教育，为社会培养品学兼优的合格人才。

第一节　品德的概述

一、品德的概念

（一）什么是品德

品德又称道德品质，是一种个体现象，是一个人依据一定的道德准则行动时所表现出来的某些稳固的心理特征。它具有两个特点，一是稳定性。一个人一旦形成某些道德品质，就会相对稳定，在某种情况下偶尔表现出的与以往不同的行为不能称之为品德，如某个人具有乐于助人的良好道德品质，可有时也会因某种原因有退缩的表现，我们不能因此否定他具有乐于助人的品质。二是品德是道德认识和道德行为等要素的统一。道德行为是在道德认识指导下进行的，离开道德行为谈不上品德。

（二）品德与道德的关系

1. 区别

（1）研究范畴不同

道德是一种社会现象，是社会为了维护自身的稳定、协调和控制社会生活而对其成员提出的一系列行为规范和准则，是社会学、伦理学研究的范畴；品德是个体现象，是一个人依据一定的道德准则行动时所表现出来的某些稳固的心理特征，是教育学、心理学研究的范畴。

（2）形成和发展条件不同

道德准则产生于社会生活，并随着社会的发展而发展，随着社会基础的改变而改变，具有一定的阶级性、社会历史性和继承性，是约定俗成并由社会舆论进行监督，它是社会舆论的力量和个体内驱力结合而产生的行为规范的总和。道德的形成受社会发展规律制约，不以个人品德的好坏、有无为转移；品德的形成与发展不仅受社会发展规律和道德规范的制约，还受个体的身心发展特点和认识水平的制约。

2. 联系

品德是社会道德的具体化，离开社会道德标准，就无法评论个人道德品质的好坏。而道德是社会针对个体的品德而制定的总体要求，只有通过个体的品德才能使社会的道德得到真正的体现。

二、品德的心理结构

一般认为，道德品质的心理结构可以分为道德认识、道德情感、道德意志、道德行为四个方面，简称知、情、意、行。

（一）知，即道德认识、道德观念

是一个人对社会道德规范和行为准则的认识和理解，从对与错、善与恶、好与坏、美与丑等方面去评判，包括道德知识、道德评价和道德信念。

（二）情，即道德情感

是人在社会生活中，对自己或别人的言谈举止是否符合道德标准和社会行为规范而产生的内心体验，也就是我们所说的道德感。对自己或别人善的举动表示赞赏和支持，对自己或他人不符合道德标准的行为表示内疚、厌恶或憎恨。

（三）意，即道德意志

在很多情况下，人要想按道德的标准去行动往往会产生强烈的动机冲突，为此需要付出一定的意志努力，克制自己做什么，不去做什么。也就是人利用自己的意识，通过理智的权衡作用去解决道德生活中的内心矛盾，是支配行为的力量。

（四）行，即道德行为

是实现道德动机的行为意向及外在表现，也是道德品质的最终结果。道德行为是研究者十分重视的品德成分，这不仅因为道德行为是社会、教育者要求个人达到的目标，更因为道德行为体现了人类行为的高度复杂性，是衡量一个人道德品质高低的重要标志。

品德的这四种心理成分是一个相互协调、相互联系的统一体，在培养学生的优良品德时，几方面缺一不可，不可偏废，过分强调其中的任何一项而忽视其他，都不会达到好的教育效果。在我国中小学的思想品德教育中，强调"晓之以理、动之以情、导之以行、持之以恒"，它的道理就在于此。一般情况下，对学生的思想品德教育是以道德认识为开端，沿着知、情、意、行的顺序进行，但是由于思想品德形成的复杂性，也可以以多种形式为开端，如对年龄小的学生，最好的办法是以训练学生良好的道德习惯为开端。

第二节　品德发展的理论

一、皮亚杰的道德认知发展理论

瑞士心理学家皮亚杰在 20 世纪 30 年代对儿童的道德判断进行了系统的研究，出版了《儿童的道德判断》一书。他的研究为儿童的道德发展理论研究提供了一个理论框架和一个系统的研究方法，为科学系统地研究儿童品德心理奠定了科学基础。

（一）对偶故事法

皮亚杰研究儿童品德发展时，采用对偶故事法，即向儿童提出各种成对的故事，在每对故事中都有因某种故意的或无意的行为造成了不良后果，然后问儿童引起这两种不良后果的哪一种行为是"更坏的"。

拓展学习

对偶故事

一个叫约翰的小男孩在他的房间时，家里人叫他去吃饭，他走进餐厅。但在门背后有一把椅子，椅子上有一个放着 15 个杯子的托盘。约翰并不知道门背后有这些东西。他推门进去，门撞倒了托盘，结果 15 个杯子都撞碎了。

从前有一个叫亨利的小男孩。一天，他母亲外出了，他想从碗橱里拿出一些果酱。他爬到一把椅子上，并伸手去拿。由于放果酱的地方太高，他够不着。在试图取果酱时，他碰倒了一个杯子，结果杯子倒下来打碎了。

皮亚杰对每个对偶故事都提两个问题：

1. 这两个小孩是否感到同样内疚？

2. 这两个孩子哪个孩子的行为更坏？为什么？

通过被试的反应，皮亚杰发现，不同年龄段儿童判断的标准不同，年龄小的儿童往往根据结果来判断行为的好坏，而年龄大的儿童一般根据行为的动机和目的来判断。

（二）品德发展遵循的规律

皮亚杰认为，儿童品德发展遵循以下规律：从把规则单纯当作外在的东西去遵守，到真正理解规则的意义；在对周围人的关系上，从单方面的尊重到相互尊重和多方面的尊重；从被动地、受约束地遵守准则到自觉主动地遵守共同约定的准则；从他律（根据别人的价值标准做出道德判断）到自律（根据自己的价值标准做出道德判断）。

（三）品德发展的四个阶段

1. 自我中心阶段（2～5岁）

这一阶段是从儿童能够接受外界的准则开始的。儿童在打弹子游戏中总是自己玩自己的，按照自己的想象去执行规则。这是因为儿童还不能把自己同外在环境区别开来，而是把外在环境看作他自身的延伸。规则对他来说，还不具有约束力。所以这一阶段是一种无道德规则阶段。

2. 权威阶段（6～8岁）

这一阶段的儿童绝对地尊敬和顺从外在权威，又称他律道德阶段。儿童尊重道德的权威，认为服从有权威地位的人就是好的。正因为这样，他们把人们规定的准则看作固定的、不可变更的。

3. 可逆性阶段（9～10岁）

这一阶段的儿童已不把准则看成不可改变的，而把它看作同伴间共同约定的。儿童一般都形成了这样的概念：如果所有的人都同意的话，规则是可以改变的。儿童已经意识到一种同伴间的社会关系，且应相互尊重。准则对他们来说已具有一种保证他们相互行动、互惠的可逆特征。同伴间可逆关系的出现，标志着品德由他律开始进入自律阶段。

4. 公正阶段（11～12岁）

这一阶段儿童的公正观念是从可逆的道德认识脱胎而来的。儿童的公正感往往是从抛弃父母的意见而获得的。因此儿童和成人的关系，也就从权威性过渡到平等性。这一阶段儿童的道德观念开始倾向主持公正、主张平等，并认为公正的奖惩不能千篇一律，应根据各人的具体情况进行。

二、科尔伯格的道德发展阶段论

美国心理学家科尔伯格（Kohlberg）继承了皮亚杰的儿童道德发展理论，用道德两难故事研究道德发展问题，提出了人类道德发展的顺序原则，并认为道德是可以通过教育进行培养的，他在 20 世纪五六十年代提出了道德发展阶段理论。

（一）道德两难故事法

科尔伯格采用了"道德两难故事法"（源自古希腊学者亚里士多德的"假设两难情境"）对儿童品德发展进行了系统的研究。所谓道德两难故事法，就是在一个故事中提出两个互相冲突而难以抉择的价值问题，让儿童听完故事后，回答一系列问题，以此判断其道德发展水平。道德两难故事中最有名的是"海因茨偷药"。

拓展学习

海因茨偷药

欧洲有个妇人患了癌症，生命垂危。医生认为只有一种药能救她，就是本城一个药剂师最近发明的镭。制造这种药要花很多钱，药剂师索价还要高过成本十倍。他花了 200 元制造镭，而他竟索价 2000 元。病妇的丈夫海因茨到处向熟人借钱，一共才借得 1000 元，只够药费的一半。海因茨不得已，只好告诉药剂师，他的妻子快要死了，请求药剂师便宜一点卖给他，或者允许他赊欠。但药剂师说："不成，我发明此药就是为了赚钱。"海因茨走投无路竟撬开药店的门，为妻子偷来了药。

讲完这个故事，主试就向被试提出了一系列的问题：这个丈夫应该这样做吗？为什么应该？为什么不应该？法官该不该判他的刑？为什么？等等。儿童对科尔伯格所编制的两难故事中的问题既可做肯定回答，又可做否定回答。科尔伯格真正关心的不是儿童作何回答，而是儿童对其回答提出的理由。因为在科尔伯格看来，儿童提出的理由（即儿童的推理思路）是根据其内部逻辑结构而来的，所以，根据儿童提出的理由就能确定出儿童的道德判断水平。科尔伯格采用纵向法，连续测量记录 72 个 10～26 岁男孩的道德判断达 10 年之久。此后又将研究结果推广到世界各国去验证。最后于 1969 年提出了他的关于儿童道德判断发展分为三水平六阶段的理论。

(二)三水平六阶段学说

科尔伯格在皮亚杰的儿童品德发展"四个阶段说"的基础上，利用"道德两难故事法"进行广泛的调查研究，并根据儿童的各种回答，对儿童品德发展水平进行了划分，提出了品德发展的"三水平六阶段说"。

1. 前习俗水平

这个水平的主要特点是儿童着眼于人物行为的具体结果及其与自身利害的关系。它包括第一阶段和第二阶段。

第一阶段：惩罚与服从定向阶段

处于此阶段的儿童害怕受到惩罚，对成人或准则采取服从的态度，以免受到惩罚。他们认为避免受到惩罚的行为都是好的，遭到批评指责的行为都是坏的。如对海因茨的偷药行为，有的赞成，有的反对。赞成者认为：他不偷药，他的妻子会死；反对者认为：海因茨因为偷药行为会被抓去坐牢，所以不能偷。他们的道德判断标准都是依据行为是否受到惩罚，尚未具有真正的道德准则。

第二阶段：相对功利定向阶段

这一阶段的个体道德价值来自对自己需要的满足，他们不再把规则看成是绝对的、固定不变，评定行为的好坏主要看是否满足自己的利益。如赞同海因茨偷药行为的理由：他妻子需要这些药，他需要和他妻子共同生活；反对者认为：他的妻子在他出狱前会死，因而对他没有好处。

2. 习俗水平

这个水平的主要特点是个体着眼于社会的期望和要求，能够了解社会规范，并遵守和执行社会规范，认为道德的价值在于为他人和社会尽义务，维护社会的传统秩序，包括第三阶段和第四阶段。

第三阶段：寻求认可定向阶段

也称为"好孩子"定向阶段，处于这个阶段的儿童认为，好的行为是使人喜欢或被人赞美的行为。如赞同偷药行为的儿童认为：他会挽救他妻子的生命，他不是为了自己；反对者认为：好人是不会去偷的，偷东西就不是好人。

第四阶段：维护权威或秩序的定向阶段

处于这一阶段的个体，更加深刻地认识到维护普遍的社会秩序的重要性，开始强调每个社会成员都应当遵守社会共同约定的行为准则，即强调对法律和权威的服从。在讨论海因茨偷药行为时，赞同者认为，偷东西是不对的，但不这样做的话，他就没有尽到做丈夫的义务；反对者认为，海因茨虽然令人同情，但是因为他触犯了法律，就应该受到惩罚，不然社会就会混乱。此阶段的儿童道德判断遵从着世俗的秩序和法规。

3. 后习俗水平

这个水平的主要特点是个体不仅自觉地遵守某些行为准则，还认识到法律的人为性，并在考虑全人类的正义和个人的尊严的基础上形成某些超越法律的普遍原则。能够根据自己选择的道德标准来判断是非。包括第五阶段和第六阶段。

第五阶段：社会契约定向阶段

处于这一阶段的个体，能够认识到法律和规范是由大家商定的，仅仅是一种社会契约，是可以改变的。他们认为个人一般不能违反大多数人的意愿和幸福，但也不同意用单一的法律法规去衡量人的行为，因而其道德判断具有了灵活性。在讨论海因茨偷药行为时，有人说：海因茨偷药，他是触犯了法律，但他是为了挽救妻子的生命。而法律允许药剂师为了赚钱而不顾人的死活，对吗？坏的法律用什么办法去纠正？个体开始能都从法律和道义上比较辩证地看待行为的是非善恶。

第六阶段：良心和原则定向阶段

这是道德推理的最高阶段。处于这一阶段的个体在判断道德行为时，不仅考虑到要符合法律的规定，同时考虑到不成文的带有普遍意义的道德原则；既认识到维护社会秩序的重要性，又看到法律的局限性。他们在讨论海因茨偷药行为时，赞同者认为：人的生命胜于金钱；海因茨的行为是对允许药剂师牟取暴利的法律的反抗；反对者认为：海因茨偷窃就不能实现他的道德准则了。这种道德认识已远远超过具体的道德准则，考虑较多的是道德本质，但达到这一水平的人不是很多。

三、班杜拉的道德发展的社会学习论

美国心理学家班杜拉认为，道德行为的决定因素是环境、社会文化关系以及各种客观条件、榜样和强化等，只要奖励适当，就有助于儿童良好行为的形成与发展。

他通过大量的实验，认为儿童通过对榜样人物的示范进行观察所产生的替代性经验在观察中起着重要的作用，观察学习是人类主要的学习方式之一，在某些方面尤其是社会性发展方面，观察学习更符合人类学习的许多实际情况，更能说明个体的复杂行为，如道德行为的学习过程。为了说明观察学习中榜样作用对儿童道德行为的影响，班杜拉做了许多实验，其中经典实验是这样的：

把参加实验的儿童分为两组，让他们分别看一段录像片，A组学生看的是一个大孩子在打一个充气娃娃，过一会儿，进来了一个成人，给他一些糖果吃以示奖励。B组儿童看的录像片也是一个大孩子在打一个充气娃娃，进来的成人为了惩罚他的行为，打了那个大孩子。看完录像片后，主试把两组儿童领进了一个放着充气娃娃的房间，结果发现，A组儿童学录像片里的孩子打充气娃娃，B组儿童却很少有人去打充气娃娃。之后，主试鼓励两个组的儿童使劲打充气娃娃，谁学得像录像片里的大孩子，就给谁糖吃，结果，儿童都使劲打充气娃娃。

实验表明：①通过观察学习，儿童的道德行为受到榜样的影响，抑制或消退已有的行为，通过替代而内化了自己的行为。替代性行为是学习者的一个重要的学习形式。②强化对人的行为具有调节和控制作用。强化有三种形式：直接强化、替代强化和自我强化。直接强化是对学习者本人的奖惩，替代强化是对榜样的强化，自我强化是学习者根据自己设立的标准对自我行为进行评价。在其他的实验中，也证明了强化对儿童道德行为的重要影响。

班杜拉还特别指出，榜样要想在儿童道德行为中真正发挥作用，必须具备几个条件：榜样要有吸引人的特征；同龄人的榜样作用比成人的榜样作用影响大；榜样的行为要有可操作性，要求太高或出现的概率太少都影响学习的效果；榜样要能使学习者产生心理上的共鸣，具有感染力。

第三节　品德的形成与培养

学生品德形成的心理过程是一个非常复杂而且具有长期性的发展过程，是一个人的品德心理结构，也就是道德认识、道德情感、道德意志、道德行为的形成、发展、培养过程，是个体在外在环境因素，主要指家庭、社会、学校等因素的影响下，通过自身的动机冲突、内化、矛盾斗争的过程。

一、道德认识的形成与培养

道德认识是思想品德形成的前提和基础。一个人要想自觉地遵守社会行为准则，必须首先对这些准则有所认识，必须掌握一系列道德概念，形成一系列道德观念，只有这样，他才能对行为的对错、是非、善恶等因果关系进行道德的评判，并在此基础上形成道德观念体系，所有这些都属于道德认识方面的问题。道德认识的形成与培养贯穿思想品德形成的始终。

　　道德认知发展心理学认为，一个人品德的形成与发展要经历两个过程，一是理性化过程，二是社会化过程。理性化过程是形成道德认识的过程，也是"明善"的过程，一个人只有自觉地意识到了什么是善，并能自觉地按善行事，才真正形成道德认识。个体道德上的成熟，首先是道德认识上的成熟，然后是与道德认识相一致的道德行为上的成熟。社会化过程必须以个体的社会认知为前提，由于人是社会人，他必须同各种各样的人打交道，在这个过程中需要协调自己与他人、他人和他人、个人和集体等多种关系，这就使他们不得不去掌握人类约定俗成的行为规范和准则，形成了对自己、对群体、对他人以及对社会的认识，这个过程也就是个体品德形成的社会化过程。

　　在学生道德认识形成与发展过程中，主要从三个方面来形成自己的道德认识，即道德知识的掌握，道德评价能力的发展，道德信念的形成。

　　（一）道德知识的掌握

　　道德知识的掌握是指对一些道德概念、原则、观点的理解和掌握，了解具体的行为准则以及为什么要这样做。比如对"诚实"概念的理解和掌握以及怎样做才算诚实；什么是"见义勇为"和"见义巧为"，在什么情况下要见义勇为，在什么情况下要见义巧为，为什么？等等，这些道德知识的掌握与文化知识的掌握有所不同，文化知识的掌握解决的是知与不知、会与不会的问题，而道德知识的掌握远不这么简单，因为在学生身上存在着对道德观念的"意识障碍"问题，也就是对道德知识和行为准则接受不接受、信服不信服的问题。在小学中低年级，这种现象还不明显，总体上还处于道德观念向道德概念过渡，在很大程度上是服从成人的教导。但随着年级的增高，到了小学高年级和初中阶段，尤其是在学生发展的转折时期，如小学毕业升入初中、青春发育期、新的环境、新的老师等，如果教育方法不得当，如采用强制、简单粗暴、不公平等方式，或对儿童要求过高、不切实际等都会导致学生"意识障碍"的产生，甚至明知教育者提出的道德要求是正确的、合理的，就是不接受等被动局面。在这种情况下，教师一定要从学生的实际出发，采取负责、真诚、尊重、合理的态度来解决问题，以免使学生产生由不接受局部教育到不接受全部教育的境地。

　　（二）道德评价能力的发展

　　道德评价能力是运用已有的道德知识对自己或他人的道德行为从对与错、善与恶、是与非、美与丑等方面进行分析、判断的过程。它是衡量学生道德品质发展水平的重要标志，是在他人评价、社会舆论、学校教育等诸多因素影响下逐渐发展起来的。

　　关于道德评价能力的发展，国内外心理学界已经进行了大量的研究，总的来看，儿童道德评价能力的发展大致有以下几个特点。

1. 从他律到自律

这是被国内外研究所共同认可的观点。

2. 从对行为效果的评价到对行为动机的评价

研究表明，小学阶段，学生对道德行为的评价还往往只从行动的效果来进行评判，而意识不到更深层次的因素。到了初中阶段，开始注意到从行为的结果到行为动机的分析。而到了高中阶段，学生的道德评价有了明显的社会倾向性，他们往往能从社会发展的大的方面来评价一个人的道德行为，也能分析行为动机。但总的来看，道德评价的发展还是以行为效果的评价为主。

3. 从对别人的评价到对自己的评价

中小学生还不能客观公正地自我评价，对他人的评价也常常受外界因素，如为教师评价所左右。我国研究结果还表明，学生道德评价一般是先评价别人，后评价自己；还发现，在评价别人的时候常看到优点，更容易从一个方面进行全面评价，而在评价自己的时候，则容易从缺点方面进行评价。这与我们的教育方式有关系，也提出了我们在对学生进行道德评价能力培养方面应注意的问题。

4. 从片面评价到全面评价

小学生和初中生的道德评价往往带有很大的片面性，以偏概全，容易做出绝对肯定或绝对否定的评价。如认为好学生就是学习好的学生、老师喜欢的学生就是好学生。随着年龄的增长，儿童道德评价逐渐能从多方面、多角度，甚至能从更深层次的行为动机进行分析评判。

5. 从感性评价到理性评价

小学生和初中生容易依据道德情景、从感性认识上去评价自己或他人的道德行为，以后才能理性、客观、全面地进行分析、评价，但达到理性评价需要过程。即使在有的情况下，成人也很难真正理性地评价一个人的道德行为。

个体道德评价能力的发展不是自发形成的，而与学生的年龄、心理发展水平等内在因素有关，更与其成长的德育环境，如学校德育水平、教师教育方式、校风、班风、社会舆论宣传等因素有关。作为教师而言，应在教育实践中，经常为学生提供道德实践及道德评价的机会，扩大和丰富学生的道德经验，加深对道德概念的理解，通过各种活动，使学生的道德评价能力由肤浅到深刻、由片面到全面、由具体到概括、由表面到本质地得到发展，为形成正确的人生观、世界观和道德信念打好基础。

（三）道德信念的形成

道德信念是个体已经坚信道德标准和行为准则的正确性和必要性，并对此产生了情绪色彩，成为自己道德行为的自觉行动指南。道德信念一旦形成，个体会自觉遵守道德标准和行为准则，成为道德行为的强大动力，是高级的道德认识。

学生道德信念的形成，大致可以分为三个阶段：第一阶段是无道德信念阶段，出现在 10 岁以前；第二阶段是道德信念萌芽阶段，出现在 10～15 岁，个体已经产生了对道德信念的内在需求，但还不成熟、不稳定、自制力不强；第三阶段是由道德信念的萌芽到道德信念形成的过渡阶段，出现在 15～18 岁，这时个体已经有了一定的道德观念和道德行为准则，并能在很大程度上使自己的行为与道德行为准则相符，但道德观念的抽象理解能力还不够，道德行为还会经常出现反复。以后随着个体的成长，才逐步形成自己稳定的人生观、世界观和人格特点，形成了稳定的道德信念。

学生道德信念的形成与确立，不仅取决于他们道德知识的掌握和道德评价能力的发展，更取决于个体的道德实践和教育者的言传身教，在个体的道德实践和成人的言传身教中了解、认识、发展、巩固道德认识，逐渐形成良好的道德信念。

二、道德情感的形成与培养

道德情感是情感的一种高级形式，是人们根据社会道德规范和行为准则去评价自己或别人的道德思想、行为、意图和举止时所产生的一种情绪状态，它与道德认知一起，成为人们按着道德标准去行动的内在动力。

道德情感从内容上看是非常丰富多样的，如爱国主义情感、集体主义情感、国际主义情感、事业心、责任感、使命感、友谊感等，这些情感往往是互相重叠，成为一个统一的综合体。不同的阶级、不同的时代，由于道德的标准不同，道德情感的内容也不尽相同。

从形式上看，道德情感包括三种：直觉性道德感、形象性道德感和伦理性道德感。直觉性道德感是由于对某种道德情境的直接感知引起的，往往产生速度快，有时看似对道德准则的意识不是十分清楚，如见义勇为时的表现，但这种情绪体验并不是凭空产生的，是平时道德认识、道德情感等方面积累的结果。形象性道德感是通过一些形象性的人物、文学作品、文艺作品等引起的道德情感体验，如对领袖产生的爱戴、对民族英雄的敬佩、对劳动模范的尊敬、对祖国山河的热爱等。伦理性道德感是以明确的道德意识和道德观念为中介而产生的道德体验，这种道德感是一种较高层次的情感，具有很大的概括性，如真正理解了"国家兴亡，匹夫有责"之后而产生的爱国情、报国志；从内心深处认识到了"科学技术是第一生产力"后而发奋学习产生的使命感。

道德情感的培养，要从小做起，从培养道德认识入手，丰富学生的道德观念，充分利用榜样的力量，挖掘学校教育中教师、教材、教学、环境、管理等方面的品德教育因素，注意学校教育与家庭教育、社会教育的相互协调、相互配合，使学生形成正确的道德情感。

三、道德意志的形成与培养

道德意志是为完成预定道德目的而自觉地克服困难、坚持或改变道德行为方式时所表现出来的道德品质，是道德认识外化为道德行为的内在条件，是学生道德意识能动性的表现。它的作用表现在主要的、正确的动机战胜次要的或错误的动机，从而产生道德行为。

学生道德意志是在道德认识发展的基础上，在道德行为的实践中逐渐形成并发展起来的，小学阶段还处在道德意志的萌芽、初步形成阶段，中学生的道德意志在道德认识、道德实践的作用下迅速发展，表现为自制力逐渐增强，能控制自己的道德行为表现，自觉的道德行为逐渐增多，有一定的独立性和克服困难的意志力。但由于道德感的两极性明显，道德认识还没有一定的深度，坚持有时变成了执拗，行为具有冲动性、片面性和脆弱性。同时还表现在喜欢自己心目中的名人、伟人、英雄，甚至成为"追星一族"。因此在对学生的品德教育时，要提高学生的道德认识，树立好的榜样，形成积极向上的道德意向，在道德教育的实践中逐步地、有的放矢地制订道德意志培养计划，养成良好的道德意志品质。

四、道德行为的形成与培养

道德行为是与个人道德认识、道德情感、道德意志相联系的行为举止，是一个人思想品德的外在表现。在现实生活中，我们评价一个人的道德面貌，不只看他有什么样的道德认识水平，也不只是看他有什么样的道德情感表现，更重要的是看他有没有道德的行为表现以及履行了怎样的道德行为，可见道德行为在个体品德心理结构中具有特别重要的意义。

人的道德行为不是简单地从品德形成过程中抽象出来的单个的心理成分，它本身就是一个极其复杂的过程。道德行为既包括外在的行为，又包括引起行为的内在因素；既包括道德认识，又包括道德情感；既包括发展因素，又包括非发展因素；既包括个体过程，又包括群体过程。20世纪60年代，以班杜拉为代表的心理学家在系统实验和深入研究的基础上，对儿童道德行为的形成进行了大量论证，开辟了一条从行为方面探究道德发展的广阔途径，这为我们进一步研究学生道德行为的形成与发展提供了依据。

学生道德行为的形成与发展是随着年龄的增长而逐渐获得发展的，而且年龄越小，可塑性越大，稳定性越差，具有不同场合表现的不一致性；到了初中后期、高中阶段，道德行为基本形成并稳定下来。但总的来看，学生的道德行为带有很大的情景性、情绪性和偶然性，只有经过反复训练形成习惯，才能稳固为个人的道德品质和自动化的行为方式。

道德习惯是与一定道德需要、道德认识、道德情感、道德行为相联系的固定化了的行为方式，是学生由不稳定的道德行为转化为稳定的道德行为的关键。因此，要想使学生有良好的道德行为表现，重要的是重视良好道德行为习惯的养成。为此，教育者要为学生良好道德行为习惯的养成提供良好的行为情境，有目的、有计划地进行行为训练，对学生中存在的道德行为及时提供反馈信息，培养学生自我教育、自我监督、自我约束、自我提高的能力。

第四节　学生品德不良与矫正

品德不良是指学生经常违反道德准则或犯有较严重的行为过错，有的甚至处在犯罪的边缘或已经有轻微的犯罪行为。这样的学生为数不多，但影响很坏，给他们自身的健康发展、学校工作的正常进行、家庭的幸福以及社会的安定都带来了一定的隐患，也为我们的教育提出了一个严肃的课题，为什么会出现品德不良的学生？原因是什么？怎样防患于未然，尽可能地降低品德不良学生的出现率？真正解决这些问题，有助于我们顺利地开展教育工作。

一、品德不良学生的心理特点

从道德认识上来看，品德不良的学生表现为道德概念模糊或者道德概念错误，甚至根本就没有道德观念，他们往往在学习上遇到过很大的挫折，直接导致没有学习兴趣，学习成绩较差。为了弥补因学习成绩不良等原因导致的内心空虚，他们往往以打架斗殴、违反校规校纪等不良道德行为来证明自己的"价值"，形成了扭曲的价值观，实际上他们内心也存在着激烈的动机冲突，只是他们没有找到解决这些冲突的更好办法。到了高中阶段，这种冲突如果得不到更好的解决，就会形成不正确的人生观和世界观。这样的学生往往学业上会半途而废，走向社会后很可能带来一些社会问题。

从道德情感上，品德不良的学生常常感情用事，不分是非、对错，容易拉帮结伙，重感情、讲义气，为朋友不顾一切，表现为遇事会有强烈的情绪冲动，甚至大打出手，容易产生严重的后果。其实他们内心也常常自责、内疚，也希望能被大多数人所认可和接受，只是没有找到更好的途径，而以变相的错误形式表现出来。

从道德意志上看，品德不良的学生往往表现出两面性，一方面，在众人面前表现出所谓的勇敢、坚强、有自制力，甚至像个"英雄"；另一方面，他们内心空虚、自卑、苦恼，经常处在动摇状态，如果有合适的环境和机会，他们会向好的方向发展。

从道德行为上看，品德不良的学生经常表现为扰乱学校正常的教学秩序，与老师、学校的要求背道而驰，不服老师和家长的管教，打架斗殴、抽烟喝酒、言谈举止粗俗、穿着打扮怪异、常与社会上的不良青少年来往，厌学、逃学、离家出走，甚至有违法乱纪行为。

二、学生品德不良形成的主要原因

学生品德不良形成的原因很复杂，如果从客观、主观两个方面分析原因，未免有些笼统、简单，他们之所以品德不良，很难从单方面找到真正的症结，每个学生与每个学生之间，由于自身先天素质不一样、后天所接触的社会环境不一样、每个人成长的家庭环境不一样、所接受的学校教育各不相同，而且每一个人的思想品德形成是一个复杂、长期的过程，这就导致了品德不良形成的原因的复杂性。但归纳起来，主要原因有以下几个方面。

（一）不良家庭环境和家庭教育方式

不良的家庭环境主要有以下几种情况：①学生家庭成员自身在思想品德上存在着问题，行为不端，甚至经常出现违法乱纪的行为。当孩子出现品德问题的时候，不从正面上加以解决，而是包庇、纵容或视而不见。②家庭成员之间关系复杂，存在着严重的分歧，家庭纷争不断，没有家庭的和谐、温馨的氛围，孩子在家里找不到温暖，没有感情依靠。③家中无人管教。父母离异，对孩子本身已经造成很严重的心理创伤，而抚养方又没有真正地承担起教育孩子的责任；父母双亡，孩子从小成为孤儿，寄人篱下；父母工作在外地或忙于工作无暇顾及孩子，使孩子成为留守儿童等，都是孩子产生品德问题的重要原因。

家庭教育方式不当在当今家庭教育中是非常普遍的，主要表现在对孩子过分溺爱、教育方法简单粗暴、对孩子放任自流、过于严厉或期望值过高、把自己的愿望强加给孩子等都有可能使孩子在品德修养上出现问题。所以，如何提高家长的素质，使他们能科学、正确、切实可行地教育孩子是一个庞大的系统工程。

（二）社会上不良因素的影响

我们生活在社会这个群体当中，学生也是社会群体中的一员，社会上众多因素无时不在影响着正在成长中的青少年，尤其是当今学生接触外界的媒体非常广泛，也非常复杂，其中不免一些消极因素会对学生健康成长产生不利影响，如淫秽书刊，色情、武打、凶杀、暴力影片或录像片等，往往会诱发学生不健康的联想和体验，直接或间接地使一些道德观念不强、意志品质薄弱的学生走上品德不良甚至犯罪的道路。

还有一个不能忽视的社会因素会对学生品德形成产生不良影响，就是社会上不良群体。这些小群体由一些行为不良的青少年自发组成，他们处境相似、年龄相近，厌学、逃学，在一起吃喝玩乐，打架斗殴，游离于犯罪边缘，成为社会不安定因素。他们常常把目光投向学校中的问题学生，很容易成为学生品德不良的一个不可忽视的因素。

（三）教师教育方法不当

学校教育是按着社会发展的要求和学生身心发展规律，由教育者有目的、有计划、有组织地对受教育者身心施加影响的过程。在这个过程中，教师是教育任务的主要承担者，教师的基本职业道德就是热爱教育事业、热爱学生，他不仅要完成教书育人的任务，更要成为学生心理健康的引路人。但是由于极少数教师在教育观念、职业道德上出现了问题，或者是教育方法不当、简单粗暴，甚至挖苦、体罚、变相体罚学生等原因，伤害了学生的自尊心和上进心，导致厌学、逃学，逐渐成为问题学生。这是值得我们每一位教育工作者反思的一个问题。

另外，虽然我们的素质教育实施了这么多年，但面对升学率的压力，我们的学校教育仍然无法从真正意义上实施素质教育，对学习成绩差的学生，有的学校采取了一些不适当的做法，这也是导致学生思想品德上出现问题的一个潜在因素。

（四）学生自身的内在因素

学生尤其是中小学生正处在长知识、长身体、人生观、世界观形成的重要时期，这个时期最大特点就是可塑性大，辨别是非能力差，对未来、人生、前途考虑得不多，头脑简单，自我意识能力差，很容易被一些外在因素和眼前利益所诱惑，情绪起伏比较大。这些内在的心理发展因素存在很大的发展空间，遇到一些不定性的外界因素，很容易使学生走向两个极端。如果遇到积极的外在因素，如正确的家庭环境、适当的学校教育和良好的社会因素，学生很容易向健康积极的方向发展，成为符合社会发展需要的合格人才。如果遇到一些消极的外界环境因素，再加上自身道德认识、道德意志品质上出现问题，也很容易成为品德不良的学生。

三、学生品德不良的矫正策略

学生品德不良不仅给学生自身健康发展带来不利因素，也给学校工作的正常进行、学生家庭带来不必要的麻烦，更给社会的稳定带来不安定因素。因此，最好的办法是从学生健康发展的各个角度"防患于未然"，而一旦形成了品德不良，也应该从对学生发展负责、对学校、家庭、社会负责的态度，采取恰当的方法，正确地面对并有效地解决这些问题，做到大事化小、小事化了，使学生走到健康正确的发展轨道上来。在这里我们主要探讨学校教育中如何矫正学生品德不良。

（一）从人本主义观点出发，尊重、信任、感化品德不良学生

人本主义思想起源于20世纪五六十年代的美国，代表人物是马斯洛和罗杰斯。随着社会的进步和发展，人本主义思想越来越受到重视，以人为本的理念已经渗透到社会的诸多领域。人本主义思想认为，人的本性是善良的或中性的，恶不是人性固有的，它是由人的基本需要受挫引起的，或是由不良文化环境造成的，每个人都有自我实现的需要，只要环境适当，他们就会努力实现积极的社会目标。因此，人本主义强调人的尊严和价值，必须把人当作一个理智和情感的整体来研究，只有这样才能产生更有效的结果。

马斯洛还提出了著名的需要层次理论，认为人的需要是由低向高发展，依次是生理的需要、安全的需要、归属和爱的需要、尊重的需要、认知的需要、审美的需要和自我实现的需要。他特别强调归属和爱的需要、尊重的需要，每个人都希望有一个温暖的家庭、社会环境，都有自尊心，都希望在与人交往过程中获得友谊和尊重，如果这些需要得不到满足，就会引发一些心理问题，抑制个人的成长和潜力的发展。

根据人本主义的观点，我们的学校教育应从人性的角度出发，相信只要我们教育方法得当，尊重、信任每一个学生，用自己的爱心、诚心和恒心来帮助、感化品德不良的学生，就会使我们的教育工作更有成效。要记住这样一句话：没有教育不好的学生，只有不会教育的老师。苏联教育家苏霍姆林斯基也

曾经说过这样一段话：在儿童、青少年中间没有存心作恶的歹徒，即使邪恶创造了他们，那么医治他们就要靠人性、靠善良、靠乐观主义。

（二）从学生心理发展特点出发，用发展的眼光，科学、正确地引导、教育品德不良的学生

正如前面我们所分析的那样，学生在青少年阶段的发展特点，决定了他们在这个时期可塑性大，容易受外界因素影响，稍微不注意就容易出现问题。我们的学校教育应从发展的、长远的眼光来对待每一个成长中的青少年，只要我们教育得法、引导得当，以科学的态度、正确的方法及时调整我们工作中出现的问题和不足，不要站到学生的对立面去审视学生，而是站到学生的角度关心、理解、帮助他，就会缩短师生间的心理距离，使这些学生逐渐由理解、沟通到信服，亲其师，才能信其道，通情才能达理。

（三）从学生思想品德形成的特点出发，有针对性地解决教育中出现的各种问题

一个人的思想品德的形成不是一朝一夕之事，它是主体有选择地接受外部环境影响的过程，是主体内部矛盾斗争、转化、内化的过程，是主体与外部环境不断进行交往、调节控制、反复运行、深化提高的过程。这是学生的思想品德形成的规律，我们应认识规律，利用规律，而不能无视规律的存在，产生急躁冒进的态度。要考虑到矫正学生不良行为过程中容易遇到的问题。首先，转化学生要找到外部条件与学生现有思想发展水平的结合点，使教育措施能被学生所接受，使外部条件真正内化到学生自身当中去，使新的良好的品德结构不断增强，达到支配和控制个体行为。其次，要认识到品德不良的学生往往感情先于认识，感情重于认识，从感情入手进行转化教育，往往会取得好的效果，但要注意及时进行道德认识的提高，否则，学生不良的思想和行为容易反复、不巩固。最后，要允许学生有反复现象，因为转化品德不良的学生工作往往是呈螺旋式上升趋势，应从反复中总结经验，使每次反复都成为学生进步的新起点。

（四）采取集体教育与个别教育相结合的方式，转化、带动品德不良的学生

青少年具有向群性、好结伴的心理特点。学生生活在集体当中，每个学生都是集体中的一员，集体的环境、氛围影响着生活在其中的每一个成员，每一个成员共同影响着集体的风貌。因此学校教育应重视学校校风和班风的建设，良好的校风、班风是形成学生良好思想品德的重要因素，也是影响、带动品德不良学生的不可忽视的教育因素。健康向上的校风、强有力的班集体、集体荣誉、集体舆论、集体情调都有利于他们向积极的方向转化，集体中的各种因素拧成一股绳，形成一股劲，为生活在其中的每一个学生的健康发展提供宽松、和谐、健康、向上的发展空间。

（五）从学生成长环境入手，协调各种因素，形成教育合力

学生的思想品德是在家庭、社会、学校等多种因素共同影响下形成的，所以要想使思想品德教育真正在学生身上发挥作用，学校教育必须协调家庭、社会等各种教育力量、教育因素，使这些因素形成一种积极的教育合力，共同为学生思想品德的发展营造一个健康发展的空间，通过这些外在的因素的共同影响，使品德不良的学生走上健康发展的轨道。

思考与练习

1. 填空题：品德的心理结构包括_____、_____、_____和_____四个因素。

2. 填空题：皮亚杰将儿童品德发展划分为_____、_____、_____和_____四个阶段。

3. 单选题：王军写保证书，决心遵守《中学生守则》，上课不再迟到。可一到冬天天气一冷，王军迟迟不肯钻出被窝，以至于再次迟到，对王军进行思想品德教育的重点在于提高其（　　）。

　　A. 道德认识水平　　　　　　　B. 道德情感水平

　　C. 道德意志水平　　　　　　　D. 道德行为水平

4. 单选题：小李认为服从、听话就是好孩子，对权威应该绝对地尊敬和顺从。依据科尔伯格的道德发展理论，小李的道德发展水平处于（　　）。

　　A. 惩罚与服从取向阶段　　　　B. 相对功利取向阶段

　　C. 寻求认可取向阶段　　　　　D. 遵守法规取向阶段

5. 问答题：谈谈品德不良学生的特点，品德不良的矫正策略有哪些？

阅读与欣赏

1. 理查德·格里格，菲利普·津巴多. 心理学与生活[M]. 王垒，王甦，等，译. 北京：人民邮电出版社，2003.

2. 心理电影：25个孩子一个爹.

3. 心理电影：放牛班的春天.

第十三章　学校心理健康教育

学习目标

1. 掌握心理健康的概念和标准。
2. 了解青少年常见的心理问题。
3. 了解学校心理健康教育的途径。
4. 掌握心理健康教育的理论与方法。

随着社会的进步与发展，各种竞争压力的加剧及社会不稳定因素的增多，越来越多的人受到了心理问题、心理疾病以及心理障碍等问题的困扰。在学校开展心理健康教育，是学生身心健康成长的需要，是全面推进素质教育的必然要求。时代呼吁心理健康，人才呼唤心理健康，健康心理成为 21 世纪对人才的无声选择，越来越多的国家和地区把具有良好心理素质的人才培养列入了未来发展规划当中。因此，学校心理健康教育成为教育改革运动中的新观念，是现代学校的重要标志。

第一节　心理健康的概述

一、心理健康的概念

关于什么是心理健康，很多中外专家学者都从不同角度做出了各自描述，正如卡普兰（Kaplan）所说："许多人都试图定义心理健康，但是这是一个混合的领域，难以给予精确的定义，它不仅包含知识体系，也包含生活方式、价值观念以及人际关系的质量。"

1946 年，第三届国际心理卫生大会指出：所谓心理健康，是指在身体、智能及情感上与他人的心理健康不相矛盾的范围内，将个人心境发展成最佳状态。

《简明大不列颠百科全书》对心理健康的描述是："心理健康是指个体心理在本身及环境条件许可范围内所能达到的最佳功能状态，但不是十全十美的绝对状态。"

百度百科名片对心理健康的定义是："从广义上讲，心理健康是指一种高效而满意的、持续的心理状态。从狭义上讲，心理健康是指人的基本心理活动的过程内容完整、协调一致，即认识、情感、意志、行为、人格完整和协调，能适应社会，与社会保持同步。"

我国当代心理学家陈家麟对心理健康的定义是："心理健康是指旨在充分发挥个体潜能的内部心理谐调与外部行为适应相统一的良好的状态。"

尽管国内外关于心理健康的定义很多，但大体上可以总结出一些共同点：第一，心理健康是一种内外协调的心理状态；第二，适应良好，尤其是社会适应良好是心理健康的一项重要指标；第三，心理健康是一种积极乐观向上的发展状态。

二、心理健康的标准

人们掌握了心理健康的标准，可以进行心理健康的自我诊断，及时发现问题，防患于未然，及时调整自己的学习生活和工作节奏，有针对性地加强心理疏导与心理训练，以保证自己的心理处在一种健康范围内，从而提高学习、生活和工作效率，享受生命的过程。那么，怎样才算心理健康呢？鉴于国内外研究成果，结合心理健康的实际情况，我们可以归纳为以下几个方面。

（一）认知功能良好

认知功能良好包括智力发展正常和认知基本合理两方面。智力是一个人的观察力、注意力、记忆力、思维力和想象力的综合体现。正常的智力是人一切活动最基本的心理前提，是一个人适应周围环境，谋求自我发展的心理保证。智力正常的人具有基本的生活、学习和工作能力，能理解基本的人际关系和社会关系。反之，如果智力有缺陷，则社会化的过程难以进展，心理发展水平必然受到阻碍，难以独立生存。因此，智力正常是一个人心理健康的首要标准。智力正常的人认知不一定总是合理的。那些主观臆测的、以偏概全的、逃避问题解决的认知方式就属于不合理认知。认知的不合理会直接导致人的情绪和行为的不适应。那么什么样的认知是合理的呢？就是那些以事实为依据的、全面辩证的、指向问题解决的认知方式。合理的认知会给人带来健康的情绪和理性的行为，有利于人的社会适应和自身发展。因此，认知合理也是心理健康的主要标准。

（二）情绪稳定乐观

情绪是人们以客观事物是否符合其需要所产生的内心体验。健康的情绪包括情绪稳定性较好、积极情绪多于消极情绪、情绪反应适度三个方面。情绪稳定性较好是指人具有一定的情绪控制能力，不至于使自己的情绪大起大落。医学研究认为：稳定的情绪是维持人体正常生理机能、促进人类健康长寿的前提，也是一个人心理健康的最重要标志。如果一个人的情绪反应总是大起大落，经常处于不稳定状态，则是情绪不健康的表现。心理健康的人积极情绪多于消极情绪，总体上能保持乐观积极的心态。当然，每个人在生活、学习及工作中都难免遇到困难和挫折，心理健康与不健康的主要区别不在于是否产生了消极情绪，而在于这种消极情绪持续时间的长短。心理不健康的人陷入消极情绪中不能自拔，持续时间很长，而心理健康的人能主动及时地调整自己的不良情绪以适应外界环境。情绪反应适度是指情绪反应的强烈程度应与引起情绪的特定刺激相吻合。如果强烈的刺激引起微弱的情绪反应，或微弱的刺激引起强烈的情绪反应，则是情绪不健康的表现。

（三）自我意识合理

自我意识是指个人对自己的身体、心理、行为以及自己与他人、社会关系的一种认识。自我意识合理指的是能够正确地认识自己，客观、全面地评价自己，对自己的生活目标和理想也能定得切合实际，即理想的我和现实的我统一。心理健康的人对自己基本上是满意的，同时能够不断地提高自己，即使对自己无法补救的缺陷也能安然处之，并学会扬长避短。心理不健康的人要么和自己过不去，对自己持否定的态度，要么对自己的评价过高，感觉过于良好，不切实际。

（四）人际关系和谐

人是社会人，他不可能脱离社会关系而存在，人际关系状况最能体现和反映人的心理健康水平。心理健康的人乐于与他人交往，能以尊重、信任、理解、宽容、友善的态度与人相处，能分享、接受、给予爱和友谊，有稳定的人际关系，拥有可信赖的朋友，社会支持系统强而有力。人与人之间正常的、友好的交往，不仅是维护心理健康的必备条件，也是获得心理健康的重要方法。

（五）适应能力良好

人活在世界上，就要有一种积极的适应机制，当外界环境发生变化的时候，我们就要做出行为上的改变，与外界环境相协调。适应主要表现在社会适应、学习适应、生活适应三方面。社会适应主要是指能和集体保持良好的关系，能够与集体步调一致，当个人的需要和愿望与社会的要求、集体的利益发生冲突时，能够迅速地进行自我调节，达到与社会要求协调一致。学习适应主要指学会学习，掌握科学的学习方法和策略，能够优化自己的学习过程，能够调控自己的学习状态，不断地开发自身的潜能。生活适应主要指能够解决生活中遇到的各种问题，掌握排解心理困扰、减轻心理压力的方法。

(六)个性完整与和谐

个性中的需要、兴趣、气质、性格等各种心理特征必须和谐统一，否则会出现各种心理冲突，出现适应困难，甚至导致"人格分裂"。拥有健全人格或个性是心理健康的重要指标。

(七)行为协调一致

不同心理年龄的人有着与自己年龄相协调的心理和行为表现，有不同的人生任务。心理健康的人应该具有与同年龄段大多数人相同的心理和行为表现。

(八)人生目标切合实际

由于社会生产发展和物质生活条件有一定限度，个人成长过程有一定的局限性，每个人的智能存在差异，所以，每个人应该根据自身条件制定合理的人生目标。如果目标过高，必然产生挫折感，不利于身心健康。

(九)个人基本需要得到合理而适度的满足

人存在许多需要，而最基本的需要在法律、道德允许的范围内获得一定程度的满足，有利于身心健康。如果基本需要过分压抑，容易出现心理问题；如果满足的方式违背法律或道德准则，将会受到法律制裁、舆论的压力、良心的谴责，自然不利于身心健康。

一般而言，一个人能够在社会生活中正常有效地工作、学习、交往，就是达到心理健康的基本标准。但是，心理健康状态不是固定不变的，它随着人的成长、环境改变、经验积累而变化。每个人不仅要努力达到心理健康的基本要求，而且应该追求心理发展的更高层次，不断开发自己的身心潜能。

第二节 青少年常见的心理问题

一、一般心理问题

一般心理问题属于轻度心理失调，是每个人都可能存在的问题，如学习上的困难、人际交往中的矛盾、感情方面的纠结、升学与择业的冲突等。其特点是：持续时间较短(1～3个月)，境遇性强；有些问题会随时间推移自行缓解或消除，有些通过当事人主动调节也可解决；当事人社会功能受损较小，个体的生活、学习和工作基本都能正常进行，只是效率有所下降。学生常见的一般心理问题主要表现在以下几个方面。

（一）学习问题

学习是学生的主要任务，由学习引发的问题是学生心理健康问题的轴心。学生学习的好坏不仅影响知识的掌握，而且也影响日常情绪，影响他们在群体中的地位，影响自我评价和自我体验。所以，由学习问题引发的心理问题是学生心理健康的一个重要课题。学生的学习问题主要表现在以下几个方面。

1. 学习适应

主要表现在不同学习阶段的衔接上，由学龄前进入小学、由小学升入初中、由初中升入高中，是学生学习道路上的转折点，由于各个阶段学习内容不同，学习门类逐渐增多，学习难度、跨度逐渐增大，教师授课方法、管理方式的变化等，都需要学生及时做出调整。如果学生不能及时调整或适应不够，就会出现适应不良，造成心理问题。

2. 学习疲劳

学习疲劳是指学生由于长时间高度紧张的学习，学习效率下降、学习兴趣降低的一种不良心理现象。学习疲劳又可分为生理性疲劳和心理性疲劳。生理性疲劳主要是指由于肌肉和神经系统能量的消耗、代谢废物的积累造成动作失调、姿势不合理、感觉迟钝、力不从心等现象；心理性疲劳是指学生由于学习内容的单调或没有兴趣而对学习产生的紧张、厌烦状态。学习疲劳主要是指心理性疲劳。长期处于心理疲劳的学生容易对其身心健康发展产生不良影响。如在身体方面容易出现视力减退、食欲不振、面色苍白、软弱无力、血压增高、大脑供血不足、易失眠；在心理上则会出现情绪烦躁、信心不足、记忆减退、注意力不集中、思维迟钝、反应缓慢等，严重时可导致神经衰弱等其他症状。

3. 学业成绩不良

简称"学业不良"，苏联教育家巴班斯基认为，学业不良的学生是指那些需要比其他学生花费更多时间和精力，才能达到掌握知识技能的学生。这些学生一般学习动机较弱，上课注意力不易集中，常常分心，思维懒惰，喜欢死记硬背，不善于逻辑思维，经常回避那些需要耗费脑力的习题。近些年来，我国心理学界对于学业不良的概念与定义还在讨论之中。有人认为学业不良儿童是指那些智力正常但在学校的学习中有严重困难的学生，这些儿童要达到一般学习水平或达到教学大纲所要求的水平需要额外的督促与辅导，有的甚至需要特殊的教育与帮助。

学习心理辅导是学校心理健康教育的一个重要课题。学生学业不良，往往是由于非智力因素不良造成的。为此，应从培养正确的学习动机、激发学习兴趣、养成良好的学习习惯、排除不良的情绪等方面，进行学习心理辅导。

（二）情绪问题

青少年的情绪问题主要表现在忧郁、恐惧、焦虑等。

忧郁是一种忧愁和伤感的情绪体验，它是中小学生常见的一种情绪困扰。研究表明，长期处于忧郁状态的人容易导致忧郁症，而性格内向、多疑多虑、不爱交际、生活中遇到意外挫折、长期努力得不到回报的人容易陷入抑郁状态。

恐惧是每个正常儿童发展中普遍具有的一种体验，是儿童、青少年对周围环境的一种必要的、健康的反应。恐惧在一定程度上是个体保护自身免受伤害的一种先天机制。但如果明知这种恐惧是过分的、不必要的，但难以克服和抑制，那么这种恐惧就是情绪障碍。学生的恐惧对象很多，有交往恐惧、高空恐惧、批评恐惧、学校恐惧、考试恐惧等。

焦虑是一种对环境无把握、又对不可知的未来感到威胁时的一种恐惧、忧虑、烦躁不安的情绪紊乱状态。中小学生的焦虑主要集中在考试焦虑上。考试焦虑是由考试情境引起的一种特殊焦虑状态。考试焦虑主要特征是在考试之前或在考试期间心率加快、呼吸急促、多汗、尿频、失眠、食欲不振、情绪不安、多余动作增加、思维不清等。

（三）人际关系问题

1. 与同学的关系问题

主要集中在交友方面，因处理不好朋友之间的关系而苦恼。中小学生在人际交往中的主要问题表现为不合群、冷漠、孤僻、嫉妒、退缩或过于沉默，甚至钩心斗角、互相诋毁、挖苦、拆台等。与同学的交往是否顺利，关系是否融洽，可直接影响到青少年的学习和生活质量。孩子们都希望在同学中有被接纳的归属感，寻求同学、朋友的理解与信任。如果同学关系不融洽，甚至关系紧张，就会产生自卑、压抑和孤独感。

2. 与教师的关系问题

有些教师对学生不理解，过多干涉学生的业余生活和正常交往而引起学生的困惑和烦恼。还有的老师为人严厉，说话尖刻，对学生教育不得法，或教师本人在职业道德上出现了偏差，讽刺挖苦学生，体罚或变相体罚学生，严重伤害了学生的自尊心和自信心，导致学生疏远甚至讨厌这样的老师，进而渐渐对其所讲内容也产生反感，这种现象在中小学比较普遍，甚至对学生的一生产生影响。这表面上看是学习问题，实际上是一种由不良的师生关系导致的心理问题。

3. 与父母的关系问题

现在的中小学生与父母存在许多矛盾冲突，这些矛盾冲突会给青少年带来很多压力和烦恼。许多父母认为他们有权干涉自己孩子的一切，包括学习、交友、兴趣爱好等。他们往往对孩子的学习提出较高的要求，在学习时间上、业余的兴趣爱好上都有很多具体的规定和限制，对孩子的学习成绩过分敏感，给孩子造成巨大的心理压力。有研究发现，近半数的家长因怕孩子学坏而干涉孩子的交友，给孩子带来很多烦恼。还有些家长出于关心和了解孩子的目的而窥探孩子的隐私(如偷看日记、翻查书包等)，令孩子非常反感，感到不被尊重，于是不愿意和家长交流，产生隔阂，也有的孩子强烈反抗父母的这些行为，和父母发生激烈的冲突。

(四)青春期心理问题

现在的青少年多数从小学高年级就进入了青春期。青春期是身体和心理发育最为剧烈的时期，是最充满激情浪漫、最富有创造力、思想最活跃的时期，这是他们从幼稚走向成熟、从依赖走向独立的过渡时期，也是对人生、社会和未来充满幻想与好奇的"多梦季节"。国外有学者形容这一阶段是"骚动的、矛盾的、动荡的、暴风雨式的时期"。这个时期的学生正处在个体发展的特殊时期，是心理功能受阻的易发期和多发期，伴随着成长的欣喜、生活的苦恼、学习的压力、情感的吸引，种种感情交织在一起，年轻的心变得十分敏感和冲动。

1. 逆反心理

所谓逆反心理就是指受教育者在接受教育的过程中，因自身固有的传统定势和思维模式与特定教育情境下所产生的认知信息相对立的并与一般常态教育要求相反的对立情绪和行为意向。不少学生由于辨别是非的能力较差、疑心重，往往不能正确对待家长的一片苦心、教师的批评教育。他们对正面宣传做反面思考，对不良倾向产生认同感，对思想教育、遵章守纪要求消极抵抗。

2. 早恋问题

所谓早恋，指青少年中间过早地发生或发展着的恋爱现象。判断是否早恋的依据大致有两点：一是生活自立的程度；二是恋爱的年龄与法定最低婚龄相差的程度。早恋是青春发育期容易出现的一种现象，伴随着身体的发育成长、生殖系统的成熟，学生会在心理上产生对异性的好奇与向往，男女生之间易产生朦胧的好感，加上流行歌曲、言情小说、影视媒体的影响，家长、教师过于严厉的批评和监督，使学生产生了较强的逆反心理，这更容易使学生走入早恋的误区。

3. 情绪动荡

青春期的学生情绪丰富而强烈，情绪起伏变化较大，而且容易冲动，往往不善于调节和控制自己的情绪，有时可能会因一点点小事而情绪激动，也可能为一点点小事而灰心丧气。多变的情绪，常常使他们难以专心致志、善始善终地做好每一件事，学习、生活也因此受到干扰，还会影响同学之间的团结，甚至违反校规、触犯法律。

4. 心理闭锁

进入青春期后，学生的内心变得丰富多彩，一方面渴望被人理解和关注，另一方面，独立感增强，又不愿意把自己的内心轻易表露出来，这就出现了青春期常见的闭锁心理。他们开始有了自己的秘密，许多事有意回避师长，有了自己的心事，但不轻易告诉人，抽屉也上了锁。这种闭锁、隐秘的心理特点，一般来说是正常现象，但如果与其内倾的气质联系起来，变得抑郁、忧虑、苦闷和不安，那就可能产生闭锁心理障碍。这种闭锁心理障碍，一般以高中生居多，如任其发展，易形成自我封闭、自我孤立的性格，甚至会导致悲观厌世。

5. 性心理问题

青春期是一个性生理、性心理迅速发育的时期。性成熟的来临，必然产生一些特殊的心理体验，这个体验就是性意识。性意识的产生使青少年对性知识的兴趣和渴求加强，但由于性知识的贫乏，获得性知识缺乏正规教育途径，这就造成了青少年性认识的混乱或性行为上的问题。主要表现有：第一是性困惑，比如，过分关注自己的生殖器，担心自己发育不好，对性幻想、性梦有罪恶感等；第二是性压抑，两性之间的强烈吸引，需要通过适当的异性交往，满足心理上的渴求，但是中学生由于受传统观念的束缚，加上对自己的性生理感受和性心理体验感到自责和恐惧不安，于是他们会主动回避异性，处于紧张、焦虑、矛盾、困惑的性压抑之中；第三是性自慰，所谓性自慰是指在没有异性参与时，所有自我进行的满足性欲的活动，一般有性幻想、性梦和手淫三种形式。

（五）问题行为

问题行为是指那些反复和持久的、明显违反社会行为规范的、但情节轻微未达到犯罪性质的青少年行为偏差，也称"边缘行为"。中小学生常见的问题行为主要表现为三类：第一类是过失行为，如说谎行为、课堂违纪行为、吸烟行为、逃学行为、网络迷恋行为、离家出走或夜不归宿行为等；第二类是不道德行为，如打架斗殴、敲诈勒索、欺骗、偷窃、横行霸道、破坏公共设施、集体酗酒等；第三类是自我伤害行为，如自伤、自残和自杀行为。

二、心理障碍

心理障碍也叫严重心理失调，它是较少人存在的严重心理问题。与一般心理问题相比，心理障碍的主要特征是：时间持久（3个月至1年甚至更久）；内容泛化；自身难以克服，需他人帮助或转移环境才可摆脱痛苦；社会功能受损严重，某些正常的学习、生活和工作不能顺利进行；规避行为多；若不能给予有效的咨询和治疗，时间越久问题越重。

青少年常见的心理障碍有以下几种。

（一）儿童多动综合征

儿童多动综合征简称多动症，也叫注意力缺陷多动症或脑功能轻微失调综合征，是一种以行为障碍为特征的儿童综合征。多动症的患病率国外报道在 5%～10%，国内调查在 10% 以上，男孩多于女孩，早产儿及剖腹产儿患多动症的概率较高。多动症儿童的行为常表现出以下特征。

1. 过多的活动

如不能持续一段时间安静地坐着，不是玩手玩脚，就是不断扭动身体，或是不自觉地站起来（如课堂中离开椅子）；无法安静下来，好似永远都在做着一些事，总是动个不停；在某些不恰当的场合下，会到处乱跑或过度活跃（若是青少年或成人，则是觉得坐立不安）；极度爱讲话。

2. 注意力缺陷

做事很难集中注意力；常常会在功课上、工作上或其他活动上粗心大意；别人和他说话时，经常表现出好像没有在听的样子；常常难以依照特定的指示完成任务（如无法完成功课、家务或工作）；经常逃避需要花费心思的活动或工作；做事常常有头无尾，丢三落四；很容易被干扰而分心。

3. 行为易冲动

经常未经考虑就行动，比如，在做集体游戏时难以耐心等待；别人问题未问完就急着说出答案；常常在不恰当的时候打断对话的进行；常常参与对身体有危险的活动而不考虑可能导致的后果（不是为了寻求刺激）；有时突然喊叫，袭击别人。

4. 学习困难

主要表现为学习成绩差。多动症患儿智力是正常或基本正常的，学习困难的原因与注意力不集中、多动有关。出现学习困难的时间，取决于智力水平及多动症的轻重程度。智力水平中下的严重多动症患儿在学龄早期就可能出现学习困难；智力水平较高、多动症状较轻的，可能在初中阶段才出现学习困难。

多动症与一般儿童的好动是有本质区别的。首先，多动症儿童做任何事情都无法较长时间地集中注意力，具有注意力缺损症状；而好动的儿童在做他所喜欢的事情时不仅能专心致志集中注意地去做，而且还讨厌别人的干涉和影响，他上课和做功课时表现出的好动和心不在焉，主要是因为对学习缺乏应有的兴趣。其次，多动症儿童的行动常常是冲动的、杂乱的、有始无终的；而好动儿童的行动常常具有一定目的，并有计划及安排。最后，多动症儿童却没有自我控制能力，在各种场合都无法表现出遵规守纪；而好动的儿童一般在较为严肃的或陌生的环境中，能适当自我控制，表现得安分守己不会乱吵乱跑。

多动症可能有生理上的原因，也可能是不良的生存环境引起儿童精神高度紧张的结果。多动症儿童如果不能得到及时的诊治，病情会逐渐加重，不仅会影响自己的学习和生活，而且还会给家庭、学校和社会造成极大的伤害，也给家庭和社会带来沉重的负担。

（二）学习困难综合征

这是一种学习技能的发展障碍。这类学生并非呆傻或愚笨，而是从发育期引起的获得技能方式受损，表现在阅读、计算等单一方面的能力低下，而其他技能均正常，所以常出现严重偏科现象。

学生学习困难有生理原因，如出生前后造成的脑损伤、神经系统失调等导致的智力低下。而学习技能障碍可由遗传而来，或是由于身心发展落后于同龄儿童的发展水平，如说话过迟、个子矮小等，更重要的是环境因素的影响，比如不良的家庭环境，如父母长期在外工作，家庭成员关系紧张等原因，使儿童从小就未得到成人充分的爱抚，特别是缺乏母爱，或在早年生长发育的关键期，没有为儿童提供丰富的环境刺激和教育；抑或是家长过度期望或教育方法不当，如学前儿童小学化，小学儿童成人化的现象，影响了学生的学习兴趣。另外，有些老师对学习后进生（现称为学困生）存有偏见，不恰当地批评指责，严重伤害了学生的自信心和自尊心，降低了学习动机和兴趣，使学生产生厌学情绪，进而导致学习困难。

在诊断学习困难综合征时，应当注意与儿童多动症的区别。学习困难是儿童多动症的一种表现，但儿童多动症的学习困难主要是由于好动、冲动、注意力缺陷和行为障碍所造成的；而患有学习困难综合征的学生，则没有上述多动症的表现，不存在多动症儿童所表现的情绪和行为问题。

（三）厌学症

厌学症是指学生消极对待学习活动的行为反应模式，是目前中学生存在的最普遍、最具有危险性的学习心理障碍。

厌学症与一般的厌学情绪不同，其主要特征是：对学习毫无兴趣，视学习为负担，讨厌学习；把学习作为一件痛苦的事情，一提到学习就心烦意乱，焦躁不安，不认真听课，不完成作业，经常逃学或旷课，严重者一提到学习就恶心、头昏、脾气暴躁甚至歇斯底里；对教师或家长有抵触情绪，学习成绩不好，怕考试，甚至恨书、恨老师、恨学校，严重的会导致辍学。厌学症对青少年的生理、心理健康具有极大的危害性。

导致厌学症的原因是多方面的。从外因看，有家庭教育和学校教育的失误（如家长期望过高、不当的教育方法、教师态度生硬等），也有社会不良风气的影响。从内因看，是学生个人心理因素造成的，因各种原因引起的心理烦躁、激动、不安情绪使他们无法静下心来学习，或因为懒惰和贪玩令他们不愿意为学习付出努力，进而讨厌学习。

厌学症的学生是可以转化的，教育过程中要耐心引导，给其创造一个参与学习的环境，因材施教，帮助他们矫治厌学症。

（四）焦虑症

焦虑症是以与客观威胁不相适应的焦虑反应为特征的神经症。其心理方面主要表现为紧张不安，忧心忡忡，难以集中注意力，极端敏感，对轻微刺激会做出过度反应，难以做出决定。躯体方面常表现为坐立不安、过度出汗、心跳加快、尿频尿急、睡眠障碍等不适反应。

学生中常见的焦虑反应是考试焦虑，其表现是随着考试临近，心情极度紧张。考试时不能集中注意，知觉范围变窄，思维刻板，出现慌乱，无法发挥正常水平，考试后又持久地不能松弛下来。过度的考试焦虑常会导致心理紊乱，严重地影响学生的生理和心理健康。考试焦虑症状的产生既有主观原因也有客观原因。主观原因包括学生特殊的神经类型、对考试的不合理认知和评价、知识的准备和应试技巧不足、学生过分争强好胜的个性特征等。客观原因有社会、学校、家庭的压力以及教育观念、教育体制等原因。

采用肌肉放松、系统脱敏方法，运用自助性认知矫正程序（指导学生在考试中使用正向的自我对话，如"我能应付这个考试""成绩并不重要，学会才是重要的"），对于缓解学生的考试焦虑，都有较好的效果。

（五）强迫症

强迫症即强迫性神经症，属于焦虑障碍的一种类型，其特点为有意识的强迫和反强迫并存，一些毫无意义、甚至违背自己意愿的想法或冲动反反复复侵入当事人的日常生活，当事人虽体验到这些想法或冲动是源于自身，极力抵抗，但始终无法控制，二者强烈的冲突使其感到巨大的焦虑和痛苦，影响了正常的学习、生活和工作。强迫症包括强迫观念和强迫行为。强迫观念指当事人身不由己地思考他不想考虑的事情，强迫行为指当事人反复去做他不希望执行的动作，如果不这样想不这样做，他就会感到极端焦虑。

中小学生常见的强迫观念有：强迫性思虑（如总是控制不住地思考诸如"为什么人有男女之分？""为什么 $1+1=2$？"等问题）、强迫性怀疑（如总是怀疑自己在考卷上没写上姓名或填错了证件号码，迫使自己反复去核对）、强迫性对立思维（如见到"东"立刻想到"西"，看到"好"会立即想到"坏"等）。中小学生常见的强迫行为有：强迫洗涤（不管手是否干净，一接触某样物品后就急于洗手，一天要洗很多次，每次要洗很多遍）、强迫计数（走路时计算走的步数，或点数上学路上看到的电线杆，一旦出错，就会从头来过）、强迫性仪式动作（如锁门前必先用手举钥匙在空中比画几下，看到站牌必举手敬礼，如有忽略，必退回敬礼才感到舒服）。其实大多数人都有过一些强迫性的观念或行为，但只有当它干扰了我们的正常社会功能时，才是神经症的表现。

导致强迫症的原因较复杂。首先是社会原因，包括家庭教育的过分严格、粗暴，学校管理条框过多过细，很少给学生留自主自由空间，学习过度紧张、学习困难、人际关系不良等。其次是个人的人格原因，多数强迫症者都有这样一些人格特征：胆小怕事、优柔寡断、偏执刻板、拘泥于细节、过分追求完美、有强烈的道德观念等。有一些研究还认为，强迫症与遗传及神经内分泌等生物因素也有相关。

（六）恐怖症

恐怖症是指当事人对没有实质性危害的事物与场景的非理性恐惧，而且伴有明显的焦虑及自主神经症状，并主动采取回避的行为方式来解除这种不安。恐怖症可以分为单纯恐怖症（即对一种具体的东西、动作或情境的恐惧，如害怕某种动物、害怕某种自然环境、晕血、晕针、恐高等）、广场恐怖症（即害怕较开放的空间，如空旷的街道、大片的水域等）、社交恐怖症（即在社交场合下几乎不可控制地诱发即刻的焦虑发作，并对社交性场景持久地、明显地害怕和回避）。

中小学生的社交恐怖症较为多见，主要表现为害怕当众发言（当众发言会脸红心跳、声音发颤、口吃甚至根本说不出话来）、害怕与他人对视（害怕看别人的眼睛，怕跟别人的视线相遇）、害怕与异性交往（一看见异性则全身紧张，不敢与异性目光接触，更不敢与异性交谈，即使与异性交谈，也会面红耳赤，言语不清）等。

对恐怖症成因的分析存在不同的观点。精神分析认为：恐怖是焦虑的转移，是个人将焦虑转移到不太危险的事物之上，从而避免了对焦虑来源的忧虑。行为主义认为：恐怖是后天习得的，可在直接经验中习得（如一朝被蛇咬，十年怕井绳），可由观察习得（多次看到母亲怕黑或恐高，自己也不自觉地怕黑或恐高），还可由信号替代习得（如一个学生在采黄花时被蜜蜂蜇了，后来一看见黄花就紧张害怕）。认知理论则认为：恐怖症源于个人对某些事物或情境的危险性做了不现实的歪曲的评估。

（七）抑郁症

抑郁是一种心境异常低落的负性情绪状态，常伴有自责自罪、孤独、退缩、自暴自弃等。严重的抑郁情绪易导致当事人的社会功能损害，如交往障碍、学习困难、逃避退缩，甚至产生自杀的想法和行为。抑郁已经成为 21 世纪影响人类身心健康和生命安全的主要危险因素之一。

中小学生抑郁症的主要表现为：一是对生活学习失去兴趣，如对学校不感兴趣、不想上学，以各种理由或借口拒绝上学，对学校发生的事一点也不关心；对自己以前很感兴趣的游戏活动也不再有兴趣，对所有事物都表现出消极、淡漠的态度。二是认知能力下降，记忆力不如以前好，思维速度慢，思考问题困难，不能全神贯注，注意力容易受外界环境干扰。三是无助与绝望感强烈，认为自己没有能力解决遇到的各种困难，别人也帮不了自己，失去了以往的自信，感觉前途渺茫，人生无望。四是动机缺失，没有学习和生活的动力，缺乏热情，不愿确立人生目标。五是自责自罪感，认为是由于自己的无能或过错给家人和集体造成了损失，自己活着是家人和社会的负担。六是精力减退，容易疲劳，行动迟缓，食欲不振等。

影响抑郁的因素很广泛，有家族遗传因素（有些抑郁症孩子的家长就曾经是抑郁症患者）、家庭环境和教养方式因素（缺少父母的陪伴和感情支持，或父母期望值过高难以实现）、升学就业压力或学业失败体验、人际关系不良、经历重大生活变故及不良的个性特点（内向孤僻、情绪不稳、缺乏自信、重视他人评价、追求完美）等。

第三节　学校心理健康教育的目标与途径

一、学校心理健康教育的目标

学校心理健康教育，是教育者依托心理学基本原理与技术，在学校的日常教育和教学工作中，根据学生身心发展特点，有目的、有计划地对学生施加影响，培养学生良好的心理素质，提高心理机能，促进德、智、体、美等整体素质的提高和个性和谐发展的教育过程。

学校心理健康教育的目标从广义上说与教育的总目标是一致的，都是使受教育者个性全面发展。从狭义上说，心理健康教育的目标是形成、维护、促进受教育者的心理健康，从而为受教育者的全面发展提供良好的基础。

《中小学心理健康教育指导纲要（2012年修订）》中明确指出："心理健康教育的总目标是：提高全体学生的心理素质，培养他们积极乐观、健康向上的心理品质，充分开发他们的心理潜能，促进学生身心和谐可持续发展，为他们健康成长和幸福生活奠定基础。""心理健康教育的具体目标是：使学生学会学习和生活，正确认识自我，提高自主自助和自我教育能力，增强调控情绪、承受挫折、适应环境的能力，培养学生健全的人格和良好的个性心理品质；对有心理困扰或心理问题的学生，进行科学有效的心理辅导，及时给予必要的危机干预，提高其心理健康水平。"

二、学校心理健康教育的主要途径

（一）在各学科教学中渗透心理健康教育

传统的学科教学在片面追求升学率思想的指挥下，往往只强调学科知识的掌握、技能的形成和相应能力的发展，而忽略学生心理素质的提高，甚至由于教师本人的教育态度和教育行为失当，使不少学生产生了这样那样的心理问题。新的课程标准要求学科教学不仅要完成掌握知识技能和发展能力的任务，还要求结合教学对学生进行良好的人格塑造与心理疏导，也就是在学科教学中要渗透心理健康教育。

在学科教学中渗透心理健康教育，是指教师在学科教学的过程中，自觉地、有意识地运用一系列心理健康教育的原理和方法，在授予学生一定学科知识技能的同时，开发他们的智力和创造力，提升和促进学生的心理健康水平。一般而言，在正常的课堂教学中，除了要完成知识传授、方法传授、思维发展等任务外，它力图要渗透的心理健康教育主要有：激发学习动机；培养学习兴趣；树立自尊自信；实施潜能开发；养成良好学习习惯；锻炼人际交往和沟通能力；培养坚强的意志力；塑造乐观开朗的性格等。

在学科教学中渗透的心理健康教育，往往是零散的，不成系统的。因为各学科教学都有其自身的独特任务，心理健康教育在其中只处于辅助地位。因此，心理健康教育不能单靠在学科教学中的渗透来完成，还必须结合其他教育形式(如专门的心理健康教育活动课、其他专题教育活动等)。

(二)设立心理健康教育的专门课程

心理健康教育的专门课程,是学校列入课程计划的,并通过显性课程的形式实施的,有目的、有计划、有系统、有组织地对学生的心理健康施加影响的一类课程。这一类课程通常包括两方面内容:第一,心理健康教育学科课程,是一种能够系统地传授有关心理发展和心理健康基础知识的课程形式;第二,心理健康教育活动课,也叫心理辅导活动课,即教师根据学生身心发展特点,以教学班为单位,运用心理学、教育学有关原理,有目的、有计划、有系统、有组织地通过以学生为主体的活动方式,对学生进行心理健康教育的一种课程形式,它具有活动性、主体性、互动性、体验性和感悟性等特点。

《中小学心理健康教育指导纲要(2012年修订)》中明确指出:"中小学要开展心理健康专题教育。专题教育可利用地方课程或学校课程开设心理健康教育课。心理健康教育课应以活动为主,可以采取多种形式,包括团体辅导、心理训练、问题辨析、情境设计、角色扮演、游戏辅导、心理情景剧、专题讲座等。心理健康教育要防止学科化的倾向,避免将其作为心理学知识的普及和心理学理论的教育,要注重引导学生心理、人格积极健康发展,最大程度地预防学生发展过程中可能出现的心理行为问题。"

(三)建立心理辅导室

心理辅导室是心理辅导教师运用心理学的原理和方法,指导帮助学生解决在学习、生活和成长中出现的问题,排解心理困扰的专门场所,是学校开展心理健康教育的重要阵地。心理辅导可分为个别心理辅导和团体心理辅导。个别心理辅导是针对个别学生心理发展中出现的问题有针对性地加以引导。团体心理辅导主要是指以一定的学生群体为单位,教师与学生共同就某一个问题展开讨论与研究,明辨是非,弄清方向。无论个别辅导还是团体辅导都要注意学生的年龄特点。

心理辅导遵循的是教育模式,而不是医学模式。在心理辅导的过程中,心理辅导教师的任务是:就学生日常生活及学习中的问题或应激情境,帮助其发现以何种策略或行为方式,充分利用现有条件,达到其所追求的现实目标。心理辅导强调发展的观点,它帮助学生消除阻碍发展的各类因素,以达到最佳水平。

心理辅导教师必须恪守职业道德,在学生知情自愿的基础上进行辅导,严格遵循保密原则,谨慎使用心理测验,不能强迫学生接受心理测试,禁止使用可能损害学生心理健康的仪器。在心理辅导过程中,心理辅导教师还要树立危机干预意识，对个别有严重心理疾病的学生，能够及时识别并转介到相关心理诊治部门。

（四）密切联系家长共同实施心理健康教育

在学校开展心理健康教育，是学生健康成长的需要，是推进素质教育的必然。随着社会的发展和教育的进步，心理健康教育逐渐在学校得到重视和开展，并且取得了许多有价值的成果和宝贵的经验。但我们同时也注意到，学校心理健康教育工作中存在一个盲区，那就是家庭心理健康教育的参与缺失。家庭作为学生生活的第一环境，父母作为学生的第一任老师，几乎是不可替代的重要教育途径。家庭中的父母关系，父母对子女的期望值，父母的榜样作用，家庭教养方式，乃至一些家庭的重大生活事件都会对青少年心理发展产生重要的影响。

学校要采取多种方式与家长进行联系和沟通，帮助家长树立正确教育观念，使家长了解孩子成长的特点和规律，掌握科学的心理健康教育方法，加强亲子沟通，树立良好榜样，以健康和谐的家庭环境影响孩子。学校还要为家长提供促进孩子发展的指导意见，协助家长共同解决孩子在发展过程中出现的心理问题。

（五）充分利用校外教育资源开展心理健康教育

《中小学心理健康教育指导纲要（2012修订）》明确提出："学校要加强与基层群众性自治组织、企事业单位、社会团体、公共文化机构、街道社区以及青少年校外活动场所等的联系和合作，组织开展各种有益于中小学生身心健康的文体娱乐活动和心理素质拓展活动，拓宽心理健康教育的途径。"

第四节　学校心理健康教育的理论与方法

心理健康教育有众多的理论基础，不同的理论从不同的角度对心理健康问题进行解释，并提出了独特的心理辅导方法。

一、精神分析理论与方法

（一）基本理论

精神分析理论也叫心理分析疗法，其创始人是奥地利精神病医生西格蒙德·弗洛伊德（Sigmund Freud）。精神分析理论是建立在对病人进行分析的基础之上，因此弗洛伊德强调更多的是异常和不适应的特点。精神分析最基本的理论就是"意识—无意识理论"。弗洛伊德认为：人的精神生活由意识和无意识组成，中间夹着很小的部分为前意识。意识是指人当前能觉察到的心理活动；前意识是指那些虽然当前没有觉察到但通过回忆可以觉察到的心理活动；无意识也叫潜意识，是指那些人在清醒的意识下无论如何回忆也无法察觉到的潜在的心理活动。无意识的心理活动主要包含了各种人类社会伦理道德、宗教法律所不容许的、原始的、本能的欲望，或是早年创伤性的痛苦经历，当它们出现在意识中就会唤起当事人的羞耻感、罪恶感、焦虑或恐惧，因而人们就会不由自主地将其压抑到无意识之中，不让其出现在意识层面，以缓解当事人的焦虑和恐惧。无意识中各种本能冲动、欲望却一直都在积极活动中，有时还很急迫，力求在意识行为中得到表现，但又不能轻易达到，于是就会以梦、口误、笔误、记忆错误等方式出现。个人长期积累的不良情绪和压抑的本能欲望，若得不到合理宣泄和满足就很容易导致心理问题和心理障碍。

精神分析法就是要把压抑在潜意识中那些童年创伤、痛苦体验挖掘、暴露出来，变成意识的东西，加以分析、解释、疏导，使当事人重新认识自己，并改造自己人格的不足，以实现心理健康的目的。

（二）心理辅导方法

1. 合理宣泄法

就是通过恰当的方式和途径来释放心中被长期压抑的不良情绪或表达出自己心中最基本的愿望，以达到心理平衡的目的。常用的合理宣泄法有倾诉法、运动法、音乐法和其他方法。

（1）倾诉法

培根说过："如果你把快乐告诉一个朋友，将有两个人分享快乐；你把忧愁向朋友倾诉，你将被分掉一半忧愁。"当遇到不愉快的事情时，不要自己一个人生闷气，找个值得信赖的朋友或师长，向他倾诉心中的恐惧、痛苦、烦闷、苦恼、担忧或希望，说出来之后，心情就会轻松很多，如果再得到朋友的理解和安慰，内心的压抑就会缓解或消除。

（2）运动法

运动是很好的情绪缓解方法之一。因为当人们在沮丧或愤怒时，生理上会产生一些异常现象，如脸部发热等，通过运动，如跑步、打球、打拳等方式，产生体力疲劳，紧张郁闷等不良情绪得到缓解，情绪就会恢复正常。

（3）音乐法

音乐具有强烈的情绪感染力，也是缓解情绪的有效方法之一。当心情不好时，听上一曲自己喜欢的音乐或令人放松的轻音乐，沮丧的情绪就会烟消云散。

（4）其他方法

还有一些情绪宣泄方式也很有效，如找个没人的房间大哭一场、大骂一顿或拳打脚踢一阵，宣泄完了，心里感到平衡了，情绪就得到缓解了，或者逛逛街买点自己喜欢的东西，还可以出门旅游，在大自然中使自己的情操得到陶冶。此外，还应培养多方面的兴趣爱好，养成良好的生活习惯等，这些都有助于保持心理的健康。

2. 心理暗示法

《心理学大辞典》是这样描述心理暗示的："用含蓄、间接的方式，对别人的心理和行为产生影响。暗示作用往往会使别人不自觉地按照一定的方式行动，或者不加批判地接受一定的意见或信念。"暗示也是利用潜意识的作用原理，各种各样的暗示会被潜意识接受。潜意识也不是盲目的，意识和潜意识之间存在沟通和联系，但每个由意识控制潜意识的能力是不同的。

心理暗示有他人暗示和自我暗示。他人暗示是指由于自己对他人的威望和信任，从而自觉不自觉地接受他人的观念或指导，引起自己的心理状态或行为发生变化。自我暗示是指自己对自己进行的心理暗示。他人暗示必须转化为自我暗示，才能对自己的心态或行为发生影响，否则，其影响效果就会比较微弱。

暗示对人有积极影响，也有消极影响。积极心理暗示可以帮助被暗示者稳定情绪、树立自信及增强战胜困难的勇气；消极暗示却能对被暗示者造成不良的影响。由于儿童最容易接受心理暗示，所以家长和教师对待儿童的态度和言语要谨慎，应有意识地给儿童以积极的心理暗示，避免消极的心理暗示，注意引导儿童变消极的自我暗示为积极的自我暗示。如在考试前有的孩子有一种自我的消极暗示："我心里一点没底，我好像要考砸。"老师家长可以积极暗示他："别人和你差不多，别人行，你也一定行。"他自己想一想也觉得老师家长说得有道理，产生了"别人行，我也行"的积极自我暗示，增强了应考信心。千万不要总对孩子说"你真懒！"或"你怎么这么笨！"等消极暗示语，否则，这种强烈的心理暗示就会让孩子真的变得"很懒"或"很笨"，即便他原来很勤奋也很聪明。

有人研究提出积极心理暗示的几种技巧。

（1）录音催眠法

一个人在熟睡之前或尚未完全清醒之前，是潜意识最活跃的时间，此时将录制好的积极暗示语，在无意识的催眠状态下输入人的大脑，使大脑接受暗示。一个人在这种状态下接受暗示后，就很容易按照暗示的要求去思考问题或行动。如你有懒散、缺乏时间观念、办事拖拉、优柔寡断等不良习惯，你就播放这样的暗示语："我喜欢当机立断、说干就干，我惜时如金，我有勤劳的美德。"你希望自己成为什么样的人，就怎样暗示自己。

(2)扩大优点法

每个人都有优点，但自卑的人往往看不到自己的优点，只看到自己的缺点。对于这样的人，为了增强他的自信，帮助他不仅要挖掘出自己的优点，还要将优点适度夸大，哪怕是微小的优点，每天重复几遍，也会使自己信心大增。例如，有人说："我实在没什么优点，如果非要找优点就只有脾气较好还算温柔这一项。"我们就让他每天反复对自己说："我很温柔，这一点我比很多人强。"这样，就能帮助他在一定程度上增强自信。

(3)赞美他人法

赞美他人，不仅给他人积极的暗示，也会给自己积极的暗示。因为，当你发现并说出了他人的优点时，这优点也进入了你的心灵。在赞美他人时，你必定会内心愉快，表情灿烂。所以，赞美他人是非常好的积极心理暗示，如能经常运用，必能收到很好的效果。赞美他人最直接的作用是利于改善人际关系，如赞美部下，可改善上下级关系；赞美同事，可增进同事友谊；赞美家人，可增进家庭和睦；赞美孩子，可激发孩子智力潜能。

(4)转移暗示法

转移暗示法是指当别人对你进行消极暗示时，你运用转移暗示法，将别人对你的消极暗示转化为积极暗示。例如，某天公交车上，一位老人不小心踩了一个姑娘的脚，姑娘张口就骂。老人不仅没生气，还连连道谢。周围人不明白，就问他："人家骂你，你怎么还谢人家呢?"老人说："她没有骂我，是在祝福我。她的意思是：第一，我老了；第二，我不会死。这不是给我祝福吗? 所以我要感谢她。"听了此话，周围人都乐了，那姑娘却低下了头。这就是转移暗示法，将不利于自己的话，转移为有利于自己的话，使自己的心情保持愉快。

二、行为主义理论与方法

(一)基本理论

行为主义心理学诞生于 20 世纪初的美国，后来成为美国心理学的主流，直至 20 世纪 60 年代。行为主义强调对人的可观察行为的研究，认为人的行为(包括正常行为与异常行为)都是通过后天学习而获得的，行为形成的主要条件是强化、练习或模仿。认为人的心理问题既可以通过学习获得，同样也可以通过学习改变或消失，强调通过学习、训练提高人的自我控制能力，通过调整行为、控制情绪来矫正异常行为，消除心理障碍。其主要理论有：巴甫洛夫的经典性条件反射理论、斯金纳的操作性条件反射理论和班杜拉的社会学习理论。

经典性条件反射理论认为，某一环境刺激的出现若总伴随着对个体的强化，个体会产生喜欢该环境的情绪和趋向该环境的行为；某一环境刺激的出现若总伴随着对个体的惩罚，个体会产生厌恶该环境的情绪和规避该环境的行为。

操作性条件反射理论认为，个体的某行为若总会得到强化，该行为出现的频率会增加；个体的某行为若总受到惩罚或被忽视，该行为出现的频率会减少。行为的增多或减少依赖行为的后果。

社会学习理论认为，父母或其他人的言行是儿童学习的榜样，如果儿童模仿这种行为并因此而受到奖励，或看到其他人因为做出这一行为而受到奖励，就可以很快地获得这一新行为。个体的某些行为就是观察模仿周围其他人的行为的结果，对模仿对象（学习的榜样）的强化或惩罚，可达到增强或减少个体某行为的目的。我们不能保证所学到的行为都是准确和有用的，有时也可能学不会必需的应付能力，或学会了一些类似无助、逃避等消极的、不适应的应付方式，这就造成了心理健康的问题。

行为主义理论的基本概念是学习，认为心理健康是适应环境的一种能力，能够面对环境的压力与挑战，有健康行为模式的人是心理健康的。心理健康教育的目标就是帮助个体矫正不当行为，学会适应性行为。

（二）心理辅导方法

1. 系统脱敏法

当某人对某情境的反应"过敏"（害怕、焦虑、紧张不安）时，我们可以在他身上发起一种不兼容（颉颃）的反应（放松、愉快）。经过反复练习，使本来可以引起个体"过敏"的事物，不再引起个体的"过敏"反应，称为脱敏。

系统脱敏法主要是诱导个体缓慢地暴露出导致神经性焦虑的情境，并通过心理的放松状态来对抗这种焦虑情绪，从而达到消除神经性焦虑的目的。根据这一原理，在心理辅导或咨询时应从能引起个体较低程度的焦虑或恐怖反应的刺激物开始进行脱敏，一旦某个刺激不会再引起个体焦虑或恐怖反应时，便可呈现另一个比前一刺激略强一点的刺激。如果一个刺激所引起的焦虑或恐怖状态在个体所能忍受的范围之内，经过多次反复呈现，他便不再对该刺激感到焦虑或恐怖，咨询目标也就达到了。这就是系统脱敏法的咨询原理。

2. 满灌法

满灌法又称"冲击疗法"和"快速脱敏疗法"，是鼓励来访者直接接触引起恐怖焦虑的情境，坚持到紧张感觉消失的一种快速行为治疗法。一般采用想象的方式，鼓励来访者想象使他最恐惧的场面，或者反复讲述令来访者感到最恐惧的细节，或使用录像等放映使来访者感受最恐惧的情境，或者把来访者直接带入他最害怕的情境，经过实际体验，使其觉得也没导致什么了不起的后果，恐惧症状自然也就慢慢消除了。

使用满灌疗法应注意：要向来访者说明满灌疗法带来的焦虑是无害的，期间不允许有回避行为，否则就会失败；使用前要对来访者的身心状况有深入的了解，否则会影响疗效，而且有可能会发生意外。

3. 全身放松法

全身放松法是一种让肌肉放松的练习，也叫放松疗法，通过肌肉紧张及放松的交替练习，使身体感受到放松的状态，从而舒缓情绪上的紧张、不安和焦虑。放松疗法的理论假设是：人的心情反应包含"情绪"与"躯体"两部分，假如能改变"躯体"反应，"情绪"也会随之改变。躯体的反应，不易随意操纵和控制，如内脏、内分泌系统的反应；有些可由人们的意念来操纵，如"随意肌肉"的反应。因此，人们可以通过自己的意识把"随意肌肉"控制下来，再间接地把"情绪"松弛下来，建立轻松的心情状态。

放松疗法的要点就是训练一个人，使其学会辨认肌肉紧张和放松的不同感觉，对自身肌肉做"紧张—坚持—放松"的练习，从紧张与放松的感觉对比中学会放松。训练时，对全身多处肌肉按固定次序依次放松，每日练习，坚持不断。

拓展学习

放松疗法的步骤及指导语

1. 深深吸一口气，保持一会儿，慢慢把气吐出来。停一会儿，再做一次。

2. 伸出你的前臂，紧握拳头，用力攥紧，体会手上紧张的感觉。慢慢地放松，彻底地放松，体会前臂放松后的感觉。停一会儿，再做一次。

3. 弯曲你的双臂，用力弯曲紧绷双臂的肌肉，保持一会儿，感觉双臂的紧张。慢慢放松，彻底地放松，体会双臂放松的感觉。停一会儿，再做一次。

4. 紧张你的双脚，用脚趾抓紧地面，用力，保持一会儿，感觉双脚的紧张。慢慢地放松，彻底地放松，体会双脚放松的感觉。停一会儿，再做一次。

5. 将双腿用力向腹部收起，用力，保持一会儿，感觉腿部肌肉的紧张。慢慢放松，彻底地放松，体会腿部放松的感觉。停一会儿，再做一次。

6. 用力吸气，用力，使气息充满你的胸腔，保持一会儿，慢慢吐气，将气体完全吐出，放松，体会身体的感觉。停一会儿，再做一次。

7. 用力向上弓起腰部，用力，保持一会儿，感觉腰部的紧张，慢慢放松，彻底放松，体会腰部的放松。停一会儿，再做一次。

8. 用力紧绷面部肌肉，用力，保持一会儿，感觉面部的紧张。慢慢放松，彻底地放松，感觉面部放松的感觉。停一会儿，再做一次。

9. 现在体会全身放松的感觉，你觉得全身都很放松，很舒服。

多给自己几次暗示。慢慢地睁开眼睛。

4. 阳性强化法

阳性强化法又称正性强化法或奖励强化法，即运用正性强化原则，每当儿童出现所期望的心理与目标行为，就立刻强化（施加一个愉快刺激），以增强此种行为出现频率的方法。该方法应用的是操作性条件反射原理，其目的在于训练与建立某种良好行为。例如，晓红是韩老师班上的学生，她孤僻、羞涩，平时很少主动与他人交流，当她主动与同学交谈或者请教老师时，韩老师就及时给予肯定和鼓励，这样她就会越来越主动与他人交流。韩老师采用的这种心理辅导方法就是强化法。

5. 消退法

消退法又称忽视法，是指经常采用漠视、不理睬的方式以减少或消除不良行为的方法。消退法依据的也是操作性条件反射原理。例如，小伟课上总爱扮鬼脸，老师同学都不予理睬，他扮鬼脸的行为就逐渐减少了，这就是忽视法的具体运用。运用忽视法时需要注意的是：儿童的不良行为一定是对人、对己和对社会都没有什么伤害和损失的，否则，就不能忽视和不予以理睬。

6. 惩罚法

惩罚法又称厌恶法，是指当某种不良行为发生后即刻施加厌恶性刺激，以消除或减少某种不良行为的方法。依据操作性条件反射理论，个体的某行为若总是受到惩罚，该行为出现的频率会减少。但惩罚法若运用不当，会产生不良的副作用，即给儿童的心灵造成痛苦或恐惧的阴影。因为对儿童实施惩罚的往往是师长，频繁的或过度的惩罚可能会令儿童对师长产生害怕或怨恨的情绪，既不利于师生关系和亲子关系，也不利于儿童的心理健康发展。所以，惩罚法一定要少用、慎用，最好不用，它一定是其他方法都用过但不能解决问题而最后采取的方法。

7. 模仿学习法

模仿学习法又称示范法或榜样法，是指为当事人提供榜样，利用人们能通过模仿学习获得新的行为反应的倾向来帮助那些具有不良行为的人，以良好的适应性行为取代不适应的行为，或帮助那些缺乏某种行为的人学习新的适应性行为。人类的大多数行为（包括人的不良行为）都是通过观察学会的，而且模仿学习可以在没有奖励的情况下发生，个体仅仅通过观察其他人的行为反应，就可以达到模仿学习的目的。模仿学习法特别适应于集体性的心理辅导，而中小学生的模仿能力又特别强，所以模仿法是对中小学生进行心理辅导的最佳方法之一。

8. 自信训练法

百度百科的解释是："自信训练（assertive training），亦称肯定性训练、果敢训练，是一种培养个体坦率、真诚、直接地表达自己的情感和思想，以增强自信，避免紧张，从而在人际交往中能够做出恰当反应的训练方法。自信训练其目的是促进个人在人际关系中公开表达自己真实情感和观点，维护自己权益也尊重别人权益，发展人的自我肯定行为。"

自我肯定行为主要表现在三个方面：一是请求他人为自己做某事，以满足自己合理的需要；二是拒绝他人无理需求而又不伤害对方；三是真实地表达自己的意见和情感。在实际生活中，许多学生表现出的是不肯定行为，如谈话时眼睛不敢看着对方，不敢提出合理要求，不敢拒绝别人的无理要求，不敢表达自己的不满情绪等。自信训练就是通过角色扮演来训练学生的肯定性行为，增强学生的自信心，再将学得的应对方式应用到实际生活情境中。通过训练，当事人不仅降低了焦虑程度，而且发展了应对实际生活的能力。见表 13-1。

表 13-1　用行为指导语帮助训练肯定性行为举例

序号	情境	行为指导语
1	到商场挑选衣服	"请您把那件衣服递给我试一下好吗？"
2	拒绝参加不情愿的社交活动	"对不起，今天我有事不能外出了。"
3	宿舍熄灯后还有人说话	"对不起，你们说话影响我休息了。"
4	对别人的不守信用感觉不愉快，向别人表达自己的不满。	对别人温和、直接地说："你这样伤害了我。"或坦诚地告诉对方："你不守信用让我不舒服。"
5	表达对别人观点的赞成	"我的看法与您一致。"

三、认知理论与方法

（一）基本理论

认知心理学派于 20 世纪 50 年代产生于美国。认知理论的基本观点是：人的情绪和行为是由人相应的思想观念所决定的，一个人表现出适应不良的情绪和行为是因为他脑中存在不合理的认知观念和思维方式。

美国心理学家埃利斯于 1955 年提出了在心理咨询领域影响极大的合理情绪疗法（Rational-Emotive Therapy，RET）是认知理论的一种，也称为 ABC 理论。其中：A 为诱发事件，B 为对事件的解释和评价（合理的或不合理的认知信念），C 为情绪或行为（良好的或不良的）。这一理论强调认知的重要性，认为情绪或行为（C）不是由某一诱发事件本身（A）引起的，而是由经历了这一事件的主体对事件的解释与评价（B）引起的。合理的认知信念会引起人们对事物适当的情绪反应，而不合理的认知信念则相反。当人们坚持某些不合理的信念时，就会处于不良的情绪反应之中，最终会导致情绪或行为障碍的产生。该理论认为，通过分析、挖掘这些不合理的认知信念，加以分析、辩驳，再代之以合理的认知信念，就可以改善当事人的情绪或行为问题，使之能更好地适应环境，促进其健康成长。

认知理论认为，心理健康的人有积极的自我概念，能用恰当的方式解释自己的经验，思想合乎逻辑、理性、科学。认知心理学的心理辅导目标是：使个体改变不合理信念，学会理性思维。

（二）心理辅导方法

1. 找出引起当事人心理困扰和行为异常的不合理信念

不合理信念，即不合理认知观念，它主要有以下三个特征：绝对化要求、片面化和糟糕至极。绝对化要求就是认识上走极端，体现在对自己、他人及事物的绝对化要求上，如"我必须成功""他应该好好对我"等，怀有这种信念的人极易陷入困扰，因为绝对化要求不可能永远实现。片面化就是以偏概全、过分概括化的思维方式，如因为一次失利，就认为自己一无是处，结果导致个体产生自责自罪、焦虑、抑郁等消极情绪。糟糕至极也叫灾难化思维，是指一件不好的事情发生，就认为糟糕到了极点，一切都完了，于是产生过分夸大的不良情绪。

2. 与非理性信念"辩论"

帮助当事人向非理性信念质疑问难，证明他们的不现实、不合理之处，认识它们的危害，进而产生放弃这些非理性信念的愿望和行动。

3. 得出合理信念，学会理性思维

理性思维是指实事求是的、指向解决问题的思维陈述。如"我尽力……""我可能……但我尽力避免……""我希望你……但你也可以……"都属于理性思维。

4. 将理性思维内化为个人的生活态度，迁移到日常生活中去

认知理论的心理辅导方法的适应症是情绪障碍（如抑郁症、焦虑症、强迫症、恐怖症等），并且应用于正常人的生活适应及改善生活质量中。

四、人本主义理论与方法

（一）基本理论

人本主义心理学产生于 20 世纪五六十年代的美国，主要代表人物是马斯洛和罗杰斯。人本主义理论的基本观点是：任何人在正常情况下，都有着积极的、奋发向上的、自我完善的、无限成长的潜力，如果为他创造一个良好的环境，使他能和别人正常交流，便可以充分发挥他的潜力。在人的成长中，如果环境条件不利，使人的"积极的、奋发向上的、自我完善的、无限成长的潜力"受到歪曲和阻碍，形成冲突，人就会感到适应困难或表现出各种异常行为。

人本主义关于教育与心理辅导的目标是：制造一个自由的气氛，使当事人能和别人正常交流，充分发挥他的潜力，使他的思想、感情和存在沿着他要去的方向（向上、向善的方向）发展。

（二）心理辅导方法

罗杰斯开创的来访者中心疗法是人本主义心理辅导和咨询方法中的主要代表。该方法不注重辅导和咨询的技巧，更注重与来访者建立良好的咨访关系。罗杰斯曾说过："当一个为许多困难而苦恼着的人来找我们时，最有价值的办法是创造一个使他感到安全、自由的关系，目的在于理解他内在的感情，接受他本来的面目。制造一个自由的气氛，使人的思想、感情和存在沿着他要去的方向发展……"在这样的关系中，心理学家不是以专家的身份去理解他的情感，促进他成长，也不是以自己的理论去影响来访者，而是要在良好的环境里，让来访者自己内心世界发生变化。

如何建立安全、自由的咨访关系？心理辅导师或咨询师要做到以下几点。

1. 平等

追求平等的咨访关系，一是对来访者的人格保持尊重，避免进行道德与价值评判；二是对来访者保持不偏不倚的中立立场，避免带有咨询师主观倾向的情绪反应；三是放弃获得心理优势的企图，放弃自卑和防御，即便是在富有学

识、社会成就、权力与影响力的来访者面前，也要充分尊重其价值和成就，承认心理咨询的专业局限，这样的态度丝毫无损咨询师作为帮助者的权威性和信任度。

2. 尊重

尊重即无条件尊重，不以对方是否尊重你为条件；对来访者是一种非占有式关怀，也是无条件的；温暖的态度；关注聆听与回应，排空自己，不带任何偏见的聆听与回应；消极反馈变成积极的方式，如对"你很粗暴"的表达可以换成"你温和一些会更好"。

3. 真诚

真诚即做到表里如一，不加任何掩饰，以自己的本来面目出现。真诚还意味着咨询者在咨询过程中真实地表现自己的情感和行为，如当来访者痛苦时表现出同情，当来访者陷入困境时表示关心等，这些真实的情绪反应就是咨询者表现真诚的标志。

4. 积极关注

积极关注是指无论来访者所表述的情感和内容是多么不可思议，咨询者都要乐于接受，并且这种关注与理解是没有任何先决条件的，不管来访者的情感正确与否或合适与否。在实际咨询过程中，没有任何一个咨询者能在所有的时间里对来访者表现出无条件地积极关注，但咨询者应尽力而为，因为这种态度出现得越多，咨询就越容易成功。

5. 共情

共情是指咨询者站在来访者的立场上，设身处地地去体会他们的痛苦，看待他们的问题。共情包括两个方面：一方面是咨询者的言语行为，如重复来访者谈话中的要点；另一方面是咨询者的非言语性行为，如身体姿势、面部表情、语气、与来访者的目光交流等，都可以表现出咨询者对来访者的关注与理解。共情反映了咨询者准确地深入来访者的内心世界，在最深的层次上体验来访者情感的能力。我们今天所说的"理解万岁"就是共情的表现。

来访者中心疗法适用于一些因自身出现矛盾和冲突而苦恼的正常人，如焦虑症、各种异常行为，并且应用于正常人的生活适应及改善生活质量中。

思考与练习

1. 单选题：家长对考试成绩好的孩子给予物质奖励属于（　　　）。

A. 正强化　　　　B. 负强化　　　　C. 消退　　　　D. 惩罚

2. 单选题：王斌写作业时，擦了写，写完又擦，反反复复，明知没必要，就是控制不住，这种现象已持续一年，他出现的心理问题属于(　　)。

A. 强迫症　　　　　B. 焦虑症　　　　　C. 抑郁症　　　D. 恐怖症

3. 判断题：学校心理健康教育的总目标是矫正学生的问题行为。

4. 问答题：对学生心理辅导的主要方法有哪些？具体该如何操作？

阅读与欣赏

1. 李百珍. 青少年心理咨询[M]. 北京：北京师范大学出版社，2015.

2. 王艳. 青少年常见心理问题咨询[M]. 北京：北京师范大学出版社，2013.

3. 心理电影：海洋天堂.

4. 心理电影：心灵捕手.

附　录　基础心理实验

第一节　心理实验的概述

一、心理实验的意义

(一)心理实验室的建立，标志着科学心理学的诞生

1879 年，德国心理学家冯特在莱比锡大学建立世界上第一个心理学实验室，标志着科学心理学的诞生。在心理实验室建立之前，心理学附属于哲学，还不是一门独立的学科。正是实验心理学的建立才使心理学成为一门独立的科学。所以说心理学是一门实验科学。"实验心理学"一词是 1862 年德国的心理学家冯特在他的《感官知觉理论贡献》论文集的导言中提出的。

心理学同物理学、生物学等其他科学一样，也有一个漫长的发展历程。采用科学实验的方法研究心理实验现象开始于 18 世纪中叶。后来，冯特继承了前人的工作。于 1879 年建立了世界上第一个心理实验室，成为现代心理学创始人。1881 年他创办心理学刊物《哲学研究》，作为发表实验研究论文的园地。

实验法的采用使人们找到了对心理现象进行了客观研究的手段。于是，心理研究从对心理现象的一般哲学推论，进入到具体的心理过程及其物质基础的分析研究，从而越来越深入地揭示了各种心理活动的规律。从某种意义上说，正是随着实验心理学和心理物理法的诞生和发展，心理学才完全从哲学中分离出来，形成一门独立的科学。

(二)心理实验法促进了心理学的发展

从心理实验室的建立到现在虽然只有一百多年，但是其发展速度迅猛。20世纪 50 年代以来心理学研究已广泛应用现代科学和工作技术的最新成就，取得了一系列新的成果。近年来，一些新技术、新概念和新方法被引进心理学研究领域中来，如控制论、信息论、微电极技术、分子生物学、数理分析等，使心理学的实验研究水平有了明显的提高。心理学家从信息加工的角度去看待知觉、记忆和思维等心理过程，同许多邻近学科有了越来越多的共同语言，从而进一步促进了自身的发展。心理学实验研究的工具实验仪器也不断改进。19世纪冯特时代的心理学仪器具有机械的特点，而现代心理学仪器则反映了电子时代和计算机时代的特点。而仪器对研究心理学又十分重要，因为仪器能使我们在已知的和控制的条件下获得标准化的数据材料；仪器能使信息为进一步的分析永久记录下来；仪器能使我们测量到我们感官不能直接观察到的事件。所以心理实验方法在心理学研究领域的应用，使心理学理论的研究更加深入而科学，从而促进了心理学的发展。

（三）心理实验法的采用也促进了我国心理学的发展

在我国，早在古代就有心理实验的萌芽，如东汉的王充做过有关太阳大小错觉的"效验"，南朝刘勰有著名的分心实验等。然而到了近代，与其他科学一样，我国对于心理研究、心理实验的水平大大落伍了。只是到了19世纪末20世纪初，我们接受了西方的影响才逐步发展起自己的实验心理学科。1889年，颜永京首次翻译出版了美国传教士海文的《心灵学》，以后王国维等学者陆续翻译出版了许多其他西方心理学著作，为心理学在我国的传播起了巨大的推动作用。1917年，陈大齐在北京大学建立了全国第一个心理实验室，标志着实验心理学在我国的正式诞生。从那时到1949年，我国的心理学家在汉字心理、心理测验、儿童心理和动物行为等方面做了不少开拓性的实验，取得了较大的成绩。新中国成立以后，我国的实验心理学有较快的发展。但是它的前进道路是曲折的，其间经历了1958年的一场错误批判，特别是十年动乱时期，心理学被打成"唯心主义""资产阶级的伪科学"。粉碎"四人帮"以后，我国的实验心理学获得了新生，发展非常迅速，研究手段日益现代化，许多研究项目得到国外同行的关注，进而推动了我国心理学的发展进程。

（四）心理实验法在教学中的应用有助于学生学好心理学

从心理学实验的发生和发展有力地说明，实验方法是揭露心理和行为规律性的重要途径和手段。心理实验法不仅是心理学工作者应该掌握，而且，在高校从事心理学教学工作的教师也应该有所了解的，因为实验法本身具有直观性、生动性、趣味性、容易理解性等特点，将心理实验搬到心理学课堂，将会提高学生学习兴趣、提高课堂教学效果，有助于学生理解、掌握心理学理论、培养学生实际操作能力、引发学生思考等。

二、心理实验的基本变量

实验就是控制条件下的观察。它与自然的或偶然的观察不同。自然的或偶然的观察是研究者在现场（自然的环境中）任凭现象自然地发生，对现象及发生的环境不加人工干预。而实验是实验者人为地使其发生，对产生现象的环境或影响现象的条件加以操纵变化与控制的观察。所以实验的主要特点是与其他研究方法相比更能较好地控制额外变量。实验方法有如下一些特点：第一，实验者总是带着特定的目的去进行实验。也就是说，实验者规定了他将要研究的事物；第二，实验者设置的实验条件为他的观察创造了最好的条件，他可以在做好去测量和记录的充分准备时开始实验。这样，通过控制某事件的发生，他就可以使它重复发生，以便确信某种现象是不是前后一致；第三，实验者设定了明确的实验条件，别人就可以重复实验，对他的结果做独立的检验；第四，实验者可以控制一切条件，使之恒定，只改变某一条件，看实验结果是否就是这个条件引起的。此外，实验方法可以发现事物之间的因果关系，且实验可以随时随地进行。

用实验心理学的专业术语来说，变量是指在性质、数量上可以变化、操纵与测量的条件、现象或特性。一项心理学实验包含三种变量即自变量、因变量和控制变量。已知的对有机体反应发生影响的变量叫自变量，它是由实验者操纵、掌握的变量；由实验者观察或记录的变量叫因变量；在实验中应保持恒定的变量叫控制变量。心理学实验要求额外变量保持恒定，而仅仅操纵自变量去影响因变量。并且它还设定了一个虚无假设：因变量的平均值在不同的实验条件下没有显著差异。如果所获得的实验数据拒绝（或否定）虚无假设，那么实验者就得到了一个可靠的结论，即一点有用的信息——因变量是明显地受自变量影响的。至今为止，心理学知识的累积基本上都是在这个框架内实现的。这样的心理学实验框架包括两部分内容：一是实验设计，即怎样操纵自变量去影响因变量；二是数据分析，即对虚无假设进行显著性检验的问题。

根据不同的标准，变量可以分成许多类型，了解这些基本类型，对于正确的选择、确定研究变量将有很大的帮助。

一是相关变量与因果变量。根据变量之间关系的性质，变量可以分为相关变量与因果变量。相关变量是指变量之间存在相互关系的变量。相关变量在发展变化方面和数量大小方面存在一定的关系，但尚不能确定它们之间哪个是因，哪个是果。因果变量是指相互之间存在因果关系的变量。前面变量是后面变量的原因，后面变量是前面变量的结果。

二是主体变量与客体变量。如以研究对象为主体，可将变量分为主体变量与客体变量。前者指存在于研究对象主体身上的各种变量，如性别、教育水平等；后者指存在于研究对象主体以外的各种变量，如团队气氛、他人行为等。

三是直接测量变量与间接测量变量。根据是否可对变量进行测量，可将变量分为直接测量变量和间接测量变量。前者如年龄、身高、体重、学习成绩、家庭结构等；后者如动机、态度、友谊、价值观念等，它们通常是无法直接观察、测量的内部心理状态特征或过程。

四是操作性变量与非操作性变量。从变量可否由研究者主动加以操作的角度划分，变量可分为操作性变量与非操作性变量。前者指研究者可主动加以操作的变量，如教学方法、惩罚方式、学习次数、学习内容等；后者指研究前已存在，或研究时研究者无法主动加以操作的变量，如年龄、生理成熟过程、性别、父母职业、家庭结构等。

五是研究变量与非研究变量。根据变量是否成为特定研究所要操作的对象，变量可分为研究变量与非研究变量。前者指某一特定的研究所要操纵的变量；后者因与某特定研究目标无关，因而又称之为无关变量。在无关变量中，有的对研究结果有影响、有的无影响。对于有影响的需要在研究过程中加以控制，因此这部分无关变量又称为控制变量。在实验研究中，如果无关变量对研究结果产生了影响，混淆了实验处理的结果，又称其为混淆变量。

在心理实验中，着重要研究自变量、因变量和控制变量。

为了叙述方便，我们先介绍两个实验心理学中常用的名词：主试和被试。主试就是实验者，即主持实验的人，他发出刺激给被试，通过实验收集心理学的资料。被试就是实验对象，接受主试发出的刺激并做出反应。人和动物都可以作为被试。

（一）自变量

自变量即刺激变量，是由主试选择、控制的变量。它通常是某一维度上的变化。灯的亮度、音调的强度、喂老鼠的食丸的数目等都是自变量，因为实验者可以自行决定它们的数量变化。实验者选择自变量造成行为的变化，如增加声音的强度，应该提高被试对声音的反应速度；增加食丸的数目，应该增加老鼠按压杠杆的次数。当自变量有了变化而导致行为的变化，我们就说该行为处在自变量的控制之下。

实验者选择的自变量，有时不能引起被试行为上的变化，实验获得的是无效结果。这可能是由以下几种情况造成的。

第一，实验者错误地认为自变量很重要，但实际上并不重要，结果自变量不能造成行为上的变化。这方面的例子是不少的。例如，某种教学方法的改革没有引起学生学习成绩的提高。

第二，实验者没有真正操纵自变量。比如，在信号检测论（SDT）的实验中，暗示强度（量）不够，常常看不到被试行为上的明显变化。一旦把暗示量加大，加重奖惩的分量，就会发现行为上的差别。这是因为原来对自变量的操纵尚未达到揭示自变量的效果。

第三，自变量在实验过程中被"偷换"了。这种"偷换"，有时是有意的，有时是无意的。霍桑效应就是一个典型的例子。1924年美国芝加哥西方电力公司在霍桑工厂做了一个关于工厂照明条件与劳动效率的关系的研究。当初，实验分两个组（实验组与控制组）进行。研究者发现不管实验组增加或减少照明，工人的生产效率都在提高，而即使是没有改变照明的控制组也出现了生产效率提高的情况。这个结果令人困惑不解。经过几个实验研究才发现，由于控制组和实验组都知道他们在做实验，就认为厂主在关心工人，因而提高了生产效率。这时，引起生产效率这一因变量变化的自变量，不是当初规定的照明条件，而在实验中变为"厂主关心工人"。这说明，在实验过程中，自变量并不总是实验者所规定或认为的那个自变量。这个问题需要在实验中随时予以注意。

（二）因变量

因变量即被试的反应变量，它是自变量造成的结果，是主试观察和测量的行为变量。因变量依赖被试的行为，被试按压开关的时间、回忆单词的数目、对信号反应的速度都是因变量。

对因变量的测量与选择有下面几个问题需要讨论。

因变量的可靠性，即信度。信度是指一致性，同一被试在相同实验条件下应该得到相近的结果。如果同一被试在相同的实验条件下有时（结果）得分很高，有时得分很低，那么我们就可以说，这种因变量（或测量被试反应的方法）是不可靠的，它缺乏一致性。

因变量的有效性，即效度。当确是自变量而不是其他各种因素造成了因变量的变化时，我们就说这种因变量是有效的。例如，在问题解决的实验中，你规定的因变量（反应变量）是在一定的时间内被试解决问题的多少。看来这是很有效的因变量。当要解决的问题很多而且是按困难程度越来越难排列时，解决问题的数目作为因变量是有效的；但是，如果问题很多但非常容易，那么解决问题的数目就不能说明或测量一个人解决问题的能力，而只不过是说明或测量他的阅读速度罢了。

如果因变量的变化不是由自变量造成的，而是由其他因素造成的，我们就说这种因变量是无效的，或者说产生了自变量的混淆。

因变量的敏感性。自变量发生变化可以引起相应的因变量的变化，这样的因变量是敏感的。如果自变量的变化不能引起相应的因变量的变化，我们就说这样的因变量是不敏感的。不敏感的因变量有两类典型的例子，一类叫高限效应。如果实验条件过于容易，所有不同水平（或数量）的自变量都获得很好的结果，并且没有什么差别时，我们就说实验出现了高限效应。例如，你要求被试学习 30 个单字，有些人读一遍，有些人读两遍，有些人读三遍。测验表明，三种情况下被试都能再认 90％以上的单字。在这种情况下，不同的学习遍数（即自变量的不同水平）并未造成再认百分比（因变量）的变化。这时我们就说，在这种情况下再认这一指标（因变量）是不敏感的。另一类不敏感的因变量例子是低限效应。当要求被试完成的任务过于困难时，所有不同水平的自变量都获得很差的结果，并且没有什么区别时，我们就说实验出现了低限效应。在刚才的例子中，如果你要求被试学习 300 个单字而不是 30 个，测验又由再认改为再现，结果表明，三种情况下被试的再现百分比都不超过 20％。这两种效应在选择因变量时都应避免，因为它们妨碍自变量影响因变量的精确性。

在心理实验中，因变量总是反应行为方面的变化。一般可从五个方面来度量：①反应的正确性，如计算的正误次数，走迷津进入盲路的次数；②反应的速度，如反应的时间；③反应的难度；④反应的次数和概率，即一定时限内被试者做出反应的次数；⑤反应的强度或大小幅度，如皮肤电反射电阻变化的大小。

（三）控制变量

控制变量是指实验研究中除所规定的自变量以外的一切能够影响实验结果的变量。这些变量又称无关变量，需要在实验中加以严格控制。控制变量是潜在的自变量，在实验中应该使控制变量保持恒定。控制变量也是一种不变的变量，因为实验者对它做了控制。

对于任何一个实验来说，理想的控制变量的清单是相当大的，比实际上能够控制的数量大得多。对于一个相当简单的实验而言，如要求被试记忆三个辅音字母的一串音节，也有许多的变量应该控制。昼夜的循环会改变你的学习效率，因而最好能够控制；温度也是重要的，如果实验房间里太热，你就会打瞌睡；从你最近一顿饭到参加实验的时间，也会影响记忆成绩；测验结果与人的智力状态也有关系。实验者总是想尽可能地控制那些有显著影响的变量，而希望未控制的因素对自变量的影响尽可能的小。下面介绍一些影响实验结果的因素，以说明实验中必须对这些因素加以控制。

实验者效应。实验者效应是指实验者为收集能够证明所提出的假设的实验结果，而在实验中有意无意通过各种动作、表情、语言将预期的要求暗示给被试，引起实验结果有利于证明实验者假设的效应。最初，心理学家在研究一匹马的表演中发现了这种效应。20 世纪初，由一个教学教员训练的一匹名叫"汉斯"的马，能用敲击前蹄的方法解答算术问题。聪明的"汉斯"的故事广为流传。后来，经心理学家研究发现，这匹马能够解算术题，不是具备思维能力，而是它在表演时对主人所做的每一个不易觉察的动作十分敏感，如当汉斯正要完成正确回答所要求的敲击数时，主人无意中会轻微地点一下头，或放松他面部紧张的肌肉。因此，马的行为是由它的训练者（观察者未意识到）的一种微妙的交流方式控制的。但是在当时，这个有关实验者效应的发现并没有引起心理学界的足够重视，直到罗森塔尔在用人类被试及动物被试完成一系列实验者效应的实验研究之后，人们才知道这个效应在心理实验中存在普遍性。

安慰剂效应。安慰剂效应最初是在医学研究中发现的。当一个病人在接受一种药物处理后，尽管这种药并不能医治该患者的病，但患者报告病情有所好转。心理学家专门的研究还发现，用静脉注射安慰针剂（一般为葡萄糖稀溶液）的疗效明显大于肌肉注射安慰针剂，而肌肉注射安慰针剂的疗效明显大于口服安慰针剂，在这样的情形下，为什么患者会报告病情有好转呢？这是由于医生的治疗行为会使病人产生一种心理效应。在医疗实践中，要绝对排除心理因素的作用是不可能的，但安慰剂效应还是可以控制的，如建立一个控制组就是一个比较好的方法。

顺序效应。将第二次行为与第一次行为进行比较时，第二次行为可能受第一次行为的影响，使实验产生误差。这就是顺序效应。实际上，顺序效应是由有机体受经验的影响而出现的反应。顺序效应可以出现在许多种类的实验中。例如，比较两种牌号的香烟和色味，若每次先吸甲牌香烟，后吸乙牌香烟，那么先吸的甲牌香烟经常被评为涩味少，后吸乙牌香烟经常评为涩味重。实际上，第二次的经验实际是先吸完甲牌香烟后的经验造成的。类似这种情况的例子是很多的。由此可见，两次判断之间并不是没有关系的。顺序效应是可以控制的，如可以分配一半被试做相反的顺序。

在心理实验中，还有系列效应、练习效应、疲劳效应、期望效应和习惯效应等，这些不同、甚至有的是互相对立的效应，都使实验结果产生不同的系统误差。细细分析起来，这些效应是无关变量在不同实验情境下的表现形式。如果对有些无关变量不加控制，就会产生许多影响实验准确性的效应。在实验分析中应充分考虑到这些因素。

控制无关变量的方法很多，这里要指出的是，使变量保持恒定，是排除无关因素的最主要的方法。

三、心理实验的评估

实验法是研究心理问题较为可靠的方法，但并不是任何一个心理实验都必然是有价值的。那么，我们怎样分辨一个心理实验的真伪、优劣和结论的可靠程度，也就是实验效果的大小呢？这要考虑下面三方面因素。

（一）研究的课题在理论上和实践上有无意义

无论是教学实验还是科研实验，都有一个总目的，那就是能够提高我们对心理现象的认识以及我们对它预见和控制的能力。心理实验一般能解决四类问题：发现两个或多个变量之间的关系；扩充对一个变量研究的范围；增加或否定已有发现的可靠程度（通过重复前人的实验）；验证某种学说或观点。一个心理实验只要对解决其中一个问题提出可靠的证据，就可以认为它有一定的价值。

（二）实验设计是否正确

一个心理实验设计包括如何确定有关变量的操作定义，如何选择被试，如何测量反应变量，要控制哪些因素，用什么方法处理实验数据，最后的结果能否回答研究目的中提出的问题等。只有对实验设计中的各个环节都考虑周全，才能保证实验数据的可靠性，否则就会影响实验结果，以至得不出一个确切的结论来。

（三）检验实验效果的指标是否可靠

实验数据的可靠性常常通过各种统计检验得到的 p 值来表示。在心理实验中，根据惯例采用 0.05 水平为实验数据是否可靠的分界线。一个实验结果如果 p 小于等于 0.05，就被认为可靠；如果 p 小于等于 0.01 就被认为十分可靠；如果 p 大于 0.05，就认为不可靠了。

总之，根据以上的分析，当考虑一个心理实验的成败时，最好将上面提出来的三方面的因素（理论和实践意义，实验设计和检验实验效果的指标）结合起来考虑，才能做出恰如其分的评价。

四、关于心理实验的道德问题

美国心理学会曾经宣布过心理学家的道德规范，其中包括用人类被试做心理实验所应遵循的道德准则，主要是保护被试的身心不因实验而受到损害。在我国目前虽没有正式的有关规定，但我们认为任何人做心理实验都应该严肃地对待以下三方面问题。

（一）实验者对待人类被试要有礼貌、真诚和热情

保证在实验过程中对被试的身心没有伤害。例如，不能使用特异的刺激以引起被试的剧痛或极度恐惧，更不能采取可能造成被试身心永久伤害的任何措施。

遵守自愿原则。实验前要征得被试的同意，在实验过程中当他不愿继续做下去的时候，应允许他随时离去。

对被试要履行诺言。例如，实验前说不用电击，就一次也不能使用。

实验前和实验后有对被试做必要解释的义务。

从被试那里取得的信息不能无端怀疑。实验报告中对数据的来源要保密，不应提到被试的姓名。

(二)实验者对实验中所取得的数据要采取实事求是的态度

不任意修改任何一个实验数据。例如，不能为了得到一个光滑的理想曲线而移动实验数据的坐标位置。

不伪造实验数据和实验报告。例如，不能为了完成协作项目，不肯花时间做实验，而随心所欲地制造一套所谓的实验数据；也不能把原来不是通过实验而是偶然得到的一些数据勉强拼凑成一个实验报告。

对已发表的实验报告的原始数据要保留一段时间(如两三年)以供随时核对，防止有人用伪造的被试和实验结果来欺骗读者。

(三)对业务同行应看作志同道合的伙伴，要团结合作以促进心理科学的发展

不抄袭他人的科研成果。因为一个实验成果是智慧的产物，只有参与构思、设计、讨论、实验、处理结果和写出报告者，才称得上对此成果有贡献的人。如果有人剽窃他人的研究成果就应该受到蔑视和谴责。

不文人相轻，不攻击、贬低他人，抬高自己，而应提倡文人相助，对学术问题互相交流、讨论、学习、帮助和争论，从而在学术上共同提高。

第二节　基础心理实验的内容

随着心理科学的不断发展，实验方法已应用到心理学的所有分支和领域。实验的内容也很多，限于篇幅和时间，这里我们选择了 11 个实验，在心理实验室中进行试验。其目的是通过大家亲自动手，掌握心理学中最基本、最可靠的心理学方法，为将来进一步进行科学研究打下良好基础。

一、触棒迷津实验

(一)实验目的

通过动作学习的过程了解心理实验中确定自变量和因变量的方法，学习使用触棒迷津的方法，测试动作技巧形成的过程。

（二）材料

触棒迷津、小棒、遮眼罩、秒表、记录纸。

（三）程序

1. 以 3 人为一组，被试戴上遮眼罩用小棒走迷津（实验前被试不看也不用手摸迷津）：主试把小棒放在迷津的入口处，然后让被试用优势手拿住小棒，手臂悬空。被试手执小棒静候，等主试说"开始"，才使小棒走动。

2. 每次开始前约 2 秒主试先说"预备"口令，在发生"开始"口令的同时，开动秒表。当被试的小棒进入迷津的终点，主试立刻说"到了"，同时停秒表，记下走一遍所用的时间（秒），做下一次的准备。

3. 被试在走迷津的过程中，凡进入盲巷一次就算错误一次，主试记下错误次数。

4. 每个被试走 15 遍迷津。

5. 对被试的指示语必须说明：在排除视觉的条件下尽快地学会用小棒走迷津，中间不要停顿，要求积极运用运动觉、记忆和思维，争取早些学会。

6. 被试在学习中途如感到疲劳，可以在某次走到终点后休息几分钟。

（四）结果

将每次学习中所用时间和错误数列成表格。

（五）讨论

1. 本实验中自变量是什么？为什么在实验前要对所用的自变量提出一个操作上的定义？

2. 本实验用什么做因变量的指标？它的作用是什么？

3. 本实验控制了哪些变量？

二、简单反应时实验

（一）实验目的

学习对视觉与听觉简单反应时的测定方法；比较两种简单反应时的差别。

（二）材料

BD-II-510A 型反应时测定仪。

（三）技术指标

1. 实验类型：测定选择反应时、辨别反应时、简单反应时。

2. 反应时：$0.001 \sim 9.999$ 秒。

3. 计算各种反应时平均值。

4. 彩色刺激：红、黄、绿、蓝 4 色，实心圆，直径 34 毫米。随机呈现。

5. 反应键：红、黄、绿、蓝四个反应键的键板，测定简单反应时仅用红键。

6. 实验次数：10～90 次（每档 10 次）或者不限（最大反应次数 99 次）。

7. 反应错误或过早反应，错误警告声响，并计错误次数。最大错误次数 99 次。

8. 实验结果打印输出。串口，波特率 1200。可选购微型打印机或数据采集软件。

9. 控制器尺寸：140 毫米×106 毫米×38 毫米。

（四）实验步骤

预备实验。接通仪器电源，红、黄、绿、蓝及声音 5 种刺激，主试可任选一种作为呈现刺激。主试按"刺激方式"键，选择其刺激方式，在其键上方相应标注。

反应键仅用红键，其他键不起作用。主试发出指令预备 2 秒，按下"简单"键，测试开始，随机间隔 0～5 秒后，呈现设定的颜色或声音刺激，其最长呈现 1 秒。被试看到呈现颜色或听到声响后立即做出反应，按下红键，即测得其反应时间。

拨动信号发生开关"简单"键。在光或声刺激呈现的同时，计时器立即进行计时。红、黄、绿、蓝及声音 5 种刺激，主试可任选一种作为呈现刺激。主试按"刺激方式"键，选择其刺激方式，在其键上方相应标注。

反应键仅用红键，其他键不起作用。主试按下"简单"键，测试开始。

预备 2 秒，随机间隔 0～5 秒后，呈现设定的颜色或声音刺激，其最长呈现 1 秒。被试见到呈现颜色或听到声响后立即做出反应，按下红键，即测得其反应时间。

练习操作。刺激呈现器放在被试 1 米处，被试以右手食指轻触反应键。实验者在发现"预备"口令后约 2 秒呈现刺激。当被试感觉到刺激出现时，立刻按压反应键。这时，计时器停止计时，主试记下成绩。练习可做 2～3 次。

为防止无关刺激的干扰，实验者与被试可分隔在两个操作室中进行实验。

正式实验。刺激呈现按视—听—听—视方式安排，每单元可以选做各 20 次，总数为 60 次。同预备实验。

为了检查被试有无超前反应，在每单元（20 次）中，如被试超前做出反应，则根据反馈信号灯提供的信息宣布该次反应结果无效，计错误 1 次。

做完 20 次，休息 1 分钟。每个被试测完 60 次后，换另一个被试进行实验。

（五）结果

1. 计算个人视觉与听觉反应时的平均数及标准差（如不了解统计知识，可不计算标准差）。见表附-1。

2. 检验全体被试的两种简单反应时是否有显著差别。

（六）讨论

1. 根据实验结果说明视与听感觉通道简单反应时的差别及其可能原因。

2. 根据实验结果说明简单反应时是否受练习的影响。

表附-1　视觉与听觉简单反应时实验记录纸（RT 单位：ms）

	光	声	声	光
1				
2				
3				
4				
5				
6				
7				
8				
9				
10				
11				
12				
13				
14				
15				
16				
17				
18				

	光	声	声	光
19				
20				
$\overline{x}$				
S				

三、选择反应时实验

(一)实验目的

学习测定视觉选择反应时的方法,了解选择反应时不同于简单反应时的特点。

(二)材料

BD-II-510A 型反应时测定仪。

(三)技术指标

1. 实验类型:测定选择反应时、辨别反应时、简单反应时。

2. 反应时:0.001~9.999 秒。

3. 计算各种反应时平均值。

4. 彩色刺激:红、黄、绿、蓝 4 色,实心圆,直径 34 毫米。随机呈现。

5. 反应键:红、黄、绿、蓝 4 个反应键的键板,测定简单反应时仅用红键。

6. 实验次数:10~90 次(每档 10 次)或者不限(最大反应次数 99 次)。

7. 反应错误或过早反应,错误警告声响,并计错误次数。最大错误次数 99 次。

8. 实验结果打印输出。串口,波特率 1200。可选购微型打印机或数据采集软件。

9. 控制器尺寸:140 毫米×106 毫米×38 毫米。

(四)实验步骤

预备实验。打开电源开关,接通仪器,主试按下"选择"键,测试开始,预备 2 秒,随机呈现 4 种颜色的刺激,其最长呈现 1 秒。被试见到呈现的刺激,立即做出反应(即按下相应颜色的键),反应正确,即测得其选择反应时间。若反应错误,则错误次数加一,发出声响,提示被试反应错误,计时继续,被试应立即改正。若在刺激呈现前按下反应键，即过早反应，则发出声响，计1次错误次数，重新进入预备状态。若10秒内没有正确反应，则计1次错误次数，重新开始。实验次数达到相应次数后，长声响，实验自动结束。如按"次数打印"键，设定为"次数"20，则刺激呈现20次后，实验结束。显示实验次数、平均反应时以及错误次数等。

被试以右手食指做按键状，当感觉到某种色光时，立即用右手食指按压相应的反应键，即被试对4种不同的刺激相应做4种不同的反应。计时器记下时间，练习可做4～5次。

正式实验。按"次数打印"设定次数。预备2秒，拨动信号发生开关"选择"键，测试开始，实验者按预先列出的程序操作信号，呈现开关发出"红""黄""绿""白"4种不同光刺激。

(1)4种色光刺激各呈现20次，随机排列。

(2)实验者呈现刺激与被试反应方式同预备实验。如果反应错了，计时器不计时间，实验者根据反馈信号灯提供的信息，安排被试重做1次。

(3)每做完20次休息1分钟。每个被试测完60次后，换另一个被试进行实验。

（五）结果

1. 计算个人对不同色光的选择反应时的平均数、标准差。见表附-2。

2. 比较全体被试对红光的简单与选择反应时的平均数差异。

（六）讨论

1. 本实验结果是否与前人实验的数据一致？原因何在？

2. 举例说明反应时实验的实际应用意义。

表附-2 对四种色光的选择反应时实验记录纸(RT 单位：ms)

	红	黄	绿	蓝
1				
2				
3				
4				
5				
6				

	红	黄	绿	蓝
7				
8				
9				
10				
11				
12				
13				
14				
15				
16				
17				
18				
19				
20				
$\bar{x}$				
S				

四、镜画仪实验

（一）实验目的

通过镜化练习分析被试动作技巧形成过程。

（二）材料

BD-Ⅴ-312 型镜画仪；图形板：四块，可方便调换（图案分别为六角星、梅花形、大工字、折线）。

（三）主要技术指标

图案线宽 5 毫米；遮板与平面镜：能遮挡及观察整幅图案，平面镜尺寸：170 毫米×200 毫米；描绘笔：直径 2 毫米，记录描绘笔移动在图案的时间（正确时间）与出错的时间、次数。实验结果计算时间正确率。记录时间：0.001～

999.999 秒。最大记录出错次数：999 次。

（四）实验步骤

实验前，描绘笔的插头插入主机板右侧的插孔中。平面镜安装于其固定位中，并调整与主机板为垂直方向。选择一块图形板，安装于主机中央。图形板放平并注意起止位孔方向，拧紧四个滚花螺母。连接液晶触摸屏或电脑。接通并打开电源。

实验时，被试将下额放在遮板上方，注视平面镜内的图形，使其不能直接看到板形。被试手握描绘笔，用描绘笔学习画下画板上的图形。当描绘笔接触图形板下方起止位金属中心时，实验开始，开始计时。

主试指导语："我发出'开始'口令后，请你用描绘笔尽快正确地学习画下图形板上的图形，即描绘笔沿着图形中间槽向前移动，可顺时针或逆时针一个方向移动。要求不得触及槽两边金属部分，当描绘笔离开图形与金属底板接触，为1次失败，并可有声音反馈。你要改正路线继续做下去（注意实验中途不得使描绘笔离开板面），描绘笔沿着图形移动一周后，回到起止位金属中心，实验结束，计时停止。此时视为练习1遍，仪器记录画下整个图形所需的时间与失败次数。"主试发"开始"口令，同时按下启动按钮，仪器开始计时和记错误次数。被试每画完一遍，被试记下该遍所用的时间和错误次数。实验结果显示被试所用的正确时间、出错时间、总计时及出错次数，自动计算时间正确率。重新开始，按"复位"键，准备下一遍练习，中断实验，也可按"复位"键。

要求被试注视平面镜内的图形，由于图形与镜子中看到的前后方向相反，因此必须注意动作的技巧。经过多遍练习，直到连续3遍不出现错误为止，即认为优势手动作技巧已形成。

优势手技巧形成后，用非优势手重复上面的实验。

（五）注意事项

测试时，描绘笔必须沿一个方向接触图形连续移动，描绘笔不能抬起。测试时不能用力过大，注意保护图形膜。注意平面镜表面要干净，不用时请放入其包装盒中。

（六）结果

1. 计算出个人优势手和非优势手的练习总用时，练习总错误次数及每遍平均用时。

2. 以练习遍数为横坐标，错误数为纵坐标画出个人练习曲线。

（七）讨论

1. 分析个人练习曲线。

2. 比较优势手和非优势手的差异并解释之。

五、深度知觉实验

（一）实验目的

本仪器可以测量人的视觉深度知觉的能力。它可以广泛应用于飞行员、炮手、运动员、汽车驾驶员以及与深度知觉有关的其他工作人员的测试和选拔。

（二）材料

深度知觉实验仪。

（三）主要技术指标

1. 观察窗尺寸为 110 毫米×20 毫米。

2. 输入电压为 220 伏特。

3. 荧光灯每支为 12 瓦特。

4. 变异刺激与标准刺激的横向距离为 45 毫米。

5. 仪器重量 14 千克。

（四）实验步骤

1. 要求被试坐在距观察窗 2 米处，使之能看到 3 根竖棒的中部。

2. 接通电源，按动电源开关，当用渐增法时，主试将变异刺激置于观察窗和标准刺激之间。当用渐减法时，则将变异刺激置于标准刺激与箱子的另一端之间。

3. 被试手持按动变异刺激的位置，直到他认为变异刺激（可以调节运动的竖棒）和 2 个标准刺激（3 根竖棒的中部棒）排成一个水平线时，即放松按钮，同时变异刺激也立即停止移动。

4. 主试从标尺上读出的变异刺激和准刺激的实际距离误差，就是该被试深度知觉的误差。

（五）注意事项

1. 仪器不用时应立即切断电源。

2. 使用时不要同时按动"前进"与"后退"按钮。

3. 仪器应避免在潮湿与灰尘多的地方存放和使用。

（六）结果

1. 计算在双眼观察下，表示深度阈限的视差角。利用公式：

$$视差角 = 206265 \times \frac{b \cdot \Delta D}{D(D + \Delta D)} （单位：弧秒）$$

（注：b＝间距：65 毫米，D＝观察距离，本实验中为 2000 毫米；ΔD＝视差距离）

2. 根据全组被试的平均结果，比较双眼和单眼深度视觉阈限的差异。并分析是否显著。

（七）讨论

1. 说明双眼视差在深度知觉中的作用。

2. 单眼和双眼在辨别远近中有无差异？原因何在？

六、注意分配实验

（一）实验目的

通过本实验测量被试者注意分配值的大小，即检查被试者同时进行两项工作的能力，本实验也可用来研究动作、学习的进程和疲劳现象，也可用于医学、体育、交通、军事等领域。

（二）材料

注意分配实验仪。

（三）主要技术指标

1. 声音刺激分为高音、中音、低音 3 种，要求被试对仪器连续或随机发出的不同声音刺激做出判断和反应。

2. 光刺激由 8 个发光二极管形成环状分布，要求被试对仪器连续或随机发出的不同位置的光刺激做出判断和反应。

3. 以上两种刺激可同时出现，也可以分别出现，用功能选择拨码开关选定测试状态。

4. 两种刺激是随机地、自由地、连续地按规定时间出现。操作的单位时间分为 1～7 分钟，选择挡次不限，共 8 挡。可按需要用功能选择拨码开关来选择测试时间。

5. 工作环境：防尘、防腐蚀、防潮、温度 0～40℃、湿度＜70％。

（四）实验步骤

本实验共分二大组五步进行，共 5 小组（即：三声、光、三声光、二声、二声光，被试也可以只进行第一大组前三步）

第一小组：主试用拨码开关“T”设置测试时间：T＝1，时间为 1 分钟，可任意选择 T 值。

用拨码开关“W”设置工作方式：W＝1（三声）。

按复位键，置仪器为初始状态。

被试者按启动键，工作指示灯亮，测试开始。被试用左手无名指、中指、食指分别对准低、中、高三音，听到音量后立即按下相应的按钮，力求准确无误。当工作指示灯闪烁，无声音时，表明测试时间到，实验结束，记下次数。

第二小组（光）：主试设置 T＝1，W＝3。

被试按启动键，工作指示灯亮，测试开始。被试用右手指尽快按压与所亮发光二极管相对应的按钮，无发光二极管亮，且工作指示灯闪烁，表明测试时间到，实验结束，记下操作数据。

第三小组（三声＋光）：主试设置 T＝1，W＝5。

被试按启动键，工作指示灯亮，测试开始。被试应用左、右手分别对准声、光刺激并尽快做出反应。声光全无且工作指示灯灭，表明测试时间到，实验结束，分别记下声光正确反应次数。

第四小组（二声：中与高）：主试设置 T＝1，W＝2。

被试按下启动键，工作指示灯亮，测试开始，被试用左手中指、食指分别对准中、高音，并尽快做出反应，声音无且工作指示灯灭，表明测试时间到，实验结束，被试记下声反应的正确次数。

第五小组（二声＋光）：主试设置 T＝1，W＝4。

被试按下启动键，工作指示灯亮，测试开始，被试分别用左、右手对准声、光刺激并尽快反应，声光全无，工作指示灯灭，表明测试时间已到，实验结束，被试记下声、光的次数。

再一步，重复第二小组的过程。

注：本实验共分二大组，每组三步，即：

第一大组：第一步，三声实验；第二步，单独光实验；第三步，三声＋光实验。

第二大组：第一步，二声实验；第二步，单独光实验；第三步：二声＋光实验。

实验完成后，分别记下每组数据，根据公式计算出注意分配值。其公式为：

$$Q=\sqrt{S_2/S_1 \times F_2/F_1}$$

（注：Q——注意分配值；S_2——声＋光刺激中声的反应次数；S_1——单独声反应次数；F_2——声＋光实验中追光次数；F_1——单独追光次数）

Q 值的判定：当 $Q<0.5$ 时，没有注意分配值；$0.5 \leqslant Q<1.0$，有注意分配值（正常范围）；$Q=1.0$，注意分配值最大；当 $Q>1.0$，注意分配值无效。

（五）结果

计算出 Q 值，并分析是否属正常范围，并分析原因。

（六）讨论

1. 描述注意分配的练习曲线。

2. 你在操作时，是如何分配注意的？

3. 一个人能同时做两种不同类的工作，要具备什么条件？

（七）实验注意事项

1. 加强仪器保养，尽量减少仪器振动，不得接错电源。

2. 定期加电，利用"检测"功能观察仪器的好坏。若仪器加不上电，检查电源开关、保险管、稳压块是否有问题。

七、注意力集中能力实验

（一）实验目的

通过本实验测试被试注意集中能力及视觉—动力觉协调能力。

（二）材料

测试盘，测试棒，测试板 3 块，干扰源（喇叭或耳机，音量可调），箱内光源（环形日光灯：22 瓦特）。

（三）实验步骤

1. 选择转速：按下"转速"键，其转速显示加 1，即每转增加 10，即 10 转/分，超过 90 转/分，自动回零。如转速显示为 0，则电机停止转动。

2. 选择转盘方向：按下"转向"键一次，其右侧"正""反"指示灯变化一次。"正"为顺时针转动，而"反"为逆时针转动，如转盘正在运行中，按"转向"键，则转盘改变方向。

3. 选择定时时间：按"定时时间"的拨码"＋"或"－"键确定时间（范围：1～9999 秒）。

4. 拨后面极的开关，选择干扰源（喇叭或耳机）。

5. 被试用测试棒追踪光斑目标，当被试准备好后，主试按"测试"键，这时此测试键左上角灯亮，同时干扰源发生器发生噪声，表示实验开始。被试在追踪时要尽量将测试棒停留在运动的光斑目标上，同测试棒停留时间作为注意力集中能力的指标。仪器自动记录成功时间及失败次数。

6. 到了选定的测试时间，"测试"键左上角灯灭，同时噪声结束，表明追踪实验结束。

注：测试板分为 3 块，即图案为圆形、等腰三角形和正方形。

（四）结果

1. 计算在无任何干扰、有噪声两种情况下错误时间和次数的平均数。

2. 注意集中能力是否存在性别上的差异？若有，试分析原因。

八、手指灵活性实验

(一)实验目的

通过实验测定被试的手指、手、手腕的灵活性，同时测定手和眼的协调能力。

(二)材料

BD-Ⅱ-601 型手指灵活性测试仪。其中包括：专用箱子 1 个、实验用镊子 1 把和金属插棒 110 个。

(三)实验步骤

1. 金属插棒(直径 1.5 毫米，长度 20 毫米)放入左侧槽中，优势手拿起右侧槽中的镊子。

2. 被试用镊子将左侧槽中的金属棒插入实验板的圆孔中。先插开始位，从上至下，再从下至上……依次逐列插入，最后插终止位，计时会自动开始与结束，记录下插入 100 个棒所需要的时间，实验结束。

3. 下一个被试重新开始，需按"复位"键清零。

(四)结果

1. 计算出本组实验成员的平均时间。

2. 比较男女在动作完成的时间上有无差异？并分析原因。

3. 分析影响完成时间的主客观因素。

九、条件反射实验

(一)实验目的

通过实验测定被试的条件反射。

(二)材料

BD-Ⅱ-202 型条件反射器。

(三)实验步骤

1. 主试根据预先的安排，分别按仪器背面凹槽内的微动开关，给被试以声、光、电三种不同的刺激，电刺激时，被试同一手的两个手指按着两个电极，刺激时被试有被电击的反应。

2. 如果让被试手按电极，主试多次给予电刺激，被试有被电击的反应，当主试给被试以别的刺激而未给以电刺激时，被试如仍有被刺激的反应，说明被试是受条件反射作用而产生了反应。

3. 对于声光刺激亦可用此方法处理。

4. 如果被试手指潮湿，则电击现象更为明显。

（五）分析及讨论

1. 分析条件反射形成的原因及差异。

2. 为什么形成条件反射，必须将条件刺激与无条件刺激同时呈现？

十、记忆广度实验

（一）实验目的

通过实验识别被试数字记忆广度和记忆力的程度，同时测量被试视觉、记忆、反应速度三者结合的能力。

（二）材料

TYGD-Ⅱ型记忆广度测试仪 1 台，笔、纸以及键盘输入盒。

（三）实验步骤

1. 主试介绍仪器功能以及计算办法。

2. 实验开始，主试根据需要按动编码键"码Ⅰ"或"码Ⅱ"，如此便可以方便地改变操作内容，显示键显示"计时""计分"，码Ⅱ灯亮表明记忆材料选码Ⅱ，计时灯亮，6 位数码管显示"计时"和"计错"。

3. 首先，被试按下键盘盒上的"回车键"（＊），仪器自动提取一个 3 位数组，被试见到回答灯亮灯灭，计 0.25 分，被试再按"＊"，仪器马上提取下一个数组，再次回答，若 4 个数组都回答正确，计分 1 分。位长加一，按"＊"后，仪器提取下一位组的第一个数组；若回答错误，仪器响峰鸣提示出错，回答错灯亮，计错 1 次。

4. 回答错误后，需马上改正，方法是按下任意一个数字键，仪器响蜂鸣，提示出错，再按下"＊"，提取下一组数据。如此循环，直至仪器响蜂鸣，测试结束。

5. 计分办法（公式）：$F = 2 + 0.25x$，即满分 16 分。共 14 个位组，3～16 位数字编码。（注：F 为得分，x 为回答正确次数）

6. 若需重新测试，需按下复位键，改变显示键状态，记录被试测试成绩。

（四）结果

1. 被试记录下正确回答的次数，算出得分。

2. 比较不同被试的数字记忆广度，并说明记忆广度的个体差异与被试所用的策略有何关系。

（五）分析

1. 你认为一个人的记忆广度能作为他的记忆能力的指标吗？为什么？

2. 如果被试的年龄相同而文化程度相关很大，他们通过视觉所测得的记忆广度的差异会是怎样的？

十一、空间位置记忆广度测试

（一）实验目的

空间位置记忆广度是指按固定顺序在一系列位置呈现刺激之后，被试再现空间位置系列的长度，是关于人对空间方位的知觉能力和短时记忆能力的一种度量。心理研究结果表明，空间位置记忆广度存在较大的个体差异，可以作为区分个体空间方位知觉的一种心理指标。空间位置记忆广度也是某些军事兵工种人员、驾驶员、运动员的职业能力测评的重要指标。

（二）材料

BD-Ⅴ-409 型空间位置记忆广度测试仪。

（三）技术指标

空间位置记忆材料，方形键 16 个，排成 4×4 方阵。16 个位置的红色键可随机组合成 3～16 位数的空间位置刺激位组。仪器设有两种实验：

实验Ⅰ：3～16 位空间位置刺激组的顺序呈现，测试刺激顺序呈现时被试者的空间记忆广度。

实验Ⅱ：3～10 位空间位置刺激组的同时呈现，测试刺激同时呈现时被试者的空间记忆广度。

每一位长的空间位置刺激组呈现 3 次。

计位规则：起始位长＝2(2 位)，每测试完一个位组，位长加一。每回答错一组数，计错 1 次。某位组 3 次测试皆错，则实验结束。

空间位置记忆广度值 F：$F=2.0+x/3$，其中 x 是被试者正确反应次数。其基础分为 2 分。答对全部位组，满分实验Ⅰ为 16 分，实验Ⅱ为 10 分。

（四）实验步骤

1. 连接液晶触摸屏或电脑，接通并打开电源。

2. 按"顺序呈现"键，选择"实验Ⅰ"，测试开始。每一空间位置刺激组按随机顺序使方阵键区的键逐个成为红色，每位间隔 1 秒，同一刺激组呈现完后，响"嘟"蜂鸣声。

3. 被试按照红色键呈现的顺序按键回答，被试应答全部正确，记忆广度值计 0.33 分，答对 3 个刺激组(1 个位组)计 1 分。被试必须等此刺激组的呈现全部完成后才能按键回答，否则按键无效，而且应答时会出错。回答错误，蜂鸣声响，计错一次，不再继续回答。如在 3 次同位组测试中，只答对一组数，也认为被试正确地记忆了该位组的位长。

4. 稍间隔后，呈现下一个刺激组，被试再次回答。位长逐步增加。直到完成 16 位组或某组 3 次测试皆错，长蜂鸣声，测试结束。全部答对各个位组，空间位置记忆广度值满分 16 分。

5. 按"同时呈现"键，选择"实验Ⅱ"，并且测试开始。

6. 每一空间位置刺激组同时使方阵键区的部分键成为红色，1秒钟后红色消失，并响"嘟"蜂鸣声。

7. 被试按照记住的红色键呈现位置按键回答，按键时无顺序要求，应答正确，对应键变红色。当按对该刺激组全部红键，记忆广度值计 0.33 分。被试必须等呈现的红键消失后才能按键回答，否则按键无效。回答错误，蜂鸣声响，计错 1 次，不再继续回答。如在 3 次同位组测试中，只答对一组数，也认为被试正确地记忆了该位组的位长。

8. 稍间隔后，呈现下一个刺激组，被试再次回答。位长逐步增加，直到完成 10 位组或某位组 3 次测试皆错，长蜂鸣声，测试结束。全部答对各个位组，空间位置记忆广度值满分 10 分。

9. 重新开始或中断实验，按"复位"键。

（五）结果

1. 被试记录下正确回答的次数，算出得分。

2. 成人的记忆广度为 7±2 个组块，你的记忆广度在哪个范围？

3. 比较不同被试的记忆广度，并说明记忆广度的个体差异与被试所用的策略有何关系。

（六）分析

1. 你认为一个人的记忆广度能作为他的记忆能力的指标吗？为什么？

2. 如果被试的年龄相同而文化程度相关很大，他们通过视觉所测得的记忆广度的差异会是怎样的？

第三节 心理实验报告的写作要求

实验报告是总结科研成果的一种形式。和其他学科一样，心理学的实验报告是对过去工作的总结，更重要的是能为进一步研究提供线索。学习写好实验报告，也是实验课的教学任务之一。心理实验报告一方面要较全面地阐述实验进行的情况，另一方面又要写得简单明了。

在心理实验课中所写的实验报告，与科学研究的实验报告的基本项目是相同的，但也有其不同之处。科学研究的目的是要解决新问题，故实验报告必须提供新的研究成果，而实验课中做的实验是为了学习知识，掌握技能，常常是重复一个经典实验或验证某个已有定论的问题。因此，在实验课的实验报告中往往只能为前人研究成果提供补充材料。但是，因为实验是在新情况下的重复，结果中往往包含有新的因素，因此也需要同学们自己动手整理，在实验报告里反映出来。

实验研究的问题范围较广，解决问题的方法各有不同，因此在写实验报告时可能有些区别，但基本的形式和要求是一般实验报告都必须具备的。一个完整的实验报告必须包括以下几项内容：题目、引言、方法、结果、讨论、结论、参考文献及附录。

一、题　目

实验报告的题目应说明该实验研究是属于哪方面的问题。一般要求在题目中既要指出自变量，也要指出因变量。例如，在"照度对视觉敏度的影响"这个题目中，照度是自变量，视觉敏度是因变量。这样，只要一看题目就能知道该实验总的轮廓了。

二、引　言

实验报告的引言一般要说明该实验的意义以及题目产生的过程，提出问题的背景材料或提出问题的假设，最好能概要说明这类实验的来龙去脉。

一般说来，问题来源大致有如下几个途径。

第一，为了扩展以前的工作，或探讨过去尚未解决的问题。在引言中要把以前的工作简要地做介绍，以便与本实验进行衔接。

第二，题目来自以某一理论为根据所提出的假设，在引言中对这一理论的内容和理论背景以及假设的由来要解释明白。

第三，题目是来自实际部门提出的问题，在引言就要对实际工作问题进行介绍。

三、方　法

实验报告主要说明取得实验结果的实验设计，其中包括以下几个方面。

（一）被试

要说明被试选择的方式，被试的年龄、性别以及其他有关情况，被试的数目以及怎样分组等。

（二）仪器、材料

实验报告应将实验所用仪器及材料的名称一一写上，必要时需注明仪器的型号。

（三）实验程序

实验报告应说明实验具体的施行步骤，进行实验的原则，指示语，要控制什么条件等。这部分要写得清楚、确切，以便别人随时可以照此重复验证这个实验。

四、结　果

实验报告应公布实验的结果，主要是统计结果，即将原始材料进行统计处理后，以图、表形式表示出来的实验结果。另外，观察结果记录以及被试的口头报告也是这部分的重要内容。必须指出，结果的全部内容必须都是来自本实验的，既不能任意修改或增减，也不能加入自己的主观见解，应使读者清楚地了解这个实验的客观结果。

五、讨　论

你根据实验结果对所要解决的问题给予回答，并指出假设是否可靠，是实验报告讨论部分的主要内容。如果结果不能充分说明问题或自相矛盾时，就要进行分析，找出原因。如果结果与别人的结果不一致时，可以通过讨论提出自己的见解。对实验得到的意外结果，也要进行分析，不能弃之不管，因为意外的结果，有时会导致意外的发现。讨论部分还可以对本实验的程序、所用仪器以及进一步研究提出修改意见和建议。此部分应是实验报告的重点。应从多侧面，多角度进行分析。

六、结　论

实验报告的结论部分说明本实验的结果证实了或否定了什么问题，一般用条文形式，以简短的文句表达出来。值得重视的是，结论必须恰如其分，不可夸大，一定要以本实验所得的结果为依据，确切地反映整个实验的收获。

七、参考文献

实验者要把实验设计中参考的重要文献的题目、出处、作者、出版日期都列出来，以便读者查找。

八、附　录

实验报告通常把全部的原始记录都列为附录，因为对同一结果，不同的人或同一个人在不同的时候可以进行不同的分析和处理。

注：在用实验仪器进行实验后，写实验报告时四、五、六部分为主要部分，应详写。

主要参考文献

[1]曹日昌. 普通心理学[M]. 北京：人民教育出版社，1987.

[2]陈琦，刘儒德. 当代教育心理学[M]. 北京：北京师范大学出版社，1997.

[3]冯江平. 挫折心理学[M]. 太原：山西教育出版社，1991.

[4]冯忠良，伍新春，姚梅林，王健敏. 教育心理学[M]. 北京：人民教育出版社，2000.

[5]葛道，陆琳. 自我心理平衡术[M]. 北京：中国社会出版社，1997.

[6]海云明. 情感智商[M]. 北京：中国城市出版社，1997.

[7]韩永昌. 心理学[M]. 上海：华东师范大学出版社，2001.

[8]黄希庭. 心理学[M]. 上海：上海教育出版社，1997.

[9]江光荣. 心理咨询与治疗[M]. 合肥：安徽人民出版社，1995.

[10]教师资格考试研究中心. 教育知识与能力（小学版）[M]. 上海：华东师范大学出版社，2014.

[11]教师资格考试研究中心. 教育知识与能力（中学版）[M]. 上海：华东师范大学出版社，2014.

[12]李百珍. 青少年心理卫生与心理咨询[M]. 北京：北京师范大学出版社，2000.

[13]李伯黍，燕国材. 教育心理学[M]. 上海：华东师范大学出版社，2001.

[14]理查德·格里格，菲利普·津巴多. 心理学与生活[M]. 王垒，王甦，等，译. 北京：人民邮电出版社，2003.

[15]李丹. 儿童发展心理学[M]. 上海：华东师范大学出版社，1987.

[16]李迎春. 心理学[M]. 北京：北京希望电子出版社，2014.

[17]罗双平. 积极性暗示的技巧及方法[J]. 中国青年研究，2003(8).

[18]梅传强. 大学生心理健康教育[M]. 北京：中国法制出版社，2001.

[19]孟昭兰. 普通心理学[M]. 北京：北京大学出版社，1994.

[20]欧阳文珍. 实验心理学[M]. 合肥：安徽大学出版，1998.

[21]彭聃龄. 普通心理学[M]. 北京：北京师范大学出版社，2000.

[22]彭聃龄. 普通心理学[M]. 北京：北京师范大学出版社，2001.

[23]彭聃龄. 普通心理学[M]. 北京：北京师范大学出版社，2004.

［24］沈德立．小学儿童发展与教育心理学［M］．上海：华东师范大学出版社，2003.

［25］徐方瞿．创新与创造教育［M］．上海：上海教育出版社，2001.

［26］杨博民．心理实验纲要［M］．北京：北京大学出版社，1989.

［27］杨冶良．基础实验心理学［M］．兰州：甘肃人民出版社，1988.

［28］姚先本．心理学（第2版）［M］．北京：高等教育出版社，2009.

［29］郁景祖．大学生心理与调适［M］．上海：复旦大学出版社，1995.

［30］张朝，李天思，孙宏伟．心理学导论［M］．北京：清华大学出版社，2008.

［31］张厚粲．大学心理学［M］．北京：北京师范大学出版社，2001.

［32］张彦云，孙淑荣，佟秀莲．中小学生心理健康教育的理论与实践［M］．北京：北京师范大学出版社，2015.

［33］郑日昌．真情·通情·尊重［M］．北京：中国三峡出版社，2001.

［34］郑雪．人格心理学［M］．广州：暨南大学出版社，2001.

［35］朱滢．实验心理学［M］．北京：北京大学出版社，2000.

［36］E. R. 希尔加德，R. L. 阿特金森，R. C. 阿特金森．心理学导论［M］．周先庚，等，译．北京：北京大学出版社，1987.

［37］Jerry M. Burger. 人格心理学［M］．陈会昌，等，译．北京：中国轻工业出版社，2000.

［38］R. L. 格列高里．视觉心理学［M］．彭聃龄，杨旻，译．北京：北京师范大学出版社，1986.